트렌드
지식 사전 **2**

최신 키워드로 보는 시사 상식 ──

김환표 편

디지털 유산
팬케이크 인간
뉴스 큐레이션 微博控
라이프캐스팅족
웰다잉
감정독 Airpocalypse
生存자 증후군
LTE 리코노믹스
손주병 Burnout Syndrom
페이스펙 클릭 농장 트롤링
모디슈머
프리즘
코디선

Logoless Brand
통합시청률
재
SNS 유령친구
量的緩和
아웃 신드롬
Reverse Innovation
갱통 진격
소셜라이브 마케팅
로그라스 브랜드
강통

트렌드
지식 사전**2**

인물과
사상사

# '지식의 대중화'를 위해

디지털 혁명과 SNS의 확산으로 우리는 지금까지 경험해보지 못했던 새로운 현상에 직면하고 있다. 바로 정보 폭증이다. 디지털 시대의 개막으로 인해 한동안 정보 홍수라는 말이 회자되기도 했지만, 이제 정보 홍수라는 단어는 옛말이 되어가고 있다. 정보 홍수로 설명할 수 없을 만큼 하루가 다르게 정보가 폭증하고 있기 때문이다. 오죽하면 정보 공해라는 말까지 등장했겠는가. 정보 공해는 과장인가? 그렇지 않은 것 같다. 정보 폭증으로 인한 피로감을 호소하는 사람이 적지 않기 때문이다.

정보 폭증은 새로운 문제도 던져주고 있다. 바로 정보의 옥석을 가리는 일이다. 정보 자체가 곧 지식인 시절도 있었지만 정보가 폭증하고 있는 오늘날에는 넘쳐나는 정보 속에서 자신에게 필요한 알맹이를 취하는 게 쉽지 않은 일이 되었기 때문이다. 한때 포털 사이트가 제공하는 검색 서비스가 그런 문제를 해결해줄 해결사로 각광받기도 했지만, 검색 서비스를 통해 정보의 옥석을 가리고 지식을 얻는 것도 한계가 있다. 아무래도 가장 큰 문제는 효율성일 것이다. 투자하는 시간에 비해 길어올리는 지식이 적기 때문이다.

이 책은 2013년 7월에 출간된 『트렌드 지식 사전 1』과 마찬가지로 정보 폭증 시대에 자신에게 필요한 지식을 찾아 헤매는 사람들을 위한 책이다. 폭증하는 정보들 가운데 우리 삶과 관련이 있는 정보를 선별해 요약·정리·제공함으로써 정보·지식 관리를 위해 아까운 시간을 투자하고 있는 사람들을 도와주겠다는 취지를 담고 있다. 이 책의 특징은 '압축·정리'에 있다. 압축·정리라고는 하지만 키워드를 중심으로 하나의 이슈와 개념에 대해 다양한 시각들을 보여주고자 했다. 독자들의 이해를 위해 개념에 대한 구체적인 실천 사례들도 포함시켰는데, 이는 하나의 개념이 현실 세계에서 어떻게 적용·활용되고 있는지 알 수 있도록 돕기 위해서다. 사전이라는 이름에 어울리게 키워드마다 분량은 A4 한 장을 넘지 않도록 했다. 이보다 짧은 글도 많은데, 이는 촌음寸陰도 아껴쓸 만큼 시간이 부족해 지식을 쌓을 시간이 빠듯한 독자들을 위한 것이다.

이 책은 크게 Culture·Business·Digital·Society·World 등 5개 섹션으로 구성되어 있지만, 되도록 다양한 영역을 모두 포괄하고자 했다. 개인·가족·집단·정치·사회·경제·경영·일상 문화·대중문화·광고·마케팅·PR·미디어·SNS·여론·세계 · 국제관계 · 디지털 기술 · 디지털 문화 등 분야를 가리지 않고 총 200개 키워드를 통해 다양한 지식을 제공하고 있다. 그런 의미에서 이 책은 일종의 잡학雜學 사전이라고 할 수도 있겠다. 또한 현학보다 실사구시實事求是를 추구한다. 개념에 대한 정의는 물론이고 하나의 현상과 이슈에 대해 다양한 의견과 해석을 압축해 제공한 것도 이와 무관치 않다. 이 책에는 수많은 각주가 달려 있는데, 이 역시 실사구시 정신의 발현으로 이해해주시면 고맙겠다.

이 책이 궁극적으로 지향하는 것은 '지식의 대중화', '지식의 민주화'다. 목표가 너무 거창한 감이 없지 않아 있지만, 이 책을 통해 지식 쌓기의 즐거움과 쾌감을 느끼는 사람들이 늘어났으면 하는 바람이다. 이 책이 폭증하는 모든 정보를 압축 · 정리해 담기에는 역부족이겠지만 체계적인 정보 · 지식 관리의 필요성을 절감하고 있는 분들과 세상 돌아가는 소식에 목말라 하고 있는 독자들, 대학 입시를 위해 논술을 준비하는 고등학생들, 취업을 위해 시사상식을 공부하는 취업 준비생들에게 조금이라도 도움이 된다면 더는 바랄 게 없다.

2014년 5월
김환표

## Culture Section

## Digital Section

### 3 Business Section

**4**
**Society Section**

**5**
**VVorld Section**

# Culture Section

TALK

Trend Keyword

# 검색어 기사

포털 사이트의 실시간 검색어를 토대로 작성된 기사를 뜻한다. 기사가 이슈를 만드는 것이 아니라 이슈가 기사를 만드는 방식으로 작성된 기사로, 실체가 없는 '낚시성 기사'인 경우가 많다. 인터넷을 기반으로 하는 온라인 매체가 검색어 기사의 주요 생산자로, 이들이 검색어 기사에 치중하는 이유는 광고 수입 때문이다. 김윤미는 "페이지뷰가 많아지면 광고 노출 건수도 많아지고 자연스레 광고 클릭 건수도 높아지"기 때문에 "수많은 인터넷 매체가 포털 사이트의 인기 검색어에 목을" 매고 있다면서 아예 검색어 장사를 하는 사람들도 있다고 말한다.

"인터넷 뉴스들은 경쟁적으로 인기 검색어 기사를 올립니다. 기사를 올린 후에도 한두 시간 후면 다른 매체들 기사가 검색 결과 상위에 노출되기 때문에 또 다시 똑같은 뉴스를 써서 올립니다.……개중에는 이렇게 검색어 관련 뉴스가 돈이 된다는 걸 알고 자체 생산하는 기사 하나 없이 검색어 뉴스만 다루는 매체들도 생겼습니다. 블로그를 통해서 장사하는 홍보 전문가들 혹은 일반인들도 뒤늦게 이런 사실을 깨닫고 검색어 장사에 뛰어들었습니다."[1]

포털 사이트가 검색어 기사의 양산을 부추긴다는 지적도 있다. 클릭 수가 나오는 기사를 원하는 포털 사이트의 속성을 겨냥해 연예 매체는 클릭 수를 올릴 수 있는 자극적인 기사를 찾게 되고 연예 기획사 역시 그런 메커니즘에 맞춰 보도자료를 시시각각 뿌린다는 것이다.[2]

검색어 기사의 주요 생산자는 온라인 매체지만 종이신문의 인터넷판 역시 상황은 크게 다르지 않다. 기자 이름 대신 '인터넷 뉴스팀' 혹은 '인터넷 이슈팀' 등의 이름이 붙어 있는 경우는 검색어 기사일 가능성이 크다. 기자의 이름이 없는 기사들은 기사의 정확성과 확실한 검증 여부 등에 대한 책임을 질 주체가 불분명하기 때문에 언론 윤리에 위배된다는 지적이 있지만 검색어 장사를 위해 조직적으로 움직이는 종이신문도 있다.[3] 한때 중앙 일간지에서 검색어 장사를 담당했다는 한 기자는 "검색어 장사는 고단하고 서글펐습니다"면서 이렇게 말한다.

"하루에 세 조로 움직였어요. 아침 7시에 출근해서 오후 4시에 퇴근하는 기자 1, 9시~6시 정상 근무하는 기자 2, 오후 3시 출근해서 밤 11시에 퇴근하는 기자 3, 그리고 점심식사 시간인 12시~1시를 책임지는 기자 4는 덤입니다. 자기가 검색어 당번인 날은 진행 중이던 다른 기사 취재는 제쳐두고 검색어 기사만 써야 했어요. 검색어 기사 하나를 열심히 써서 올렸는데, 다른 인터넷 뉴스사들이 올린 기사 때문에 검색 결과에서 우리 기사가 밀리면, 똑같은 기사를 붙여 넣고 토씨 한두 개만 바꿔서 다시 올렸지요."[4]

검색어 기사의 주요 대상은 연예인으로, 이 때문에 검색어 기사가 한국의 연예 저널리즘을 혼탁한 상황으로 내몰고 있다는 지적도 있다. 검색어를 통한 기사 노출에만 지나치게 매몰되면서 표절에 가까운 기사들이 양산되고 있다는 우려다. 2013년 10월 7일 한국언론진흥재단이 펴낸 「국내 연예저널리즘의 현황과 품질제고 방안 연구」 보고서는 검색어 기사에 대해 "온라인 광고 노출과 사이트 유입률을 증가시켜줄 수 있는 중요한 비즈니스 모델이지만 언론이 실시간 검색어 순위에 무작정 끌려다니는 것은 바람직하지 않다"면서 "연예저널리즘의 가십화를 개선하려면 인터넷 연예 매체가 자발적으로 뉴스의 질을 높이려는 노력을 해야 한다"고 말했다.[5]

# 관찰예능

다큐에 가까울 정도로 제작진의 개입을 최소화하면서 관찰 카메라 형태로 구성된 예능 프로그램을 말한다. 제작진이 상황을 설정하거나 계획을 꼼꼼하게 짜서 진행하는 게 아니라 주제나 소재, 미션 등을 출연진에게 던져주고 실제 벌어지는 상황을 오롯이 카메라에 담아 시청자에게 전달하는 게 특징이다.[6] KBS-2의 〈인간의 조건〉, MBC의 〈나 혼자 산다〉·〈진짜 사나이〉·〈아빠! 어디가?〉, SBS의 〈백년손님 자기야〉, 케이블 tvN의 〈꽃보다 할배〉·〈꽃보다 누나〉 등이 그런 경우로, 2012년부터 등장한 관찰예능은 2013년 상반기부터 예능 프로그램의 대세로 자리 잡았다.

관찰예능 붐의 이유로는 무한경쟁과 승자독식을 통해 웃음과 재미를 유발해온 '리얼 버라이어티' 프로그램에 대한 시청자의 누적된 피로감이 거론된다. 제작진이 짜놓은 게임에서 누군가가 탈락하는 설정들이 주축이었던 리얼 버라이어티에 대해 피로감을 느끼는 시청자가 많아지면서 관찰예능이 새로운 트렌드로 부상했다는 것이다.[7]

관찰예능의 특징은 대략 이렇다. 첫째, 인위적인 설정 대신 관찰 카메라를 통해 일상의 민낯을 끄집어내는 방식으로 시청자와의 공감대를 넓힌다. 둘째, 제작진은 개입을 최소화한다. 셋째, 예측 가능한 리액션을 구사하는 연예인보다 연예인의 가족, 일반인, TV 출연이 뜸한 연예인 등이 등장한다. 넷째, 가족, 군대, 장인(장모) 등 누구나 공감하기 쉬운 생활밀착형 소재에서 담백한 웃음을 이끌어낸다.[8] 다섯째, 메인 MC가 없다. 이와 관련해 대중문화평론가 서병기는 관찰예능 시대의 개막은 국민 MC로 불린 유재석·강호동 투톱 체제의 몰락으로 이어지고 있다고 말한다. 관찰예능은 있는 그대로를 시청자에게 전달해주는 구성을 취하고 있기 때문에 누군가 나서서 진행을 하면 흐름이 끊기는 문제가 발생하기 때문이라는 게 그 이유다. 바로 그런 이유 때문에 서병기는 관찰예능의 시대에는 유재석과 강호동도 새로운 스타일을 찾아야 한다고 조언한다.[9]

관찰예능은 이른바 다큐테인먼트의 한 사례라 할 수 있는데, 방송계 종사자들은 관찰예능이 다큐와 예능의 결합인 만큼 예능이 포괄할 수 있는 범위가 넓어졌다는 점에 긍정적인 평가를 내리고 있다. 하지만 관찰예능 붐에 대한 우려가 담긴 시선도 적지 않다. 대중의 관음증에 기반하고 있다는 비판이 대표적이다. 블로거 이카루스는 관찰예능이 유행처럼 번져나가는 이면에는 대중의 '훔쳐보기' 욕망이 자리 잡고 있다면서 "관찰예능은 대중의 '훔쳐보기' 욕망을 적절히 충족시켜주는 동시에 웃음과 감동을 계속 전할 수 있을까. 어쩌면 관찰예능의 생명력과 지속성은 바로 '훔쳐보기'와 '힐링' 사이에서 얼마만큼 균형을 유지하느냐에 달려 있다고 볼 수 있다"고 말한다.[10]

관찰예능이 점점 독해지고 있다는 해석도 있다. 박효재는 2014년 1월 "최근 예능 프로그램들은 고난도 육체 활동, 경찰·소방관 등 위험 직종을 체험하는 콘셉트에 도전하고 있다"며 "짜여진 각본이 아닌 실제 상황에서 벌어지는 일들로 프로그램에 사실성을 부여하고, 보는 시청자들로 하여금 긴장의 끈을 늦추지 못하게 한다. 하지만 프로그램이 리얼함을 추구하는 만큼 출연 연예인들이 감수해야 하는 위험은 커지고 있다"고 했다.[11]

# 국뽕

국가와 히로뽕(필로폰)의 합성어다. 국가에 대한 자긍심에 과도하게 도취되어 있는, 그러니까 무조건적으로 한국을 찬양하는 행태를 비꼬는 말이다. 국뽕이라는 말은 한국사 분야에서 처음 사용된 것으로 알려진다. 인터넷 커뮤니티 '디시인사이드' 역사 갤러리에서 "단군 이전 한민족이 세계 4대 문명인 메소포타미아 지역 수메르왕국을 세웠다"거나 "명나라 황제 주원장조차 조선의 군사력을 두려워했다"며 아무런 근거 없이 한국사를 미화하는 이들이 있었는데, 이들의 행태를 일러 국뽕이라고 했다.

국뽕이라는 말이 널리 알려진 것은 2013년 인터넷에 퍼진 한 동영상이 계기가 되었다. 2012년 10월 미국 국무부 브리핑에서 한국의 한 통신사 기자가 "싸이의 강남스타일을 아느냐?"고 묻는 장면을 담은 이 동영상이 인터넷에 퍼지면서 이른바 국뽕 논란이 불거졌다는 것이다. 이 동영상의 내용이 시사하듯, 전 세계를 강타한 싸이의 〈강남스타일〉이 한국 사회 전체에 국뽕이라는 말이 광범위하게 퍼지는 데 일조했다는 해석도 있다.

『조선일보』 2013년 8월 26일자는 7월 25일 방한한 미국 뮤지션 퀸시 존스와 8월 14일 영화 홍보차 한국을 찾은 미국 배우 맷 데이먼은 똑같이 "두 유 노 강남스타일Do you know Gangnam Style?"이라는 질문을 받았으며, 방한한 해외 유명인들이 입국장이나 기자회견장에서 싸이의 '말춤'을 추는 건 통과의례가 되었다고 말한다. 이 기사는 또 "국내 각 분야 뉴스에 대한 해외 네티즌 반응을 번역해 제공하는 '개소문닷컴', '가생이닷컴' 같은 인터넷 사이트"도 국뽕에 대한 강박이 낳은 현상이라고 했다.[12]

국뽕이라는 말은 한국사 영역에서 시작되었다지만 국뽕이 가장 위력을 발휘하는 곳은 대중문화계다. 〈강남스타일〉은 극적인 사례일 뿐 대중문화계에서 국뽕 논란은 심심치 않게 발생한다. 예컨대 2006년 심형래가 300억 원을 들여 제작한 영화 〈디 워〉에 대한 맹목적인 지지나 2013년 8월 31일 개봉한 봉준호의 영화 〈설국열차〉에 대한 예찬이 대표적이다. 〈설국열차〉의 월드 프리미어 참석차 내한했던 틸다 스윈턴은 "예술에 있어 출신은 중요하지 않다. 국적 이야기는 그만 물어달라"고 말할 정도로 '한국인'을 강조하는 질문에 넌더리를 냈다.[13]

스포츠계도 예외는 아니다. 한국인들은 해외에서 활동하고 있는 스포츠 스타를 국가와 동일시하는 경향이 강하기 때문이다. 언론은 국뽕에 대해 비판적인 태도를 취하지만 장사가 된다는 이유로 국뽕을 부추기는 데도 앞장을 선다. 김태익은 "신문·방송에는 '한국 ○○에 푹 빠진 외국인' 기사가 줄을 잇는다"며 "'한옥에 푹 빠진……' '한국 자연(올레길)에 푹 빠진……' '다산·퇴계에 푹 빠진……' 그중에는 장아찌에 빠졌다는 외국인도 있다"고 꼬집는다.[14]

국뽕 신드롬은 한국 사회가 처한 불안감과 밀접한 관련이 있다는 분석도 있다. 예컨대 고려대학교 사회학과 교수 이명진은 "경제·문화적 기반에 대한 긍지가 있으면 굳이 티를 낼 필요가 없는데 지금 한국의 위치가 그만큼 불안정하고 애매하다는 방증"이라며 국뽕은 자긍심이 아니라 불안감의 표시라고 해석한다.[15] 세계 속의 한국에 굶주려 있는 한국인들 특유의 인정투쟁이 국뽕 신드롬의 배경이라는 해석도 있다. 세계화와 국가 경쟁력 강화를 신주단지 모시듯 신봉하고 있는 한국인들의 행태가 국뽕의 형태로 나타났다는 주장이다.

국뽕 신드롬이 일면서 국뽕에 대한 반발로 '국까'라는 말도 등장했다. '국가'와 '까다'의 합성어로, 한국을 악의적으로 폄훼하는 행태를 이르는 말이다.

# 글램핑<sub>Glamping</sub>

'화려하다, 매혹적이다' 라는 뜻을 가진 글래머러스Glamorous와 캠핑 Camping의 합성어로, 고급스러운 캠핑을 뜻한다. 직접 텐트를 치지 않고도 자연 속에서 트래킹, 수영, 승마, 사냥 등의 레저를 즐길 수 있도록 부대 시설을 럭셔리하게 갖춘 것으로, 유럽과 북미 등에선 부유층의 여가 트렌드로 유행하고 있다. 한국에서 글램핑 열풍을 주도한 곳은 제주도 중문단지의 특급 호텔들이다. 2010년 제주신라호텔이 '특급호텔과 캠핑의 결합' 을 내세우며 제주 바다가 보이는 언덕에 '캠핑 & 바비큐 존' 을 설치해 큰 반향을 불러일으키자 바로 옆 롯데호텔 제주가 같은 캠핑존으로 맞불을 놓았다. 쉐라톤워커힐은 '캠핑 인 더 시티Camping in the City' 라는 콘셉트로 글램핑 마케팅에 합류했다.[16] 이후 많은 호텔과 리조트가 너도나도 글램핑 따라 하기에 나섰다.

유명 리조트는 스키장 슬로프를 캠핑장으로 조성했으며, 골퍼 사이에 이름난 서울 근교의 골프장은 글램핑존을 만들어 운영했다. 경기도 고양시 일산에는 글램핑이란 이름의 레스토랑도 문을 열었다. 캠핑 장비 제조업체의 광고에서도 '글램핑' 이란 말이 쓰일 정도로 글램핑은 캠핑의 대명사가 되었다.[17] 캠핑 장비가 모두 갖추어져 있기 때문에 가족이 힘을 모아 텐트를 치는 캠핑의 즐거움을 글램핑이 빼앗아갔다는 비판도 있지만 반대로 아무것도 할 필요가 없다는 게 글램핑만의 장점이라는 해석도 있다. 신익수는 "인간은 '귀차니스트'다. 본성이 그렇다"며 "가슴에 손을 얹고 생각해보자. 땀 뻘뻘 흘리며 텐트 치는 거, 버너 불 피우는 거, 고기 굽는 거, 코펠 설거지하는 거에 행복해하는 사람, 있으신가? 없다. 캠핑이 남자의 놀이니, 야성 본능을 자극하느니, 이런 말은 말짱 거짓말이다"고 했다. 이어 그는 "글램핑은 이 지점을 노린다. 모든 게 갖춰져 있다. 정말이지 몸만 가서 즐기다 오면 된다"고 말했다.[18]

글램핑을 둘러싼 가장 큰 논란은 비용이 비싸다는 점이다. 1주일 야영에 1,000만 원이 넘는 글램핑도 있는데, 그런 이유 때문에 글램핑이 귀족 야영으로 변질되고 있다는 비판도 나온다. 그래서 글램핑의 유행을 한국인의 명품 사랑과 연결시키는 해석도 있다. 명품과 마찬가지로 글램핑 역시 타인과의 구별짓기용으로 활용하고 있다는 것이다. 『캠핑폐인』의 저자 김산환은 글램핑에 대해 "캠핑을 저렴한 비용으로 즐기는 '국민 레저'라 부르기가 민망해진다. 여기에는 명품을 선호하는 한국 사회의 병폐도 한몫을 한다. 일부 캠퍼들의 경우 캠핑 장비도 남들에게 '자랑질'을 할 수 있게 명품으로 치장하려는 경향이 있다. 업체들은 또 캠퍼들의 그런 욕망을 자극하려고 글램핑이란 단어를 남발한다"고 꼬집는다.[19]

바로 그런 다양한 이유가 결합 효과를 발휘하면서 글램핑은 갈수록 진화하고 있다. 제주신라호텔은 카바나 스타일의 고급스러운 대형 텐트(약 40제곱미터)에 벽난로, 소파침대, 테이블, 조명 등 호텔 객실에 버금가는 소품들로 캠핑장을 꾸몄으며, 롯데호텔 제주가 중문 색달 해변 바로 위 언덕에 세운 캠핑장은 냉온방 기기가 완비되어 사시사철 쾌적함을 유지하는 텐트에 손쉽게 음식을 할 수 있는 그릴과 바비큐 재료 등을 갖추고 있다.[20]

# 나포츠족

나포츠는 밤Night과 스포츠Sports의 합성어로, 퇴근 후 저녁 시간을 활용해 자전거 타기, 걷기, 뛰기, 트레킹, 등산 등을 하는 사람들을 일컬어 나포츠족이라 한다. 나스족 혹은 야간운동족이라도 한다. 자기계발과 사생활을 존중해주는 분위기가 확산되면서 개인 생활과 일의 조화를 중시하는 젊은 직장인들을 중심으로 인기를 끌고 있다. 건강 관리와 여가 생활에 대한 관심이 나포츠 활동으로 이어지고 있는 분석도 있다.[21] 갈수록 밤이 무더워지고 있다는 것도 한 이유다. 나포츠족이 증가하면서 야외에 경관 조명을 설치해 야간 건강 걷기 대회를 하는 지방자치단체, 야간운동 프로그램을 실시하는 지역 보건소도 등장했다.

아웃도어 브랜드 블랙야크는 2013년 1~5월 야간 운동 관련 의류 매출을 전년도 같은 기간에 견줘 50퍼센트 늘어난 150억 원 정도로 추산했는데, 나포츠족을 겨냥한 마케팅도 활발하다. 아웃도어 업계는 나포츠족이 아웃도어의 새로운 소비층으로 떠오르자 이들을 잡기 위해 야간에 진행하는 레포츠 행사를 경쟁적으로 열고 있다. 이젠벅이 서울 남산에서 진행한 야간 트레킹 레이스 '미드나잇 챌린지 트레킹'이 그런 경우다. 2013년 아웃도어 업계가 특히 주목한 나포츠는 달리기다. 2012년 운도녀(운동화 신은 도시 여자), 운도

남(운동화 신은 도시 남자)의 등장으로 유행한 걷기가 점차로 달리기 유행으로 옮겨가고 있기 때문이다. 그래서 정통적인 마라톤 대회뿐만 아니라 초보 러너를 위한 러닝 페스티벌도 다수 열리고 있다.

　　나이키가 밤 10시 이태원 거리에서 6킬로미터를 자유롭게 달릴 수 있도록 한 '나이키 이태원 프리런', 2013년 9월 열린 푸마의 야간 레이스 대회 '푸마 글로 런' 등이 그런 경우다.[22] 야간 운동의 특성상 안전을 고려한 제품들도 속속 등장하고 있다. 다른 사람의 눈에 잘 띄도록 한 재귀반사 물질을 활용한 제품이 대표적이다. 재귀반사 물질은 도로교통 표지판, 경찰이나 환경미화원들의 안전조끼 등에 주로 사용되는 소재로 야간에 눈에 잘 띄는 성질이 있는데, 재귀반사 기술보다 가시성이 훨씬 뛰어난 LED 소재 제품들도 등장하고 있다.[23]

Culture Section

# 뉴스 큐레이션<sub>News Curation</sub>

뉴스News와 큐레이션Curation의 합성어로, 개인에게 필요한 뉴스만 모아서 제공하는 '개별화된 뉴스' 서비스를 말한다. 인터넷에서 원하는 콘텐츠를 수집해 공유하고 가치를 부여해 다른 사람이 소비할 수 있도록 도와주는 서비스를 일컬어 큐레이션이라 한다. 뉴스 큐레이션은 사용자의 관심사와 취향에 맞게 뉴스를 재배치하는 등 철저하게 맞춤형 뉴스를 제공하는 게 특징으로, 스마트폰 혁명과 SNS 시대를 맞아 각광을 받고 있다. 정보 폭증으로 인해 이용자들이 더는 미디어가 제공하는 뉴스를 일방적으로 받아보지 않는 경향이 강화되고 있기 때문이다.[24]

해외에서는 뉴스 큐레이션이 본격화되고 있다. 개인화된 맞춤형 구독 서비스와 다양한 SNS와의 연동을 지원하고, 이용자가 원하는 콘텐츠를 모아 매거진을 만드는 방식인 플립보드와 이용자에게 자신이 설정한 관심 영역에 관한 수많은 정보를 추천해주고, 이를 자신의 취향에 따라 '핀을 꽂아pin-it' 관리하게 해주는 서비스 핀터레스트가 대표적이다. 뉴스 큐레이션 시대를 맞아 뉴스 서비스 앱을 두고 해외에선 기업간의 인수 합병도 치열하게 벌어지고 있다.

야후는 뉴스를 요약해주는 앱 섬리summly를 3,000만 달러에 인수했으며, 구글 역시 자연어 처리 기술을 이용해 중복 기사와 스팸

링크가 걸린 기사를 자동으로 걸러내는 것이 특징인 뉴스 큐레이션 서비스 와비Wavii를 3,000만 달러에 인수했다. 이에 앞서 2012년 4월 비즈니스 SNS 업체인 링크드인은 9,000만 달러에 모바일 뉴스 읽기 앱 펄스Pulse를 인수했다.[25] 미국의 『뉴욕타임스』는 아예 구글글라스를 겨냥하고 구글글라스에서 사용할 수 있는 전용 앱을 출시했다. 2013년 8월 아마존의 제프 베조스에게 팔린 미국의 『워싱턴포스트』 역시 뉴스 큐레이션 서비스를 도입할 것으로 예측되고 있다.

한국에서도 뉴스 큐레이션 서비스는 속속 등장하고 있다. 중앙미디어네트워크JMnet 그룹의 온라인 미디어 자회사 제이큐브 인터랙티브Jcube Interactive가 2013년 4월 내놓은 뉴스 큐레이션 모바일 앱 서비스 미디어 스파이더는 『중앙일보』와 『일간스포츠』 등 중앙미디어네트워크의 12개 매체를 비롯해 국내 방송, 신문, 주간지 등 100여 개 이상의 제휴 언론사와 SNS 콘텐츠를 카테고리별로 분류해 제공하고 있는데, 여러 사이트를 돌아다닐 필요 없이 한곳에서 다양한 언론사와 SNS 정보를 볼 수 있다. 뉴스와 SNS를 큐레이션 하는 미디어랏, 뉴스피디어, 에디토이 등도 뉴스 큐레이션 서비스다.

뉴스 페퍼민트는 외신 가운데 세계정치, 경제경영, 과학의료 분야에서 흥미로운 기사를 요약 정리해서 제공해주는 방식으로 특화된 뉴스 큐레이션 서비스를 제공하고 있다.[26] 언론 뉴스를 중심으로 커뮤니티를 형성할 수 있는 뉴스 큐레이션도 있다. 코스모엔젤이 내놓은 소셜형 뉴스 서비스 앱 아이오뉴스는 IT · 정치 · 경제 ·

사회 · 문화 등 관심 키워드를 미리 등록해두면 한국의 모든 언론사 뉴스를 RSS를 통해 실시간으로 받아볼 수 있으며, 페이스북 친구에게 전달하고 싶을 때는 아이콘 '아이오 버튼'만 누르면 된다.[27]

　뉴스 큐레이션에 대한 평가는 엇갈린다. 우선 뉴스 큐레이션이 뉴스 소비를 활성화하며 뉴스 소비 트렌드를 이끌 것이라는 분석이 있다. 2013년 정보통신정책연구원KISDI이 발간한 「스마트 모바일 환경에서의 참여격차와 정책적 대응방안」 보고서는 뉴스 앱 사용자가 생활앱, SNS앱, 오락앱보다 정치에 관심을 보이는 것으로 나타나 뉴스 큐레이션을 활용한 뉴스 소비가 여론 형성에도 상당한 영향을 끼칠 것으로 예측했다.[28]

　하지만 뉴스 큐레이션으로 인해 맞춤형 뉴스만 소비하는 이용자들이 필터 버블Filter Bubble에 갇힐 것이라는 분석도 있다. 필터 버블은 이용자가 거대 미디어 기업들이 제공하는 정보에만 의존한 나머지 점점 자신만의 울타리에 갇히게 되는 현상을 말한다.[29] 예컨대 영국의 『파이낸셜타임스』는 "신문의 중요한 기능 중 하나는 예기치 못한 뉴스를 읽게 하는 것"이라며 "지나친 독자 맞춤형 전략은 독자를 가두는 결과를 낳을 수 있다"고 지적했다.[30]

# 다양성 영화

사전적 정의는 명확하지 않지만 일반적으로 극장에서 쉽게 관람할 수 있는 주류 영화가 아니면서 다양한 국적·장르·저예산 등 소수성을 표방하는 범주의 영화를 일컫는다. 구체적으로 국가별 점유율 1퍼센트 미만 국가의 영화, 일부 다큐멘터리와 애니메이션, 단편·실험영화 등의 형식을 가진 영화 등이 다양성 영화에 포함된다. 저예산 독립영화와 예술영화 등을 합쳐 부르는 말이기도 하다. 영화진흥위원회가 운영하는 '영화관 입장권 통합전산망www.kobis.or.kr'은 다양성 영화를 배려하기 위해 본격 상업 영화와 별개로 '다양성 영화' 부문 흥행 집계를 따고 하고 있다.[31]

한국에서 다양성 영화는 갈수록 힘겨운 스크린 싸움을 벌이고 있다. 2013년 7월 22일 영화관 입장권 통합전산망에 따르면, 7월 1~21일 흥행수익 1~10위를 차지한 주요 다양성 영화의 상영 횟수는 2012년 같은 기간(1만 3,075회)의 33.3퍼센트에 불과했다. 또 다양성 영화가 확보한 스크린 수는 2012년(490개)의 절반에도 미치지 못했고(231개), 관객도 40만 1,246명에서 7만 9,892명으로 급감했다. 바로 이런 이유 때문에 다양성 영화의 위기는 스크린 독과점 논란으로 이어지기도 한다. 예컨대 2013년 〈아이언맨 3〉, 〈은밀하게 위대하게〉는 대형 배급사를 뒤에 업고 전체 스크린의 70퍼센트가량을

독식해 다양성 영화의 설 자리를 빼앗았다는 비판을 들었다.[32]

2013년 다양성 영화 한 편을 배급한 소규모 배급사의 관계자는 "수많은 영화가 상영 한 번 되지 못하고 사장되는 상황에서 블록버스터를 뚫고 일반 극장에서 개봉하는 것만으로도 행운"이라면서 "극장이 작은 영화를 상영하더라도 사각시간대인 이른 아침이나 늦은 밤에 집중시키는 관행 역시 고질적인 문제"라고 지적했다.[33] 그래서 다양성 영화를 살리기 위해 특정 영화의 스크린 독과점을 규제해야 한다는 주장도 나오고 있다. 2013년 7월 25일 전국 28개 대학 영화 · 영상 관련 학과 교수 56명은 성명서를 통해 "극장은 다양성이라는 문화의 가치가 실현돼야 하는 공간이다. 그러나 대한민국의 멀티플렉스 극장들은 관객의 선택권과 접근성을 심각하게 침해한다"며 "세계적으로 한국만큼 관객의 볼거리를 침해하는 사례는 없다"고 말했다.[34]

다양성 영화의 위기는 소비자의 취향이 낳은 결과라는 분석도 있다. 시장논리에 따라 멀티플렉스 극장은 블록버스터를 많이 걸수밖에 없기 때문에 다양성 영화의 설 자리가 좁아지고 있다는 것이다. 독립 다큐멘터리 감독 이성규는 페이스북에 "대형마트에 라면이 달랑 두 회사 것밖에 없다면 난리가 날 것이다. 언론도 보도하고 소비자 관련 단체도 성명서를 쏟아부을 것이다. 그런데 이런 일이 영화에서 벌어지고 있는데 사람들의 반응이 없다. 지금 한국의 관객은 영화 자본이 지정해주는 영화만 볼 수밖에 없는 구조인데,

왜 이런 것에 저항하지 않는가"라며 다양성 영화의 생존을 위해서는 소비자들이 다양성 영화를 볼 권리를 적극적으로 요구해야 한다고 호소했다.[35]

　다양성 영화 내에도 '빈부격차'는 존재한다. 다양성 영화는 수입·제작사가 요청을 하면 영화진흥위원회가 심사를 거쳐 선정하는데, 특별한 문제가 없으면 대개 받아주기 때문에 발생하는 현상이다. 이 때문에 진짜 다양성 영화들이 다양성 영화 같지 않은 영화들과 경쟁하는 것을 안타까운 시선으로 바라보는 사람도 적지 않다.[36] 다양성 영화에 대한 정의와 분류를 정교하고 치밀하게 해야 한다는 목소리가 나오는 이유다.

# 다큐테인먼트 Docutainment

다큐멘터리Documentary와 엔터테인먼트Entertainment의 합성어로, 예능
과 다큐멘터리가 결합된 프로그램을 이르는 말이다. 다큐멘터리 같
은 예능 프로그램, 예능 프로그램 같은 다큐멘터리가 이에 해당한
다. 2012년 말부터 방송계에 등장했으며 2013년 지상파 방송사들
이 경쟁적으로 내놓았다. MBC의 〈기분 좋은 날〉, 〈베란다 쇼〉, 〈아
빠! 어디가?〉, 〈나 혼자 산다〉, 〈진짜 사나이〉, SBS의 〈짝〉, 〈땡큐〉,
KBS-2의 〈퀴즈쇼 사총사〉, 〈힐링투어-야생의 발견〉, 〈스타, 마음
여행 그래도 괜찮아〉, 〈인간의 조건〉 등이 대표적인 다큐테인먼트
프로그램이다.

　　다큐테인먼트의 증가 이유로는 크게 2가지가 거론된다. 하나
는 2000년대 초반부터 예능 트렌드를 선도해왔던 리얼 버라이어티
프로그램이 실제 상황보다 대본을 기반으로 구성된다는 사실을 알
게 된 시청자들의 취향 변화다. 어느 정도의 공학이 가미된 프로그
램보다 등장인물의 민낯을 보고자 하는 욕구가 강해지면서 방송사
들이 예능에 다큐를 섞기 시작했다는 것이다. 대중문화평론가 하재
근은 "리얼 버라이어티가 유행한 후, 더욱 실제 같은 상황을 원하는
시청자의 요구가 다큐멘터리 작법 도입의 근거가 됐다"며 '리얼'의
극치가 바로 다큐멘터리라는 점에서 유행한다고 말한다.[37]

또 하나는 이른바 정통 교양 프로그램의 저조한 시청률이다. 현행 방송법은 예능과 드라마를 포함한 오락 프로그램을 50퍼센트 이하로 편성토록 규정하고 있는데, 시청률을 올리기 위해 방송사가 예능에 다큐를 결합하는 방식을 통해 예능 프로그램을 교양 프로그램으로 둔갑시키는 꼼수를 써서 방송법의 편성 기준을 피해가고 있다는 것이다.

실제 2013년 1~7월 지상파 3사 오락 프로그램 편성 비율은 KBS-2 47.8퍼센트, MBC 43.1퍼센트, SBS 44.6퍼센트로, 방송사들이 교양 프로그램으로 편성한 다큐테인먼트를 예능 프로그램으로 재분류할 경우 이 수치는 크게 올라갈 것으로 예측되었다. 다큐테인먼트를 '교양 프로그램' 탈을 쓴 '예능 프로그램'이라고 지적하는 목소리가 나오는 이유다. 그래서 방송사의 자의적 편성 기준으로 인해 시청자들의 시청권이 침해받고 있다는 지적도 나오고 있지만, 다큐테인먼트의 유행은 한동안 지속될 것으로 보는 분석이 많다. 시청자들은 다큐테인먼트에 환호하고 있기 때문이다.[38]

# 답정녀

듣고 싶은 대답을 미리 정해놓고 빙빙 돌려 말하는 사람들을 일컫는 말이다. 상대방에게 질문을 하기는 하지만 결국 자신의 칭찬이나 자신을 편들어주는 답을 하게 만드는 사람들을 일컬어 답정녀족族이라 한다. 답정녀는 '답은 정해져 있어. 너는 대답만 하면 돼'의 준말이다. 답정녀의 질문은 크게 두 부류로 나눌 수 있다. 하나는 '시험형'이다. 엄마의 "맛있냐?", 애인의 "나 살쪘지?"처럼 답변자가 갈등 상황을 회피하기 위해 관성적으로 정해진 답을 내놓도록 유도하는 것이 그런 경우다. 복잡한 형태의 '시험형'도 있다. 예컨대 "이 여자(남자)와 헤어져야 할까요?"라는 주제의 연애 상담을 통해 애인의 치명적인 결점과 단점들에 대해 토로한 뒤 결별을 추천하는 상대에게 "그래도 착하고 순수한 사람이에요", "그 사람 나름대로 고치려고 노력하는 중이에요"와 같이 스스로 방어막을 치는 경우가 이에 해당한다.

두 번째는 '자랑형'이다. 상대방에게 질문을 하긴 하지만 결국은 자신에 대한 칭찬을 듣고 싶어하는 부류다.[39] 자랑형은 크게 외모 부분과 능력 부분으로 나눌 수 있다. 전자는 "170센티미터에 48킬로그램이면 좀 살쪘 편이죠?"나 '나 요즘 살쪘지? '44사이즈' 원피스 입었는데 딱 맞아"처럼 은근히 외모나 몸매를 자랑하는 부류이고, 후자는 "남자 나이 서른에 연봉 5,000만 원 받으면 나쁘지 않은 수준인가요?", "토익 950점 받았는데 취업할 때 불이익 있을까요?" 처럼 능력을 강조하는 부류다.[40]

답정녀는 인정투쟁의 산물이다. 자신이 듣고 싶은 대답을 이미 정해놓고 그걸 상대방에게 물어보는 것은 상대방의 관심과 인정을 받기 위한 행위로 볼 수 있기 때문이다. '인정투쟁의 민주화'라는 점에서 답정녀의 등장에 의미를 둘 수도 있겠지만 답정녀의 등장으로 주변 사람들이 겪는 고통은 적지 않다. 그래서 이른바 '답정녀족 퇴치법'이라는 것도 나왔다. 가장 널리 쓰이는 방법은 에둘러 표현하거나 무시하는 것이지만 답정녀가 민망하지 않게 살짝 넘어가주는 센스를 발휘해보는 여유를 가지자는 의견도 있다.[41]

최새미는 답정녀와 답정녀를 대하는 우리 모두의 정신 건강을 위해서 혹시라도 자신은 답정녀가 아닌지 생각해보자고 말한다. "주변 사람들이 기다리는 답을 주지 않아 답답하거나 나에게 주변 사람들이 별 영양가 없는 대답만 하고 있다면, 혹은 나의 고민을 이 야기했는데 공감은커녕 부정적 의견만 잔뜩 받았다면 자신을 답정 녀로 의심해볼 필요"가 있으며 자신이 답정녀에 해당된다면 지금부 터라도 조금 하고 싶은 말을 참고 경청하는 태도를 길러보자는 것 이다.[42]

Culture Section

# 라이프캐스팅족 lifecasting 族

SNS를 통해 자신의 일상을 표현하고 소통하는 사람들을 이르는 말이다. 트위터나 페이스북 등을 활용해 실시간 텍스트 메시지나 사진으로 자신의 일상과 취미 등을 드러내고 이를 다른 사람들과 공유하는 게 라이프캐스팅족의 특징이다. 라이프캐스팅족은 빠른 속도로 진화하고 있다. 강현주는 "자신의 삶을 기록하려는 '라이프캐스팅' 족들의 노력은 일기장에서 디지털 사진"을 거쳐 '24시간 중계 실시간 동영상 스트리밍'까지 진화한 단계에 이르렀다고 말한다.[43]

이런 분석이 시사하듯, 라이프캐스팅족은 유튜브와 유스트림 등 동영상 플랫폼의 활성화와 밀접한 관련이 있다. 이들 동영상 플랫폼을 통해 자신의 일상이나 취미를 생중계하는 사람들이 빠른 속도로 늘어나고 있기 때문이다. 예컨대 인터넷 방송 아프리카TV는 라이프캐스팅족의 주요 서식지다. 아프리카TV에는 라이프캐스팅 흐름을 이끌고 있는 '먹방(음식 먹는 것을 보여주는 방송)'을 중심으로 마트에서 장 보는 것을 생중계하는 방송, 친구와 공부하는 모습을 찍어서 보여주는 방송, 청소하고 빨래를 개는 모습을 담은 방송 등 셀 수 없이 많은 생중계 방송이 있다.[44]

라이프캐스팅족이 부쩍 늘어나면서 SNS를 넘어 소셜라이브서비스 SLS 시대가 도래했다는 분석도 있다. 스마트폰을 이용해 쉽게 영상을 촬영하고 다운받을 수 있는 환경이 조성된 만큼 라이프캐스팅이 더 주목받을 것이라는 게 이유다.[45] 바로 그런 이유 때문에 라이프캐스팅족을 겨냥한 동영상 사이트의 서비스 진화도 빠른 속도로 이루어지고 있다. 2012년 10월 유스트림 코리아는 이용자들이 화제의 라이브 콘텐츠를 한곳에서 모아 볼 수 있는 라이브 포털 형태로 사이트를 개편했으며, 소셜 미디어와 연동되어 채팅 기능이 가능했던 '소셜 스트림'에는 페이스북과 연동한 소셜 댓글 작성 기능을 추가했다. 김진식 유스트림 코리아 대표는 "글로벌 라이브 포털이 될 것"이라며, "그동안 목소리를 내지 못하던 사람들도 누구나 유스트림을 통해 자신의 목소리를 내고 라이브를 경험하고 공유하는 SLS(소셜라이브서비스)시대를 열어가겠다"고 말했다.[46] 라이프캐스팅족은 표현대중의 한 사례라 할 수 있다.

# 로케팅족 rocketing 族

음식을 비롯한 생필품은 알뜰 소비를 하지만 허리띠를 졸라 모은 돈으로 자신이 관심 있는 특정 상품은 고급 소비를 하는 사람들을 일컫는 말이다. 저성장·고물가로 인해 소비자들의 지갑이 얇아지면서 등장한 소비족이다. 로케팅이란 용어는 2002년 보스턴컨설팅그룹이 낸 보고서에서 처음 등장했는데, 이 보고서는 사람들이 경제 상황을 두려워할 때 기쁨을 줄 수 있는 상품을 소비하며 위로를 얻는다는 의미로 사용했다.[47]

로케팅족을 2012년 한국 소매시장의 화두로 제시한 신세계유통산업연구소는 '할인 쿠폰을 모아 외제차를 타고 이마트'에 가는 사람들을 로케팅족의 대표적인 사례로 들었는데,[48] 일반적으로 자동차나 집처럼 규모가 큰 품목보다는 일상의 소소한 부분에 큰돈을 쓰는 사람들을 로케팅족으로 본다. 고급 헤드폰, 책, 침구류, 매니큐어, 옷, DSLR 카메라, 전자동 에스프레소 머신, 차茶 등에 대한 소비가 그런 경우에 해당한다. 그러니까 로케팅족은 '작은 사치'를 통해 심리적 만족감과 자신의 가치를 높이려는 사람들이라 할 수 있다.

로케팅족의 소비 행태가 두드러지게 나타나는 분야로는 향수시장이 거론된다. 불황으로 인해 2013년 화장품 업계는 전체적으로 울상을 지었지만 고가 향수 시장은 큰 폭으로 성장한 것으로 나타났는데, 이는 수십만 원이 나가는 향수를 구입하는 데 주저 없이 돈을 쓴 로케팅족의 소비 때문이었다는 것이다. 예컨대 갤러리아백화점의 고가 향수 매출은 2012년에 비해 39퍼센트나 치솟았으며, 고급 향수만 따로 모은 단독 매장을 낸 신세계백화점의 지점은 매출이 143퍼센트나 올랐다.[49] 나홀로족의 증가와 이에 따른 자기보상 소비 현상이 보편화되면서 로케팅족은 더욱 빠른 속도로 증가할 것으로 예측되고 있다. 어려운 경제 여건 속에서 열심히 산 자신에게 스스로 보상을 주는 형식으로 삶의 만족감을 끌어올리려는 소비 경향을 일러 '자기보상 소비'라 한다.[50]

# 로트렌드 Raw Trend

인공적으로 꾸미지 않은 자연 그대로의 날것을 추구하거나 재료 본래의 모습을 살려 디자인하는 흐름을 이르는 말이다. 로raw는 '익히지 않은', '날것 그대로'라는 의미다. 신정인은 "내추럴이나 오가닉이 '자연 그대로'라는 1차원적 개념이라면 '로'는 '자연으로 돌아가되, 세련되게'라는 보다 진화한 개념이다"고 말한다.[51] 한국에서는 2009년경부터 로트렌드가 확산한 것으로 알려져 있는데, 로트렌드를 타고 낡고 허름한 공간들이 주목받고 있다. 이른바 폐품 재활용이라 할 수 있는데, 오래된 당구장을 새로 고치지 않고 갤러리로 쓰거나, 망가진 물탱크를 인테리어로 활용하거나, 폐선廢船 또는 버려진 문짝 같은 자재를 그대로 활용해 건물 내부를 꾸미거나, 낡은 학교 책상을 카페 가구로 쓰는 것 등이 이에 해당한다.[52]

　　폐허에서 새로운 가치를 만들어내는 것은 세계적인 현상으로, 뉴욕의 소호나 베이징의 798예술 거리가 로트렌드를 대표하는 디자인으로 꼽힌다.[53] 로트렌드에 대한 한국인의 반응은 뜨겁다. 『조선일보』 2013년 4월 12일자는 "창고에서 파티하고 공장에서 밥 먹는 게 유행이다"며 "쓰러져가는 다방 건물 지하에서 전시회를 하고, 충주 정미소에서 가져왔다는 컨베이어 벨트 앞에서 커피를 마신다. 철근 자재를 마구 쌓아 놓은 철공소 같은 식당일수록 사람이 몰리고, 폐선 자재를 뜯어 내부를 꾸민 옷 가게일수록 '핫hot(새롭게 인기를 끈다는 뜻)' 하다는 소리를 듣는다"고 했다.[54]

로트렌트는 영역을 가리지 않고 확장하고 있다. 예능 프로그램도 로트렌드에 빠진 지 오래다. 리얼을 강조하는 MBC의 〈무한도전〉, KBS-2의 〈1박 2일〉, SBS의 〈정글의 법칙〉 등이 그런 경우다. 2013년 예능 프로그램의 대세로 자리잡은 이른바 '관찰예능'도 로트렌드 흐름의 연장선상에 놓여 있다고 볼 수 있다. 제작진이 상황을 설정하거나 계획을 꼼꼼하게 짜서 진행하는 게 아니라 주제나 소재, 미션 등을 출연진에게 던져주고 실제 벌어지는 상황을 있는 그대로 카메라에 담아 시청자에게 전달하고 있기 때문이다. 천연 성분을 가공하지 않고 그대로 사용하는 제품을 뜻하는 로가닉 Rawganic 역시 로트렌드의 일종이다. 로가닉은 Raw(날것)와 Organic(유기농)의 합성어다.

# 록페 신드롬

한국에서 록페스티벌이 큰 인기를 누리는 문화적 현상을 이르는 말이다. 록페는 록페스티벌의 줄임말이다. 한국 록페의 효시는 1999년 인천 트라이포트로 알려져 있다. 2013년 한국에서는 펜타포트, 지산밸리록페, 슈퍼소닉, 지산월드록페, 현대카드 시티브레이크 등 총 5가지의 대규모 록페스티벌이 열리는 등 록페 신드롬이 일었다. 5대 록페에는 총 35만 명이 참여했는데, 이는 2012년의 19만여 명에 비해 2배 가까이 증가한 것이다. 록페 신드롬의 이유로는 록페스티벌을 즐기는 소비층의 변화가 꼽힌다. 음악평론가 김작가는 그동안 록페는 1969년 미국의 '우드스톡 페스티벌'처럼 소수의 록 음악 팬들이 꿈꾸던 로망이었지만 문화 소비자로 지칭되는 20~30대 여성들을 중심으로 한국 대중문화를 먹여 살리는 계층이 록페로 유입되었다고 분석한다. 과거 록 페스티벌은 '투쟁'의 성격이 짙었지만 이제는 '여가' 문화로 자리를 잡았다는 것이다.[55]

같은 맥락에서 록페가 여름철 바캉스 문화로 위상을 굳혔다는 분석도 있다. 정진영·한지숙은 "여름밤을 위한 여가와 문화의 영역은 넓고 다채롭다"면서 "대한민국의 록페스티벌은 이제 음악 마니아들의 품에서 벗어나 젊은이들의 바캉스로 자리 잡았다"고 했다.[56] 사실 록페의 바캉스화는 이미 2010년경부터 징후를 보였다.

'2010 지산밸리 록페스티벌'에 참석했던 김고금평은 "그간 야외 페스티벌하면 떠오르던 해묵은 고난 여행에 종지부를 찍는 화려한 나들이의 첫 시작이었다"며 이렇게 말한다. "이번 페스티벌은 음악이 '전부'가 아니라, '일부'일 수 있다는 사실을 알려줬다. 각자 취향에 맞는 놀이를 더 즐겁게 하기 위한 하나의 첨가제나 윤활유 역할로 음악이 인식될 수 있음을 관객들이 깨달은 것이다. 음악만을 위해 모든 걸 걸었던 불과 몇 년 전의 페스티벌과는 분명 달라진 풍경이었다. 그곳엔 음악만 있는 것이 아니라, 음악도 있었다. 국내 대형 페스티벌은 그렇게 진화하고 있었다."[57] 바로 그런 이유 때문에 록페가 20~30대만이 아닌 전 연령층이 향유하는 건전한 놀이 문화로 정착할 가능성이 크다는 해석도 있다.

하지만 록페 신드롬과 이에 따른 지나친 경쟁으로 인한 그늘이 적지 않다는 분석도 있다. 가장 큰 그늘은 해외 록밴드 스타의 몸값을 둘러싼 논란이다. 록페간에 뮤지션 섭외 경쟁이 치열해지면서 해외 록밴드 스타의 몸값이 천정부지로 치솟고 있다는 것이다. 피케이프로덕션 대표 안재영은 "말 그대로 과열 양상이다. 공연기획사 간 자제가 필요하고, 가능하다면 암묵적 협정이라도 맺는 게 필요하다"며 "록밴드 등 내한 스타들이 줄지어 국내 공연계를 찾지만 정작 그 공연으로 돈을 버는 데는 없을 것 같다"고 했다.[58] 일각에서는 2013년 5대 록페의 적자 합계만 100억 원에 육박한다는 분석도 나왔다. 몸집 키우기 경쟁이 록페의 다양성을 훼손할 것이라는 지적도 있다. 대형 록페만 경쟁적으로 유치하는 추세가 확산되면서 군소 페스티벌이나 콘서트는 갈수록 설 자리가 없어지고 있다는 것이다.[59]

록페 신드롬

# 버스킹Busking

길거리에서 연주나 노래를 하고 행인들에게 돈을 받는 일종의 거리 공연을 일컫는 말이다. 버스크busk는 길거리에서 연주한다는 뜻이다. 한국에 버스킹 열풍을 몰고 온 주인공은 슈퍼스타K를 비롯한 오디션 프로그램이 꼽힌다. 특히 〈슈퍼스타K 시즌3〉에서 '버스커버스커'가 준우승한 이후 버스킹이 급증한 것으로 알려지고 있다. 버스킹 뮤지션들의 주요 활동 무대는 홍대 앞의 테마 거리인 '걷고 싶은 거리'다. '걷고 싶은 거리'에서 버스킹을 했던 많은 가수가 스타로 떠오르면서 내일의 스타를 꿈꾸며 홍대 앞으로 나오는 가수들 또한 늘어났기 때문이다.

홍대 앞에서 4년째 공연을 하고 있다는 한 뮤지션은 "오디션 프로그램 '슈퍼스타K 3'의 준우승팀 '버스커버스커' 열풍 이후 홍대에서 거리 공연을 하는 사람이 배 이상 늘어났다"며 "단출한 악기와 목소리만으로 펼쳐졌던 과거의 버스킹과 달리, 최근에는 앰프 음량을 지나치게 높이고 공연하는 팀이 많다"고 말했다.[60] '걷고 싶은 거리'가 홍대의 메카가 된 이유가 버스킹 문화와 밀접한 관련이 있다는 해석이 나오는 이유다.

하지만 버스킹이 '걷고 싶은 거리'를 장악하면서 도를 넘은 버스킹 때문에 스트레스에 시달리고 있다고 토로하는 주변 상인들도 적지 않다. 예컨대 2013년 8월 마포구청과 경찰은 홍대 앞의 버스킹 단속에 나섰는데, 이는 인근 상인·주민들이 "소음 때문에 시끄럽다", "거리가 지저분해진다"며 민원을 냈기 때문이다.[61] 홍대 앞 상인 89명으로 구성된 '홍대 걷고 싶은 거리 상인회'의 이우명 회장은 "상인들은 정말 인디밴드들과 공존하고 싶다"며 "그러나 거리 음악가들의 소음 정도가 지나치다"고 말했다.[62] 버스킹 뮤지션들은 "우리 같은 사람들 때문에 홍대에 생기가 넘치는 것"이라며 "우리 때문에 장사에 방해를 받는다는 건 말이 안 된다"고 항변했다. 이들은 또 버스킹을 시끄럽고 기분 나쁘게만 볼 게 아니라 외국처럼 자유로운 시선으로 바라보아야 음악이 발전할 수 있다고 주장했다.

하지만 음악가들 사이에서도 절제의 미학은 필요하다는 주장이 나오고 있다. 2009년까지만 해도 앰프를 쓰지 않는 버스킹이 많았고 혹 앰프를 쓰더라도 소리를 작게 냈지만, 버스킹 뮤지션 간 경쟁이 치열해지면서 앰프 볼륨을 경쟁적으로 키우는 등 버스킹이 '무한 경쟁'으로 치달아 음악 소리가 소음으로까지 발전했다는 게 그 이유다. 인디음악가 박종윤은 "당국과 상인들이 음악가들의 공연을 금지하고 단속하는 것은 절대 반대이지만 소음만 양산하는 거리공연에 대해서 음악가들 사이에서의 규제나 질서 정립의 필요성은 느낀다"고 말했다.[63] 버스킹을 둘러싼 논란은 주목투쟁의 시대의 한 단면이라 할 것이다.

# 붕붕 드링크

시중에서 판매되는 '박카스' 같은 에너지 드링크에 비타민이나 이온 음료, 커피 가루, 숙취 해소 음료 등을 섞어 만든 각성제를 일컫는다. 마시면 붕붕 날아다니는 것 같은 기분이 든다고 해서 붙은 이름이다. 각성제 폭탄으로도 불린다. 붕붕 드링크의 주요 이용자는 청소년들로, 이들 사이에서는 '에너지 음료, 잠 깨는 음료, 졸음 해소 음료, 공부 잘되는 음료' 등으로 불린다. '수험생들의 묘약'으로 통하기도 한다. 이게 시사하듯, 학교 시험 기간은 붕붕 드링크의 최대 성수기다. 이 시기에는 붕붕 드링크의 수요가 급증하기 때문에 학교 인근 편의점에서는 붕붕 드링크 제조에 필요한 상품들이 없어서 못 팔 지경이다.[64]

'하이퍼 붕붕 드링크'도 있다. 붕붕 드링크에 '레드불, 핫식스, 에너젠'과 같은 고카페인 음료를 섞은 각성제로, 붕붕 드링크보다 강력한 효과를 낸다. 붕붕 드링크의 오남용을 경고하는 목소리도 높다. 일반적인 붕붕 드링크의 카페인 함량은 80밀리그램 안팎으로 알려져 있는데, 하루 두 번만 마셔도 청소년의 하루 섭취 상한선인 125밀리그램(몸무게 50킬로그램 기준)을 훌쩍 넘어서기 때문이다.[65] 전문가들은 붕붕 드링크를 필요 이상으로 과도하게 섭취할 경우 정교한 운동이나 지능 활동에 장애가 올 수 있으며 심한 경우에는 격한 흥분이 일어나거나 강직성 경련 상태까지 발생할 수 있다고 경고한다.[66] 시험 기간 중에 붕붕 드링크를 마셨다는 한 학생은 이렇게 말한다. "다음 날 좀비 상태였다."[67]

# 뻗치기 기사

굵직굵직한 정치적 이슈가 발생하거나 대중의 관심사인 연예인 스캔들 등이 터지면 기자들은 쓸 만한 기삿거리를 찾기 위해 관련 당사자의 집이나 사무실 앞에 진을 치는데, 이렇게 해서 쓰인 게 바로 뻗치기 기사다. 뻗치기는 취재 대상을 무작정 기다리는 전통적인 취재 기법을 뜻하는 언론계의 은어다. 사회적 관심도가 큰 사안의 경우에는 '집단 뻗치기'가 이루어지기도 한다.[68] 대단히 비효율적인 취재 방식이지만 언론계에서 뻗치기는 기사의 핵심이라 할 팩트(사실) 확인을 위한 중요한 취재 과정으로 간주되고 있기도 하다.[69]

　뻗치기는 엄청난 지구력과 인내력이 필요하다. 뻗치기를 하다가 밤을 새우는 경우도 있기 때문이다. 때로는 막무가내 정신도 필요하다. 『시사인』 기자 김은진은 "마침내 뻗치기가 결실을 맺는 찰나에는 '두꺼운 낯'이 필수다"며 "그이가 반가운 사람은 오직 나 한 명. 그래도 들이대며 묻고 또 물어야 한다"고 말한다.[70] 바로 그런 이유 때문에 뻗치기가 취재원의 인권을 침해하는 것 아니냐는 지적도 있다. 뻗치기는 기자들에게도 고역이다. 그렇지만 기사의 핵심이라 할 팩트 확인을 위한 절차라는 점에서 언론계에서는 뻗치기를 중요한 취재 과정으로 간주하고 있으며, 기약 없는 뻗치기 경험을 통해 비로소 기자다운 기자로 성장한다고 보는 시각도 있다.[71]

실제 팩트 확인 과정을 위안으로 삼는 기자도 있다. 『한겨레』의 정환봉은 스스로 "뻗치기는 나쁜 것이냐"는 질문을 던진 후 "뭐라고 답해야 할지 솔직히 명쾌하진 못하다"면서 이렇게 말한다. "정치적 목적을 갖고 사생활을 보도하거나, 그 보도의 비중을 키울지 줄일지 판단하고 결정하는 것은 각 언론사의 양심이나 편집 방향에 달려 있습니다. 하지만 기자는 그런 '고도의 판단'을 하는 것보다 사실을 확인할 의무가 더 큽니다. 가장 비효율적인 취재 방법 중 하나인 뻗치기까지 해가면서 한마디를 해줄 누군가를 기다리는 것은 기자에게 주어진 숙명일지도 모르겠다는 생각이 듭니다."[72]

# 사생팬

스타의 사생활을 쫓는 극성팬을 말한다. 사생팬은 연예인의 모든 사생활을 알아내기 위해 학업이나 직장일까지 뒷전으로 미루기도 하는데, 아이돌 그룹의 숙소는 사생팬으로 홍역을 치르는 것으로 유명하며 이 때문에 인근 주민들과 마찰을 빚기도 한다.[73] 사생팬의 스타 추종은 상상을 초월한다. 그래서 스토킹을 방불케 한다는 지적도 있지만 스토킹 방법은 갈수록 진화하고 있다. 일부 사생팬은 스타에게 접근하기 위해 코디나 매니저로 위장하기도 하며 스타를 보기 위해 출연 중인 드라마의 남자 스태프를 유혹하는 경우도 있다.[74] 전문가용 카메라와 가짜 명함을 들고 기자를 사칭하며 드라마 제작 발표회나 기자회견장에 잠입하는 경우도 있다. 스타를 맹목적으로 추종하는 사생팬의 심리를 이용해 인터넷 연예 매체가 사생팬에게 기자증을 돈 받고 파는 경우도 있으며 스타 관련 보도자료를 파는 사람들도 있다.[75]

　2012년 3월 인기 남성 아이돌 그룹 JYJ에 대한 사생팬의 도를 넘은 스토킹이 알려지면서 사생팬은 뜨거운 논란의 대상이 되었다. 당시 JYJ가 밝힌 바에 따르면, 일부 사생팬은 JYJ의 숙소까지 몰래 들어와 멤버들의 속옷을 훔친 뒤 이를 입고 사진을 찍어 멤버들에게 문자메시지로 보냈으며, 자고 있는 멤버에게 다가가 키스를 시도

했고, JYJ 멤버들의 가짜 신분증을 이용해 전화 통화 내역을 알아냈는가 하면 멤버들의 자동차에 위치 추적 장치를 몰래 달아놓고 쫓아다니기까지 했다. 멤버들의 얼굴을 보기 위해 고의 접촉 사고를 낸 사생팬도 있었다.[76] 그래서 "사생팬은 팬도 아니다"며 불쾌감을 표시하는 팬도 많지만 정작 사생팬들은 "진짜로 오빠를 위하는 건 우리들이다"고 항변한다.[77]

사생팬이 존재하는 이유는 다양하다. 우선 음악평론가 김작가는 사생팬이 존재하는 이유는 팬클럽에서 채울 수 없는 욕구 때문이라고 말한다. "팬클럽이 '우리는 하나다'라는 생각으로 자신을 희생하고 전체의 결정을 따른다면, 사생팬은 '내 욕구를 채우는 게 중요하다'는 거다. 사생팬을 경험했던 이들은 '일단 사생을 뛰면 절대 그만둘 수 없다'고 말한다. '남들이 보지 못한 걸 보고 무대 아래에서의 사진을 찍을 수 있다는 특권 의식을 가질 수밖에 없다'는 것이다."[78]

스타에 대한 정보를 더 많이 가지면 가질수록 팬 집단에서 우월감을 가지게 되고 위계질서에서 위쪽에 있게 된다는 것도 사생팬 증가의 원인이다. 정보를 빠르고 풍부하게 입수할 수 있는 위치에 있는 팬과 그렇지 못한 위치에 있는 팬 사이의 관계는 수평적이고 동등한 관계가 아니라 수직적 관계가 되기 때문이다. 한 팬은 이렇게 말한다. "저는 항상 규칙적으로 사생 블로그를 들어가요. ……들어가서 영상 쭉 보고 후기 보고 사진 보고……이런 생활습관이 매일같이 규칙적이에요.……시간 가는 줄 몰라요."[79]

　　사생 스폰서도 사생팬이 존재하는 이유 가운데 하나다. 사생팬에게 돈을 주고 정보를 얻는 팬을 일컫는 말인 사생 스폰서는 사생팬에게 택시비나 밥값을 주고 자신이 좋아하는 연예인이 어디서 무얼 하고 있는지, 동선은 어떻게 되는지, 만나는 사람은 누구인지, 옷차림은 어떤지 등에 대한 정보를 사진과 문자를 통해 실시간으로 보고받는다. 정보의 질에 따라 받는 금액이 결정되기 때문에 사생 스폰서를 둔 사생팬 간의 경쟁은 치열하다. 그래서 사생 스폰서를 둔 사생팬을 심부름센터에 비유하는 견해도 있다.[80]

　　사생팬을 비판하는 목소리는 크지만 한국 사회가 사생팬이 증가하는 이유에 대해 무관심하다는 지적도 있다. 비판에만 급급할 뿐 사생팬을 비롯한 청소년의 스타 숭배가 발생하는 근본적인 배경이나 이유에 대해서는 관심을 기울이고 있지 않다는 것이다. 사생팬은 물론이고 팬덤에 대한 공론화가 필요하다는 주장이 나오는 이유다.

# 사택

스타의 사생활을 쫓는 사생팬이 이용하는 택시를 말한다. 사생택시
의 준말이다. 사택은 주로 사생팬에 기생한다. 사택 기사들은 초보
사생들에게 문자로 스타들의 이동 경로를 알려주기도 하는데, 이 때
문에 스타에 대한 관련 정보가 부족한 초보 사생들이 주로 이용한
다. 사택은 보통 방송국이나 연예인 숙소 앞에서 사생들을 태우기
위해 기다렸다가 시속 200킬로미터 이상으로 달려 스타가 탄 밴을
쫓는다. 사택은 연예인들의 숙소, 식사 장소, 심지어 데이트 현장까
지 따라간다.[81] 한번에 목돈을 챙길 수 있고 기획사나 방송국, 미용
실, 숙소에서 대기만 하고 있어도 요금을 받을 수 있기 때문에 사생
팬을 전문적으로 실어나르는 사택도 있는데, 2012년 현재 사택만
전문적으로 하는 택시가 서울에만 100여 대가 있는 것으로 알려졌
다.[82] 사택이 사생팬 4명을 태우고 반나절 동안 받는 돈은 20만 원
정도로, 하루 수입만 40~50만 원에 달하는 사택도 있다. 사택 4년째
라고 밝힌 한 택시 운전사는 "시간당 3만 원을 받는데 돈벌이가 되
니 계속하고 있다. 일주일에 이틀 정도는 한다"고 말했다.[83]

# CoB Consumer's Contents Consuming Behavior

N스크린 광고 효과를 측정하기 위해 CJ E&M이 2012년 3월 시청률 조사기관 닐슨코리아와 손을 잡고 론칭한 '콘텐츠 파워 가치 측정 모델'을 말한다. CoB는 시청률과 프로그램 검색량 등을 기반으로 한 'CPIContent Power Index'와 시청자가 프로그램의 질적 가치를 매긴 'CVIContent Value Index'로 구성되어 있으며, 지상파 3사와 CJ E&M의 프로그램 70여 개를 대상으로 시청·검색·뉴스 구독량, 홈페이지 방문량, 소셜 미디어 버즈 등을 더해 프로그램이 사회적으로 미친 영향력 등을 평가해 산정한다.[84]

CJ E&M이 CoB를 론칭한 이유는 광고 시장에서 지상파에 견주어 차별을 당하고 있다는 인식 때문이다. 지상파와 달리 케이블 TV는 일부 인기 프로그램을 제외하고는 광고 단가가 낮은 편이다. 또 프로그램 방영 한 달 전에 광고가 미리 결정되는 구조여서 예상치 못한 대박 프로그램도 광고 수입의 편차가 큰 편이다. 물론 프로그램의 인기가 높으면 뒤늦게라도 광고비를 올려 받을 수 있긴 하지만 그런 시스템에서는 광고 규모를 키우는 데 한계가 있을 수밖에 없다는 게 CJ E&M의 생각이었다. 예컨대 N스크린 시대의 개막으로 과거와 같은 방식의 시청률 조사만으로 프로그램의 가치를 평가하고 광고 단가를 결정할 수 없다는 게 CJ E&M이 CoB를 론칭한 이유다.[85] CJ E&M 이성학 광고사업본부장은 "CoB는 스마트미디어 환경 가속화에 따라 방송 광고 시장의 주요 거래 기준으로 자리 잡은 시청률 중심의 보완 지표로 활용할 수 있고, 시청자의 행동이 많은 콘텐츠는 시청자와 인게이지먼트가 높아 광고 구매시 적극적으로 고려해볼 만한 유용한 기준이 될 것"이라고 말한다.[86]

하지만 CoB에 대한 지상파의 시선은 곱지 않다. 지상파의 한 관계자는 'CJ의 생존전략'이라고 평가 절하했다. 광고업계는 CoB에 CJ E&M의 편향이 담길 수 있다는 우려를 하면서도 주목하고 있다. 한 광고대행사 관계자는 "CJ가 콘텐츠에서 강점이 있지만 메인 디시(케이블) 영향력이 줄어들고 사이드디시(N스크린)가 커지고 있다 보니 스스로 지수를 만들어낸 것이라고 볼 수 있다"면서 "CoB가 지상파가 주도권을 쥐고 있는 기존 시청률 집계 방식에 비해 상대적으로 CJ에 유리한 측면이 있는 것 아니냐는 시각이 있어 업계에서 의미 있는 자료로 활용되진 않지만 충분히 의미 있는 시도"라고 말했다.[87]

# 시월드 드라마

시월드는 시아버지, 시어머니, 시누이처럼 '시媤' 자가 들어가는 사람들의 세상, 즉 시댁을 일컫는 말로 주로 며느리들 사이에서 사용되는 은어다. 시월드를 배경으로 한 드라마를 일컬어 시월드 드라마라 한다. 시월드 드라마는 오랜 역사를 자랑하는데, 이는 TV 드라마 시청의 실세라 할 여성과 가정주부의 취향을 적극 반영한 결과다. 시월드 드라마는 자주 '막장 드라마' 논란을 불러일으킨다. '상식 밖의 시집살이'를 강요하는 시어머니의 맹활약 덕분이다. 예컨대 2008~2099년에 방영된 〈너는 내 운명〉의 호세 엄마(양금석), 〈며느리와 며느님〉의 강산 엄마(선우용녀), 〈내 인생의 황금기〉의 엄마(양희경), 〈유리의 성〉의 준성 엄마(박원숙) 등이 그런 경우다.

중장년층을 고정 시청자로 확보할 만큼 시월드 드라마는 방송계의 블루칩이지만, 시월드 드라마의 시어머니 캐릭터를 불편하게 생각하는 시청자도 적지 않다. 김언경은 "막장 드라마이든 좀 품위가 있는 드라마에서 시부모와 가족이 등장하면 그들은 늘 '시월드' 노릇을 한다. 며느리가 시부모님 앞에서 뭔가 어려움을 말하거나 제안을 하면 그 여성의 캐릭터는 곧 '싸가지 없는' 며느리가 된다. 말대꾸라도 제대로 하면 곧 '패륜 며느리', '집안을 말아먹을 며느리'로 등극하곤 한다"며 이렇게 말한다. "이런 가족 드라마를 아침과 저녁, 주말까지 매일 보시는 시부모님들은 왜 내 며느리는 저렇게 못하나 아쉬워하시고, 그런 드라마를 싫어하는 며느리들은 시부모님이 제거된 '미니시리즈'만 보면서 또 다른 환상을 꿈꾼다"고 했다.[88]

시월드 드라마가 시어머니에 대한 편견을 조장하고 있다며 드라마 제작진들의 반성을 촉구하는 주장도 있다. 하지만 시월드 드라마는 현실을 반영한 것에 불과하다는 비판도 만만치 않다. 요컨대 시월드 드라마는 한국 사회의 공고한 가족주의와 혈연주의가 낳은 산물이라는 주장이다. 양성희는 "어쩌면 주야장창, 제 맘에 안 들거나 밑지는 결혼을 반대하는 TV 속 부모들은, 자식은 나의 연장, 자식의 인생 관리가 내 인생 최고의 목표이며, 결혼이라는 거래에서 손해 보는 장사는 죽어도 못한다며 본전 생각을 하는, 현실 속 부모들의 반영물일지도 모른다"고 해석한다.[89]

시월드 드라마를 두고 현실 반영론과 편견 조장론이 충돌하고 있지만 못된 시어머니 역할은 연기자에게도 곤욕이다. 예컨대 윤여정은 "엄마로 나온 무수한 드라마에서 하도 자식 결혼 반대를 많이 해 지겨웠다"며 "실제 내 아이들이 결혼할 때는 누구든 오케이하자 다짐하곤 했다"고 토로했다.[90] 아들에 대한 시어머니의 집착을 창작의 근거로 삼을 수는 있겠지만, 시월드 드라마가 '내 자식 제일주의'를 확대·재생산하는 악순환을 불러오고 있는 만큼 이에 대한 진지한 고민이 필요하다.

시월드 드라마

# 얼리 테이스터

남들보다 먼저 트렌디한 음식점을 찾아다니거나 특정 지역에서 제철에만 맛볼 수 있는 음식을 먼저 맛보려 하는 사람들을 일컫는다. 이들은 제철 음식을 남보다 먼저 맛보기 위해 직접 산지로 여행을 떠나기도 한다. 최신 디지털 기기를 남보다 빨리 사용하려는 얼리어답터에 빗댄 말로, 맛집에 대한 관심이 식재료 자체에 대한 관심으로 발전한 경우라 할 수 있겠다. 얼리 테이스터는 이른바 '맛생맛사' 정신으로 무장하고 있으며 과정 자체를 즐기기 때문에 궂은 날씨도 개의치 않는다. 얼리 테이스터 열풍은 인터넷과 스마트폰을 통한 산지 음식에 대한 빠른 정보 공유, 지방자치단체와 농어민들이 스토리를 덧붙인 고급스러운 농수산물 생산, 안전한 먹거리에 대한 관심을 반영한 로컬푸드 운동 등이 복합적으로 작용하면서 빠르게 확산되고 있다.[91]

주요 백화점과 호텔의 고급 레스토랑들도 얼리 테이스터를 잡기 위해 발빠르게 나서고 있다. 예컨대 갤러리아 명품관의 식품관인 고메이494는 2013년부터 산지 직송 코너를 따로 만들어 얼리 테이스터를 위한 제철 음식을 팔고 있다. 신선한 식재료를 구하기 위해 주방장들이 직접 전국 산지를 돌아다니는 호텔도 있다. 웨스틴조선호텔 구매팀은 전국을 돌며 제주 흑우, 지리산 산나물과 들기

름, 양양 송이, 영덕 박달대게, 통영 자리돔 등을 구해 일식, 중식, 양식당의 식재료로 사용하고 있다.[92] 서울신라호텔 서상호 총주방장은 "이제 셰프의 기술이 레스토랑의 경쟁력이 되는 시대는 아니다"라며, "고급 미식 고객들은 대부분의 조리법을 다 경험해봤기 때문에 이제 재료 자체의 등급이 다를 때 더 감동한다"고 말했다.[93] 온라인쇼핑몰도 합류하고 있다. 오픈마켓인 G마켓은 2012년 8월부터 신선식품 안심 캠페인 'G마켓이 간다'는 산지 직송 서비스를 선보이고 있는데, 이는 신선 식품 판매자를 선정해 G마켓 담당자가 산지를 직접 방문하고 판매자와 함께 제품 생산부터 가공, 포장, 배송 작업까지 참여하는 방식이다.[94]

얼리 테이스터

# SNS 유령친구

상대방에 대한 얼굴도 이름도 모르는 채 SNS에서 오로지 아이디상으로만 아는 가짜 친구를 말한다. 카카오스토리를 사용하는 청소년 사이에서 유행하는 신조어로, 카카오스토리 아이디를 서로 공개하고 친구는 맺지만 친분 쌓기는 절대 하지 않는다는 게 특징이다.[95] SNS 유령친구는 대외 과시용 성격이 짙다. SNS 친구가 적으면 왕따로 여기는 분위기가 팽배해지면서 친구가 없어 보이는 게 싫은 청소년들 사이에서 유행하고 있기 때문이다. 인터넷 검색창에는 유령친구를 사귈 수 있는 방법을 묻는 질문부터 유령친구를 구한다는 글도 올라오는데, 아예 유령친구 맺기를 도와준다는 카페도 있다.

예컨대 청소년 온라인 커뮤니티 '사춘기소녀나라'에는 "유령친구 구해요"라는 글이 하루에도 10여 개씩 올라오는데, 이런 글들에는 자신의 아이디를 공개하며 친구를 맺자는 댓글들이 달리는 것으로 알려졌다. 부모들은 "모르는 사람하고 SNS 친구를 맺다가 큰일 나면 어쩌냐"며 근심어린 눈으로 쳐다보지만 청소년들에게 SNS 유령친구는 '나는 왕따가 아니다'라는 것을 강조하기 위한 처절한 몸부림인 셈이다.[96]

# SNS 찌라시

SNS와 증권가 정보지로 뜻하는 은어인 '찌라시ㅎㅎㄴ'의 합성어다. 1990년대부터 활성화되기 시작한 찌라시는 정치 · 경제 · 사회 · 연예 등 각 분야의 소문과 확인되지 않은 정보를 담고 있는데, 증권사 직원 · 기업체의 담당 직원 · 사정기관 관계자 · 국회의원 비서관 · 기자 등 정보 시장 접근도가 높았던 이들이 일주일에 한 번 정보를 교환하는 방식에서 출발했다. 인터넷이 발달하면서 일반 주식투자자를 비롯해 네티즌들도 이메일, 파일, 블로그 등을 통해 찌라시를 접하게 되었는데, SNS 시대를 맞아 SNS 찌라시는 빠른 속도로 확산되고 있다. 빠르고 손쉬운 SNS의 전달력 때문이다.

SNS 찌라시는 찌라시를 자체 생산 · 유통시키기도 한다. 작성자가 다양해져 유포 과정에서 확인되지 않은 내용이 덧붙여져 확대 재생산되기도 하는데, 2013년 '사회 지도층 성접대 의혹'이 불거지자 SNS에는 최소 5가지의 '성접대 리스트' 찌라시가 유포되기도 했다. SNS 찌라시의 전파력은 상상을 초월한다. 한 네티즌은 "그냥 지어낸 얘기에 '받은 글(찌라시 내용임을 뜻하는 SNS 관용어)'이라고 적어 메신저에 뿌려봤더니 다시 내게로 고스란히 돌아오는 데 10분도 안 걸렸다"고 증언했다.[97]

SNS 찌라시의 주종은 연예인 스캔들로, SNS 찌라시의 문제점이 널리 알려진 계기도 2013년 가수 손호영의 여자 친구 죽음 이후 급속하게 확산된 이른바 '손호영 찌라시'다. 당시 SNS 이용자들은 사실 여부와 관계없이 손호영 찌라시를 공유한 것으로 나타났다. 한 대학원생은 "카카오톡을 통해 네 사람으로부터 똑같은 찌라시를 받았다"면서 "사실인지는 알 수 없지만 친구들이 궁금해해서 복사해 보내줬다"고 말했다. 블로그에 '손호영 증권가 찌라시'라는 제목의 글을 올린 한 누리꾼은 "저도 솔직히 믿지 않지만 돌아다니는 찌라시라서 올려봅니다"라고 밝혔다.[98]

SNS 찌라시의 대중화에 카카오톡을 비롯한 모바일 메신저가 결정적인 역할을 했다는 분석도 있다. 양승식은 "구전口傳으로 전해지던 '증권가 소식지(찌라시)'도 카톡 덕분에 '대중화'되면서 정제되지 않은 헛소문도 그만큼 빨리 퍼지고 있다"고 말했다. 서울대학교 언론정보학과 교수 이준환은 "예전 사람들이 '너만 알고 있어'라고 말하던 비밀 이야기가 이제 카카오톡으로 전달된다"며 "아무리 내밀한 이야기라 해도 그대로 복사해 손쉽게 전파할 수 있다는 점에서 사실상 공개돼 있는 것이나 다름없다"고 말했다.[99]

SNS 찌라시의 가장 큰 부작용은 프라이버시 침해와 명예훼손이다. 2·3차 피해가 이어지면서 SNS 찌라시에 오르내린 사람들이 받는 스트레스와 심적 고통도 상상을 초월한다. 김지현은 "찌라시가 '악성 댓글'과 만나면 파괴력이 걷잡을 수 없이 커진다"면서 "찌라시를 '공공연한 사실'로 규정한 대중은 '익명'의 뒤에 숨어 차마

입에 담지 못할 악성 댓글을 쏟아내고 있다. 욕설과 폭언은 물론이고 한 번 퍼진 거짓 소문은 해당 연예인을 평생 따라다니며 괴롭힌다"고 말한다.[100] 예컨대 SNS 찌라시 범람 이후 손호영은 자살을 시도하기도 했는데, 확인되지 않은 루머의 무분별한 확산과 악성 댓글이 초래한 비극이라는 지적이 나왔다.[101]

SNS 찌라시의 범람이 악성 댓글 수준을 넘어서 마녀사냥으로 이어질 가능성이 있다는 분석도 있다. 한 연예 관계자는 "대중은 늘 사건의 이면을 궁금해한다. 찌라시가 퍼지는 데는 알려진 사실 이면에 다른 진실이 있을 것이라는 막연한 호기심이 큰 몫을 한다"며 "'아니면 말고' 식의 찌라시가 유포되는 속도나 상황이 우려할 만한 수준이다. 지금과 같은 상황이라면 누구나 사실과 다른 마녀사냥의 희생자가 될 수 있다"고 우려했다.[102]

2013년 찌라시는 SNS를 넘어 인터넷 포털까지 점령한 것으로 나타났다. 이용상은 2013년 6월 11일 "네이버 검색창에 '찌라시'를 입력하니 각종 증권가 정보지 내용이 쏟아져나왔다. 정보지에 실린 글들을 월별, 주제별로 모아놓은 것도 수두룩하다"면서 이렇게 말했다. "'6월 증권가 찌라시 모음'이란 제목의 글에는 '재벌 2세가 강남 텐프로 여성에게 빠져 그 기업에서 난리가 났다. 그 업소는 워낙 비싸 어지간한 돈으론 갈 수 없고 모르는 손님은 받지 않는다'는 내용이 담겨 있었다. 업소 위치와 거론된 인사의 평판, 정보의 출처까지 기재돼 있다."[103] 찌라시 대중화에는 기성 언론이 져야 할 책임이 적지 않다는 지적도 있다. 양홍주는 "찌라시의 대중화는 정화되지 않은 정보가 넘치는 세상, 사기와 진실의 경계가 사라진 정보화 사회가 빚어낸 아비규환의 다른 말이다" 면서 무법자들이 판치는 황야를 개척하기 위해서는 제대로 역할을 다하는 언론의 바로 서기가 당장 필요하다고 말했다.[104]

# N스크린 N-screen

하나의 콘텐츠를 TV, PC, 스마트폰, 패블릿, 태블릿PC 등 다양한 기기를 통해 이용할 수 있는 서비스를 말한다. 집에서 TV를 통해 시청하던 콘텐츠를 이동하면서 스마트폰이나 패블릿, 태블릿PC 등을 활용해 계속 볼 수 있는 식이다. 스마트 기기를 통해 외부에서 보던 콘텐츠를 집에 돌아와 TV를 통해 보는 것도 마찬가지다. 스마트 기기의 대거 등장으로 N스크린 서비스 시대가 개막하면서 주도권을 잡기 위한 방송통신업계의 경쟁이 치열하게 벌어지고 있다. KBS · MBC · SBS · EBS 등 지상파 방송사는 N스크린 서비스 푹Pooq을 운영하며 프로그램과 콘텐츠를 판매하고 있으며, 종합케이블방송사업자MSO인 CJ헬로비전은 2010년 11월부터 티빙Tving을 운영하고 있다. SK텔레콤의 호핀hoppin, KT의 올레TV Now, LG의 U+HD TV 등도 N스크린 서비스다.

  N스크린 서비스 이용자들은 플랫폼보다는 콘텐츠를 중심으로 사고한다. 그래서 전통적인 의미의 채널 개념은 퇴색하고 있다. 예컨대 CJ헬로비전의 N스크린 서비스 티빙이나 지상파 방송사의 N스크린 서비스 푹에는 콘텐츠 제목과 시청 점유율만 있을 뿐 채널 번호가 따로 없다. 구글이 내놓은 구글TV 역시 채널 개념 없이 콘텐츠를 중심으로 화면을 배열해놓고 있다.[105] 실시간 방송도 의미가 없

어질 것이라는 전망도 있다. 과거처럼 시청자들이 '본방사수'를 하기보다는 자기가 원하는 장소·시간에 따라 주문형비디오vod를 적극적으로 보고 있기 때문이다. VOD 서비스를 이용하는 소비자들이 증가하면서 IPTV와 케이블TV 등 유료방송사업자들은 VOD 확충에 열을 올리고 있다. 또 모바일 시청이 증가하면서 모바일 환경에 적합한 콘텐츠 편성에도 적극적이다.[106]

　　N스크린 시대의 개막으로 현재와 같은 방식의 시청률 집계 방식을 수정해야 한다는 주장도 있다. 컴퓨터, 스마트폰, 태블릿PC를 이용해서 방송을 보는 시청자가 증가하면서 전통적인 시청률 집계 방식과 실제 시청 행태에 차이가 있기 때문에 지금과 같은 시청률 집계 방식은 안방에서 TV를 보는 시청자인 고령층의 시청 행태만 반영할 뿐 지상파를 탈출하고 있는 20·30대 젊은 층의 시청 행태는 배제하고 있다는 것이 그 이유다.[107] 그래서 TV와 스마트 기기를 모두 아우르는 통합 시청률을 제정해야 한다는 목소리도 높다.

　　N스크린은 방송업계의 화두지만 신문업계도 N스크린 대열에 합류하고 있다. 2013년 12월부터 온라인 뉴스 콘텐츠 유료화에 돌입한 『한경플러스』의 김광현 부장은 "우리는 엔스크린 전략이다. 종이신문 콘텐츠를 모바일과 PC 등 여러 디바이스를 통해 보여주려는 것"이라고 밝혔다.[108]

# 자각몽 自覺夢 · Lucid Dreaming

자신이 꿈을 꾸고 있다는 사실을 느끼면서 꾸는 꿈이다. 자각몽은 수면자가 꿈꾸는 사실을 인지하기 때문에 꿈 내용을 어느 정도 통제할 수 있으며, 깨어나서도 꿈의 내용을 생생하게 기억한다는 특징이 있다. 1913년 네덜란드의 내과의사 F. V. 에덴이 처음 사용한 용어로, 정신과에서는 일부 외상후 스트레스 증후군이나 악몽 환자에게 제한적으로 사용하는 치료법이다.[109] 2013년 한국에서는 자각몽 관련 인터넷 커뮤니티가 등장할 정도로 큰 인기를 끌었다. 예컨대 10만여 명의 회원이 가입해 활동 중인 포털 사이트 다음의 자각몽 카페 '루시드 드림'에는 자각몽을 배우는 방법을 묻는 질문이나 자각몽 성공 체험담이 꾸준하게 올라왔다.

자각몽을 도와주는 스마트폰 앱도 있다. 꿈 일기를 작성할 수 있도록 알람이 달린 메모장 앱, 잠이 든 상태에서 의식만 깨운다는 특수 알람 앱 등이 그런 경우다.[110] 자각몽 열풍을 타고 자각몽을 유도하는 제품도 등장했다. LED(발광다이오드)를 이용한 꿈 표식dream sign으로 수면자가 '꿈을 꾸고 있다'는 사실을 인지할 수 있도록 돕는 수면유도 안대인 '드림사인'이 그런 경우다. 출판계도 자각몽 열풍의 자장에 들었다. 2013년 10월 출간된 니콜 립킨의 『사장은 왜 밤에 잠 못 드는가』는 자각몽을 심도 있게 다룬 책이다.[111]

자각몽 열풍의 이유로는 현실도피 심리와 대리만족이 꼽힌다. 자각몽 상태에서는 꿈의 상황이나 환경을 마음대로 조절해 자신의 욕구를 실현할 수 있기 때문에 자각몽을 통해 힘든 현실과 삶의 고통을 잊어버리려 한다는 것이다. 취업 대란에 신음하는 취업 준비생이나 청소년들이 자각몽 열풍에 쉽게 합류하는 것도 이 때문인데, 그래서 자각몽을 일컬어 잉여세대의 도피처라는 말까지 나왔다. 경희대학교 이택광 교수는 "자각몽 유행은 자아를 실현하고 현실을 바꿀 가능성을 차단당한 젊은이들이 상상적으로 자아를 강화하려는 시도로 본다"고 말한다.[112]

　　자각몽을 보는 시선은 엇갈린다. 미국 시카고대학 수면실험실의 스티븐 라버지는 자각몽을 통해 스트레스를 해소하고 억눌린 자아를 되살릴 수 있다고 말해 자각몽에도 긍정적인 면이 있음을 시사한다. 다음 카페 '루시드 드림'의 운영자 이규상은 "자각몽은 지친 현대인들의 심신을 다독여주는 진정한 힐링법이 될 수 있다"고 예찬한다.[113] 자각몽의 부작용을 지적하는 사람들은 자각몽은 외상후 스트레스 증후군이나 악몽 환자에게 제한적으로 사용되던 치료법이기 때문에 일반인들이 자각몽을 치료가 아닌 다른 목적으로 사용하게 되면 뜻하지 않은 부작용이 발생할 우려가 있다고 말한다. 자각몽에 몰입한 나머지 꿈과 현실을 구분하지 못하거나 자각몽 속에서 지나친 일탈 행위를 하다가 정서 불안에 빠질 위험성이 크다는 것이다.[114]

# 제로 TV 가구

TV 수상기를 가지고 있지 않은 가구, TV가 있지만 사실상 TV 수상기로는 방송을 보지 않고 스마트폰이나 노트북, 태블릿PC 등을 주로 이용해 프로그램을 시청하는 가구를 일컫는다. 미국은 제로 TV 가구가 급증하고 있다. 2013년 현재 미국의 제로 TV 가구는 전체 가구의 5퍼센트 수준으로 추정되는데, 이는 2007년 대비 2.5배 증가한 규모다.[115] 한국에서도 제로 TV 가구는 빠른 속도로 증가하고 있다. 방송통신위원회의 조사에 따르면, 2010년 95.7퍼센트였던 1인 가구의 TV 보유율은 2011년 92.9퍼센트로 떨어졌으며 이 비율은 더욱 높아질 것으로 예측되고 있다. 제로 TV 가구가 급증하는 이유는 크게 두 가지다. 하나는 1인 가구의 급증이다. 이들은 TV 수상기를 놀리느니 아예 구입하지 않는다. 혼수에서 TV를 배제하는 젊은 부부도 많다. 또 하나는 TV 수상기가 아니더라도 PC, 태블릿PC, 스마트폰 등 다양한 스마트 기기를 활용해 TV 시청이 가능해졌기 때문이다.

　미디어미래연구소 연구위원 이종관은 "과거에는 이용자가 매체에 생활 패턴을 맞추는 형태였기 때문에 TV에 종속되는 경우가 많았지만, 지금은 자신의 생활 패턴에 맞게 합리적으로 콘텐츠를 이용하는 소비자들이 늘고 있다"고 말했다.[116] 콘텐츠를 중심에 두고 플랫폼을 선택한다는 이야기인데, 바로 그런 이유 때문에 지금과 같은 방식의 시청률 집계 방식을 바꾸어야 한다는 목소리도 높다.

　　제로 TV 가구의 급증은 관련 산업에 지각변동을 불러오고 있는데, TV 시장은 직격탄을 맞고 있다. 2012년 세계 TV 시장은 전년 대비 4퍼센트 줄어들었으며 2013년에도 축소된 것으로 나타났다. TV 시장의 불황으로 인해 2013년 10월 1일 독일의 뢰베는 파산을 신청했으며, 일본의 파나소닉은 10월 9일 PDP(플라즈마 디스플레이 패널) TV 사업을 접는다고 밝혔다. 뢰베는 90년 전통을 자랑하는 독일 가전업체이고 파나소닉은 PDP의 종가다.[117] TV 시장의 미래는 앞으로 TV 업체들이 내놓을 신제품의 성능에 따라 달라질 수 있다는 분석도 있지만, 앞서 거론한 이유들 때문에 TV의 미래가 밝지 않다고 보는 게 일반적인 시각이다.[118]

# 처월드 드라마

처월드를 배경으로 한 드라마다. 처월드 바람을 타고 처월드 드라마는 2013년 대중문화계의 주요한 트렌드로 자리 잡았다. KBS-2 주말극 〈왕가네 식구들〉과 MBC 주말극 〈금나와라 뚝딱〉이 그런 경우로, 이들 드라마에는 이른바 막장 장모의 구박을 받으며 험난한 처가 생활을 하고 있는 사위들이 등장했다. 시집 중심에서 처가 중심으로 가족상이 변화하고 있기 때문에 시청자들의 공감을 가장 중요시하는 드라마에서 처월드를 다루는 것은 당연한 것으로 받아들여지고 있지만, 처월드 드라마가 시월드 드라마를 대체하면서 독한 드라마의 새로운 영역을 개척하는 것 아니냐는 우려의 목소리도 있다.

예컨대 김명신은 "매번 '나쁜' 시어머니와 '당하는' 며느리 속 울분을 토하며 보던 시청자들에게 '처월드'는 다소 짜릿한(?) 묘미를 선사한다는 점에서 의미를 줄 수도 있지만 너무나 처절하게 그려지는 사위와 '못된' 장모의 갈등 역시 보기 편한 부분은 아니다"면서 "시월드에서 당한 며느리에게 혹독한 처월드를 당하는 사위의 모습은 분명 통쾌함을 줄 수는 있다. 드라마나 예능을 즐겨보는 시청자층이 여성인 점을 감안할 때 분명 높은 시청률은 보장된다고 볼 수 있다. 하지만 그 역지사지에만 급급할 것이 아니라 보다 현실을 반영한 공감 캐릭터와 스토리 전개는 진정 어려운 부분일지, 꼭

'못된 시어머니' 반대 편에는 '막장 장모'가 있어야 할지 곱씹어볼 필요가 있어 보인다"고 했다.[119]

　　유구한 역사를 자랑하는 시월드 드라마에 비해 처월드 드라마는 이제 막 등장한 과도기적 드라마라 할 수 있기 때문에 처월드 드라마의 중심을 잡는 게 필요하다는 주장도 있다. 서병기는 가족극이 유난히 강한 한국 드라마에서 시월드 드라마를 통해 독한 막장 시어머니가 실제 이상으로 양산되었던 것처럼 처월드 드라마를 통해서도 얼마든지 막장 장모가 나올 가능성이 높은 우려가 있는 만큼 방송사들이 시청률 상승의 동력으로 막장 장모를 내세우려는 유혹을 버려야 한다고 말했다.[120]

# 출장 · 퇴장족

출근길과 퇴근길에 장을 보는 모바일 장보기족族을 일컫는 말이다. 출장족은 출근길에 장을 보는 사람이고 퇴장족은 퇴근길에 장을 보는 사람이다. 출퇴근을 하면서 대형마트 모바일 앱을 통해 장을 보고 배달까지 받는 식이다. 출장 · 퇴장족의 급증은 1인 가구와 맞벌이 가정의 증가로 인한 사회 변화와 밀접한 관련을 맺고 있지만, 더 근본적인 원인은 스마트폰 혁명과 모바일월렛(전자지갑) 같은 결제 수단의 도입에 따른 모바일 쇼핑의 활성화에 있다.[121] 2009년 100억 원 대에 그쳤던 모바일 쇼핑 시장 규모는 이듬해 30배가 커진 3,000억 원, 2012년에는 1조 7,000억 원까지 덩치가 커졌으며, 2013년 말 시장 규모는 4조 원대에 육박할 것으로 전망될 정도로 급성장했다.[122]

　　출장 · 퇴장족이 유통업계의 판도를 바꿀 것으로 예측되면서 이들을 겨냥한 유통업계의 마케팅 경쟁도 치열하다. 우선 이용자의 편의성을 고려한 모바일 쇼핑 앱 업그레이드에 지속적인 투자를 하고 있다. PC를 통한 쇼핑은 포털 사이트나 가격 비교 사이트를 거쳐 꼼꼼히 비교하고 사는 반면, 모바일 쇼핑은 구매가 편리한 앱을 통해 직접 구매하는 경향이 있어 '주문이 편리한 앱'이 출장 · 퇴장족을 끌어당길 수 있는 필수 조건이라고 판단하고 있기 때문이다.[123] 온라인 쇼핑몰 역시 모바일 앱 개발에 적극적이다. 온라인 쇼핑몰

한 관계자는 "기존 온라인 모델을 벗어나 모바일에 최적화된 이용자 습성을 분석해 앱을 개발하는 게 관건"이라고 말했다.[124]

배송 경쟁도 치열하다. 출장·퇴장족을 위한 전용 물류 센터 건립에 나선 대형마트도 있으며 비용 절감을 위해 전산화를 통한 배송 경로 최적화 시스템 구축에 나선 곳도 있다. 또 출장·퇴장족이 주로 신선 식품을 구입하는 점을 고려해 저녁 7시 이전 주문할 경우 당일 배송이 가능한 서비스를 강화하고 있는 추세다.[125] 출장·퇴장족의 확산으로 대형마트에는 새로운 직업도 등장했다. 피커Picker와 패커Packer다. 피커는 출장·퇴장족이 주문한 상품을 대신 장바구니에 담아주는 장보기 전문 요원을 말하고, 패커는 포장 담당 직원을 일컫는다.[126]

# 카톡 유령 ID

모바일 메신저 카카오톡 게임을 하기 위해서는 유료 결제를 하거나 친구에게 초대 메시지를 보내 게임 실행 포인트인 '하트'나 '클로버' 등을 얻어야 하는데, 그런 포인트를 공짜로 얻기 위한 목적으로 만들어진 ID를 말한다. 유령 ID는 말 그대로 아무도 사용하지 않는 ID로 실체가 없다. 지인들에게 피해를 주지 않으면서도 제한된 카카오톡 게임 횟수를 늘리기 위한 편법으로 유행하고 있다. 포털 사이트에는 카톡 유령회원을 만드는 방법을 묻는 질문들이 적잖게 올라와 있으며, 카페나 블로그에서는 '카톡 유령회원 일련번호 공유'에 관한 글들도 심심치 않게 볼 수 있다.

　민상식과 서지혜는 "유령 ID는 'abc001~050'처럼 특정 영어 단어 뒤에 일련번호를 붙이는 식으로 수백~수천 개의 ID가 생성된다"며 "특히 유령 ID는 범죄에 이용되더라도 추적이 어렵다. 이 때문에 카톡 유령 ID는 출장마사지 등 성매매 신청과 접수 수단으로 활용되기도 한다"고 말한다. 실제 카톡을 이용해 성매매 예약을 받는 한 업소 관계자는 "카톡 유령 ID를 자주 바꿔가면서 예약을 받고 있다"면서 "유령 ID를 이용하면 경찰의 수사를 피할 수 있다"고 말했다.[127]

　유령 ID를 얻기 위해 아예 '유령방'을 만든 사람들도 있다. 방장이 카카오톡에 대화방을 개설하고, 불특정 다수의 사람이 모여서 초대를 한 뒤 대화도 없이 서로 필요한 초대 메시지를 보내 아이템만 획득하는 식이다. 유령방이 개설되면 수백 명에서 1,000여 명까지 참여하는 것으로 알려졌다. 카톡 유령방은 게임 아이템을 얻기 위한 게 목적이니만큼 '유령들 외에는 카톡 친구 초대 금지'나 '채팅은 무조건 금지', '유령들 친구 추천 후에는 퇴장' 등의 수칙도 있다.[128]

카톡 유령방이 유행하면서 유령방 소개를 빌미삼아 보상이 주어지는 특정 사이트나 어플에 가입한 뒤 자신의 ID를 추천해달라는 사람들도 등장했다. 카카오톡 관계자는 유령 ID에 대해 "회사 차원에서 어느 정도 파악은 하고 있으나 정확히 몇 건이 되는지 따로 집계는 없는 실정"이라며 "유령 아이디란 게 결국 누군가의 친구 목록을 내려받아서 이름을 바꿔 다시 올리는 것으로 알고 있다. 차단을 해도 새로운 아이디가 생성되고 있는 것으로 보여 스팸 문자와 같은 존재"라고 말했다.[129]

# 코피 루왁Kopi Luwak

인도네시아어로 커피를 뜻하는 코피와 긴꼬리 사향고향이를 의미하는 루왁이 결합한 이름으로, 인도네시아·필리핀 등에 서식하는 사향고양이가 커피 열매를 먹고 난 뒤 배설한 씨앗을 햇빛에 말려 볶는 과정을 거쳐 탄생한 커피를 말한다. 사향고양이는 가장 잘 익은 커피 열매만을 따먹는 능력이 있는 것으로 알려져 있는데, 사향고양이의 소화 과정을 거치면서 원두의 쓴맛과 떫은맛이 사라지고 특유의 맛과 향을 내는 커피가 되는 것으로 분석되고 있다. '고양이 똥 커피'로 불리기도 하며 한국인에게는 루왁 커피로 알려져 있다.

코피 루왁은 연간 400~500킬로그램만 생산되는 희소성 때문에 명품 커피의 대명사로 통한다. 가격도 비싸다. 코피 루왁 원두 가격은 400그램 기준으로 50만 원을 호가한다. 한국에서는 2006년부터 백화점이나 고급 커피 전문점을 중심으로 판매가 시작되었으며, 한국 호텔 등에서 판매되는 코피 루왁의 가격은 봉사료 등을 포함해 한 잔에 4~5만 원 선이다.[130] 코피 루왁의 인기가 치솟으면서 사향고양이를 집단 사육하는 농장도 등장했는데, 이는 사향고양이 학대 논란으로 번지고 있다.

2012년 11월 19일 영국의 일간지 『가디언』은 사향고양이 '사육 농장'에 대한 기사에서 "야생에서 뛰어놀아야 할 사향고양이들이 좁은 우리에 갇혀 커피 열매만을 사료로 먹고 있었다"며 "사람들이 이렇게 열악한 사육 환경에 대해 알게 되면, 결코 루왁 커피를 마시지 못할 것"이라고 말했다.[131] 2013년 한국에선 동물단체를 중심으로 코피 루왁 불매 운동이 벌어졌다. 동물단체는 코피 루왁은 명품 커피가 아니라 '동물 학대 커피'라고 말한다. 코피 루왁은 동남아에서 약 10만 마리 이상의 사향고양이들이 몸을 움직일 수 없는 철창에 갇힌 채 소화 기관을 약하게 하는 유동식을 먹으며 생산한 커피로, 사향고향이들이 코피 루왁 생산을 위한 기계처럼 취급받고 있다는 게 동물단체의 주장이다.[132]

# 클리어 콤 <sub>Clear QAM</sub>

TV 안에 셋톱박스 기능을 내장해 케이블만 꽂으면 바로 방송을 볼 수 있는 셋톱박스 없는 디지털 케이블TV를 말한다. 콤QAM · Quadrature Amplitude Modulation은 디지털 신호를 아날로그 신호로 변조할 수 있는 기술 방식으로, 바로 이 콤을 제거한다는 의미에서 클리어 콤이라 불린다. 클리어 콤은 기술의 특성상 양방향 서비스나 주문형비디오 VOD 서비스는 불가능하지만 유선 방송 가입자는 셋톱박스 임대 비용을 내지 않아도 되기 때문에 저렴한 가격으로 디지털 방송 채널을 이용할 수 있다는 장점이 있다.[133]

디지털 전환 비용의 대부분을 차지하는 셋톱박스 보급 비용을 줄일 수 있다는 장점 때문에 클리어 콤은 디지털 전환에 따른 보완 기술로 주목받아왔다. 특히 디지털TV 구매 능력이 없는 저소득층의 디지털 방송 시청 권리를 확보할 수 있는 유력한 수단으로도 각광받았다. 2013년부터 아날로그 방송이 종료되었지만 저소득층 대부분은 자발적 디지털 전환이 불가능한 디지털 소외계층이라는 점을 들어 미래부는 이들을 대상으로 클리어 콤 보급에 나설 것이라고 밝혔다. 하지만 클리어 콤을 둘러싼 논란도 만만치 않다.

우선 IPTV나 위성방송 등 유료방송 업계의 반발이 거세다. 이들은 저소득 계층을 지원한다는 명분으로 클리어 콤이 도입될 경우에 종합유선방송사업자SO만 혜택을 받을 것이라고 주장하고 있다. SO는 셋톱박스에 대한 비용을 소비자에게 부담시키지 않아도 되기 때문에 경제적으로 디지털 케이블 전환율을 높일 수 있지만, 자신들은 전혀 혜택을 누릴 수 없을 뿐만 아니라 기존 시장마저 잠식당할 우려가 있다는 게 이들의 주장이다.[134] 클리어 쾀이 도입되면 가입자 확대에는 도움이 되겠지만 저가 방송의 확대로 이어질 것이라는 우려도 있다. 예컨대 김광재는 "콘텐츠 생산에 투입되는 비용을 고려할 때 일부 지상파 방송 채널을 제외하고는 대부분 저가 콘텐츠나 광고성 상업 콘텐츠로 채워질 가능성이 높다"고 말한다.[135]

하지만 클리어 쾀이 저렴한 비용으로 디지털 방송을 시청할 수 있게 해준다는 점에서 소비자들에게는 득이 될 것이라고 보는 시각도 있다. 최호섭은 "클리어 쾀 기술 자체가 저소득층을 위한 것은 아니지만, 셋톱박스의 부담이 없다는 점과 난청 지역을 해소하는 서비스라는 점에서 저소득층에 제공하면 좋은 서비스가 될 수 있다"고 말한다. 몇 가지 주요 채널만 보고 싶은데 100여 개 채널을 한꺼번에 떠안아야 하는 소비자들에게 클리어 쾀을 제공하고 적절한 수준의 유료방송 시장의 가격 경쟁을 이끌어낼 수 있다면 바람직한 일이라는 것이다.[136] 2013년 9월 정부는 클리어 쾀을 디지털TV를 보유하고 있지 않은 약 171만 저소득층 가구에 한정해 공급하기로 했다.

# 토트 TOT · Test Of Talent

오디션월드네트워크AWN가 운영하는 연예인이 되는 데 필요한 자질과 재능을 객관적으로 평가해주는 재능평가 인증 시스템이다. 연예인 인증 시험이라 할 수 있다. 연예인이 10대들의 희망 직업 순위 1위로 떠오르고 오디션 열풍이 한국 사회를 강타하면서 등장한 것으로 볼 수 있겠다. 토트는 보컬, 댄스, 연기 세 분야로 나누어 각 분야별로 전문지식을 가진 대학 교수, 연예인, 엔터테인먼트사 대표, 캐스팅 매니저 등 약 500여 명의 심사위원이 현장에서 평가를 실시한다. 보컬은 음색 · 음감 · 음정 등, 댄스는 유연성 · 기본기 · 균형 등, 연기는 발음 · 표현력 등 세부 항목별로 점수를 매기는데, 응시자 1명당 10분의 시간이 동일하게 주어진다.[137]

응시생들에게는 다양한 혜택이 제공된다. 토트에서 상위 등급을 받은 지원자는 토트와 제휴한 엔터테인먼트 대표와 관계자들이 참석하는 쇼케이스 무대에 설 기회를 제공받는다. 또 응시생들이 재능을 더욱 계발할 수 있도록 제휴된 아카데미와 엔터테인먼트사의 멘토링 서비스도 제공받는다. 오디션월드네트워크는 토트는 재능을 가지고 연예인을 준비하고 있는 지망생들과 부모에게 한층 객관적인 진로 방향을 제시할 것이라며 교육계뿐만 아니라 엔터테인먼트 산업과 대중문화 전반에 걸쳐 토트가 제시하는 플랫폼을 통해 긍정적인 시너지 효과를 구축할 수 있다고 강조한다. 오디션월드네트워크는 공신력과 객관성을 높이기 위해 전문가들로 구성된 토트위원회를 구성했으며, 향후 국가 공인인증 시스템으로 거듭나기 위해 노력하겠다고 말했다.[138]

    토트를 바라보는 시각은 엇갈린다. 전문가들에 의해 평가가 이루어지는 만큼 신인 발굴에 도움이 될 것이라고 호평도 있지만 연예인 지망생들을 돈벌이로 이용하고 있다는 비판도 있다. 응시료가 15만 원으로 적지 않을 뿐만 아니라 수치화·계량화할 수 없는 연기자의 재능을 객관적으로 평가하는 게 과연 가능하냐는 지적인 셈이다.[139]

# 통합 시청률 TSR · Total Screening Rate

피플미터 방식의 기존 시청률 조사가 시대 변화를 따라 잡지 못하고 있다는 문제의식에서 대안으로 거론되고 있는 시청률 집계 방식이다. 피플미터를 활용한 시청률 조사는 패널로 선정한 가구에 설치된 피플미터기를 통해 전체 시청률을 추산한다. 통합 시청률 조사의 필요성이 제기되는 이유는 크게 두 가지다. 첫째, N스크린 시대의 개막에 따른 젊은 층의 지상파 이탈과 TV의 고령화다. 젊은 층은 스마트폰, 인터넷 등 IT 기기를 이용해 TV를 시청하고 있기 때문에 중장년층이 주로 시청하는 가정용 TV 수상기만을 대상으로 한 시청률 집계는 신뢰를 상실했다는 것이다. 둘째, 주문형비디오VOD를 통한 시청의 증가다. 이른바 '본방사수'는 옛말이 된 만큼 실시간 방송만 대상으로 한 기존의 시청률 집계 방식은 의미가 없다는 것이다. 통합 시청률 조사는 세계적인 추세다. 노르웨이 · 덴마크 · 스위스 등 유럽 3개국은 2013년 1월부터 통합 시청률 조사를 실시하고 있으며, 영국 · 중국 등도 도입을 추진 중이다.[140]

　미국에서도 당일 실시간 시청률을 중심으로 한 시청률 조사방식을 바꿔야 한다는 움직임이 일고 있다. 폭스, ABC, NBC, CBS 등은 현행 시청률의 정확성이 떨어진다고 보고 방송 후 7일간의 VOD 시청률을 합산하는 방식을 논의하고 있다.[141] 한국에서도 통합 시청률 조사는 오래전부터 논의의 대상이 되어왔는데, 2013년 10월 22일 방송통신위원회는 2014년부터 통합 시청률 조사를 도입하겠다고 발표했다. 고정형 TV 수상기를 대상으로 한 기존 방식에 스마트폰과 PC를 통한 실시간 시청, 프로그램별 다시보기vod를 결합해 시청률을 산정하겠다는 게 방송통신위원회가 내놓은 방식이다.

통합 시청률이 방송업계의 화두로 떠오르면서 통합 시청률 조사 방법의 주도권을 두고 한국의 시청률 조사를 양분하고 있는 시청률조사회사인 닐슨코리아와 TNmS의 경쟁도 가열되고 있다. 세계적으로 시청률 조사기관이 두 곳인 나라는 거의 없기 때문에 정부와 함께 N스크린까지 포함한 통합 자료를 만들어 업계의 동의와 지지를 받는다면 엄청난 먹거리를 차지할 것으로 예측되고 있기 때문이다.[142] 닐슨코리아는 TV와 PC, 모바일 기기 이용 행태를 동시에 측정할 수 있는 통합 패널을 구축하고 있으며, TNmS는 PC, 모바일 기기에 자체 개발한 애플리케이션을 설치해 시청률을 측정하는 기술을 개발했다. 통합 시청률 조사로 발등에 불이 떨어진 곳은 지상파다. 통합 시청률 대응을 위해 태스크포스팀을 꾸린 방송사도 있지만 그간 지상파는 통합 시청률이 도입될 경우 다른 스크린의 영향력이 커지거나 다른 사업자에 유리한 결과가 나올 수 있다는 우려 때문에 대체로 통합 시청률 도입에 미온적인 태도를 보여왔기 때문이다.[143]

통합 시청률이 도입되면 시청률의 총수치는 늘어날 것으로 예상되지만 통합 시청률 측정이 자리 잡기까지는 여러 가지 난제가 남아 있다는 분석도 있다. 방송사마다 이해가 다를 뿐만 아니라 광고주와 시청률 조사 기관 모두 입장 차이가 크기 때문이라는 게 그 이유다. 그래서 모두가 합의할 수 있는 기준을 마련하는 게 선행되어야 한다는 지적도 있다.[144] 통합 시청률 도입에서 VOD 시청을 어떤 비율로 반영할지가 핵심 쟁점으로 떠오를 것이라는 분석도 있다. VOD 서비스는 본 방송을 기준으로 언제까지 시청한 것을 시청률에 합산할 것인지 명확한 기준이 없기 때문이다.[145]

통합 시청률

# TV 에브리웨어Everywhere

2009년 6월 미국 최대의 케이블TV 사업자인 컴캐스트와 타임워너가 자사의 유료방송 고객이 인터넷과 스마트폰, 태블릿PC 등 디지털 기기를 이용해 TV 콘텐츠를 언제 어디서나 볼 수 있도록 하겠다면서 제시한 개념이다.[146] TV 에브리웨어는 동영상 전송 시간이 획기적으로 줄면서 훌루Hulu, 넥플릭스Netflix 같은 온라인 동영상 서비스 업체들이 빠른 속도로 가입자를 늘려나가자 미국의 케이블TV 업계가 생존 전략의 일환으로 내놓은 것이다. 지금은 언제 어디서나 TV를 시청할 수 있는 서비스라는 용어로 확장되어 사용되고 있다. TV가 편재遍在되어 있다는 것으로 이해하면 되겠다.

한국에서는 2010년 6월 1일 종합케이블방송사업자MSO인 CJ헬로비전이 간단한 마우스 조작만으로 실시간 TV 방송을 PC나 노트북 등을 통해 볼 수 있도록 한 '티빙Tving' 서비스를 시작해 TV 에브리웨어 개념을 처음 도입했다. TV 에브리웨어 시대가 개막하면서 시장의 주도권을 잡기 위한 경쟁도 치열하게 벌어지고 있다. 케이블TV 업계는 물론이고 훌루와 넷플릭스 등 온라인 스트리밍 서비스 업체, 유튜브를 필두로 한 동영상 플랫폼, 세계적인 검색 업체 구글까지 TV 에브리웨어 시장을 공략하고 있다. TV 에브리웨어 시대의 승자가 누가 될지는 모르지만 대세는 온라인 동영상 서비스 업체로 기울었다는 시각도 있다. 케이블 가입자가 큰 폭으로 줄어들고 있기 때문이다.

예컨대 타임워너의 2013년 3분기(7~9월) 동영상 서비스 가입자는 30만 6,000명 감소했으며, 컴캐스트 역시 같은 기간 케이블 가입자가 전년 동기에 비해 12만 9,000명 감소했다.[147] 손현철은 TV 에브리웨어의 실현으로 TV 수상기 보유 세대에 수신료를 받는 한국의 KBS은 커다란 위기에 직면할 것이라고 예측했다. 모바일 기기와 온라인으로만 영상을 시청하는, 그러니까 수신료를 부과할 수 없는 TV 수상기 없는 가구가 증가하고 있기 때문이라는 게 그 이유다.[148] TV 수상기가 없는 가구를 일러 제로 TV 가구라 한다.

TV 에브리웨어

# 패드립

패륜과 애드리브의 합성어로 부모나 어른을 욕설과 성적 비하의 소재로 삼는 행위를 일컫는다. 인터넷 유머 사이트인 디씨인사이드에서 시작된 패드립은 주로 게임 사이트나 인터넷 게시판 등을 통해 유통된다. 게임을 하던 중 상대를 비방할 목적으로 상대의 부모를 지칭하며 욕설과 성적 비하를 하는 식이다. 패드립이 범람하는 이른바 패륜 카페도 있다. 한국의 대표적인 패륜 카페로는 2009년 한 포털 사이트에 개설된 M카페가 꼽힌다.

2013년 5월 현재 이 카페에 게시된 1,000여 개의 글은 '패드립'이 대부분인데, '엄마가 부끄럽다', '부모가 죽어버리거나 잔소리 못하게 언어장애라도 되었으면 좋겠다', '공부하고 있는데 짜증나게 한다'는 등의 내용이 주를 이루고 있다. 표현 수위도 과격하다. 부모를 'X새끼들'이라고 칭하거나 'X발' 등의 수식어가 붙는 것은 비일비재하고 부모를 'X 같은 표정' 또는 '씹어먹어도 안 시원한 X' 등으로 묘사하고 있다. 이런 글들에 달리는 댓글 역시 패드립이 주내용이다.[149] 포털 사이트 지식 공유 게시판에는 "패드립을 가르쳐달라"는 질문들도 수시로 올라온다.

패드립은 스마트폰을 활용한 SNS나 스마트폰 그룹 채팅 공간에서도 유행하고 있다. 모바일 메신저 '카카오톡'을 통해 서로 누가 더 패드립을 잘하는지 경쟁하는 '패드립 배틀'도 있다.[150] 패드립을 하는 이유로 청소년들은 재미와 소속감을 꼽고 있다. 전문가들은 부모와의 대화 단절로 인한 소통 채널의 상실이 패드립을 부추기고 있다고 지적한다.

고려대학교 교수 현택수는 "맞벌이 부부 증가 및 과도한 학업 스트레스 등으로 인한 대화 단절이 부모에 대한 자식들의 적대감을 부추기고 있다"며 "부모와의 갈등을 직접적인 소통으로 풀기보다 불특정 다수와 공유하면서 괴리감이 더 커진 것"이라고 말했다.[151] 패드립을 근절하기 위해 패륜 카페에 대한 단속이나 제재가 필요하다는 목소리가 높지만 패륜 카페에 대해 법적으로 어떻게 접근해야 하는지에 대한 명확한 규정이 없어 방송통신심의위원회의 제재는 이루어지지 않고 있다. 방송통신심의위원회는 포털 사이트 역시 도박이나 음란물처럼 불법이 아닌 탓에 제재가 곤란하다는 입장을 보이고 있다.[152]

패드립

# 퍼블리시티권 Right of Publicity

특정인이 자신의 성명·초상·목소리·이미지·캐릭터 등을 상업적으로 이용하거나 제3자에게 상업적인 이용을 허락할 수 있는 배타적 권리를 말한다. 초상 사용권이라고도 하며 연예인·스포츠 스타 등 유명인이 자신의 얼굴이나 이름 등을 동의 없이 상업적으로 이용할 수 없도록 하는 게 대표적인 퍼블리시티권이다. 퍼블리시티권에서 핵심적인 부분은 상업적 이용 여부로, 퍼블리시티권은 재산가치 보호 권리라는 점에서 인격권의 초상권과는 다르다.[153]

미국은 판례와 각 주의 성문법에 의거해 퍼블리시티권을 보호하고 있지만 한국은 아직 법적인 규정이 없어 퍼블리시티권을 둘러싼 논란도 심심치 않게 발생한다. 예컨대 2013년 유명 연예인들의 퍼블리티시권 침해 소송이 줄을 이었는데, 재판부마다 판단이 엇갈렸다. 가수 백지영은 퍼블리시티권 침해를 인정받았지만 걸그룹 소녀시대의 멤버 제시카와 애프터스쿨의 유이, 배우 수애, 이지아 등은 인정받지 못했다.[154]

퍼블리시티권에 대한 법적인 판단이 엇갈리면서 이른바 '기획 소송'도 줄을 잇고 있다. 일부 법무법인이 아르바이트생을 동원해 퍼블리시티권을 침해하고 있는 사례를 대량 수집한 뒤 연예인 기획사와 함께 소송을 제기하는 식으로, 별다른 비용을 들이지 않고 퍼블리시티권을 지키려는 기획사와 패소 가능성이 낮고 **쉽게 돈벌이** 할 수 있는 사건을 만들어내려는 로펌의 이해관계가 **낳은 현상이** 다.[155] 아예 연예기획사와 계약을 맺고 퍼블리시티권 분쟁만 전문적 으로 다루는 대행업체까지 등장했는데, 이런 기획소송이 증가하면 서 한숨을 쉬는 영세 자영업자도 많다.

포털 사이트에는 법무법인의 강압에 돈을 내고 합의했다는 영 세 자영업자의 글들이 적지 않게 올라와 있다.[156] 그래서 연예인들의 권리 주장이 지나치다는 비판도 나오고 있다. 처벌이 과하다는 게 그 이유다. 퍼블리시티권을 보호하기 위한 게 목적이라면 퍼블리시 티권 침해를 알게 되었을 때 사용하지 못하도록 시정명령 같은 경 고조치 공지를 먼저 해야지 그런 과정 없이 소송을 통해 합의금만 뜯어내려는 것에 집착하고 있다는 지적인 셈이다.[157]

연예 · 스포츠계의 유명인들은 스타를 활용한 문화 · 엔터테인 먼트 산업이 지속적으로 발전하기 위해서는 퍼블리시티권이 반드 시 인정되어야 한다고 말한다. 한류 콘텐츠가 글로벌 시장으로 진 출하고 있는 상황에서 한국에서 인정받지 못하는 권리를 해외에서 주장하기 어려워진다는 주장도 있다. 유병한 저작권위원회 위원장 은 "K팝를 비롯해 영화, 드라마 등 우리나라 문화 콘텐츠의 국제적 경쟁력이 높아지는 시점에서 퍼블리시티권의 법적 보호 근거를 마 련하는 것은 늦출 수 없는 과제다"고 말한다.[158] 연예인의 권리를 위 해서나 영세 자영업자들의 피해를 막기 위해서라도 하루빨리 현실

을 고려한 퍼블리시티권에 대한 구체적인 법률적 근거가 필요하다
는 목소리가 나오는 이유다.

# 표현대중 expressive crowd

대중매체의 정보를 수동적으로 소비하지 않고 정보를 가공해서 확산시키거나 스스로 뉴스와 정보를 생산하는 대중을 가리키는 말로, 칼럼니스트 박권일이 일본의 IT 비평가 우메다 모치오가 제시한 '총표현사회'에 착안해 만든 말이다. 우메다 모치오는 인터넷의 등장으로 매체 환경이 일방통행에서 커뮤니케이션 지향으로 변하면서 정보의 수신자가 동시에 발신자가 되는 사회가 도래했다며 이를 총표현사회라 지칭했는데, 블로그의 탄생을 총표현사회의 서막으로 규정했다.[159]

스마트폰 혁명과 SNS 시대의 개막으로 인해 표현대중은 빠른 속도로 증가하고 있다. 박권일은 "지금 이 순간에도 수많은 표현대중들이 각자의 이야기를 각종 사이트와 블로그, 트위터, 페이스북에 쏟아내고 있다. 그런 이야기들 대부분이 실은 별 의미 없는 잡담, 와전된 소문, 날조된 미담이다. 사람들은 술에 취한 채 트위터에 욕을 남기거나 대면해선 결코 하지 않았을 민망하고 내밀한 이야기를 인터넷에 늘어놓는다. 감정을 과장하거나 극단적인 방식으로 표현하기도 한다"면서 이런 자기 노출은 표현대중의 '보편 증상'이라고 했다.[160]

표현대중은 전 세계적인 현상이지만 한국인이 유독 자기노출에 적극적이라는 분석도 있다. 예컨대 2013년 5월 미국의 IT 전문가 메리 미커Mary Meeker가 올씽스디지털 콘퍼런스에서 발표한 인터넷을 통한 정보 공개 성향 결과에 따르면, 한국은 사우디아라비아와 인도, 인도네시아에 이어 4위를 차지했다. 이 조사에서 한국인 응답자 10명 가운데 4명(40퍼센트)은 인터넷을 통해 '(거의) 모든 개인정보를 공유하는 편'이라고 말했는데, 이는 전 세계 평균인 24퍼센트보다 높은 것이다.[161] 윌 스미스 주연의 〈애프터 어스〉, 로버트 다우니 주니어 주연의 〈아이언맨 3〉, 톰 크루즈 주연의 SF영화 〈오블리비언〉 등의 할리우드 영화가 한국에서 최초로 개봉하는 것도 한국인이 표현대중이라는 사실과 밀접한 관련이 있다.

박은경은 "할리우드 블록버스터 영화가 '출생국'보다 앞서 한국 관객과 만나는 일은 더이상 뉴스거리도 되지 못한다"며 "이렇게 한국 개봉이 빠른 이유로 국내 영화시장의 성장세가 꼽히지만, 더 큰 이유는 한국 관객들의 적극성에 있다. 특히 소셜네트워크서비스 SNS, 유튜브 등에 능숙한 한국 관객들은 자발적으로 '글로벌 입소문'을 내주기 때문이다"고 말한다.

올댓시네마의 김태주 실장은 "한국 관객들은 영화를 보는 것으로 끝나지 않고 SNS에 감상평을 남기면서 다른 나라 흥행에 촉매제 역할을 한다"며 특히 "'얼리어답터(남들보다 먼저 신제품을 사서 써보는 사람)' 성향이 강한 국내 관객들은 영화를 먼저 접했다는 자부심으로 다른 나라 예비 관객들에게 소문을 내준다"고 말했다. 자발적으로 트위터에 평을 올리고, 유튜브에 UCC까지 올려주는 '고마운 관객'은 다른 나라에서는 찾기 힘들다는 것이다.[162] 먹방(음식 먹는 방송)과 라이프캐스팅족이 급증하는 것도 한국인이 표현대중이라는 사실과 관련이 있을 것이다.

# 푸티지 시사회

정식 개봉을 앞둔 영화가 영화 장면의 일부만 편집해서 보여주는 이른바 맛보기 시사회를 이르는 말이다. 영상을 구성하기 위한 목적으로 촬영된 일정한 길이의 필름을 일컬어 푸티지Footage라 하는데, 영화뿐만 아니라 뉴스나 음악 등에서 특정한 장면이나 구절을 말하기도 한다. 푸티지 시사회는 전체 영화의 10~15분 정도만 보여주지만 일반 시사회처럼 상영관 전체를 빌려서 진행하며 홍보와 입소문을 위해 주로 언론사 영화 담당 기자들이나 영화 관계자, 인터넷 영화 카페 관계자, 파워 블로거 등이 초청된다.

　　푸티지 시사회는 영화에 대한 기대치를 최대로 끌어올리기 위해 영화에서 가장 자신 있는 부분만 골라서 보여주거나, 종전에 보지 못하던 영상 기술을 선보이는 식으로 진행된다.[163] 전체 내용을 다 보여주지 않음으로써 영화에 대한 각종 추측을 유발하고 호기심을 키울 수 있기 때문이다. 예컨대 2013년 4월 4일 진행된 영화 〈아이언맨 3〉의 푸티지 시사회에서는 아이언맨 수트가 주인공 토니 스타크(로버트 다우니 주니어)의 중추신경계와 연결되어 마치 기계와 사람이 하나로 연결된 듯한 모습을 보여주고 스타크의 연인 페퍼 포츠(귀네스 펠트로)가 아이언맨 수트를 입는 장면이 등장하는 등 관객의 호기심을 불러 일으켜 흥행에 크게 성공했다.[164]

# PEI Program Engagement Index

한국방송광고진흥공사KOBACO가 2012년 4월부터 조사하고 있는 프로그램 몰입도 지수로, 시청자들의 몰입 정도를 통해 TV 프로그램의 가치를 판단하고 광고 효과를 측정하는 지표를 말한다.[165] 코바코는 매월 정례조사를 실시해 광고 판매를 대행하면서 PEI를 활용하고 있다. PEI 100 이상은 보통 이상 몰입도를, 100 이하는 보통 이하 몰입도를 뜻한다.[166] 젊은 층이 지상파를 탈출하고 있기 때문에 PEI는 기존 시청률 순위와 일부 차이가 있다. 기존 시청률 조사에서는 상위에 랭크되지 못한 프로그램일지라도 젊은 층이 즐겨 시청하는 프로그램이 PEI 조사에서 상위에 포진하는 경우도 많다.

예컨대 젊은 층의 폭넓은 사랑을 받고 있는 MBC의 예능 프로그램 〈무한도전〉의 시청률은 중장년층이 선호하는 프로그램에 비해 저조하지만 2013년 4월부터 6월까지 3개월 연속, 또 8월부터 11월까지 4개월 연속 PEI 1위를 차지한 것으로 나타났다. 이렇듯 기존 시청률 순위와 PEI 순위가 다르게 나타나면서 지상파의 항의가 발생하기도 한다.

예컨대 PEI는 조사 초기를 포함해 4번의 결과가 누락되기도 했는데, 이는 지상파의 항의 때문이었다는 시각도 있다. 코바코 관계자는 "PEI를 1년 가까이 조사해보니까 시청률이 좋다고 몰입도가 좋은 것은 아니다"라면서 "시청률이 낮지만 광고판매에 유리한 프로그램들이 있고, 아직까지 광고주를 설득하는 자료는 시청률이지만 보완 자료로 활용되고 있다"고 말했다.[167] PEI는 기존 시청률 조사에 대한 불신이 커지면서 등장한 것으로 볼 수 있겠다.

# 필터 버블 Filter Bubble

구글과 야후 등 세계적인 인터넷 검색 업체와 페이스북 등 소셜 미디어 기업들이 제공하는 정보에 의존해 정보 편식을 하는 이용자들이 점점 자신만의 울타리에 갇히고 있다는 것을 설명하기 위해 등장한 말이다.[168] 미국의 온라인 시민단체 무브온의 이사장인 엘리 프레이저가 자신의 저서 『생각 조종자들』에서 제시한 개념이다. 프레이저는 필터 버블 현상이 발생하는 원인으로 인터넷 기업들이 추구하고 있는 개별화 전략을 지목하고 있다. 개별화 전략은 이용자의 성향과 취향, 기호 등을 파악해 이들에게 맞춤형 정보만 제공하는 것을 말한다. "인터넷 필터가 당신이 실제로 무슨 일을 했는지 살펴보고, 무엇을 좋아하는지 추론"하며, "광고를 조율하는 (상업적) 알고리즘이 우리의 생활을 조율하기 시작했다."[169]

필터 버블 현상을 불러온 선구자는 세계 최대의 온라인 서점 아마존이다. 단골의 취향을 파악해 책을 추천해주는 동네 서점의 판매 방식을 온라인에서도 구현하겠다는 아이디어가 적용된 아마존은 개인의 취향과 기호를 분류하는 필터링을 사용해 크게 성공했는데, 빅데이터Big Data 시대가 개막하면서 맞춤형 정보 제공은 대세가 되었다. 검색 서비스도 개별화 전략으로 진화하고 있다. 사람의 마음을 읽는 검색엔진을 강조하고 있는 구글의 지식 그래프와 소셜 검색을 전면에 내세운 페이스북의 그래프 서치가 그런 경우다. 한국 최대의 포털 사이트 네이버 역시 맞춤형 정보를 제공하고 있다.

맞춤형 정보 제공은 마케팅 영역에서 시작되었지만 필터 버블에서 프레이저가 가장 우려하는 것은 뉴스의 개별화다. 현재 야후 뉴스나 『뉴욕타임스』 인터넷판 같은 웹 사이트들은 사용자의 특별한 관심이나 욕구에 맞춰 톱뉴스를 올려주고 있는데 이에 대해 프레이저는 '개별화'로 특화된 세계는 "우리가 좋아하는 사람들과 생각들이 모여 있는 편안한 곳"이지만, 필터 버블은 필연적으로 왜곡효과를 낳을 수밖에 없기 때문에 이용자들은 확증편향 속에 갇혀 살 운명에 처했다고 경고한다. 인터넷 기업이 창조한 필터 버블의 세계에서는 제3세계의 자연재해나 정부의 예산 집행 등 좀더 공공적인 이슈들은 모습을 감출 수밖에 없다는 게 그의 주장인 셈이다.[170] 프레이저는 인터넷 기업이 개별화 전략을 포기하지 않는 한 필터 버블 현상은 사라지지 않을 것이라면서 인터넷 기업들에 옴부즈맨을 임명해 투명성을 높이고, 어떤 정보를 어떻게 사용하고 있는지 밝힐 것을 요구하며 초기 인터넷 정신으로 돌아가야 한다고 주문하고 있다.[171]

프레이저는 인터넷 기업이 창조한 "필터 버블의 세상에서 우리는 듣기 좋은 뉴스만을 편식한다"고 우려하지만, SNS 시대를 맞아 이용자들 스스로 필터 버블 세계를 창조하고 있다는 분석도 있다.[172] SNS를 생각이 다른 사람이나 집단과의 소통 수단으로 활용하려 하기보다는 생각과 행동이 비슷한 사람끼리만 뭉치는 수단으로 사용하고 있기 때문에 이 과정에서 특정 정보만을 편식하는 경향이 자주 발생하고 있다는 진단이다. 그래서 SNS 이용자들에게 발견되는 필터 버블을 SNS의 속성으로 보는 시각도 있다. 본질적으로 관계 테크놀로지라 할 수 있는 SNS의 가장 큰 장점은 공감 커뮤니케이션, 즉 뜻이 맞는 사람들과의 소통이기 때문에 관계의 배타성과 편협성은 피할 수 없다는 지적이다. 한국에서 필터 버블 현상은 특히 사회적 이슈나 정치적 사안을 두고 자주 발생하고 있는데, 이는 한국 사회에 만연한 이분법과 정치적 편가르기와 밀접한 관련을 맺고 있다는 해석도 있다.

**2**

# Digital Section

TALK

Trend Keyword

# 공간정보 Geospatial Information 산업

지도 · 위치 같은 공간 자원을 활용해 제공하는 서비스를 말한다. 공간정보 산업은 전자지도와 위성위치확인시스템GPS 등을 이용하는데, 증강현실 기술을 이용한 산업도 주목받고 있다. 공간정보 산업은 이미 우리 일상에 깊숙이 들어와 있다. 차량 내비게이션과 스크린 골프, 스크린 승마, 가상현실 체험 등이 그런 경우다. 내비게이션을 통해 날씨 정보를 알려주는 웨비게이션, 택시를 탄 뒤 스마트폰에 차량 번호를 입력하면 자신의 위치 정보와 함께 지인에게 문자로 전달되는 '택시 탔숑' 앱 등도 공간정보를 활용한 기술이다. 재난 예방 · 토지 관리 · 문화재 복원 · 국방 등 공간정보는 활용되지 않는 분야가 없으며, 공간정보를 활용한 각종 시스템은 국토 · 도시 · 교통 · 환경 등의 다양한 분야에서 효율적인 관리와 의사 결정을 지원하는 매우 중요한 역할을 하고 있다.[1]

공간정보 산업의 선두주자는 구글이다. 2005년 '구글 어스'라는 위성사진 서비스로 '공간 기술 시장'의 포문을 연 구글은 GPS를 이용한 무인자동차 개발에도 성공했으며, 2012년 대형 화면을 통해 우주에서 지구로 접근해 유명 관광지 · 도시는 물론 바닷속까지 실제 여행처럼 실감나게 체험할 수 있는 '리퀴드 갤럭시'라는 3D 영상 기술을 내놓았다.[2] 구글글라스 역시 공간정보와 서비스를 융합한 대표적인 사례다. 2010년 89조 원이었던 공간정보 시장은 매년 11퍼센트씩 성장해 2015년에는 150조 원 규모가 될 것으로 예상되고 있다. 바로 그런 시장성 때문에 공간정보 산업의 주도권을 잡기 위한 경쟁도 치열하게 벌어지고 있다. 특히 구글과 애플은 세계 지도시장과 실내공간정보 시장을 두고 각축을 벌이고 있다.

공간정보 산업이 주목받으면서 2013년 4월 국토교통부는 대통령 업무 보고에서 일자리 창출을 위해 공간정보 산업을 창조경제의 선도 분야로 육성하겠다고 말했다. 하지만 공간정보 산업 강국이 되기 위해선 풀어야 할 숙제가 적지 않다는 지적도 있다. 우선 공간정보 산업의 발전을 선도할 소프트웨어가 아직 세계 수준에 미치지 못한다는 게 한계로 거론된다. 세계 공간정보 소프트웨어 시장은 미국과 유럽 몇몇 기업이 83퍼센트 이상을 독점한 독과점 체제 형태를 보이고 있는데, 한국 공간정보 시장에서 한국 소프트웨어가 차지하는 점유율은 약 4.7퍼센트에 머무는 등 객관적 지표로 볼 때 아직 매우 미미한 수준이라는 것이다.[3]

공간정보를 담당하는 전문 인력이 부족하다는 주장도 있다. 국토해양부는 10년 전부터 공간정보 거점 대학을 선정하고 2009년부터는 공간정보 특성화대학을 선정해 인력 양성에 나섰지만 여전히 인재가 드물다는 지적이다.[4] 공간정보 산업을 육성하겠다는 정부의 의지가 생색내기에 머물고 있다는 지적도 있다. 한국 정부는 지난 10년간 1,000억 원을 들여 2012년 7월부터 공간정보 오픈 플랫폼

'브이월드' 서비스를 시작했지만, 브이월드는 민간 서비스용으로
는 적합하지 않아 중소기업은 돈을 내고 구글맵스 등의 서비스를
이용하고 있다는 것이다.[5]

# 공인인증서

전자상거래에서 전자서명을 안전하게 사용하기 위해 만들어진 인증서다. 공인인증서는 온라인쇼핑, 인터넷뱅킹, 증권, 보험, 서류 발급, 세금 납부 등 금융 거래와 전자정부 등 각종 공공서비스에서 신분확인용으로 필수적으로 쓰이기 때문에 온라인거래의 인감도장으로 통한다. 공인인증서와 비밀번호만 있으면 한 개인의 다양한 금융거래 정보가 한눈에 드러나기 때문에 해커에게는 보물 상자를 여는 열쇠라는 평가도 있다. 공인인증서는 금융결제원과 코스콤 등 인증기관이 발급한다. 2013년 현재 한국에서 발급된 건수는 약 3,000만 건으로, 경제활동 인구의 90퍼센트 이상이 사용한다.[6]

2013년 2월 전문 해커들이 신한·국민·우리·하나·농협은행 등 주요 시중은행이 발급한 공인인증서 약 700개를 빼간 것이 적발되고 5월에는 공인인증서 수백 개가 파밍pharming 수법으로 해커들에게 유출된 것으로 드러나면서 공인인증서의 안전성에 대한 문제 제기가 이어졌다. IT 보안업계는 피싱으로 유출된 공인인증서가 수만 건에 달할 것으로 추정했는데, 공인인증서의 안전성 문제가 대두되자 2013년 5월 14일 금융감독원은 그동안 일부 신청자를 대상으로 시범 시행해온 '전자금융사기 예방 서비스'를 9월 26일부터 모든 이용자를 대상으로 확대 시행하겠다고 밝혔다. 이에 따라 공인인증서를 재발급받거나 인터넷뱅킹으로 300만 원 이상을 이체하려면 사전에 지정해 둔 컴퓨터나 스마트폰에서 보안카드 또는 일회용 비밀번호OTP 카드로 본인 확인 절차를 거쳐야만 하게 되었다.[7]

하지만 공인인증서의 안전성을 둘러싼 논란은 가라앉지 않고 있다. 사실 공인인증서 논란은 어제 오늘의 일이 아니다. 2010년 공인인증서 안전성이 문제가 되자 금감원은 대체인증수단 도입을 위해 인증방법평가위원회를 마련했다. 또 2012년 대선에서 안철수·문재인 후보는 공인인증서 폐지를 공약했으며, 박근혜 후보는 '글로벌 표준에 맞는 다양한 공인인증 서비스 허용'을 공약집에 포함시킨 바 있다. IT 전문가들은 공인인증서만을 고집하는 현행 체계를 다양한 표준이 가능하도록 열어달라고 말한다. 다양한 공인인증 서비스가 허용되면 여러 플레이어가 들어올 것이고, 시장의 경쟁에 의해 소비자와 사업자들이 자연스럽게 우수한 서비스를 선택할 것이라는 주장이다.[8]

2000년대 중반부터 한국의 공인인증 제도에 대한 문제 제기를 꾸준하게 해왔던 오픈넷의 김기창 고려대학교 교수는 "PC에 보관된 공인인증서는 해킹시 대량 유출이 가능하고 암호 역시 손쉽게 확보할 수 있는데도 당국이 공인인증서에 집착하고 있다"면서 "보안인증 서비스에 정부가 개입하는 나라는 한국이 유일한데 이게 문제의 근원"이라고 말했다.[9]

공인인증서 자체를 폐기해야 한다는 주장도 있다. 이민화는 공인인증서는 "보안에 극도로 취약한 액티브X 기반이다. 특정 폴더에 저장돼 유출이 쉽다. 서버 인증을 하지 않고 있어 피싱에 무방비다"며 "수많은 보안 프로그램으로 걸레가 된 한국의 네티즌들이 세계적으로 가장 보안에 취약해진 이유를 공인인증서 제도 이외에 무엇으로 더 설명하겠는가. 공인인증서 제도는 폐기하고 글로벌 스탠다드로 가야 한다"고 말한다.[10] 2013년 8월 정부는 공인인증기관을 확대 지정해 경쟁을 유도하고 기술 발전을 산업에 보다 빠르게 적용시키되 현재의 공인인증 체계는 유지하는 것을 주 내용으로 한 전자서명법 일부 개정안을 정부 입법으로 발의했지만 공인인증서의 존폐를 두고 논란은 사그라들지 않고 있다.[11]

# 광대역 LTE

LTELong Term Evolution보다 넓은 주파수 대역폭을 사용하는 서비스를 말한다. LTE와 광대역 LTE의 가장 큰 차이는 속도다. 주파수 대역폭이 넓어졌기 때문에 광대역 LTE는 기존 LTE보다 훨씬 빠른 데이터 전송 속도를 자랑한다. 자동차가 2차로보다 4차로에서 더 속도를 낼 수 있는 이치를 생각하면 된다.[12] 광대역 LTE는 LTE-A와 함께 LTE보다는 빠른 속도를 자랑한다는 점에서는 유사하지만 크게 두 가지 면에서 다르다.

하나는 주파수 대역을 확장하는 방법이다. 광대역 LTE는 같은 대역의 주파수를 넓히는 것이지만 LTE-A는 서로 다른 대역을 묶어 주파수 대역을 확장하는 것이다. 고속도로를 예로 들자면 광대역 LTE는 기존 도로를 2배로 넓히는 것이고 LTE-A는 기존 도로 옆에 새로운 도로를 지어 사용하는 방식이다. 또 광대역 LTE는 소비자가 기존 단말기를 바꾸지 않아도 속도가 올라가지만 LTE-A는 새로운 단말기를 구입해야 한다.[13]

2013년 9월 KT가 가장 먼저 광대역 LTE 서비스를 시작했는데, 통신업체간 콘텐츠와 서비스 경쟁도 가열되고 있다. 광대역 LTE 시대의 개막으로 고화질HD 영상, 끊김없는 서비스, 수월해진 공유 서비스 등이 가능해졌기 때문으로 통신업체들은 고화질 영상 콘텐츠 소비가 크게 늘어날 것으로 보고 관련 서비스를 경쟁적으로 내놓고 있다.

광대역 LTE 전국 서비스는 2014년 7월경에나 가능한데, 바로 그런 이유 때문에 똑같은 LTE폰을 쓰며 같은 이용 대금을 내고 있는 지역 가입자들이 차별을 받고 있다는 지적도 있다. 2013년 4월 14일 미래창조과학방송통신위원회 소속 강동원(무소속) 의원은 국정감사에서 미래부가 경매로 할당한 주파수의 통신가능구역(커버리지)을 인위적으로 제한해 수도권을 제외한 지방에서는 광대역 서비스를 이용하지 못하고 있다면서 "주파수 할당시 커버리지 제한은 세계적으로 유례가 없으며 기술적·사업적으로 가능한데도 정부 규제로 고품질의 서비스를 지연시키는 것은 지방 거주 주민들에 대한 역차별"이라고 말했다.[16] 미래부는 LTE 주파수를 할당하면서 KT가 광대역 LTE 전국망을 구축하는 것을 2014년 7월까지 제한했는데, 이는 다른 이통통신사의 이해관계를 고려한 조치였다.

# 구골 Googol

10의 100제곱, 즉 1 뒤에 0이 100개 달린 수를 뜻한다. 구골은 1938년 미국의 수학자 에드워드 카스너의 조카 밀턴 시로타Milton Sirotta가 이름 붙인 거대한 수로, 카스너가 『수학과 상상Mathematics and the Imagination』(1940)이란 책에서 처음 소개했다. 고등학교 수업 시간에 이 숫자에 매료된 구글의 창업자 래리 페이지는 방대한 정보를 얻는 것은 물론 인터넷 세상의 무한한 정보를 체계화하겠다는 뜻으로 회사의 이름에 이 단어를 쓰려고 했는데, 철자를 헷갈리는 바람에 기억 속의 단어 구골은 구글이 되었다. 캘리포니아주 마운틴뷰에 있는 구글 본사 건물의 이름인 구글플렉스Googleplex도 10의 구골 제곱을 뜻하는 구골플렉스googolplex에서 따온 말이다.[15]

# 구글라이제이션<sub>Googlization</sub>

세계적 검색 업체 구글에 의해 주도되는 디지털 커뮤니케이션 혁명을 이르는 말로, '세상이 모두 구글화된다'는 의미를 담고 있다. 구글라이제이션의 저작권자는 존 바텔과 알렉스 솔크에버다. 이들은 2003년 모든 종류의 온라인 정보 산업에 미치는 구글의 압도적 영향력을 가리켜 '구글라이제이션'이라고 표현했는데, 이후 구글라이제이션은 구글에 의해 주도되는 디지털 커뮤니케이션 혁명을 가리키는 긍정적 · 부정적 의미를 동시에 갖게 되었다.[16] 2006년 1월 스위스 다보스에서 열린 2006 세계경제포럼WEF에서 클라우스 슈바프 회장은 전 세계인들이 구글 인터넷 검색 엔진을 통해 시공을 초월해 정보를 이용할 수 있게 된 현실이 세상을 뒤바꿔놓고 있음을 가리켜 "전 세계가 이제 글로벌라이제이션에서 구글라이제이션으로 움직이고 있다"고 말했다.[17]

인터넷 세계의 제국을 꿈꿔 온 구글은 인터넷 검색, 이메일, 이미지, 비디오, 번역, 블로그, 전자책 등 인터넷 산업의 전반적 영역으로 사업을 확장하며 새로운 비즈니스 모델을 끊임없이 창출해왔는데, 이게 다 구글라이제이션의 일환이다. 이에 대해 성민규는 이렇게 말한다. "한편으로 세계화가 다수의 지역성이 다양한 교차의 영역들을 구성함으로써 만들어지는 이질적인 틈새들도 담아내는 물질적인 사회구성 과정인 것처럼, 이상적인 인터넷 비즈니스 모델 구축의 표현으로서 구글라이제이션 역시 다른 한편으로는 다양한 사회적 도전을 통해서 끊임없이 재구성되는 사회문화적 영역들을 만들어내기도 한다. 요컨대, 디지털 문화의 구글라이제이션은 인터넷의 문화와 경제에서 단순히 전체주의적 획일성을 그려내는 것이라기보다는 다양한 참여적 형태가 발굴되고 비즈니스 모델화되면서 궁극적으로는 사회적 도전을 통해 재구성되는 인터넷의 정치경제를 위한 표현이라고 할 수 있다." [18]

　　하지만 구글라이제이션에 대한 비판도 만만치 않다. 『구글의 배신』의 저자 시바 바이디야나단은 "구글이 진실을 작위적으로 결정하고, 인간의 지각 능력도 떨어뜨리고 있지만, 사람들은 오히려 구글을 세상을 들여다보는 렌즈 같은 존재로 숭상한다"고 지적했다. [19] 미국의 기술문명 평론가인 니콜라스 카는 미국 시사잡지 『애틀랜틱 먼슬리』 2008년 7~8월호에 게재한 「구글이 우리를 바보로 만드는가?Is Google Making Us Stupid?: What the Internet Is Doing to Our Brains」라는 글에서 구글로 대표되는 인터넷의 위험성은 인간의 뇌를 계량해서 최적화할 수 있는 일련의 기계적 과정의 산출로 본다는 데 있다고 비판했다. 카는 인터넷에 많은 시간을 보낸 뒤로 책이나 긴 글을 읽을 때에 집중하는 데에 어려움을 겪고 있다는 자신의 경험을 소개하면서, 인터넷이 집중concentration과 숙고contemplation를 방해하며 "구글이 이끄는 세계에는 깊은 사색 과정에서 나오는 '경계의 모호함' 따위

는 들어설 여지가 없다"고 주장했다.[20]

이인묵은 2013구글I/O(구글 개발자 콘퍼런스)에서 구글은 모든 것이 구글화된 세상을 선언했다면서 구글화의 무기는 기계 학습 machine learning이라고 진단했다. 검색 기능을 통해 전 세계 어느 기업보다 많은 데이터를 확보함으로써 구글은 검색어 입력을 분석해 어떤 사람이 무엇을 궁금해하는지도 알게 되었는데, 이제는 이용자가 검색한 기록을 바탕으로 맞춤형 정보를 제공하는 등 검색이라는 사용자 습관을 바꾸고 있다는 것이다. 기계 학습은 컴퓨터를 활용해 막대한 양의 데이터를 통계 처리해 새로운 패턴을 찾아내는 것으로, 사람이 특정 분야를 공부한 것과 같은 통찰력을 컴퓨터가 갖게 되기 때문에 기계 학습이란 이름이 붙었다.[21]

# 구글I/O<sub></sub>Input/Output

구글이 매년 미국 샌프란시스코에서 혁신 제품을 선보이는 행사로, 구글의 신제품과 신기술을 가장 먼저 접할 수 있는 자리다. '구글 개발자 콘퍼런스'라고도 한다. 구글I/O에서 I와 O는 두 가지 의미를 담고 있다. 첫째는 입력을 뜻하는 'Input'과 출력을 뜻하는 'Output'의 뜻이다. 둘째는 '혁신은 개방 속에 있다Innovation in the Open'를 의미한다.[22] 2008년 처음 시작되었으며 매년 3일간 진행된다. 구글I/O는 기본적으로 개발자를 위한 자리로, 구글 플랫폼을 쓰는 전 세계 개발자들이 모여 기술을 공유한다. 보통 아침부터 저녁까지 구글의 서비스를 구체화한 개발자의 아이디어를 발표하는 세션으로 진행된다.[23]

매년 수천 명의 개발자가 참여하는데, 구글I/O에 참여하기 위해선 학생·교수·교사 등은 300달러(약 33만 원), 일반인은 900달러(약 100만 원)를 등록 비용으로 내야 한다. 그렇지만 온라인으로 표를 팔기 시작하면 한 시간 안에 매진될 정도로 애플의 세계개발자회의WWDC145와 함께 개발자들 사이에 가장 인기 있는 행사로 자리를 잡았다.[24] 900달러에 달했던 2013구글I/O 입장권은 불과 49분만에 매진되었는데, 입장권 구입 자격은 구글플러스 계정과 구글 월렛 계좌를 모두 소유한 사람들에 국한되었다.[25]

구글I/O는 구글의 첨단 기술과 미래 비전을 발표하는 장이기
도 하다. 넥서스폰, 크롬북, 무인자동차, 구글글라스 등이 구글I/O
를 통해서 세상에 선을 보였다. 그간 구글I/O를 통해 혁신적인 제품
을 내놓았던 구글은 2013구글I/O에서는 새로운 하드웨어를 선보
이는 대신 소프트웨어에 기반한 혁신을 핵심 경쟁력으로 내걸었
다.[26] 또 구글은 2013년 구글I/O 기간 내내 통합을 강조했다. 데스
크톱 · 노트북 · 태블릿PC · 스마트폰 등 디지털 기기뿐만 아니라
윈도 · 맥OS · 리눅스 · 안드로이드 · iOS 등 운영체제를 가리지 않
고 모든 환경에서 편리하게 쓸 수 있는 플랫폼을 구축했다고 자랑
한 것이다. 2013구글I/O에 참석한 구글의 창업자이자 최고경영자
CEO인 래리 페이지는 "우리는 이제 겨우 1퍼센트 정도의 진척을 보
았을 뿐입니다"며 구글이 엄청난 성공을 이루었지만 가야 할 길이
여전히 멀다는 사실을 끊임없이 강조했다.[27]

# 구글 플레이

구글 플레이는 애플리케이션, 영화, 음악, 책 등 각각 흩어져 있던 디지털 콘텐츠들을 한데 모아놓은 구글의 콘텐츠 스토어다. 클라우드 기반의 장터로, 애플의 앱스토어와 함께 디지털 엔터테인먼트의 중심지다. 2012년 3월 6일 기존 모바일 앱 장터였던 '안드로이드마켓', 음악 장터였던 '구글 뮤직', 전자책 장터였던 '구글 이북스토어' 등을 통합하면서 첫 선을 보였으며, 모바일 기기와 PC에서 모두 이용할 수 있도록 원스톱 체제를 구축해 하나의 구글 계정으로 여러 단말기에서 이용할 수 있게 했다.[28] 2013년 3월 구글 플레이는 출시 1년 만에 전체 등록 애플리케이션 수가 70만 개를 넘어섰다. 첫 선을 보일 당시 등록된 앱이 45만 개였으니, 불과 1년 만에 56퍼센트에 달하는 빠른 성장을 보인 것이다. 2013년 3월 현재 구글 플레이를 통해 읽을 수 있는 전자책은 500만 권을 넘어섰으며, 노래도 수백만 곡에 달한다. 게임을 포함한 구글 플레이의 앱은 2013년 현재 130개가 넘는 국가에서 제공되고 있으며, 전자책은 한국을 포함 13개국에서, 영화 역시 한국을 포함 11개국에서 제공되고 있다.[29]

애플의 콘텐츠 장터 앱스토어가 서양에서 강세를 보이는 반면 구글 플레이는 동양에서 강세를 보이고 있다. 특히 일본과 한국은 구글 플레이 매출 점유율에서 세계 1, 2를 차지할 만큼 비중이 높은

데, 앱스토어와 구글 플레이의 동서양 양분은 OS(운영체제) 보급률과 밀접한 관련을 맺고 있다. 미국 스마트폰 시장은 애플이 40퍼센트 가까운 점유율을 기록하고 있지만 한국은 80퍼센트 이상이 안드로이드 스마트폰을 사용하고 있는데, 이런 환경이 해당 국가에서 점유율이 높은 OS를 선호하는 개발자들에게 반영되고 있다는 것이다.[30] 안드로이드 OS의 비중이 커지면서 구글 플레이가 머지않아 앱스토어를 따라잡을 것이라는 예측도 있다. 구글 플레이의 매출 성장 속도가 워낙 빠르기 때문이다. 모바일 앱 분석업체 앱 애니는 구글 플레이의 2013년 1분기 매출이 앱스토어의 38.5퍼센트 수준까지 달한 것으로 추정했는데, 이는 앱스토어의 10퍼센트 수준에 불과했던 2012년에 비해 가파르게 성장한 것이다.[31]

앱 내려받기 누적 건수에서 구글 플레이가 앱스토어를 추월할 것이라는 분석도 있다. 2013년 5월 현재 구글 플레이를 통한 앱 내려받기 누적 건수는 480억 건으로 이는 500억 건을 기록한 앱스토어에 미치지 못하지만 최근 한 달 기준 내려받기 기록에서는 구글 플레이가 앱스토어를 역전한 것으로 나타났기 때문이다. 애플 앱스토어에서는 20억 건의 앱이 다운로드되었지만, 구글 플레이에서는 25억 건을 기록했다. 구글 플레이의 가파른 성장으로 안드로이드의 스마트 시장 장악력이 스마트폰 판매뿐만 아니라 앱 시장까지 확대될 것이라는 전망도 나오고 있다.[32]

# 데이터 센터|Data Center

데이터 센터는 각종 데이터를 모아두는 시설로 서버를 적게는 수백 대, 많게는 수만 대 동시에 운영한다. 온라인 사업에 필수적인 설비를 제공하며, 고객과 기업 정보를 보관하는 시설이다. 전기 사용량이 많은 데다 계속 가동해야 하기 때문에 '전기 먹는 하마'라 불린다. 전 세계 데이터 센터가 사용하는 전기량은 300억 와트로 원자력발전소 30개에서 생산하는 전기량과 맞먹는 수준이다. 한국도 마찬가지다. 전국 100여 곳에 이르는 데이터 센터의 전력 사용량은 연간 20억 킬로와트시kwh에 달한다. 이는 대전광역시 인구보다 많은 180만 명이 이용할 수 있는 전력량이며 한국 전력 사용량의 약 2퍼센트, 산업용 전력 사용량의 7~8퍼센트를 차지하는 수치다.[33]

디지털 시대를 맞아 모바일 기기, 소셜네트워킹서비스sns 활성화로 데이터가 폭증함에 따라 데이터 센터 수는 계속 늘어나고 있다. 한국 최대의 포털 사이트 NHN은 2004년 12월 9일 네이버 메인 대규모 장애가 일어나자 인터넷데이터센터IDC 운영을 인소싱으로 바꾸었으며, 춘천에 1,500억 원을 투자해 축구장 7배 크기(약 5만 제곱미터)의 인터넷데이터센터를 건설 2013년 7월부터 가동하고 있다.[34] 2013년을 전후로 삼성SDS, 신한금융지주과 농협중앙회도 데이터센터를 신축 중이며 LG유플러스와 LGCNS, 포스코ICT 등도 데이터 센터를 새로 마련한 상태다.[35] 한국IT서비스산업협회는 데이터 센터 규모는 매년 26퍼센트 증가하고 있으며 관련 시장 규모는 지난 2006년부터 연간 약 17퍼센트 성장을 거듭해 2013년 현재 약 1조 원에 이른다고 추산하고 있다.[36] 해외 IT 기업도 데이터 센터 신축에 여념이 없다.

데이터 센터의 가장 큰 관심사는 전력 절감이다. 데이터의 폭증으로 인해 데이터 센터를 운영하는 데 막대한 에너지가 들어가고 있기 때문이다. 이 때문에 새롭게 지어지는 데이터 센터는 에너지 절감을 위해 설계 단계부터 갖가지 아이디어와 기술을 동원하고 있다. 데이터 센터의 핵심 장비인 서버에서 발생하는 열을 식히기 위해 아예 추운 지역으로 발걸음을 옮기는 기업도 늘고 있다. 구글은 핀란드에, 페이스북은 스웨덴에 각각 데이터 센터를 갖고 있거나 구축 중이다. 구글의 핀란드 센터는 건물 냉각을 위해 차가운 바닷물을 사용하고 있으며, 페이스북의 스웨덴 센터는 외부 공기를 끌어와 서버를 냉각하는 방식을 채택하고 있다. 컨설팅 회사인 쿠시맨앤드웨이크필드는 유럽 내에서 데이터 센터의 최고 입지 지역으로 영국·독일과 함께 아이슬란드·핀란드·노르웨이를 꼽았다.[37]

아예 친환경 그린 데이터 센터를 강조하는 기업들도 있다. 2012년 미국 노스캐롤라이나주 메이든에 20메가와트MW급 데이터 센터를 구축하면서 청정에너지를 활용하겠다고 밝힌 애플은 2013년 데이터 센터의 전력 수급원 100퍼센트를 태양광과 수소전지 등 친환경 에너지로 대체하겠다고 선언했다. 페이스북은 미국 아이오와주 앨투나시에 네 번째 데이터 센터를 건축하면서 2015년부터는 온전히 풍력 발전에만 의존할 것이라고 밝혔다. 마이크로소프트MS 역시 미국 중서부 와이오밍주 샤이엔Cheyenne에 짓고 있는 데이터 센터는 폐수 처리장에서 발생하는 메탄가스를 활용해 전기를 공급받을 것이라고 말했다.[38] 그린 데이터 센터 짓기 경쟁이 벌어지면서 관련 시장도 빠르게 성장하고 있다. 시장 조사 업체인 파이크리서치는 그린 데이터 센터 시장이 세계적으로 2012년 171억 달러에서 연평균 28퍼센트 성장해 2016년에는 454억 달러(약 50조원)에 이를 것으로 전망했다.[39]

# 디지털 유산

세상을 떠난 사람들이 생전에 디지털에 남긴 흔적을 말한다. 미니홈피 · 블로그 등에 올린 게시물 · 사진 · 댓글 · 동영상은 물론이고 온라인 게임에서 획득한 게임 아이템이나 사이버머니 등이 디지털 유산에 해당한다. 온라인 정보가 급증하면서 전 세계적으로 사자死者의 디지털 유산 처리에 대한 관심도 높아지고 있다. 2013년 4월 11일 구글은 IT 기업 가운데 세계 최초로 자신이 죽은 후에 디지털 유산을 어떻게 처리할지 미리 설정할 수 있는 이른바 '디지털 유언' 서비스를 개시했다. '휴면계정관리Inactive Account Manager'라는 이름의 이 서비스는 구글 가입자가 휴면계정이 되는 시점을 3개월, 6개월, 1년 단위로 사전에 정하도록 해서 가입자가 갑작스럽게 사망할 경우 계정에 남은 각종 데이터를 가족이나 친구 등 지정한 사람에게 상속하거나 완전히 삭제할 수 있도록 하고 있다. 지메일, 유튜브, 구글 드라이브, 구글 플러스, 피카사 등 구글이 운영하는 모든 사이트에 적용된다. 안드레아스 투에르크 구글 서비스 담당 매니저는 "갑자기 사용자 계정이 휴면 상태가 되면 그동안 주고받은 메시지 등을 어떻게 할지 직접 결정할 수 있다"며 "개인정보와 사생활을 보호할 수 있다"고 말했다.[40]

디지털 유산 상속을 법으로 보장하고 있는 나라도 있는데, 독일이 그런 경우다. 미국에서는 코네티컷주, 로드아일랜드주, 인디애나주, 오클라호마주, 아이다호주, 버지니아주 등 6개 주가 디지털 유산 상속을 법으로 보장하고 있으며, 이외에도 많은 주에서 입법화 과정에 있다.[41] 하지만 세계적으로 디지털 유산 처리에 대한 공통적인 합의가 이루어지지 않은 상황이기 때문에 이를 비즈니스화한 회사들도 있다. 이른바 디지털 유산을 청소해주는 회사라 할 수 있는데, 이들을 가리켜 디지털 장의사라 한다. 온라인 인생을 지워주기 때문에 붙은 이름으로, 미국의 라이프인슈어드닷컴이 대표적이다.

한국에서 디지털 유산이 관심의 대상으로 떠오른 것은 2010년 3월 천안함 침몰로 희생된 장병의 유족들이 고인의 미니홈피와 이메일에 접근할 수 있도록 요청하면서다. 당시 유족들의 요청은 받아들여지지 않았는데, 디지털 유산을 처리할 수 있는 명확한 근거가 존재하지 않았기 때문이다. 현재 한국의 정보통신망법이나 개인정보보호법은 프라이버시를 이유로 당사자가 죽은 후에는 누구도 온라인상의 권리를 행사할 수 없도록 하고 있다. 이 때문에 NHN, 다음커뮤니케이션, SK커뮤니케이션즈 등 한국의 대표적 포털 사이트들도 디지털 유산 처리에 대해서는 각각 다른 규정을 적용하고 있다. 아주 특별한 경우 절차를 거쳐 유족의 뜻에 따라 디지털 유산을 전량 삭제하거나, 전체 공개 게시물에 한해 열람을 허락하는 식이다.[42]

디지털 유산 처리 문제에 대한 관심이 증폭하면서 18대 국회에서는 정보통신망법 개정안이 제안되었지만 시일을 넘겨 결국 폐

디지털 유산

기되었는데, 디지털 유산 상속이 세계적인 흐름으로 떠오르고 있는 만큼 한국에서도 이와 관련된 법을 서둘러 제정해야 한다는 목소리가 높다. 디지털 유산 상속은 세계적 추세지만 디지털 유산에 대한 상속을 인정하는 과정에서 주의할 점이 적지 않다고 말하는 사람들도 있다. 대표적인 게 '유족의 디지털 상속 권리'와 충돌할 수 있는 '고인의 잊힐 권리'다. 김경환은 이 문제를 해결하기 위해서는 사망자의 프라이버시나 사망자의 의사를 존중해야 한다고 말한다. 일정한 디지털 자산과 디지털 계정에 관해 노출을 꺼리는 사망자의 의사를 우선시하는 것이 필요하고, 나아가 특정 상속인 등에 대해 자신의 디지털 자산과 디지털 계정을 남기고자 하는 사망자의 의사가 있을 경우 이를 고려해야 한다는 주장이다.[43]

# 디지털 인종주의

에릭 슈미트 구글 회장이 2013년 5월 24일 런던정경대LSE에서 가진 강연에서 인터넷이 인종청소를 위한 수단으로 활용되는 것을 경계해야 한다며 사용한 말이다. 슈미트는 조만간 인터넷을 이용한 인종주의 확산이나 인종청소 같은 시도가 본격화할 것이라며 "새로운 인터넷 역기능인 '디지털 인종주의'를 경계해야 한다"고 강조했다. 슈미트는 디지털 인종주의가 국제분쟁과 연루된 독재정권의 첨단 통제 수단으로 이용될 가능성이 크다며 이라크와 터키 등에서 독립투쟁을 벌이는 쿠르드족을 예로 들었다.[44]

슈미트는 국가권력에 의한 디지털 인종주의를 경계했지만 외국인에 대한 혐오를 바탕으로 한 자발적인 디지털 인종주의도 확산되고 있는 추세다. 특히 극우 사이트는 디지털 인종주의의 주요 서식처다. 일본 내에서 약 1만 3,000명의 회원을 거느리고 있는 우익단체로 '다케시마 탈환', '일본 경제 좀먹는 재일한국인 퇴치' 등을 주장하며 반한 활동을 벌이고 있는 재특회(재일在日 특권을 용납하지 않는 시민모임)가 그런 경우다.[45]

한국의 사정도 크게 다르지 않다. 다문화 가정이 급속하게 증가하고 있는 한국에서는 인터넷 공간을 활용해 외국인 노동자에 대한 극도의 혐오감을 표출하는 사람들이 적지 않다. 국가인권위원회가 2010년 9월 사이버 공간에서 행해지고 있는 인종주의 관련 사례 수집 활동을 벌인 결과에 따르면, 뿌리 깊은 순혈주의를 강조하며 특정 국가 출신을 외국인 테러리즘과 연결시키거나 특정 국가와 피부색에 대한 편견을 조장하는 차별적 표현들이 다수 발견되었다. 혼혈인 증가를 막기 위해 국제결혼을 중단시켜야 한다는 등의 노골적인 주장도 많았다.

"대한민국이 금방 무너지는 건 시간문제라고 할 수 있겠습니다. 계속 이런 식으로 외국인들이 불어난다면 우리나라의 50퍼센트가 혼혈아가 되는 것도 시간문제라고 볼 수 있겠습니다", "외국인 노동자를 이민자로 받아들일 것에 대한 논의가 이뤄지는 것을 보았습니다. 에이즈·전염병·성병 등에 대한 정보가 전혀 없습니다. 이들은 범법자입니다." [46]

디지털 인종주의의 화살은 외국인에게만 향하는 것도 아니다. 같은 국민을 향하기도 한다. 예컨대 한국에서는 극우인터넷사이트 일베(일간베스트저장소)를 중심으로 특정 지역에 대한 집단 혐오와 무조건적인 비하도 자주 발생하고 있는데, 이 역시 디지털 인종주의의 한 징후라 볼 수 있을 것이다. [47] 국가 내에서 발생하는 외국인 혐오나 특정 지역에 대한 무조건적 비하를 증오범죄로 규정하고 유럽처럼 강력하게 대응해야 한다는 주장도 있다. 예컨대 2013년 7월 12일 트위터는 반유대주의와 인종차별주의를 노골적으로 드러낸 트위터 이용자 정보를 프랑스에 건넸는데, 이는 트위터에 이용자 정보를 제출하라고 명령한 프랑스 법원과 법원의 명령을 따르라고 강조한 프랑수아 올랑드 대통령의 압박 때문이었다는 분석도 있다.[48] 프랑스를 비롯한 유럽은 인종차별주의를 증오범죄로 규정해 강력 대처하고 있다.

# 디지털지문 수사기법

해시hash값을 활용한 수사 기법이다. 디지털 파일에는 각 파일이 가진 숫자와 알파벳을 특정 함수에 넣어 얻어지는 값이 있는데, 이를 해시값이라 한다. 사람의 지문처럼 얻어지는 고유의 값이기 때문에 디지털지문이라고도 한다. 디지털 파일을 단 한 글자라도 고친다면 해시값은 완전히 달라지기 때문에 문서의 변조 여부를 해시값으로 알아낼 수도 있다.[49]

　디지털지문 수사기법은 특히 아동 음란물 적발에 활용되고 있다. 미국 아동대상온라인범죄대응팀ICAC이 자체 개발한 '아동온라인보호 서비스시스템COPS'을 인터폴을 통해 국제 사회에 보급하고 있기 때문이다. 이 시스템을 받아들인 국가는 자국에서 제작되거나 유통되는 아동음란물에 디지털지문을 부여하고 이를 국제 사회와 공유한다. 아동음란물의 파일명을 바꿔 정상 파일인 것처럼 속이더라도 파일에 남아 있는 디지털지문을 통해 유포 경로를 추적할 수 있기 때문이다. 현재 179개 국가의 수사기관이 자체 적발한 아동음란물의 해시값을 추출해 인터폴 아동온라인보호 서비스시스템에 제공하고 있으며, 이를 토대로 해시값이 등록된 음란물의 이동 경로를 24시간 내내 실시간 추적하고 있다.[50]

　한국은 2012년 11월 이 시스템을 도입했다. 2013년 5월 8일 부산지방경찰청 사이버수사대는 디지털지문을 추적해 해외에서 제작된 아동 출연 음란물을 유포하거나 보관한 혐의로 42명을 불구속 입건했다고 밝혔다. 경찰은 그동안 외국 P2P사이트를 이용한 아동음란물 유포행위는 적발이 어려웠지만 아동온라인보호 서비스시스템을 이용하면 유포·소지자의 IP주소는 물론 접속지역까지 정확히 파악되므로 단속된 뒤 오리발을 내밀어도 소용이 없다고 말했다.[51]

디지털지문 수사기법

# 디지털 쿼터족디지털 quarter 族

40~60대 기성세대의 일처리 시간에 비해 4분의 1시간 내에 일을 처리하는 세대를 일컫는 말이다. 디지털 기기를 자유자재로 활용하는 10~30대들이 디지털 쿼터족에 해당한다.[52] 영어로 쿼터Quarter는 4분의 1을 뜻한다. 디지털 쿼터족의 특징은 디지털 기기를 활용한 멀티 태스킹 능력이 뛰어나다는 점에 있는데, 이는 이들이 어린 시절부터 디지털 기기의 세례를 받으며 성장한 것과 관련이 깊다. 바로 그런 이유 때문에 디지털 쿼터족은 첨단 IT 기기와 친화성이 강하며 이들의 그런 특성을 겨냥해 IT 기기는 더욱 빠른 속도로 진화하고 있다. 안호천은 디지털 쿼터족은 더 빠르고 기능이 많은 기기를 남보다 앞서 사들이려는 성향이 있다며 "디지털 쿼터족은 디지털 기기를 개인의 개성을 나타내는 액세서리로 생각한다. 성능뿐만 아니라 디자인까지도 꼼꼼히 따진다. 까다로운 쿼터족을 겨냥해 디자인과 성능을 겸비한 각종 디지털 기기들이 봇물처럼 등장한다"고 말한다.[53]

디지털 시대를 맞아 디지털 쿼터족이 각광받고 있지만 디지털 쿼터족은 속도에 대한 강박이 낳은 현상이라는 분석도 있다. 원래 쿼터족은 부정적인 의미가 담겨 있는 말이었다. 복잡한 것보다 쉬운 것을 찾으며, 한 분야에서 15분 이상 대화하지 못할 정도로 지식이 빈약한 젊은 세대를 일러 쿼터족이라 했으니 말이다. 쿼터에서 파생된 쿼터리즘Quarterism 역시 부정적인 내용을 담고 있기는 마찬가지였다. 쿼터리즘은 어떤 일에 15분 이상 집중하기 힘든 현상을 일컫는 말로, 디지털 시대의 속도에 중독되어 인내심을 잃어버린 청소년과 젊은이들의 사고와 행동양식을 가리키는 사회학 용어로 쓰였다.[54]

과거 다소 부정적인 의미로 쓰였던 쿼터족이 멀티태스킹에 능한 사람을 뜻하는 디지털 쿼터족이라는 새로운 이름을 얻어 각광을 받고 있는 배경에는 삶의 주도권이 아날로그에서 디지털로 넘어간 시대상황이 자리하고 있다. 디지털 쿼터족의 지나친 디지털 중독을 우려하는 목소리도 있지만 대세는 디지털 쿼터족의 편이라는 데 이견이 없다. 디지털 시대의 종교로 부상하고 있는 속도가 디지털 쿼터족과 궁합이 잘 맞기 때문이라는 게 그 이유다.

# 메신저 증후군

스마트폰 메신저를 업무에 이용하는 회사가 많아지면서 발생하고 있는 스트레스를 말한다. 업무의 효율성을 높이기 위해 회사에서는 메신저를 활용하지만, 이 때문에 업무 강도가 계속해서 높아진다고 호소하는 사람들과 스트레스를 받고 있다고 토로하는 사람들이 증가하면서 등장한 말이다. 메신저 피로증후군 혹은 메신저 강박증이라고도 한다. 식사를 하거나 차를 마실 때는 물론이고 퇴근 후나 휴일에도 스마트폰을 손에서 놓지 못하고 메신저 내용을 수시로 확인한다면 메신저 증후군에 걸려 있을 확률이 크다. 메신저 증후군을 호소하는 사람들은 주로 평사원들이다. 한 회사원은 이렇게 말한다.

"스마트폰 때문에 퇴근 후 개인적인 시간이 사라졌습니다. 밥을 먹거나 아이들과 놀아주려 할 때도 끊임없이 회사에서 업무 경과를 지시하는 메시지가 오다 보니 매일 같이 야근을 하는 것처럼 느껴질 때가 많습니다. 아무리 무시하려고 해도 계속 스마트폰 화면을 쳐다보게 되고 이제는 24시간 스마트폰을 손에 쥐고 있어야 될 정도로 강박증까지 생겼습니다." [55]

정도의 차이만 있을 뿐 평사원들만 메신저 증후군에 시달리는 것은 아니다. 기업의 임원들도 시간 가리지 않고 울리는 메신저 수신음에 노출되어 있다. 대기업의 한 임원은 "스마트폰은 24시간 켜

두기 때문에 지시를 못 받았다는 등의 변명이 통하지 않는다"면서 "더구나 메시지를 보낸 쪽에서 내가 읽었는지 안 읽었는지 확인할 수 있어 보는 즉시 응답해야 한다는 압박감이 크다"고 토로했다.[56] 회사의 업무 지시뿐 아니라 모바일 메신저를 통해 오는 게임 초대 장, 아이템에 대한 피로감을 호소하는 사용자도 적지 않다. 한 제약 업체의 영업사원은 거래처 의사와 약사들이 밤낮없이 보내오는 게임 관련 메시지에 스트레스가 심하다고 토로한다. 그는 "언제부턴 가 게임도 업무의 연장이 됐다"며 '을'의 입장이라 받은 만큼 아이 템을 되돌려주어야 한다는 의무감이 크기 때문에 무시할 수 없다고 말했다.[57]

　　메신저 증후군은 한국만의 상황이 아니다. 스마트폰 업체 블랙 베리 노조는 퇴근 시간 이후 메신저를 통한 업무 지시는 명백한 추 가 근무인 만큼 적절한 수당을 지급해야 한다고 요구했는데, 회사 측은 결국 노조의 요구를 받아들여 퇴근 시간 이후 업무 지시를 금 지했다.[58]

# 바이버Viber

전화번호가 저장된 지인들과 무료 통화나 메시지를 주고받을 수 있는 무료 스마트폰 메신저 애플리케이션이다. 모바일 VoIP 및 메시징 기업 바이버 미디어Viber Media가 2010년 12월 2일 출시했다. 바이버 미디어는 바이버를 통해 세계 모든 이들을 무료로 연결시키는 것을 목표로 삼고 있다. 탈몬 마르코Talmon Marco 바이버 최고경영자는 "우리는 사용자들과 전 세계 모든 이들이 무료로 연락할 수 있는 세상을 만들겠다는 목표에 최선을 다하고 있다"며 "S40, 심비안, 바다 플랫폼을 지원 모바일 운영 시스템에 추가해, 우리는 플랫폼에 관계없이 무료로 개인끼리 소통할 수 있는 공동체를 확대하고 있다"고 말했다.[59]

바이버는 전 세계 193개국에 걸쳐 2억 명이 넘는 사람이 사용하고 있다. 바이버를 이용해 9,000여만 명이 매월 20억 분 정도 통화하고 있으며, 60억 개의 문자 메시지가 전송되고 있는 것으로 알려진다.[60] 바이버는 카카오톡과 마찬가지로 여러 채팅방을 운영할 수 있어 미국판 카카오톡으로 통한다.

바이버가 한국에 널리 알려지도록 한 인물은 안철수다. 2012년 대통령 후보로 출마하기 전부터 바이버를 사용한 안철수는 2012년 대선 캠프에서도 보좌진, 일정팀, 자문단, 교수진 등과 영역별 바이버 채팅방을 만들어 회의를 진행했다. 안철수는 국회의원에 당선된 후에도 계속 바이버를 사용하고 있다. 문재인 캠프에서도 바이버를 적극 활용했는데, 이 역시 안철수의 조언 때문이었다. 문재인 역시 바이버를 통해 캠프 인사들과 의견을 교환했는데, 캠프 핵심 의원은 "휴대폰·메시지로 캠프 전략 등에 대해 의견을 주고받다가 정보가 통째로 유출될 수 있다는 우려가 제기됐다"며 "그래서 캠프 고위 인사들은 바이버를 이용해 중요한 대화를 나누곤 했다"고 말했다. 바이버는 야권 단일화 과정에서 민주통합당 문재인 후보와 안철수 후보의 소통 수단으로 활용되기도 했다.[61]

2013년 들어 야당을 중심으로 바이버 이용자가 늘었는데, 정치인에게 민감한 도청·감청 문제를 확실히 해결했기 때문이라는 게 이유로 꼽힌다. 바이버가 미국에 본사를 두고 있어 한국에서 도·감청 가능성이나 스니핑Sniffing(네트워크상의 데이터를 훔쳐보는 행위)이 거의 없다는 것이다. 정치권의 바이버 열풍은 카카오톡으로 불똥이 튀기도 했는데, 카카오톡이나 바이버가 보안상 별반 다를 게 없다는 분석도 있다. 카카오톡 관계자는 "문자 내용이 암호화돼 서버에 들어오고 저장 기간도 한 달에서 2~3일로 줄였기 때문에 기술적 보안엔 바이버와 차이가 없다"며 "도청은 정치권의 지나친 우려"라고 했다.[62]

# 셰어런츠Sharents

공유를 뜻하는 셰어share와 부모parents의 합성어로, 블로그·트위터·페이스북 등의 SNS에 자녀의 일거수일투족을 올리는 부모를 이르는 말이다. 셰어런츠가 자녀의 일상을 SNS에 올리는 행위를 일컬어 셰어런팅Sharenting이라 한다. 영국의 일간지 『가디언』이 만든 말이다. 『가디언』은 셰어런츠는 소셜 미디어가 처음 등장했을 때부터 활발히 참여했던 사람들로, 이들은 낯선 사람과 자신의 생각을 공유하는데 익숙해져 있기 때문에 셰어런팅 현상이 벌어지고 있다고 분석했다.

『가디언』은 2013년 5월 18일자 기사 「셰어런팅의 장단점The pros and cons of Sharenting」에서 SNS 공간에 노출되는 디지털 발자국Digital Footprints 때문에 셰어런팅으로 아이들이 가장 큰 피해를 입고 있다고 지적했다. 이미 노출된 정보는 개개인이 통제하기 쉽지 않은데 아이들이 자신의 의지와 무관하게 공개된 정보들로 인해 수 년 뒤 곤란한 일을 겪을 수도 있다는 것이 『가디언』의 문제 제기인 셈이다.[63] 인터넷 보안회사 AVG의 한 조사에 따르면 영국 어린이의 3분의 1 이상은 첫 번째 치아가 나기도 전에 부모가 이용하는 소셜 미디어에 디지털 발자국을 남기는 것으로 밝혀졌다.[64]

『가디언』은 셰어런팅으로 아이가 수년 후 어떤 곤란한 일에 직면하게 될지 모른다고 경고했지만 이미 그런 일은 발생하고 있다. SNS를 조금만 살펴보면 재정 상태가 가늠되고 아이의 동선이 파악되기 때문에 범죄의 표적이 될 수 있기 때문이다. 일본에서는 2011년 셰어런팅으로 인한 유괴 사건이 발생했으며, 이 때문에 육아 블로거들이 블로그 공개 범위를 제한하고 아기 실명을 닉네임으로 변경하는 등 한바탕 소동이 벌어지기도 했다. 셰어런팅으로 곤혹스러운 것은 아이뿐 아니다. SNS를 통해 셰어런츠와 관계를 맺고 있는 사람들 역시 피로감을 적잖게 호소한다. 시간에 구애받지 않고 페이스북이나 카카오스토리 등에 올라오는 아기들 사진 때문에 짜증을 내는 사람도 많다. 셰어런팅의 부작용을 호소하는 사람들이 증가하면서 아기 사진을 고양이나 강아지 등 애완동물이나 베이컨 같은 음식 사진으로 바꾸어주는 언베이비닷미Unbaby.me 같은 앱도 등장했다.[65]

한국에도 셰어런팅을 하는 부모가 많다. 이들은 블로그를 비롯해 페이스북 등 SNS에 아이의 생년월일, 병원 진료기록, 아이가 사용하는 유아용품, 아이의 일상생활 사진까지 자녀의 프라이버시와 관련된 내용들을 대단히 적극적으로 올려놓는다. 셰어런팅은 특히 육아 블로그를 운영하는 블로거 맘들에게서 많이 발견되고 있다. 2012년 한국의 한 포털 사이트가 선정한 11명의 육아 부문 파워 블로거와 연결되어 있는 온라인 이웃은 평균 약 1만 7,000여 명으로, 낯선 이가 이들 파워 블로거의 자녀를 길거리에서 알아보는 일도 생겨나고 있다. 아이의 미래를 위해서도 그렇지만 "남의 아이라도 아이는 귀엽지만 아이가 아침에 밥 잘 먹고 저녁에 황금 똥을 눈 이야기까지 알고 싶지" 않다는 사람도 많은 만큼 셰어런팅에도 과유불급 정신이 필요하다.[66]

Digital Section

# 소셜 트레이드 social trade

트위터 등 소셜 미디어를 활용한 투자 방식으로, 미국의 월가에서 새롭게 각광받는 신종 투자 기법이다. 매사추세츠공과대MIT의 경제학자인 샌디 펜틀랜드와 야니브 알트슐러 교수는 실험 결과, 소셜 미디어를 활용해 다양한 정보를 취합하다 보면 수익률도 따라 올라간다는 사실을 발견했다고 주장했다. 1~2명 정도의 투자 고수를 따라한 투자자는 일반 투자자에 비해 4퍼센트 정도 나은 수익률을 거두었지만, 다양한 투자 의견을 섭렵한 투자자는 추가 수익률은 10퍼센트에 달했다는 것이다.[67]

영국의 『파이낸셜타임스』 2013년 4월 18일자는 MIT 연구팀이 도출한 결과는 금융시장 참가자들이 '군중행동crowd behaviour'에 대해 갖고 있는 통념을 반박한 것이라며 전통적인 투자 이론은 대중에게 알려지지 않은 정보를 혼자 활용해 투자를 해야 높은 수익을 낼 수 있다고 말하지만 실증 결과는 반대로 드러났다고 해석했다. 똑똑하고 개성이 강한 트레이더가 혼자 앉아 대화도 거부한 채 트레이딩을 해야 상대방을 이긴다는 이미지는 틀렸다는 것이다.[68]

소셜 미디어가 투자에 미치는 영향이 주목받으면서 소셜 트레이드가 월가의 투자 문화를 바꿀 것이라는 분석도 있다. 아직은 걸음마 수준에 불과하지만 월가의 큰손은 물론 일반인들의 트윗을 이용해 개별 종목 투자와 전반적인 증시 향방에 응용하려는 벤처 기업들이 우후죽순으로 생겨나고 있기 때문이다.[69] 투자 전용 SNS 이토로eToro가 대표적이다. 이토로는 트위터의 트윗과 비슷한 팔로우 기능 외에 카피copy 기능을 추가해 다른 사람의 투자 전략도 따라할 수 있게끔 지원해서 투자자용 트위터로 통한다. 이토로의 회원 대부분은 실제 투자자와 애널리스트, 브로커 등 투자 관련 업종 종사자들이다.[70]

소셜 트레이드는 한국에서도 모습을 드러내고 있다. 강형구 한양대학교 경영학부 교수팀과 디지털 데이터 분석 기업인 다음소프트가 함께 만든 '소셜 매트릭스 펀드'가 그런 경우다. '소셜 매트릭스 펀드'는 트위터 분석을 주식 매매에 활용한 프로그램으로, 트위터에 나타난 집단 감성에 따라 주식을 투자하는 기법이다.[71] 하지만 수백억 원의 펀드를 운영하는 펀드매니저가 단순히 SNS를 통해 오가는 정보만을 분석해 투자를 결정하는 것은 매우 위험하다는 지적도 있다.

미국의 더웬트 캐피탈은 트위터에서 오가는 사람들의 기분 상태를 주가 지수와 연동한 분석 모델을 개발한 인디애나 공과대학 연구를 바탕으로 펀드 운영 서비스를 진행했지만 결국 회사 문을 닫고 말았다. 그래서 예측이 필요한 의사 결정에는 복잡하고 정교한 분석 모델이 필요하다는 지적도 있다. 경희대학교 교수 박재홍은 2013년 6월 11일 서울 코엑스에서 개최된 투이컨설팅 Y세미나에서 "SNS를 통해 오고 가는 정보보다 펀드매니저가 가지고 있는 정보가 더 신뢰성이 높은 경우가 대부분"이라며 "다만 온라인에서 누가 정확한 정보를 가지고 있는지 가중치를 분석에 적용하는 등 정교한 분석 모델이 만들어지면 도움이 될 것"이라고 말했다.[72]

# 스마트 아일랜드족<sub>Smart Island族</sub>

스마트폰과 태블릿PC, 패블릿 등 스마트 기기에 푹 빠져 고립된 섬 Island처럼 행동하는 사람들을 일컫는 말이다. 스마트 기기를 활용해 트위터나 모바일 메신저, SNS를 이용하면서 온라인 공간에서는 폭넓은 소통을 하지만 오프라인 공간에서 커뮤니케이션은 불편하게 생각하는 경향이 강한 사람들이다.[73] 커피숍이나 술자리에서 함께 앉은 사람들과 대화를 하기보다 스마트 기기만 만지작거린다면 십중팔구 스마트 아일랜드족일 가능성이 크다. 지하철에서 흔히 볼 수 있는 이른바 '수그리족' 역시 스마트 아일랜드족으로 볼 수 있다. 주로 20~30대 젊은 층에 많은 것으로 알려지고 있다.

김소영은 "상대의 호흡을 느끼며 내 어깨를 다독거려 줄 단 몇 명의 따뜻한 손길을 더 그리워하는 사람들이 우리 주위엔 여전히 많다. 지금 스마트폰을 만지작거리시는 분들이여, 오늘 저녁엔 스마트폰은 잠시 꺼두고 직장 선후배와 학교 친구들, 아니면 동네 주민들과 만나 소주 한잔 기울여 보는 건 어떨까"라고 제안했지만,[74] 스마트 아일랜드족은 더욱 빠른 속도로 증가할 게 분명하다. 이른바 노모포비아<sub>Nomophobia</sub> 증상을 느끼는 사람들이 급증하고 있기 때문이다.

노모포비아는 스마트폰 등 휴대전화가 없을 때 초조해하거나 불안감을 느끼는 증상을 일컫는 말로, '노 모바일 폰 포비아no mobile-phone phobia'의 준말이다. 스마트 아일랜드족은 커뮤니케이션 행위에만 영향을 미치는 게 아니다. 스마트 아일랜드족의 빠른 증가로 울상을 짓는 사람들도 적지 않다. 지하철 내 광고를 관리하는 업체와 전동차 안에서 물건을 파는 잡상인, 전단을 돌리며 어려운 사정을 호소하는 걸인들이 그런 경우다. 지하철 승객이 모두 스마트 기기에만 몰입해 고개를 숙이고 있기 때문인데, 이들은 스마트폰이 매출 저하의 원흉이라고 말한다.[75]

　스마트 아일랜드족은 세계적인 현상으로, 미국에서는 스마트폰에 푹 빠져 고립된 사람들이 증가하면서 이런 일도 발생했다. 2013년 9월 23일 미국 샌프란시스코 시내 전철에서 20세 대학생 저스틴 발데즈는 난데없는 묻지마 총격을 받고 숨졌다. 당시 범인은 열차에 올라탄 뒤 권총을 꺼내 공개적으로 매만지면서 여러 차례 승객을 겨냥하다가 내리려는 발데즈를 쏜 것으로 알려졌는데, 스마트폰에 빠져 있느라 아무것도 눈치채지 못하고 있던 모든 승객은 총소리가 난 후에서야 고개를 들었다고 한다.[76]

스마트 아일랜드족

# 스팸 공화국

한국이 세계적인 스팸 메일 양산지라는 사실을 이르는 말로, IT 강국을 자부하는 한국의 어두운 단면 가운데 하나다. 러시아 보안업체 카스퍼스키랩이 2013년 4월 3일 공개한 '2013년 2월 스팸 리포트'에 따르면, 한국은 전 세계에서 발견된 스팸 중 13.7퍼센트를 만들어 미국(16.9퍼센트)과 중국(14.4퍼센트)에 이어 전 세계 국가에서 세 번째로 스팸 메일을 많이 만든 것으로 조사되었다.[77] 특히 유럽에서 발견된 전체 스팸 중 한국발 스팸의 점유율은 50.9퍼센트를 기록해 유럽에서 스팸 발송국 1위로 지목되었다. 한국은 2013년 1월 스팸 발생 점유율에서도 중국(28.8퍼센트), 미국(19.3퍼센트)에 이어 6.8퍼센트로 3위를 차지했다.

2014년 카스퍼스키랩은 중국(22.97퍼센트)과 미국(17.63퍼센트)에 이어 한국(12.67퍼센트)이 2013년 스팸 메일 발송 국가 3위를 차지했다고 말했는데, 2012년에 한국은 6위(3.6퍼센트)였다. 이지성은 "불과 몇 년 전만 해도 단순한 광고 형태였던 스팸은 이제 피싱, 파밍, 비싱, 스미싱 등 신종 수법으로 진화하며 갈수록 지능화하고 있다"면서 "각종 범죄의 온상으로 전락한 스팸 문제를 해결하지 못하면 'IT 코리아'의 위상도 흔들릴 수밖에 없다"고 말한다.[78]

한국이 세계적인 스팸 강국이 된 이유는 한국의 PC들이 악성코드 배포의 경유지로 널리 이용되고 있기 때문이다. 그래서 사회 전체적으로 보안 의식을 키워야만 스팸 공화국이라는 오명을 벗을 수 있다는 주장도 있다. 김남욱 한국카스퍼스키랩 기술 담당 이사는 "스팸 메일에 포함된 악성 코드의 대부분은 인터넷뱅킹에 쓰이는 사용자의 신용 정보를 유출하도록 설계됐다. 자신의 피시가 악성코드 배포의 숙주로 이용되지 않도록 주의하고 이메일에 첨부된 금융거래 안내 정보를 클릭하지 말고 인터넷뱅킹을 이용할 때는 브라우저를 실행한 후 관련 페이지의 주소URL를 직접 입력해야 신용 정보가 외부 유출을 막을 수 있다"고 조언했다.[79]

스팸 문제에 대처하는 이용자들의 인식 개선도 시급한 문제로 꼽히지만 정부가 보안 교육에 앞장서야 한다는 주장도 있다. 하루라도 빨리 정부 차원의 대책이 마련되어야 한다는 것이다. 보안업체인 윈스테크넷 임태희 침해사고대응센터 팀장은 "방송통신위원회에서 스팸 메일을 막기 위한 제도와 기술 개발을 계속 진행하고 있는데 속도가 더디다"면서 "스팸 메일은 대부분 악성코드에 감염된 PC에서 발생하는데 정부에서 보안 관련 교육이 필요하고, 이용자들도 보안 의식을 가져야 한다"고 말했다.[80]

# 액티브X

사용자가 웹 서비스를 이용하는 데 필요한 응용 프로그램을 PC에 자동으로 설치해주는 기술이다. 사용자의 컴퓨터에 특정 기능을 심기 위해서 컴퓨터의 보안을 일시적으로 해제하는 기능이 있기 때문에 보안에 취약해 분산서비스거부DDoS 등 좀비PC 악성코드의 주 감염 경로로 이용되기 쉽다는 평가를 받고 있다. 한국은 액티브X의 천국으로, 한국인들이 액티브X를 PC에 설치하는 데 길들여진 이유는 공인인증서와 밀접한 관련이 있다. 1999년 국회에서 전자서명법을 의결한 이후 6개 기관에 공인인증서와 관련한 인증 업무를 담당하게 했는데, 바로 이 공인인증서가 액티브X 기반의 인증 기술이기 때문이다.[81]

액티브X가 개발이 빠르고 쉽다는 것도 널리 사용되고 있는 이유 가운데 하나다. 한국인터넷진흥원KISA에 따르면 한국의 주요 민간 웹 사이트 100곳 가운데 액티브X를 사용하는 비율은 2012년 6월 기준 80퍼센트에 이르는데, 이는 20곳 중 1곳에서만 액티브X를 사용하는 선진국의 주요 사이트와 대조적이다.[82] 이 때문에 인터넷뱅킹이나 온라인 결제를 하려는 소비자들은 '액티브X 컨트롤 설치'를 수차례 눌러야 한다. 금융거래를 위해서는 공인인증서가 필요하고, 공인인증서를 사용하려면 액티브X가 깔려 있어야 하기 때문이다.

애초 액티브X에 대한 문제 제기는 웹브라우저의 호환성과 관련해 제기되었다. 액티브X는 오로지 마이크로소프트의 인터넷 익스플로러에서만 실행되기 때문에 파이어폭스나 구글 크롬 등의 웹브라우저를 사용하는 이용자는 액티브X를 사용할 수 없다. 그렇지만 정부가 액티브X를 이용한 인증 방식만을 고집해 한국인들에게 인터넷 익스플로러만 사용하도록 강제하는 결과를 낳아 한국에서는 익스플로러 외에는 살아남기 힘든 인터넷 환경을 구축했다는 것이다.[83]

액티브X의 가장 큰 문제는 보안의 취약성이다. 소비자들이 개인 PC에 별도 프로그램을 설치하는 데 익숙해지면서 각종 다운로드를 습관적으로 하게 되었고 무심코 '예Yes'를 누른 프로그램이 해커의 침투 경로가 되고 있다는 것이다. 해커는 가짜 액티브X를 이용해 악성코드를 심어 PC에 저장된 각종 정보를 빼내고 PC를 숙주로 만드는 것으로 알려진다.[84] 바로 그런 보안 문제 때문에 액티브X를 개발한 마이크로소프트MS는 사용 중단을 권유하고 있으며 윈도8부터는 이를 지원하지 않기로 했다.

2013년 3월 20일 주요 방송사와 금융기관 해킹에 공인인증서 관리프로그램인 '제큐어웹'을 변조해서 유포하는 방식이 활용되었다는 사실이 알려지면서 액티브X의 보안 취약성은 화두로 떠올랐는데, 액티브X의 폐기를 주장하는 사람도 많다. 예컨대 이찬진 드림위즈 대표는 "액티브X를 강요하는 것은 2013년에 야간 통행 금지나 장발 단속을 하는 것과 같다"고 말한다.[85] 2013년 4월 1일 최문기 미래창조과학부 장관 후보자는 국회 미래창조과학방송통신위원회에서 열린 인사청문회 자리에서 "액티브X의 탈피가 필요하다"며 "HTML5 등 대체 기술로 이행할 수 있도록 노력하겠다"고 말했지만, 액티브X는 공인인증서 문제와 연동되어 있는 만큼 하루아침에 해결되기는 어려울 것으로 예측된다.

# 앱세서리Appcessory

애플리케이션Application과 액세서리Accessory의 합성어로, 스마트폰에 있는 애플리케이션과 연결해 특별한 경험과 서비스를 제공해주는 프로그램과 제품군을 말한다. 기존의 스마트폰 액세서리가 케이스, 보호필름 등 주로 스마트폰을 치장하는 보조 역할을 했다면 앱세서리는 단순한 장식물에서 벗어나 애플리케이션의 쓰임새를 넓히고 기능을 보완해주는 게 특징이다.[86] 앱세서리 열풍을 선도하고 있는 곳은 헬스케어 분야다. 2013년 초 열린 2013 국제전자제품박람회 CES에서는 220개 이상의 헬스케어 앱세서리 전시품이 쏟아졌다. 체지방을 규칙적으로 측정해주는 체중계나 심박수를 측정하는 의료 보조 도구 등이 그런 경우다.

사물인터넷IoT 시대가 도래하면서 앱세서리는 비약적으로 진화하고 있다. IT 칼럼니스트 김준연은 "스마트폰에 액세서리가 덧붙은 건지, 액세서리에 스마트폰을 연결한 것인지 애매할 정도로 큼직하고, 전문적이고, 재미있는 제품들이 인기를 누리고 있다"고 말한다. 사진 촬영에서 편집, 인화까지 한번에 할 수 있는 모바일용 포토 프린터, 교육용 장난감, 스마트 기기와 연동해 외부에서 간편하게 집 안을 살펴볼 수 있는 홈 모니터링 액세서리, 음악 제작을 가능하게 하는 앱, 펜으로 직접 종이에 쓴 글씨를 스마트폰에 디지털로

옮겨주는 앱, 블루투스 음향 액세서리 등이 그런 경우다.[87]

앱세서리가 옵션이 아닌 필수 아이템으로 인식되면서 관련 시장도 빠르게 성장하고 있다. LG전자 관계자는 "스마트폰 3,500만 시대를 맞아, 단순 액세서리가 아닌 기능을 확장해주는 역할의 '앱세서리'가 새로운 트렌드를 주도하고 있다"며 "최근에는 여가, 교육, 의료 등 소비자의 선호도와 라이프스타일을 반영한 '앱세서리'들이 다양하게 출시되며 스마트폰의 활용 영역을 더욱 넓혀가는 중이다"라고 말했다.[88]

# 앱테크

애플리케이션과 재테크의 합성어로, 스마트폰과 같은 모바일 디바이스의 앱 광고를 보면 주는 적립금이나 커피숍 등의 매장 이용 쿠폰을 받는 행위를 말한다. 적립금은 일정 금액 이상 쌓이면 현금으로 환급이 가능하다. 앱을 활용해 재테크를 하는 사람들을 일컬어 앱테크족이라 한다. 앱테크는 통신비를 절감하기 위한 차원에서 시작되었는데, 이용자들은 자투리 시간을 이용해 부수입을 올릴 수 있고 앱 광고주는 많은 소비자에게 광고를 노출시킬 수 있다는 점에서 각광을 받고 있다.[89] 앱테크를 가능하게 하는 앱을 일컬어 보상형 앱이라 하는데, 가장 보편적인 보상형 앱은 광고를 선택해 감상하면 포인트가 적립되는 형식의 앱이다. 광고를 보면 포인트가 적립되고 일정 금액 이상이 되면 이를 현금으로 받을 수 있는 한 '캐시슬라이드'가 그런 경우다.

앱테크가 활성화되면서 보상형 앱도 진화하고 있다. 리뷰를 작성하거나 설문 조사에 참여하면 적립금을 주는 앱도 등장했으며, 적립금 대신 행운번호를 통한 추첨 방식을 통해 보상을 제공하는 앱도 있다. SNS와 앱테크를 결합시킨 앱도 있다. '포인트 알리미'가 그런 경우다. 포인트 알리미는 페이스북, 트위터, 카카오 스토리, 블로그 등 다양한 SNS 채널을 통해 광고를 노출시키고 클릭 수에 따라 광고비를 받을 수 있도록 한 보상형 앱으로, SNS 친구들을 활용해 용돈을 벌 수 있다는 게 특징이다.[90]

앱을 이용해 통화를 하면 적립금을 주고 모은 적립금을 통신비로 이용할 수 있도록 한 보상형 앱도 있다. 국제전화와 국내 전화를 이용하면 적립금을 주는 '슈퍼비'나 게임과 리뷰 등 앱이 제시하는 간단한 요청을 수락하면 적립금이 쌓여 통신요금 결제 신청을 할 수 있도록 한 '폰플'이 그런 경우다. 게임화Gamefication 기법을 동원한 보상형 앱도 있다. 스마트폰의 위치 기반 기능을 이용해 주변에 주어진 미션을 수행하고 적립금을 받을 수 있도록 한 '크고'가 그런 경우다.[91] 통신비 부담의 증가와 스마트폰 광고의 활성화로 인해 앱테크는 더욱 각광받을 것으로 예측되고 있지만, 보상형 앱이 난립하면서 갑자기 사라지거나 적립금 환급을 미루는 일이 빈번히 발생하는 등 피해 사례도 속출하고 있다.

Digital Section

# APT Advanced Persistent Threat

해커가 다양한 보안 위협을 만들어 특정 기업이나 조직의 네트워크에 지속적으로 가하는 공격을 뜻한다. 지능형 지속 공격이라 한다. 특정 조직 내부 직원의 PC를 장악한 뒤 그 PC를 통해 내부 서버나 데이터베이스에 접근한 뒤 기밀정보 등을 빼오거나 파괴하는 것이 APT의 공격 수법으로, 불특정 다수보다는 특정 기업이나 조직을 대상으로 한다.[92] APT의 특징은 지속성과 은밀함이다.

APT의 공격 기간은 평균 1년으로, 길게는 5년 가까이 공격을 하는 경우도 있어 APT의 공격을 당했는지는 확인하기 어려운 경우도 적지 않다. 김경애는 "마치 아프리카 초원의 사자가 먹잇감이 방심하는 순간에 공격하기 위해 인내하는 것처럼 APT 공격자는 목표 기업의 시스템에 침입하기 위해 개인 PC에서 기업 시스템까지 모든 부분을 노리며 사용자를 끈질기게 공략한다"고 말한다.[93]

2013년 3월 20일 주요 방송사와 금융사의 전산망을 마비시킨 사건이 APT 공격으로 밝혀지면서 주목을 받았지만, APT 공격은 어제오늘의 일이 아니다. APT 공격으로 피해를 입는 경우는 세계적으로도 적지 않다. 미국 『뉴욕타임스』의 정보 유출, 중동 지역 국가기관을 상대로 다년간 정보 유출을 시도한 '플레임' 악성코드, 소니와 해커들 간의 대결, 주요 IT 기업의 기밀 탈취 공격인 '오퍼레이션 오로라', 이란 원전 시스템을 노린 스턱스넷 악성코드 등이 이에 해당한다. 전문가들은 APT 공격을 100퍼센트 막을 수 있는 방법은 없기 때문에 백신을 항상 최신 상태로 업데이트해 주기적으로 검사를 해야 한다고 강조한다.

또 대부분의 APT 공격이 이메일을 통해 시작되는 만큼 불분명한 이메일은 열어보지 않거나 SNS 등에서 단축 URL 클릭을 자제하는 것도 APT 공격을 막는 방법이라고 말한다. APT 공격은 비교적 공략하기 쉽고 상대적으로 취약한 개인 사용자 PC를 노리는데, 믿을 만한 지인이나 회사 등으로 가장해 공격을 감행하는 경우가 많기 때문이다. '연봉계약서 통지'라는 이메일이나 '학기 계획표', SNS 링크로 사진 보내기 등 사용자가 신뢰하기 쉬운 방식으로 공격하는 식이다.[94]

# LTE Long Term Evolution

4G 이동통신 기술을 말한다. G는 세대를 의미하는 Generation의 약자다. Long Term Evolution을 문자 그대로 해석하면 '오랫동안 진화한 것'인데, 장기간에 걸쳐 기존 시스템을 발전시킨 기술이라는 뜻이다. LTE가 3세대 이동통신과 구별되는 가장 큰 특징은 속도에 있다. LTE는 정지 상태에서 1Gbps(1000Mbps), 60킬로미터 이상 고속 이동시에는 100Mbps 이상의 속도를 제공하는데, 이는 시속 120킬로미터로 달리는 자동차에서 700메가바이트짜리 영화를 3분 만에 다운로드할 수 있는 속도다.[95]

한국은 모든 면에서 세계적인 LTE 강국이다. 한국은 세계 최초로 LTE 전국망을 구축했으며, 2013년 5월 현재 전 세계 LTE 스마트폰 3대 중 1대는 한국산이다. 가입자 수도 그렇다. 2013년 6월 현재 한국의 LTE 가입자는 약 2,300만 명으로, 이는 서비스가 시작된 지 불과 2년 만에 3G 가입자를 넘어선 것이다.[96] LTE 특허의 절반가량도 한국 기업과 연구소가 차지하고 있다.[97]

한국이 LTE 강국이 된 이유는 한국인의 삶의 문법으로 자리한 빨리빨리 문화 탓도 크지만 이동사 간의 역학 관계와 공동의 이해관계도 무시할 수 없다. 이순혁은 한국의 이동통신 시장은 가입자가 전체 인구보다 많을 정도로 과포화되어 있어 가입자 확대는 한계가 있을 수밖에 없기 때문에 이동사들은 매출과 이익을 증가시키기 위해 가입자의 요금을 늘리는 방식으로 진화해왔는데, 이게 LTE 강국의 연료가 되었다고 말한다. 최고 사양의 스마트폰을 선호하는 개개인들의 취향도 있지만 LTE 서비스로 갈아탈 것을 강권하다시피 한 통신사들의 밀어붙이기식 마케팅의 결과라는 것이다.[98] 2013년 이동사들 사이에서 벌어진 광대역 LTE나 LTE-A 경쟁도 같은 맥락에서 이해할 수 있겠다.

LTE 시대의 개막으로 가장 달라진 것은 모바일 이용자의 콘텐츠 이용 행태다. 동영상 콘텐츠 수요의 폭증이 대표적이다. 전체 무선 트래픽에서 동영상이 차지하는 비중은 3G 시절 38퍼센트에 불과했지만 LTE 시대 진입 이후에는 44퍼센트로 늘어났으며 앞으로 더욱 높아질 것으로 전망되고 있다. 바로 그런 동영상 소비족을 겨냥하고 동영상 스트리밍 사이트나 앱도 빠른 속도로 증가하고 있다.[99] LTE가 3G와 가장 차이 나는 게 바로 속도라는 점에서 이는 당연한 결과라 할 수 있다.

한국은 LTE를 넘어 광대역 LTE와 LTE-A로 진화하고 있지만 세계 시장에서 LTE는 이제 막 떠오르기 시작한 핫 트렌드다. 2013년 5월 LTE 이용자는 전 세계적으로 갓 1억 명을 넘어섰기 때문이다. 2009년 12월 세계 첫 LTE 상용화가 이루어진 지 3년 6개월 만의 일이다. LTE를 주도하고 있는 국가는 한국을 비롯해 일본, 미국, 캐나다, 호주 등 5개 국가로, 이들 국가의 LTE 가입자는 전체 가입자의

90퍼센트에 이른다. 세계이동통신사업자협회GSMA 산하 조사업체인 와이어리스 인텔리전스는 2017년까지 LTE 가입자가 9억 명으로 늘어날 것으로 예측하고 있는데, 바로 그런 이유 때문에 세계 시장에서 LTE 주도권을 잡기 위한 경쟁도 치열하게 벌어지고 있다.[100]

# LTE-A

4세대 이동통신 LTE에서 한 단계 더 진화된 이동통신 기술이다. 상이한 대역의 주파수 2개를 묶어 광대역화하는 주파수 결합기술CA과 차세대 주파수 간섭 제어 기술 등을 바탕으로 하고 있다. LTE-A는 이론상으로 최대 150Mbps의 속도를 구현할 수 있는데, 이는 LTE보다 2배, 3G 통신보다 10배 빠른 속도다. 예컨대 저장용량이 800메가바이트인 영화 한 편을 다운로드 받는 데 43초면 충분하다. 같은 분량의 영화 다운로드 시 3G는 약 7분 24초, LTE는 약 1분 25초가 소요된다. LTE-A는 가정에서 이용하는 유선의 광랜(100Mbps)보다도 빠른 속도를 자랑하기 때문에 인터넷 사용 문화가 PC에서 모바일 기기로 빠르게 무게 중심을 옮겨갈 것으로 예상되고 있다.[101]

LTE-A를 선도하고 있는 기업은 한국의 이동통신 사업자들이다. '모바일월드콩그레스MWC 2013'에서 세계 처음으로 LTE-A를 휴대전화에 적용해 선보인 SK텔레콤은 2013년 6월 26일 LTE-A 서비스를 상용화한다고 밝혔는데, 이는 LTE 서비스를 제공하는 전 세계 70개국 175개 통신사 중 최초다. KT와 LG-U플러스도 LTE-A에 박차를 가하고 있다.

하지만 LTE-A를 둘러싼 논란도 적지 않다. 우선 속도다. 이동사들은 '영화 한 편을 1분 만에 다운로드받을 수 있으며 기존 LTE

보다 2배 빠르다'고 홍보했지만 이는 과장 마케팅인 것으로 밝혀졌다. 미래창조과학부가 2013년 12월 30일 발표한 통신 서비스 품질 평가 결과에 따르면, 이통 3사 모두 광고처럼 LTE-A가 LTE보다 2배 빠르진 않은 것으로 나타난 것이다. LTE-A의 내려받기 평균 속도가 47.2Mbps로 이론상 최대 속도인 150Mbps에 크게 못 미쳤고, LTE의 내려받기 평균 속도인 30.9Mbps보다 2배 빠르지도 않았다.[102]

통신비의 증가도 논란거리다. LTE-A 서비스를 이용하기 위해서는 전용 단말기를 새로 구입해야 한다. 또 데이터 요금이 크게 늘어날 것이라는 지적도 있다. 갈수록 영상 중심의 데이터 서비스가 늘어나고 있는 상황에서 LTE-A 서비스를 도입한 통신사들이 킬러콘텐츠로 내세우고 있는 영상 콘텐츠를 이용하다 보면 순식간에 데이터가 소모될 가능성이 커 자연적으로 통신비 부담이 늘어날 수밖에 없다는 것이다. 이와 관련 이순혁은 "한국 이동통신 역사에서는 '세계 최초'가 자주 등장한다"며 이렇게 말한다. "그만큼 이동통신 기술·환경이 우수하다는 얘기지만, 그 이면엔 소비자 부담이 과도하다는 진실도 자리하고 있다. 망을 새로 깔 때마다 통신사들은 각각 수조 원씩을 투입해야 하는데, 그 돈은 결국 이용자가 낸 요금에서 충당되기 때문이다."[103]

부품을 둘러싼 기술 종속 논란도 있다. 백강녕은 LTE-A폰에서 가장 중요한 부품인 통신용 칩과 AP(휴대전화용 CPU)는 미국의 쿼컴만이 생산하고 있기 때문에 퀄컴에 대한 기술 종속 논란이 일어날 수 있다고 지적한다.[104] LTE-A 서비스 자체에 대한 문제 제기를 하는 사람들도 있다. 이들은 LTE 수준의 지금 속도도 만족스러운 상황에서 굳이 더 빠른 서비스가 필요하냐고 질문한다.[105] 유럽뿐 아니라 많은 나라에서는 아직도 3G가 일반적 모바일 환경이며 세계적으로 LTE 시장은 2014년부터 시작될 것으로 예측되고 있지만 적어도 한국에서만큼은 대세가 LTE-A로 기울었다는 게 일반적인 분석이다. 속도 중독을 강요하는 디지털 시대의 문법과 한국인의 빨리빨리 문화가 시너지를 발휘하고 있기 때문이기도 하지만 이통사의 마케팅 공세가 워낙 대단해서다.

# 오배드Obad

역사상 가장 강력한 안드로이드 악성코드로, 정식 명칭은 '백도어 안드로이드OS오배드Backdoor.AndroidOS.Obad.a'다. 오배드를 발견한 보안 업체 카스퍼스키랩은 2013년 6월 10일 오배드는 통상적인 안드로이드 모바일 트로이 목마보다 훨씬 복잡하며 안드로이드 OS의 취약점을 파고든 악성코드라고 말했다. 오배드는 다양한 암호층과 코드 난독화 기법을 사용해 자신의 작업을 숨기는 게 특징으로, 단말기를 총체적으로 제어한다. 배경에서만 작용하기 때문에 눈에 보이는 유저 인터페이스를 갖진 않지만, 단말기의 인터넷 연결 시 명령제어서버와 통신하며 SMS텍스트메시지를 통해 명령을 받을 수도 있다.

오배드는 사용자가 자신의 맬웨어 활동을 알지 못하게 하기 위해 10초 동안 단말기 스크린을 안 보이게 할 수도 있다.[106] 오배드는 안드로이드 스마트폰에 일단 잠입하면 스마트폰 관리자 권한을 탈취해 모든 데이터를 유출할 뿐만 아니라 추가로 악성 앱을 받아서 설치한다. 또 와이파이에 연결되면 다른 단말기에도 악성코드를 복사해 퍼뜨리는데, 자신을 숨기기 위해 복잡한 코드를 쓰고 있어 추적하기도 어렵다. 오배드는 관리자 권한까지 확보할 수 있기 때문에 사용자는 오배드를 지울 수 없는데, 오배드를 지우기 위해선 스마트폰을 해킹하는 방법 중 하나인 '루팅' 기술을 이용하거나 스마트폰을 완전히 포맷하고 새롭게 OS를 설치하는 수밖에 없다.[107] 로만 우누첵 카스퍼스키랩 보안전문가는 "오배드처럼 진화된 악성코드는 좀처럼 보기 드문 경우"라며 "안드로이드 OS용 악성코드가 날로 복잡해지고 그 수도 빠르게 증가하는 추세"라고 경고했다.[108] 한국은 안드로이드 OS의 비중이 높은 만큼 오배드에 관심을 기울여야 한다는 목소리가 높다.

# 올아이피 ALL IP · 완전 인터넷 방식

유·무선 등 모든All 통신망을 하나의 인터넷 프로토콜IP망으로 통합한 융합 서비스를 일컫는 말로, 이동통신 서비스인 LTE, 초고속 인터넷 기반의 인터넷전화VoIP, 인터넷TVIPTV 등이 하나로 연결된 새로운 스마트 플랫폼이다. 2013년 상반기 화제가 되었던 KT의 '올아이피All-IP' 광고는 올아이피 세상을 이렇게 표현하고 있다. "올라잇All-right, 올아이피All-IP/스마트폰·TV·인터넷과 집전화/꿈으로만 이뤄졌던 상상의 언덕을 지나/모든 게 경계 없이 모든 게 연결되고/날아올라 올라잇 올라잇 세상으로."

올아이피 광고가 시사하듯, 올아이피 환경에서는 음성·데이터·멀티미디어 등 모든 서비스가 인터넷 기반으로 제공되기 때문에 유·무선을 넘나들며 동일한 서비스와 콘텐츠를 편리하게 이용할 수 있다. 방송·전화·인터넷의 경계가 사라지면서 서비스 이용 때 사용되는 기기 사이의 장벽이 허물어진다는 이야기다. IPTV에서 스마트폰 이용자와 고화질HD 영상통화를 하고, 스마트폰으로 시청하다 중단한 영화 등 동영상을 집에 있는 TV에서 자동으로 이어서 볼 수 있는 식이다.[109]

이통사들 간 올아이피 경쟁도 치열한데, 이는 유·무선 통신과 방송 외에 IP 기반의 다양한 기기와 서비스를 결합해 새로운 성장

동력으로 삼기 위해서다. 통신사 한 관계자는 "올아이피 환경에서는 지금까지 없었던 새로운 융합 서비스가 가능하다"며 "단순히 네트워크를 제공하는 것에서 벗어나 다양한 콘텐츠와 서비스를 통해 매출을 늘릴 수 있을 것"이라고 말했다. 올아이피 기반의 서비스들도 서서히 모습을 드러내고 있다.

2013년 2월 25~28일 스페인 바르셀로나에서 열린 세계 최대 이동통신 전시회 '모바일월드콩그레스MWC 2013'에서 KT는 '커넥티드 시티Connected City'라는 주제로 스마트폰·TV·PC 등 집 안의 스마트 기기들을 끊김 없이 연결해주는 스마트링크, 여러 시청자에게 HD급 영상 콘텐츠를 동시에 끊김 없이 전송하는 'LTE 멀티캐스트' 기술, 집전화로 통신과 오락, 홈시큐리티(보안)를 제공하는 '스마트 홈 폰', 유아용 교육로봇 키봇에 달린 카메라를 이용한 원격제어·관제 서비스, 오토바이 무선관제 서비스인 '바이크 세이프' 등 올아이피 기반의 다양한 서비스를 선보였다.[110] 서비스, 인프라, 과금 체계를 중심으로 '올아이피' 전략을 추진 중인 SK텔레콤은 올아이피 기반 서비스로 차세대 커뮤니케이션 서비스 '조인티joyn.T'와 고품질 음성통화 서비스 'HD보이스' 등을 선보였다. LG유플러스는 풀 클라우드와 HD를 키워드로 올아이피 시대를 준비하고 있다.[111]

# 웨비게이션 Weavigation

날씨weather와 자동차용 길 안내 서비스인 내비게이션navigation의 합성어로, 내비게이션에 날씨 등 기상 정보 제공 기능을 더한 기상 정보 서비스다. 운전자가 있는 현재 위치와 이동 경로, 최종 목적지까지의 날씨는 물론이고 침수나 산사태 등 재해 정보까지 실시간으로 제공해 운전자의 안전과 편의를 도모하는 것이 목적이다.[112] 제공되는 날씨 정보는 기상 실황·초단기 예보·기상 특보·레이더 영상 등 4가지다. 2009년 웨비게이션을 처음 제안했던 기상청은 KBS·현대엠엔소프트 등과 함께 개발에 나섰고 2013년 2월 1일부터 현대엠엔소프트가 제작한 내비게이션 '소프트맨'을 통해 서비스를 시작했다.

웨비게이션은 2005년 한국에서 세계 최초 상용 서비스에 성공한 DMB, TPEGTransport Protocol Expert Group 등 교통여행정보전송기술을 바탕으로 하고 있다. 운전자는 DMB, TPEG 등을 통해 기상청에서 제공하는 날씨 정보를 별도의 통신 연결 없이 실시간으로 확인할 수 있으며, 기상 레이더 화면과 기상 특보를 실시간으로 보면서 갑작스러운 기상 악화에도 문제없이 최적의 경로를 선택할 수 있다.[113] 기상 정보 시장은 2015년 약 3,000억 원 규모로 커질 것으로 추산되고 있다.

# 웹 접근성 web accessibility

비장애인과 장애인의 구분 없이 모든 사람이 웹 사이트를 자유롭게 이용할 수 있게 하는 권리를 말한다. 청각 장애인을 위해 음성으로 서비스되는 콘텐츠에 자막을 넣어주는 것, 시각장애인을 위해 사운드를 넣어 소리로 웹을 사용할 수 있도록 하는 것이나 보이스 명령으로 검색할 수 있도록 하는 것, 마우스 이용에 어려움을 겪는 지체장애인을 위해 키보드나 다른 입력장치를 통해 인터넷 이용을 보장하는 것 등이 이에 해당한다. 2013년 4월 11일부터 장애인 차별금지 및 권리구제 등에 관한 법률이 시행되면서 공공기관을 비롯한 주요 민관기관의 웹 접근성 준수가 의무화되었다. 누구든지 신체적·기술적 여건과 관계없이 원하는 서비스를 이용할 수 있도록 웹 접근성을 보장할 것을 명시해놓고 있기 때문이다. 만약 이를 지키지 않아 고발되면 3년 이하의 징역 또는 3,000만 원 이하의 벌금을 물어야 한다.[114]

하지만 아직 체계적인 준비가 되지 않아 상당 기간 혼란이 불가피할 것으로 전망되고 있다. 가장 큰 문제로는 웹 접근성 인증마크가 지적되고 있다. 한국정보화진흥원·한국웹접근성평가센터·웹와치 등을 비롯해 군소 인증기관까지 합치면 7개 이상의 기관에서 인증마크를 제공하고 있지만, 웹 접근성 인증에 대한 별도 국가 공인 기관이 없어 혼선을 빚고 있다는 것으로, 하루 빨리 표준화해야 한다는 목소리도 크다.[115] 난립하고 있는 웹 접근성 인증마크 때문에 그동안 차별을 받아왔던 장애인들과의 대규모 법적 분쟁에 휘말릴 것이라는 예측도 나오고 있다.

해외에서는 이미 장애인들이 기업·단체 대상 소송에서 다수 승소한 사례가 있다. 미국 유통업체 타깃은 'target.com'이 웹 접근성 의무를 지키지 않았다는 이유로 2006년 초 국립시각장애인연합NFB에 소송을 제기당했는데, 2년 넘게 진행된 싸움에서 타깃은 600만 달러(약 70억 원)를 배상하는 데 합의하고 법적 분쟁을 마쳤다. 또 브루스 맥과이어라는 시각장애인은 2000년 시드니올림픽 당시 올림픽 홈페이지 접근에 제한을 받았다면서 조직위를 상대로 소송을 걸었다. 그 결과 2만 호주달러(약 2,400만 원)를 받아냈다.[116]

한국의 기업들은 걸음마 단계지만 구글은 일찍부터 웹 접근성 경쟁력을 핵심 전략 중 하나로 채택하고 있다. 지난 2005년 시각장애인 과학자인 티브이 라만 박사를 영입한 뒤 구글 내 각종 서비스에 이를 적용하고 있는데, 검색·지도·지메일 등의 서비스에는 별도로 '접근성 도구'를 지원하고 동영상 서비스 유튜브에 캡션(자막) 기능을 도입한 것 등이 대표적인 사례다. 또 인터넷 서점 구글북스에 등록된 도서를 대상으로 음성과 점자 등을 추가하고 웹브라우저 크롬에서 활용할 수 있는 웹 접근성 서비스 역시 확대해나가고 있다.[117] 한국 기업들은 웹 접근성에 대한 기준이 모호하다는 점을 들어 불만을 내놓고 있지만 외국 기업처럼 일찍부터 웹 접근성에 대한 대책을 세우지 않은 채 허송세월한 것 아니냐는 비판도 적지 않다.

# 인터넷 주권

인터넷의 핵심 인프라인 IP주소와 DNS(도메인이름시스템) 서버의 통제권 등을 말하며 현재 미국의 비영리기구인 ICANN(국제 인터넷 주소자원 관리기관)Internet Corporation for Assigned Names and Numbers이 가지고 있다. ICANN의 권한은 막강하다. 박윤정 한국뉴욕주립대학 교수는 "ICANN은 인터넷 세상에서 사이버 핵폭탄에 버금가는 위력을 갖고 있다"고 말한다.[118] 인터넷 주권을 둘러싼 논란은 1990년대 후반 인터넷 후발국들이 ICANN에 대한 미국의 개입 가능성을 우려하면서 시작되었다.

2009년 ICANN에 자율성을 부여하면서 문제가 해결된 것처럼 보였지만, 2011년 ICANN이 신규 도메인 정책을 독단적으로 처리하면서 논란은 다시 불거졌다. 인터넷 주소 체계가 포화 상태에 달하자 ICANN은 기존의 'OOO.com' 등 외에 '.OOO' 형태의 주소도 쓸 수 있도록 했는데, 이에 인터넷 후발국들이 발끈하고 나선 것이다. 새 체계에서 다양한 '.OOO 형태'의 도메인을 확보해야 하는 상황에 처했을 뿐만 아니라 연간 수억 원에 달하는 돈을 ICANN에 내야 하는 상황이 벌어졌기 때문이다.[119]

인터넷 주권을 두고 'ICANN 체제'와 유엔 산하의 'ITU(국제전기통신연맹)International Telecommunication Union 체제'가 팽팽히 맞서고 있다. ICANN 체제를 지지하는 미국과 유럽은 "지금까지 큰 문제없이 잘 작동된 만큼 유지해야 한다"고 말한다. 하지만 중국과 러시아 등 인터넷 후발국들은 유엔 산하 ITU 관할 영역에 인터넷을 포함시키고 ITU 차원에서 국가간 규약으로 인터넷을 관리하자고 주장한다. ICANN 체제는 후발국들의 정부 주도 ICT 육성을 막기 위한 이른바 '사다리 걷어차기'에 불과하기 때문에 이를 바로잡아야 한다는 게 이들 국가의 주장이다.[120]

예컨대 2012년 10월 헝가리 수도 부다페스트에서 열린 사이버 공간 국제 콘퍼런스에 참가한 중국 대표단의 황후이캉黄惠康 대표는 사이버 공간이 가상공간이긴 하지만 서로 지켜야 할 규칙과 행동규범이 필요하다며 사이버 분양의 국제 협력을 위해 가장 중요한 것은 모든 국가가 서로 사이버 주권을 존중해야 하는 것이라고 강조했다. 모든 국가는 각자의 역사, 전통, 문화, 언어, 관행 등에 따라 정책을 만들어 인터넷을 관리할 권리가 있다는 것이다.[121]

하지만 'ITU 체제'에 대한 비판도 적지 않다. 국가 간 경계를 넘나드는 인터넷을 국가가 통제할 경우 '인터넷의 자유'가 사라질 가능성이 있다는 지적으로, 구글과 페이스북 등 IT 기업들이 이런 주장을 펼친다. 인터넷의 창시자 팀 버너스 리도 "국가가 일률적으로 인터넷을 통제하고 이를 통해 인터넷을 검열하거나 제재를 가하게 될 것에 대한 우려"가 존재한다며 'ITU 체제'에 부정적이었다.[122]

인터넷 주권을 두고 인터넷 선진국과 후발국은 한 치의 양보

없이 싸우고 있다. 2012년 12월 아랍에미리트연합UAE 두바이에서 열린 ITU 국제전기통신세계회의WCIT-12에서는 ICANN 체제를 지지하는 미국·유럽과 ITU 체제를 주장하는 인터넷 후발국 간에 충돌이 빚어진 바 있다. 2014년 10월 부산에서 열릴 국제전기통신연합ITU 전권회의에서 인터넷 주권 전쟁은 더욱 치열하게 펼쳐질 것으로 예측되고 있다. 주요 참가국들은 인터넷 관할 의제를 핵심 안건으로 전권회의에 상정할지를 두고 치열한 신경전까지 벌이고 있다.[123] 그래서 새로운 인터넷 거버넌스를 모색해야 한다는 의견도 있다. 한국인터넷거버넌스협의회 회장 박재천은 "현실적으로 ICANN이 IP·DNS 운영권을 다른 곳에 넘겨줄 가능성은 아주 낮다"면서도 "그러나 국가간 접속료, 망중립성, 사물간 통신 등 IP가 갈수록 중요해지는 만큼 정부와 사용자들이 충분히 많은 토론과 협상을 통해 합의점을 찾아야 한다"고 말했다.[124]

# 인폴루션Infollution

Information(정보)과 Pollution(공해)의 합성어로, 성인 음란물·폭력 게임·사이버 폭력·악플 등을 이르는 말이다. 인터넷상에서 유통되는 왜곡된 정보도 인폴루션이라 할 수 있겠다. 인폴루션에 맞서 인폴루션 제로Infollution Zero에 도전하고 있는 단체도 있다. 싱가포르에 기반을 두고 있는 비정부기구NGO 인폴루션 제로가 그렇다. 인폴루션 제로는 전 세계 아이들을 정보 공해에서 자유롭게 해주겠다는 목표로 인성 교육 콘텐츠 생산과 캠페인을 진행하고 있는데, 가장 큰 특징은 아이들이 성숙한 디지털 시민으로 성장할 수 있도록 도와준다는 점에 있다. 이는 아이들을 보호와 규제의 대상으로 여겨 이루어져왔던 윤리와 당위 중심의 기존 미디어 리터러시와는 다른 것이다.

인폴루션 제로 대표 박유현은 "아이들에게 '컴퓨터 하지 말라. 악플 달지 말라'고 강요해봤자 별 소용이 없다. 아이들은 지식보다 스토리나 놀이에 반응한다"며 공해성 콘텐츠보다 재미있는 인성 교육 콘텐츠만이 아이들을 정보 공해에서 떼놓는 해법이라 말한다.[125] 메시지가 아무리 좋아도 재미가 없으면 성공하기 어렵다는 것이다. 이를 위해 인폴루션 제로는 6~13세의 전 세계 어린이들을 위한 캐릭터와 게임 개발, 트랜스미디어 스토리텔링, 인터렉티브 전시회 등

다양한 방법을 활용하고 있다.[126]

　　2012년 유네스코는 인폴루션 제로 운동이 어린이와 청소년, 학부모에게 올바른 디지털 시민 의식 개념과 인터넷 문화를 고취시켰고 자라나는 학생들에게 인터넷 윤리 문제를 일깨워주었다고 평가하며 박유현을 유네스코 정보통신기술ICT 교육상 수상자로 선정했다.[127] 인폴루션 제로는 인폴루션 없는 사회에 대한 글로벌 수요를 창출하겠다며 미국을 비롯한 전 세계로 확장을 꾀하고 있다.

# 잊힐 권리 Right to be Forgotten

인터넷 사이트와 SNS 등에 올라와 있는 자신과 관련된 각종 정보의 삭제를 요구할 수 있는 권리를 말한다. 개인 정보 자기결정권이나 통제권이라고 할 수 있겠다. 인터넷이나 SNS에 올라간 사적인 정보는 개인의 것이지만 정보의 삭제 권한은 기업에 있기 때문에 발생한 문제다. '잊혀질 권리'로 표기하는 경우도 있는데, 이는 잘못된 표현이다. '잊히다'는 피동사이기 때문에 여기에 또 피동의 뜻을 나타내는 '-어지-'를 붙이는 것은 어법에 맞지 않기 때문이다.

2012년 유럽연합EU은 2014년 발효를 목표로 잊힐 권리를 명문화하는 내용을 골자로 한 정보보호법data protection 개정안을 확정했는데, 정보보호법은 잊힐 권리의 범위에 자기가 게재한 자신의 정보를 비롯, 링크와 복사, 제3자가 게재한 글에 들어간 자신의 사적 정보까지 모두 포함시켰다. 세계적으로 잊힐 권리가 입법화한 것은 이게 최초다. EU가 제정한 잊힐 권리는 오랜 투쟁의 산물이다. 잊힐 권리 입법이 나오기 이전부터 유럽에서는 일부 이용자들의 구글·SNS 등에 대한 데이터 삭제 요청이 끊이지 않았고 일부는 재판으로까지 이어졌다. 그러니까 잊힐 권리는 이른바 '디지털 주홍글씨'로 인해 고통받은 사람들이 생존을 위해 투쟁하는 과정에서 자연스럽게 생성된 권리인 셈이다.[128]

잊힐 권리는 한국에서도 뜨거운 관심을 받고 있다. 2013년 2월 12일 새누리당 의원 이노근은 인터넷에 글을 올린 사용자가 온라인 서비스업체에 자신의 저작물에 대한 삭제를 요청할 수 있고, 이를 요청받은 서비스 제공자는 확인 절차를 거쳐 즉시 삭제토록 하는 내용을 담은 저작권법과 정보통신망법 일부개정법률안을 대표 발의했다.

잊힐 권리에 대한 요구는 세계적 추세지만 IT 업계에서는 잊힐 권리에 대해 난색을 표하고 있다. 자신의 게시물을 완벽하게 삭제하는 것은 기술적으로 불가능하고, 인력·관리 비용 등이 증가할 것을 우려하고 있기 때문이다. 소송에 대한 걱정도 있다. 예컨대 페이스북이나 구글 등 인터넷 업체들은 소송을 당할 가능성이 커 이를 반대하고 있는데, EU 개인정보보호위원장은 2013년 1월 구글과 페이스북 등이 EU의 정책 결정권자들을 대상으로 개인 정보 정책의 완화를 요구하는 로비 활동을 펼쳐왔다고 폭로하기도 했다.[129]

잊힐 권리가 표현의 자유와 충돌할 것이라는 우려도 있는데, 이는 잊힐 권리를 어느 선까지 보장해야 하는지에 대한 논란과 관련이 있다. 자신이 올린 정보뿐만 아니라 타인이 올린 정보까지 포함할 경우 정치인이나 공적인 인물이 개인 명예 등을 이유로 삭제 요청을 할 경우 댓글 등에 대한 표현의 자유를 침해할 수 있기 때문이라는 게 그 이유다.[130] 이는 잊힐 권리를 법으로 명문화한 EU에서도 논란거리였는데, 그래서 EU는 잊힐 권리 법안에 표현의 자유에 위반되는 공공 목적의 정보나 역사적 사료의 경우 삭제 대상에서 제외했으며, 동일한 게시물의 재게 시에 대해서는 게시물 전체의 삭제가 아니라 링크 삭제만을 규정했다.[131]

잊힐 권리에 대한 요구가 확산하면서 일정 시간이 지나면 메시지나 사진이 사라지는 이른바 휘발성 SNS도 등장하고 있다. 사진 공유용 SNS인 스냅챗Snap Chat, 페이스북의 포크Poke 메시징, 일정 시간이 지나면 트위터 메시지를 삭제해주는 스피릿포트위터Spirit for Twitter 등이 그런 경우다. 잊힐 권리를 위해 이용자들이 셰리 터클Sherry Turkle의 다음과 같은 금언을 마음에 담고 있어야 한다는 주장도 있다. "사람들이 인터넷상에서 '삭제하다delete'와 '지우다'란 단어들이 은유에 지나지 않음을 이해하기 시작하는 데 한 세대가 걸렸다. 파일, 사진, 메일, 검색 내역은 그저 눈앞에서만 제거된다. 인터넷은 절대 잊지 않는다."[132]

# 지식 그래프 Knowledge Graph

구글이 2012년 5월부터 시작한 검색 서비스로, 5억 7,000만 개의 검색어를 180억 개의 관계로 묶어 사용자의 검색 빈도 수가 높은 검색 결과를 한곳에 모아 보여준다. 검색어를 입력하면 그 단어와 연관성이 있는 정보를 같이 보여주기 때문에 사용자의 검색 의도에 가장 근접한 검색 결과를 나열해주는 게 지식 그래프의 특징이다. 조원규 구글코리아 사장은 이를 "사람을 읽는다"고 표현했다.[133] 지식 그래프는 구글이 개발하는 구글TV, 구글 글라스, 구글 스마트카, 구글의 안드로이드 스마트폰에도 적용되기 때문에 사람의 음성, 눈동자 움직임과 동작 등도 검색에 쓰일 것으로 예측되고 있다.[134] 2013년 4월 9일부터 한국어 검색 서비스가 시작되었다. 한국어는 영화·배우·음악가·정치인·스포츠 정보 등과 연결된 검색어들이 우선 적용되었으며, 사용자의 검색 단어에 따라 검색 결과를 라이브 패널·이미지 패널·지식 패널 등 세 부분으로 나누어 보여준다.[135]

구글은 지식 그래프가 키워드 검색의 한계를 극복했다고 강조하고 있는데, 사용자가 즐겨 검색하는 검색 결과에서 네이버와 차별성이 거의 없다는 분석도 있다. 지식 그래프가 제공하는 검색 결과가 한국 포털의 백화점식 정보 나열과 비슷하다는 지적이다. 공공미디어연구소 김동원 연구팀장은 "구글이 네이버처럼 백화점식으로 정보를 진열한 것은 한국적 포털, 한국 사용자들의 이용 행태를 따라가는 것"이라면서 "한국형, 멀티미디어형 검색 서비스로 네이버와 다음 사용자를 흡수하겠다는 전략인 것 같은데 사용자 시각에서 보면 다양한 검색 엔진을 활용할 수 있는 기회가 줄어든 것"이라고 해석했다.

지식 그래프의 등장으로 검색 중립성이나 공공성과 같은 사회적인 가치가 줄어들 개연성이 있다는 분석도 있다. 최진순은 "검색 기술의 진화를 통해 사용자들은 점점 개인의 기호와 들어맞는 최적의 결과값에 이르고 있"다면서 이렇게 말한다. "결과에 대한 해석과 이해, 또 다른 탐색은 온전히 수용자의 몫이지만 사회 전체적으로 알아야 하는 정보를 왜소화할 수 있는 여지에 대해 사용자와 사업자 모두 사회적인 관점에서 검색 서비스를 어떻게 볼 것인지 논쟁이 필요하다"고 말했다.[136]

# 카칭족 Kaching族

현금 지급기에서 돈을 뽑듯 소셜 미디어를 활용해 큰돈을 버는 사람을 말한다. 카칭은 은행 현금 지급기가 열리고 닫힐 때 나는 소리를 나타내는 영어 의성어로, 곧 매출이 늘어 '돈이 들어온다'는 뜻으로 쓰인다.[137] 카칭족의 주요 활동 무대는 페이스북, 트위터 등의 소셜 미디어다. SNS 시대가 개막하면서 앱 카칭족도 등장했다. 낮에는 회사에 다니지만 밤에는 부업으로 앱스토어나 구글 플레이에 무료 앱플리케이션을 올리고 광고 수익을 올리는 식이다. 주로 무료 앱을 만들지만 앱 카칭족들이 궁극적으로 꿈꾸는 것은 유료 앱이다.

앱 카칭족이 무분별한 낚시성 앱을 올려 수익금만 먹고 빠지는 경우가 있다는 비판도 있지만, 앱이 21세기의 금맥으로 각광받는 만큼 앱 카칭족은 빠르게 확산될 것으로 여겨진다.[138] 고성준은 페이스북을 살찌우고 윤택하게 만든 것은 사실 마크 주커버그가 아니라 페이스북 앱을 만든 개발자들이라면서 매일 야근에 시달리고 있는 개발자라면 과감히 페이스북 앱 개발에 뛰어들라고 말한다.[139]

# 클릭 농장Click Farm

돈을 받고 페이스북에 '가짜 계정'을 만들어 특정 게시글에 '좋아요'를 클릭하거나 유튜브 비디오의 조회수, 트위터의 팔로어 숫자 등을 조작해주는 회사를 말한다. 예컨대 2013년 5월 한국의 극장에 걸렸다가 혹평 속에 퇴장한 영국 애니메이션 〈미스터 빌리: 하일랜드의 수호자〉는 엉성한 스토리와 뒤떨어진 컴퓨터그래픽 탓에 한국 외의 다른 국가들에선 상영조차 하지 못했지만 공식 페이스북에는 '좋아요' 추천이 6만 5,000여 개나 달렸다. 또 '좋아요' 클릭은 개봉도 되지 않은 이집트와 방글라데시에서 압도적으로 많이 이루어졌는데, 바로 클릭 농장의 농간 때문에 발생한 현상이었다.

클릭 농장이 번창하는 이유는 SNS상에서 유통되는 입소문 평판의 위력 때문이다. 스마트폰의 대중화로 SNS 이용자가 폭발적으로 증가하고 페이스북이나 트위터의 품평을 참고해 물건을 구매하는 소비자들이 늘어났다. 이에 페이스북·트위터·유튜브 등을 마케팅·홍보 수단으로 활용하는 기업들도 빠른 속도로 증가했는데, 적은 비용으로 마케팅 효과를 누리기 위한 손쉬운 방법으로 클릭 농장을 활용하고 있는 것이다.[140]

영국의 일간지 『가디언』은 "클릭 농장의 출현은 저임금 노동력 증가와 인터넷의 저비용 접근성이란 특성이 교묘히 결합된 것"

이라고 지적한다.[141] 이게 시사하듯, 클릭 농장은 주로 인건비가 저렴한 개발도상국에 서식한다. 방글라데시가 그런 경우다. 클릭 농장의 노동 조건은 열악하다. 방글라데시 다카의 한 클릭 농장에 근무하는 노동자들은 3교대로 근무하는데, 이들은 창문에 빗장이 잠긴 열악한 작업장에서 컴퓨터 화면만 쳐다보며 밤낮으로 단순 클릭 작업만 수행한다.

노동 착취도 심각하다. 클릭 농장은 추천 1,000개를 만드는 비용으로 보통 15달러(약 1만 6,900원)를 요구하는데, 클릭 농장에서 일하는 노동자들은 추천 1,000개를 만들거나 트위터에 팔로어 1,000명을 만들어내는 대가로 단돈 1달러를 받는다. 이들이 클릭 대가로 1년에 주머니에 쥐는 돈은 겨우 120달러(약 13만 5,000원)다. 정세라는 2013년 발생한 방글라데시 의류 하청 공장의 열악한 노동 여건은 공장 붕괴·화제 등 참혹한 사고들을 통해 국제 사회에 윤리적 소비에 대한 각성을 일깨웠지만 클릭 농장의 노동자들은 이런 주목조차 받지 못한 채 서구 원청 업체의 눈속임 마케팅 주문을 묵묵히 이행하고 있다고 지적했다.[142]

클릭 농장은 한국에도 있다. 『동아일보』 2013년 8월 19일자는 '서울 마포구 홍익대 앞에서 일식집 개점을 앞둔 사업자'로 가장하고 온라인에서 '페이스북 좋아요 올리기', '트위터 홍보하기' 등으로 검색하니 수십 개의 광고 글이 쏟아졌다면서 이들 대부분은 5~15만 원을 내면 페이스북 추천수를 1,000~2,000개까지 올려주거나 10만 명 이상 팔로어를 보유한 트위터 아이디로 홍보해주겠다는 내용이었다고 말했다. 또 이들 클릭 농장 사업주들은 수만 명의 '친구'나 '팔로워'를 보유한 아이디 5~6개를 동원하거나 수천 명을 고용한 해외 클릭 조작 사이트를 이용해 홍보 활동을 한다고 했다.[143]

클릭 농장의 번성으로 SNS 마케팅에 대한 신뢰성이 급속하게 무너지고 있다는 분석도 나오고 있지만, SNS를 매개로 한 입소문 마케팅에 의존하는 소비자들이 급증하고 있기 때문에 클릭 농장이 쉬 사라지지 않을 것이라는 분석이 지배적이다. 클릭 농장과 관련해 우리가 정작 두려워해야 할 것은 SNS를 활용한 여론 조작이라는 주장도 있다. 문소영은 클릭 농장은 십시일반식 홍보와는 차원이 다르다면서 "클릭 농장을 활용하는 정도의 일탈이야 용서받을 수 있을 것이라고 생각하고 덤벼든다면, 이것은 SNS를 통한 여론의 조작에 뛰어드는 것이다"고 지적한다.[144] 바로 그런 이유 때문에 2012년 18대 대선에서 댓글 공작을 펼친 것으로 알려진 국정원과 군사이버사령부를 비롯한 국가기관도 클릭 농장에 포함시키는 시각도 있다.

# 텀블러Tumblr

쉽고 간단하게 블로그를 만든 뒤 글이나 사진을 친구와 공유할 수 있게 하는 단문 블로그 서비스로, 2007년 데이비드 카프가 설립했다. 트위터처럼 이용자들끼리 팔로우follow 하면 서로가 올린 새 게시물을 바로 확인할 수 있다. 텀블러는 마이크로 블로그 사이트에 소셜 기능을 접목한 서비스로 평가받고 있는데, 그래서 SNS와 일반 블로그의 중간 형태로 통한다.[145] 바로 이런 특성 때문에 텀블러는 이용자 취향에 따라 블로그로 사용할 수도 있고 페이스북이나 카카오스토리처럼 SNS로 사용할 수도 있다. 텀블러는 2013년 5월 세계적인 검색 업체 야후에 11억 달러(약 1조 2,292억 원)에 팔렸는데, 이는 모바일 시장과 SNS 영역을 강화하기 위한 야후의 전략에 다른 것이다.

　텀블러는 젊은 층 사이에서 인기가 높고 이용자 중 절반가량이 모바일 앱을 통해 접속할 만큼 모바일 쪽에 강점이 있다. 시장조사 업체 콤스코어에 따르면 2013년 3월 현재 텀블러는 전 세계에 1억 1,700만의 이용자가 있으며, 스마트폰 이용자만 1,200만 명에 달한다. 검색과 뉴스 부문에선 여전히 강자의 지위에 있지만 SNS와 모바일 시장에선 페이스북·구글·애플에 밀려 상대적으로 약점을 보였던 야후가 텀블러를 인수한 것도 그런 강점 때문이다. 야후는 텀블러 인수가 시너지 효과를 불러올 것이라고 강조한다. 야후 CEO

마리사 메이어는 "텀블러에 올라와 있는 패션, 예술부터 음식, 여행 등으로 스포츠, 뉴스, 금융 등 야후가 강점을 보이고 있는 콘텐츠와 중복되지 않는다"고 말했다. 이용자 기반이 서로 다른 점 역시 강점이라고 말한다. 야후 이용자의 42퍼센트가 35~64세 연령층에 몰려 있지만, 텀블러는 10대와 20대들이 많이 사용하고 있어 젊은 층을 끌어들일 수 있는 매력적인 카드라는 이야기다.[146]

전문가들은 텀블러가 수익에 큰 보탬이 되진 않겠지만 곧바로 1억 명 이상이 이용하는 SNS 사이트를 갖게 되었다는 점에서 그동안 야후의 약점으로 지적되어온 소셜 미디어 사업 분야를 즉각 보강할 수 있게 되었다고 평가했다.[147] 하지만 야후의 텀블러 인수가 패착이 될 것이라는 분석도 있다. 텀블러는 광고 영업보다 이용자 편의에 더 중점을 두고 있어 수익성이 높지 않기 때문에 야후가 광고 수를 늘린다 해도 텀블러에서 발생하는 수익으로 인수 비용을 충당하기까지는 상당한 시간이 걸릴 것이라는 게 이유다. 또 광고가 늘어날 경우 텀블러의 비상업적 경영 방식을 선호하던 이용자들이 텀블러를 외면할 가능성이 있다는 분석도 있다.[148] 조직 융합이 관건이라는 해석도 있다. 텀블러 역시 야후가 8년 전 인수한 플리커처럼 성장하지 못할 것이라는 지적으로, 플리커는 페이스북이 사들인 인스트그램보다 인기 있는 사진 공유 사이트로 각광받았지만 야후에 인수된 후 야후의 관료주의 문화 속에서 성장이 정체되었다.[149]

10달러 이하로 떨어졌던 야후 주가는 텀블러 인수 직후 25달러를 돌파하는 등 초기에는 시장의 호의적 반응을 이끌어냈지만 2014년 『비즈니스인사이더』는 시장조사기업 L2인텔리전스를 인용해 지난 5년간 SNS 시장 최악의 인수합병M&A으로 텀블러를 지목했다. 야후는 천문학적인 금액을 들여 텀블러를 사들였지만 효과가 나타나지 않고 있기 때문이라는 게 그 이유로, 이 때문에 야후가 텀블러의 상투를 잡았다는 말까지 나왔다.[150]

텀블러

# 트롤링Trolling

인터넷 공간에 공격적이고 불쾌한 내용을 올려 다른 사람의 화를 부추기는 것처럼, 공격적이고 반사회적인 반응을 유발하는 행위를 말한다. 트롤troll은 스칸디나비아반도 신화에 나오는 거인 또는 견지낚시를 의미한다. 한국에서 트롤은 종종 '낚시질'로 번역되지만 이는 정확한 의미가 아니다. 단지 무례하고 공격적인 댓글을 다는 것이나 누군가에게 욕설을 퍼붓는 행위는 트롤링으로 간주되지 않는다. 트롤의 핵심은 속임수인데, 그런 행위는 단지 공격이나 비방에 불과할 뿐이기 때문이다.[151]

한국의 일베와 혐한류 운동을 전개하는 등 일본 민족주의와 극우 성향을 보이는 일본의 2ch, 디도스 같은 인터넷 공격과 아동 포르노 유통 등 반사회적 행동으로 유명한 미국의 4chan 등이 대표적인 트롤링 사이트로 거론된다. 황용석은 "10~20대 남성의 잠재된 충동 성향이 익명적 공간에서 강하게 표출하고, 욕설과 비속어가 일상화돼 사회적 정체성을 약화시키고, 평소 소수 의견에 속해 있던 자가 온라인에서 의견 동조자를 만나 다수 의견이라고 지각하면서 확산 효과를 낳고, 민족주의나 애국주의가 행동을 정당화시켜주기 때문"에 트롤링이 확산되고 있다면서 이렇게 말한다.

"트롤링 사이트를 법으로 제재하기는 쉽지 않다. 인터넷 하위

문화의 하나로 인정할 수밖에 없다. 우리에게 필요한 것은 이들 사이트에 대한 대응책에 앞서 주류 언론과 정치인들이 트롤링 사이트를 이용하거나 필요 이상으로 중요한 사회 여론으로 다루지 않는 것이다." [152]

하지만 트롤링이 도를 넘고 있다는 지적도 적지 않다. 이들은 트롤링 사이트가 외국인뿐만 아니라 자국인에 대해서도 도를 넘는 증오 발언의 유통 통로로 활용되는 등 폐해가 심각하다고 말한다. 2012년 6월 트위터의 딕 코스톨로 최고경영자는 영국의 『파이낸셜타임스』와의 인터뷰에서 '트윗은 흘러야 한다Tweets must flow'는 모토 하에 표현의 자유를 강조해온 트위터가 '편파성 증오 발언hate speech' 이나 '트롤링에 대한 새 규제 방안 도입을 검토하고 있다'고 말했다. SNS를 이용한 협박이나 온라인 비방이 큰 사회문제로 비화하고 있기 때문이라는 게 이유였다. [153]

# 팝콘 브레인Popcorn Brain

첨단 디지털 기기에 익숙한 나머지 뇌가 현실에 무감각하거나 무기력해지는 현상을 일컫는 말이다. 팝콘이 곧바로 튀어오르는 것처럼 즉각적인 현상에만 반응할 뿐 다른 사람의 감정이나 느리고 무던하게 변화하는 현실에는 무감각하게 반응하는 게 특징이다. 2011년 세계적으로 권위 있는 학술지 『폴로스원PloS One』은 하루 10시간 이상 인터넷을 하는 대학생 18명과 2시간 미만 인터넷을 하는 대학생 18명의 뇌를 MRI로 찍은 결과, 사고 · 인지를 담당하는 전전두엽의 크기가 줄어드는 등 뇌의 구조가 변한 것으로 나타났다고 발표하며 이를 팝콥 브레인 현상이라고 불렀다.[154]

김승환 포항공대 물리학과 교수는 "사람은 현실(오프라인)과 가상 세계(온라인)에서 산다. 두 사회가 연동하면서 새로운 형태의 사회가 생기고 있다. 인간은 시각 · 청각 · 촉각 등 다양한 방법으로 정보를 접하고 분석하고 반응한다. 그런데 너무 스마트 기기에 몰입해서 가상 세계를 중시하면 특정 자극에만 반응하게 되어 감각이 떨어질 수 있다"고 지적했다.[155]

팝콘 브레인 현상에 대한 우려는 인터넷 시대에 등장했지만 스마트폰 시대를 맞아 더욱 큰 문제가 되고 있다. 스마트폰에 중독된 초등학생을 대상으로 한 뇌기능 테스트 결과에 따르면, 이들은 일반

어린이에 비해 자극에 아주 빠르거나 느린 반응을 보이는 것으로 나타났다. 또 일정하게 깜빡거리는 불빛에 맞춰 손뼉을 치거나 발을 구르도록 주문했을 때 스마트폰에 중독된 아이와 그렇지 않은 아이 간 시각의 인지가 최대 2배 이상 차이가 났으며, 스마트폰 중독으로 인해 둔해진 우측 전두엽의 영향으로 좌뇌와 우뇌를 번갈아 사용하는 활동에 어려움을 겪는 것으로 조사되었다.[156]

팝콘 브레인 현상을 방지하기 위해 미국 소아과학회는 아동들의 스마트폰과 인터넷, TV 노출 시간의 엄격한 제한을 권고하고 있다. 2세 이하의 유아기에는 아예 차단하고, 2~7세는 30분 이상 보여주지 말고, 7세 이후에도 2시간 이내로 제한하라는 내용이다.[157] 미국 CNN 역시 '팝콘 브레인 예방법'으로 인터넷 사용을 2시간 이내로 줄이기, 최소 2분간 창밖 응시하기, 오후 6시부터 9시까지 온라인에서 해방된 자유 시간 만들기, 친구에게 문자나 이메일 대신 전화하기 등을 제안했다.[158]

팝콘 브레인 현상을 지적하는 목소리는 높지만 한국의 부모들이 그런 경고에 둔감하다는 지적도 있다. 스마트폰을 보육도우미로 활용하고 있는 엄마가 많다는 게 그 이유다.[159] 아이들은 물론이고 부모들을 대상으로 한 미디어교육이 필요한 이유라 할 수 있겠다.

# 팬케이크 인간

한 번의 손끝 터치로 방대한 정보망과 연결될 수는 있지만 응축된 사유의 공간은 사라진, 얇고 납작한 인간을 일컫는다. 미국의 기술문명 평론가인 니콜라스 카가 인터넷의 위험성을 지적하면서 사용한 말이다. 그는 미국 시사잡지 『애틀랜틱 먼슬리』 2008년 7~8월호에 게재한 「구글이 우리를 바보로 만드는가」Is Google Making Us Stupid?: What the Internet Is Doing to Our Brains」라는 글에서 구글로 대표되는 인터넷의 위험성은 인간의 뇌를 계량해서 최적화할 수 있는 일련의 기계적 과정의 산출로 본다는 데 있다고 비판했다. "세계의 모든 정보를 우리의 뇌, 혹은 그보다 더 영리한 인공두뇌에 직접 연결시키는 차원"을 꿈꾼다는 구글의 창업자 세르게이 브린의 발언에 대한 반박이었다.

카는 2003년 『하버드 비즈니스 리뷰』에 「IT는 중요하지 않다It doesn't matter」라는 글을 게재해 미국 시사잡지 『뉴스위크』로부터 '테크놀로지계 공공의 적 1호'라 불리기도 했다.[160] 카는 인터넷에 많은 시간을 보낸 뒤로 책이나 긴 글을 읽을 때에 집중하는 데에 어려움을 겪고 있다는 자신의 경험을 소개하면서, 인터넷이 집중concentration 과 숙고contemplation를 방해하며 "구글이 이끄는 세계에는 깊은 사색 과정에서 나오는 '경계의 모호함' 따위는 들어설 여지가 없다"고 주장했다. 카는 구글을 비롯한 인터넷 업체들이 "제일 꺼리는 것은 한가롭게 한곳에 머물러 천천히 읽어내려 가거나, 골똘히 사색에 잠기는 것"이라고 지적하면서, 그렇게 되면 인간은 '팬케이크pancake 인간'이 되고 말 것이라고 경고한다.[161] 이에 대해 구글의 에릭 슈미트는 "나는 우리가 예전보다 더 똑똑해졌다고 생각한다"며 반박했지만,[162] 인터넷의 독주를 두려운 시선을 바라보는 사람도 적지 않다.

팬케이크 인간

# 프로젝트 룬Loon

하늘에 수천 개의 열기구 풍선을 띄워 지구상의 모든 사람에게 한 꺼번에 인터넷 이용을 제공하겠다는 취지를 담은 구글의 프로젝트 다. '하늘 위의 통신망' 이라 할 수 있다.[163] 2013년 6월 14일 구글은 회사 블로그를 통해 "많은 사람들은 인터넷으로 글로벌 커뮤니티가 형성됐다고 생각하지만 아직 지구상 3분의 2는 인터넷에 접속하지 못하고 있다" 며 "프로젝트 룬은 전 세계 외딴곳까지 사람들을 연결 하고 정보 격차를 줄이기 위해 디자인됐다" 고 말했다.

구글의 구상은 이렇다. 비닐로 만든 12~15미터 크기의 열기구 를 지표면에서부터 약 20킬로미터 높이, 그러니까 비행기가 다니는 항로보다 2배 높은 성층권에서 바람을 타고 천천히 이동시킨다. 지 상의 인터넷 안테나 혹은 다른 풍선과 서로 통신할 수 있는 전자장 비를 달고 다니는 각각의 열기구는 태양에너지를 저장할 수 있는 태양전지 패널을 함께 부착해 밤에도 작동되는데, 열기구가 대형 무 선인터넷 공유기 역할을 하기 때문에 머리 위에 열기구가 지나가면 자연스레 무료 와이파이 지역이 된다. 룬이 제공하는 인터넷 속도는 현재 사용되는 3G 이동통신망과 비슷한 정도로, 지상에서는 건물마 다 전용 안테나를 이용해 신호를 잡아 인터넷을 사용할 수 있다.[164]

구글은 2013년 6월 초 뉴질랜드 남섬 캔터베리 지역 상공에서 첫 번째 실험을 진행했으며 다음 단계를 위해 파트너를 찾고 있다고 말했지만 '프로젝트 룬'을 정신 나간 행동으로 보는 시선도 적지 않다. 구글 역시 그런 시선을 의식하고 있다. 프로젝트 이름을 'Loon'으로 지은 것부터가 그렇다. 룬은 미치광이, 얼간이, 바보 등을 뜻한다. 사람의 웃음소리와 같은 소리를 내고 북미 지역을 서식지로 하는 물새인 '아비새'를 이르는 말이기도 한데, 영어 문화권에선 제정신이 아닌 사람을 가리킬 때 '룬처럼 미쳤다crazy as a loon'고 말한다.[165]

프로젝트 룬

# PPS Page Profit Share

포털 사이트 네이버가 웹툰, 웹소설 등의 콘텐츠로 생기는 수익을 창작자들과 나누기 위해 고안한 콘텐츠 비즈니스 모델이다. PPS의 중심은 네이버 웹툰이다. 김준구 네이버북스 팀장은 "PPS 프로그램은 네이버 웹툰 페이지에 수익모델을 도입하고 그 수익을 작가와 나누는 비즈니스 패키지를 의미한다"라며 "네이버 웹툰은 12년을 바라보고 기획했는데 3년 투자기와 3년 성장기, 3년 비즈니스 모델 도입기를 거쳐 이제 네 번째 단계에 왔다"라고 말했다.[166] PPS는 서비스 페이지 내에 적용하는 콘텐츠 유료 판매, 광고 모델, 파생상품 노출 등 세 가지로 구성되어 있다. 작가는 콘텐츠 특성에 따라 3가지 가운데 원하는 비즈니스 모델을 선택할 수 있다. 콘텐츠 유료 판매는 기존 웹툰과 웹소설에 적용된 미리보기와 완결보기에 화제가 되었던 회차 작품을 모아보거나 작가가 재편집하는 베스트 콜렉션, 그리고 연재 때 다루지 못한 이야기를 담은 외전 등을 더했다.

광고 모델은 웹툰 소재나 해당 회 내용에 맞는 상품이 보이는 텍스트형 광고, 작품 캐릭터가 출연하는 이미지형 광고, 작품 내용 중 상품이 노출되는 PPL 등 3가지로 구성되었다. 해당 웹툰의 클릭 수가 높아지면 광고 단가도 높아지는 방식으로, 창작자와 네이버가 수익을 배분하는 형태다. 콘텐츠 페이지 하단에 제공되는 파생 상품 노출은 콘텐츠를 보다가 해당 작품 기반 출판물이나 캐릭터 상품, 영화·드라마 등의 파생 상품을 바로 구매할 수 있는 형식으로, 이는 원소스멀티유즈를 지원하기 위한 것이다. 파생 상품 판매를 촉진할 수 있도록 콘텐츠는 샵N, 온라인 도서몰, 네이버뮤직, N스토어, 네이버북스 등과 연결되어 있다.[167]

　　PPS는 2013년 3월부터 웹툰을 시작으로 순차 적용되었는데, 2013년 6월 4일 네이버는 웹툰에 적용된 PPS를 통해 한 달 만에 총 매출액이 5억 8,900만 원을 넘어섰다고 밝혔다. 또 네이버 웹툰에 연재 중인 작가는 모두 108명으로, 이들은 자신의 작품과 어울리거나 제작 방식이 마음에 드는 광고 모델을 선택해 5월 31일까지 한 달 간 평균 255만 원의 부가수익을 올린 것으로 나타났다. 한성숙 NHN 네이버서비스 1본부장은 "온라인 콘텐츠 시장에서 어떤 유료 모델이 성공할 수 있을지 아직 정답은 없다"며 "다만 PPS 프로그램을 통해 콘텐츠 유형에 따른 다양한 유료화 방안을 실험하고 콘텐츠, 작품의 특성에 따라 도입하는 것이 필요하다는 것을 확인했다"고 평가했다.[168] 그동안 수익을 제대로 거두기 힘들었던 웹툰 작가와 문학 창작자들은 PPS 모델이 콘텐츠 유료화의 새로운 장을 열 것으로 기대하고 있다.[169]

**3**

# Business Section

TALK

Trend Keyword

# 가상 기업

교육생들에게 실제 기업과 비슷한 근무 환경 속에서 직무를 가르치는 기관을 말한다. 수익 창출이 아닌 순수한 직업 교육을 목적으로 하는 게 특징으로 실업률을 낮추는 데 효과가 있는 것으로 알려지고 있다. 실제 가상 기업을 통해 직업 교육을 제공하고 있는 오스트리아의 청년 실업률은 OECD 국가 중 최하위권이다. 2011년 기준 실업률은 4.2퍼센트로, 이는 OECD 평균(8.2퍼센트)의 절반 수준에 불과하다. 반면 고용률은 72.1퍼센트로 OECD 국가 중에서도 상위권을 유지하고 있다. 가상 기업을 통한 오스트리아의 직업 교육은 이런 식이다. 의무교육(9학년)을 마치고 진학 대신 취업을 택한 취업 희망자들은 민간 기업에서 실무를 배우게 되는데, 가상 기업은 그런 기회마저 갖지 못한 성적 부진 학생들과 외국인 2세 등 사회적 약자들을 구제해 임금까지 지급하며 직업 교육을 제공한다.

　오스트리아의 수도 빈에만 가상 기업에서 교육받는 청소년은 4,500여 명에 달하며 AMS는 정부에서 연간 예산 60억 유로(8조 4,750억 원)를 받아 전국 100여 곳의 가상 기업에서 교육생 4만여 명을 훈련시키고 있다. AMS는 오스트리아의 실업·취업 문제를 담당하는 민간기관으로 실업 급여 지급부터 일자리와 노동 훈련 프로그램 연계 등 모든 노동시장 정책을 총괄하고 있으며, 오스트리아 전

체 일자리의 약 35퍼센트를 중개하고 있다.[1]

AMS는 가상 기업 운영에 "막대한 예산이 들지만 불우 청소년들이 15년간 정규직으로 일하면서 납부하는 세금, 실업 급여 절약 부분 등을 고려하면 이익"이라고 말한다.[2] 가상 기업을 통해 오스트리아가 청년 실업률을 크게 낮추자 독일과 북유럽 국가들도 오스트리아의 제도에 관심을 보이고 있는데, 2013년 6월 한국무역협회 국제무역연구원은 「고용률 70퍼센트, 오스트리아에서 해법 찾는다」라는 보고서를 통해 박근혜 정부가 노동시장 정책에 적극적으로 투자하고 있는 오스트리아를 본보기로 삼아야 한다고 말했다.[3]

# 검은 머리 외국인

한국인이지만 외국인으로 가장하고 있는 사람들을 일컫는 말이다. 주식시장에서는 외국 자본으로 위장해 국내로 흘러들어온 한국 자본을 뜻한다. 세금 회피, 자금 세탁, 차명 거래 등 주로 음성적인 방법을 통해 시장을 교란하는 작전 세력으로 지목된다. 검은 머리 외국인들이 벌이는 작전은 비공개 경영 정보를 독점하고 있는 내부자일 가능성이 높은데다가, 다수의 소액 투자자들에게 큰 피해를 줄 수 있다는 점에서 가장 악질적인 범죄로 거론되고 있다. 검은 머리 외국인은 1998년 통신, 항공 등 일부 업종을 제외하고 외국인 취득 한도 제한이 사라지면서 등장한 것으로 추정되고 있다.[4]

당시 검은 머리 외국인은 코스닥 시장 등의 중소형주에 투자해 주가를 끌어올려 일반 투자자들을 모은 뒤 시세 차익을 챙기고 빠지는 이른바 '먹튀 수법'으로 악명을 떨쳤다.[5] 증권가는 단순한 시세 조종보다는 세금을 피하고 은밀하게 재산을 관리하기 위한 목적에서 검은 머리 외국인으로 위장하는 경우가 많다고 보고 있다. 경영권 분쟁이 벌어질 때나 대주주 지분을 승계할 때 검은 머리 외국인의 유혹에 빠져든다는 것이다. 한국 금융시장에서 통계에 잡히는 외국인 중 상당수는 검은 머리 외국인인 것으로 추정되고 있지만, 금융 당국은 그 규모가 어느 정도인지 가늠조차 하지 못하고 있다.

현행법상으로 검은 머리 외국인 여부를 파악하는 자체가 거의 불가능하기 때문이다. 금감원 관계자는 "투자신고서에 나오는 국적만 갖고 진짜 외국인인지 확인할 방법이 없다"며 "국내 자금은 금융실명법에 따라 은행, 증권사에 자료를 요구해 자금을 추적할 수 있지만 해외 계좌는 상대국에 자료를 요청할 방법이 없다"고 말했다.[6]

검은 머리 외국인은 자금 흐름이 노출될 위험이 없는 조세피난처를 이용하는 경우가 많은데, 이 때문에 조세피난처에서 들어오는 돈은 검은 머리 외국인의 자금으로 보는 게 일반적인 견해다. 외국 투자자들은 한국 시장 투자를 위해 굳이 조세피난처를 거칠 필요가 없기 때문이다.[7] 금융감독원 등에 따르면 2013년 4월 현재 한국 증시에 투자를 가장 많이 하는 조세피난처인 케이맨 제도에는 약 2,800명의 투자자가 7조 7,000억 원 상당의 주식과 채권을 보유하고 있는 것으로 나타났는데, 이들 투자자 가운데 검은 머리 외국인이 상당수 포함되었을 가능성이 제기되었다. 이는 한국 증시에 투자하는 전체 외국인 투자자 3만 6,331명의 7.7퍼센트에 해당하는 것이다.[8]

2013년 CJ그룹이 수천 억 원대 해외 비자금을 조성해 자사주 매입 등 주가 조작에 사용한 정황이 속속 드러나면서 이재현 회장 등 CJ그룹 총수일가가 검은 머리 외국인으로 행세한 것 아니냐는 의혹이 일기도 했다. 2013년 6월 5일 서울행정법원 행정11부는 검은 머리 외국인의 국내 투자에 대해 "실질적인 관리 장소가 해외였다

면 법인세를 부과할 수 없다"며 '실질적 관리 장소'가 검은 머리 외국인을 판단하는 기준이라고 했다.[9]

# 구매 후기 마케팅

제품을 실질적으로 써본 소비자들이 상품에 대해 느낀 장단점 등을 상품을 구입한 회사의 홈페이지나 자신이 운영하는 블로그, 카페 등에 사진과 함께 올려놓은 글을 일컬어 구매 후기라 하는데, 바로 이런 구매 후기를 이용한 마케팅을 말한다. 사용 후기 마케팅이라고도 한다. 입소문 마케팅의 한 방법이라 볼 수 있다. 주목투쟁 시대를 맞아 입소문의 위력이 커지면서 기업들은 경쟁적으로 구매 후기 마케팅을 활용하고 있다. 제품에 대해 댓글과 후기를 다는 사람들을 대상으로 이벤트를 하는 기업이 적지 않다. 후기나 댓글 가운데 뽑힌 사람들에게 신상품을 제공하거나 할인 혜택을 주는 식으로, 구매 후기에 후한 보상이 따르기 때문에 수많은 댓글과 후기가 달리는 경우가 많다.[10]

　자발적으로 구매 후기를 올리는 소비자도 적지 않겠지만, 앞서 말한 그런 이유 때문에 구매 후기 이벤트의 범람으로 다른 소비자에게 도움을 주기 위한 순수한 마음에서 쓴 구매 후기를 찾는 게 힘들어졌다는 분석도 나오고 있다. 구매 후기 마케팅이 저비용 고효율 효과를 낳는 마케팅 방법으로 각광받으면서 아예 허위 구매 후기를 올리게 하는 기업들도 있다. 제품을 무료로 주는 것에서 나아가 일정 금액의 수고비를 주는 식이다. 김은진은 2013년 8월 "정말 제대로 된 사용 후기를 찾는다는 것은 '서울에서 김 서방 찾기'다"며 다양한 분야의 업체들이 사용 후기를 제품 혹은 돈으로 매수하고 있다고 말한다.[11]

이런 이유 때문에 소비자들 사이에서는 '구매 후기를 믿지 마라', '사용 후기도 검증해야 한다'는 주장이 나오고 있으며, 카페의 신뢰성을 유지하기 위해 아예 후기 작성 금지령을 내린 카페들도 있다. 2013년 9월 12개의 블로그 산업 관련 회사가 모여 만든 한국블로그산업협회는 특정 업체의 후원으로 작성되는 체험 후기일 경우 찬양 일색의 후기 남기기를 지양하고, 최소한 후원으로 작성된 구매 후기라는 사실을 밝히자는 캠페인을 시작했지만,[12] 구매자 후기를 물품 구입의 중요한 잣대로 간주하는 경향 때문에 실효를 거두기 어려울 것이라는 분석도 있다.

구매 후기 마케팅

# 그레이트 로테이션<sub>Great rotation</sub>

글로벌 투자 자금이 안전 자산인 채권에서 위험 자산인 주식으로 이동하는 현상으로, 주로 경기 회복기에 나타나는 현상이다. 대전환이라고 한다. 2012년 10월 뱅크오브아메리카 – 메릴린치<sub>BoA-ML</sub>가 미국 주식 수익률이 채권 수익률을 앞서기 시작했다며 처음 사용한 용어다. 글로벌 경제 분석기관들은 그레이트 로테이션이 이루어지기 위해선 세계 경기의 본격적인 회복, 채권 시장의 약세, 글로벌 리스크 요인의 완화, 채권 자산 대비 주식의 저평가 등 몇 가지 조건이 충족되어야 한다고 말한다.[13]

  미국 양적완화 정책의 조기 종료 가능성이 언급되고 글로벌 채권 금리가 급등하면서 2013년 5월 그레이트 로테이션이 시작되었다는 분석이 나왔다. 세계 금융 위기 이후 채권을 선호하던 글로벌 투자 자금이 세계 경기 회복, 저금리 시대 종결 전망 등으로 인해 주식으로 옮겨가고 있다는 것이다. 5월 31일 미국의 국채 금리는 월초보다 0.5퍼센트 오른 2.13퍼센트로 올랐으며, 한국과 일본·독일의 국채 금리도 5월 일제히 0.3퍼센트포인트가량 올랐다. 글로벌 투자은행<sub>IB</sub>들은 발 빠르게 채권 금리 전망치를 올렸다.[14] 한국에서는 그동안 인기를 끌었던 해외 채권형펀드의 수익률은 줄어드는 추세를 보였으며, 이를 반영해 인컴펀드·부동산펀드와 같은 대체 투자 상품

Business Section

들이 속속 출시되었다.[15]

　　2013년 12월 미국 연방준비제도Fed가 테이퍼링(양적완화 단계 축소)을 선언하면서 본격적으로 그레이트 로테이션이 시작되었다는 분석도 있다. 글로벌 투자자금이 채권·금 등 안전자산에서 빠져나와 위험 자산인 주식 시장으로 급격히 이동하고 있다는 게 그 이유다.[16] 하지만 그레이트 로테이션은 섣부른 관측이라는 지적도 있는데, 한국의 주식 시장이 그런 경우로 거론된다. 한국 주식 시장에서 외국 투자자들은 여전히 주식보다 채권을 선호하는 경향이 발견되고 있다는 것이다.[17]

그레이트 로테이션

# 낙수 효과 무용론

기업과 부유층의 소득이 증가하면 투자가 더 활발하게 이루어져 경기가 부양되고 전체 GDP가 증가해 저소득층에게도 혜택이 돌아가 소득 양극화가 해소된다는 이론을 일컬어 낙수 효과Trickle Down Effect 라 한다. 낙수 효과 옹호론자들은 부유한 계층이 가져가는 '파이'의 크기를 따지기 이전에 우선 '전체 파이'를 키워야 한다고 주장한다. 아랫목이 따뜻해야 윗목이 따뜻해진다는 게 이들의 논리인 셈이다.

하지만 낙수 효과 무용론을 주장하는 사람도 많다. 낙수 효과 무용론을 주장하는 대표적인 경제학자는 노벨경제학상 수상자 조지프 스티글리츠 컬럼비아대학 교수다. 스티글리츠는 2013년 4월 15일 미국 워싱턴의 세계은행WB 본부에서 열린 '거시정책 콘퍼런스 Rethinking Macro Policy II: First Steps and Early Lessons' 에서 성장이 모두에게 이익이 되는 것이라는 논리를 제공하는 낙수 효과는 대부분의 나라에서 없다고 말했다.[18] 스티클리츠는 이에 앞서 2012년 6월에 펴낸 『불평등의 대가』(한국에서는 2013년 출간)에서도 미국의 사례를 거론하며 "상위 1퍼센트의 이익과 99퍼센트의 이익은 명백히 다르다" 며 낙수 효과 무용론을 피력했다.[19] 2013년 11월 프란치스코 교황은 교황권고 「복음의 기쁨」에서 "걷잡을 수 없이 커져버린 경제의 권력이 긍정적 효과를 낼 것이라는 순진한 믿음에 불과하다" 며 낙수 효과

무용론을 언급했다가 마르크스주의자라는 공격을 받기도 했다.[20]

한국에서도 낙수 효과는 논란거리다. '선성장 후분배'를 옹호하는 사람들은 낙수 효과가 근거가 있다고 강조하지만 IMF 이후 한국 사회에서 낙수 효과를 찾아보기 어렵게 되었다는 분석도 있다. IMF 이전까지는 기업의 성장과 국민 개개인의 소득이 '동반성장'하는 모양새를 보였지만 이후 상황이 달라졌다는 것이다. 예컨대 2000~2010년까지 기업소득은 연평균 16.4퍼센트씩 증가했지만 가계소득은 연평균 2.4퍼센트 정도만 늘어났으며, 이명박 정부가 출범한 2008년 이후로 3년 동안은 역대 최고 격차 기록을 해마다 갈아치울 만큼 양극화가 심해졌다는 것이다.[21] 『서울신문』 2013년 2월 20일자는 이명박 정부의 경제 성적표를 살펴본 결과 낙수 효과는 발생하지 않았다고 말했다. 낙수 효과를 유도하기 위해 수출 대기업을 위주로 한 지원 정책을 펼친 결과 2008~2011년 30대 재벌의 자산은 12.65퍼센트 증가했지만 같은 기간 5인 이상 사업체 근로자의 실질임금은 0.5퍼센트 감소했다는 것이다.[22]

# 뉴 노멀New Normal

과거를 반성하고 새로운 질서를 모색하는 시점에 자주 등장하는 말로, 시대 변화에 따라 새롭게 부상하는 표준을 의미한다. 경제학에서는 새롭게 형성된 경제 질서로 통용되는데, 일반적으로 2007~2008년 진행된 세계 금융 위기 이후 등장한 새로운 세계경제 질서를 의미한다.[23] 세계 채권펀드 핌코PIMCO의 최고경영자 무하메드 앨에리언이 처음 사용하면서 널리 알려졌다. 그는 세계 금융 위기 이후 발간한 저서 『새로운 부의 탄생』에서 금융 위기를 기점으로 선진국뿐만 아니라 그동안 빠르게 성장하던 신흥국들도 성장률이 둔화될 것이라면서 세계경제가 저성장·저금리·저물가·고실업률·정부 부채 증가·규제 강화 등의 뉴 노멀 시대에 돌입했다고 말했다.[24] 올드 노멀(오래된 정상)과 구별하기 위해 뉴 노멀이라 한다. 세계 금융 위기 이전까지 꾸준하게 3퍼센트 이상의 성장을 해왔던 미국 등 선진국의 경제 질서를 일컬어 올드 노멀이라 한다.

뉴 노멀 시대의 개막은 다양한 분야에 영향을 주고 있다. 우선 금융 투자 업계는 새로운 성장 동력 마련에 뛰어들었다. 경제학자들도 바빠지고 있다. 뉴 노멀로 인해 현재의 경제 현상을 반영하지 못하는 경제 용어를 바꿔야 한다는 주장이 제기되고 있기 때문이다. 예컨대 『워싱턴포스트』 경제 칼럼니스트 로버트 새뮤얼슨은

2013년 12월 2일자 칼럼 「Times have changed, and our economic vocabulary can't keep up」에서 "지금까지 쓰여온 경제 용어와 개념들이 우리가 겪고 있는 경제 현상을 제대로 정의하지 못하고 있다"며 바꿔야 하는 대표적인 용어로 '경기침체recession', '스태그플레이션Stagflation', '경제 고통지수Misery index', '풍요 속 빈곤 Affluent deprivation' 등을 들었다.[25] 각 나라의 정책 결정자들 역시 선택의 기로에 서 있다. 투자 전략 전문 분석기관인 리서치 어필리에이츠의 로버트 아놋 회장은 "진짜 문제는 정책 결정자들이 성장률을 이전 기준에 맞추기 위해 적자 재정 등을 추구하는 것"이라며 뉴 노멀을 받아들이라고 말했다.[26]

# 뉴 애브노멀New Abnormal

2007~2008년 세계 금융 위기 이후 세계경제 질서를 뜻하는 뉴 노 멀과 대비되는 개념으로, 시장의 변동성이 일시적인 현상으로 끝나 지 않고 상시로 존재하게 되어 불확실성이 매우 커지는 상황을 뜻 하는 경제 용어다. 2013년 밴 버냉키 미국 연방준비위원회 의장이 뉴 노멀을 타개하기 위한 양적완화 정책이 나름 역할을 한 것으로 판단하고 출구 전략을 내놓자 비관론자로 유명한 누리엘 루비니 뉴 욕대학 교수가 버냉키의 출구 전략을 비판하면서 사용한 것을 계기 로 널리 알려졌다. 루비니는 금융시장이 이전보다 나아지긴 했지만 여전히 위기를 벗어났다고 단언할 수 없다며 세계경제 질서가 뉴 노멀을 지나 뉴 애브노멀 시대로 진입했다고 주장했다. 루비니에 앞서 2012년 마크 유스코 모건크릭캐피털 최고경영자 역시 "세계 경제가 '뉴 애브노멀' 시대에 접어들었다"며 주가가 상승하다가 급 락하는 패턴을 반복해 중장기적으로 수익을 내기 쉽지 않을 것이라 고 예측했다.[27]

뉴 애브노멀과 뉴 노멀의 가장 큰 차이점은 예측가능성이다. 최현준은 "뉴 애브노멀은 전망 자체가 어려운 상황을 의미합니다. 모든 시장의 가정에 의문이 따르고, 투자자들이 어리둥절해지는 시 대가 될 것이라는 얘기입니다. 불확실의 세계가 펼쳐진다는 것이죠"라면서 이렇게 말한다. "뉴 노멀은 암울하긴 해도 예측이 가능하다는 나름의 장점이 있었습니다. 저성장이나 저소비, 고실업이 지속될 것이라는 전망 속에서 우리는 그에 대비해 나름대로 살길을 찾아나갈 수 있었습니다. 앞으로 세계경제가 어떻게 진행될까요? 쏟아지는 의견만큼이나 알기 어려운 주제입니다. 그런 면에서 어쩌면 우리의 상황은 늘 이미 '뉴 애브노멀'인지도 모르겠습니다." [28] 2013년 미국이 양적완화 정책과 관련해 출구 전략 가능성을 내비칠 때마다 전 세계 금융시장이 크게 출렁거리는 일이 반복되었는데, 미국의 출구 전략이 시행될 것임을 알고 있었지만 금융시장이 민감하게 반응한 것을 두고 뉴 애브노멀 시대의 특징이라고 보는 시각도 있다. [29]

뉴 애브노멀

# 단일 기준 마케팅

단일 기준one-size-fits-all은 '널리 적용되도록 만든'이라는 뜻으로, 글로벌 기업이 인종·종교·국경을 뛰어넘어 모든 나라에 두루 적용하는 마케팅 전략이다. 글로벌 시장을 선도하는 국가나 지역에서 성공한 전략은 언제 어디서 써도 성공할 것이라는 자신감이 바탕에 깔려 있는 마케팅 전략으로, 다국적 기업이 주로 사용한다.[30] 스티브 잡스는 단일 기준 마케팅의 신봉자였는데, one-size-fits-all은 애플의 철학이었다.[31] 세계적인 IT 기업인 페이스북이나 구글 역시 단일 기준 마케팅 전략을 사용하는데, 이는 미국의 패권과 밀접한 관련이 있다고 볼 수 있다.

2013년 글로벌 모바일 메신저 앱 시장에서 한국의 카카오톡과 라인, 중국의 위챗 등의 약진이 두드러졌는데, 이 때문에 단일 기준 마케팅 전략이 한계를 드러내고 있다는 지적도 나왔다. 2013년 8월 1일 영국의 일간지 『파이낸셜타임스』는 서울발 기사에서 한국의 카카오톡과 라인, 중국의 위챗이 페이스북과 구글, 블랙베리 같은 모바일 네트워크 업체의 전통적 시장 지배력을 위협하고 있다면서 구글이나 페이스북과 달리 이들이 아시아 시장에서 개별 국가마다 마케팅 전략을 치밀하게 짜 시장을 공략한 게 성공의 키포인트가 되었다고 말했다. 예컨대 서구 기업의 단일 기준 마케팅과 달리 아시아의 모바일 메신저 앱은 각 나라에 맞는 현지화 전략을 통해 사용자 수를 크게 늘리고 있다는 것이다. 베트남의 인터넷 기업인 VNG 코퍼레이션의 러홍민 사장은 "카카오톡이나 라인 같은 채팅앱을 사용해보면 좋아하는 사람과 대화하며 재미를 느낄 수 있는 데 반해 서방의 (채팅) 앱들은 순수 기능에만 초점이 맞춰져 있다"고 했다.[32]

삼성의 스마트폰 갤럭시의 성공 역시 현지화 마케팅에 크게 빚지고 있다는 분석도 있다. 시장조사기관 IHS의 선임 애널리스트 빈센트 렝은 "갤럭시S4는 나라별로 김치와 콜슬로처럼 서로 다르다"면서 "삼성은 지역별로 소비자들을 끌 수 있는 모양과 가격의 모바일 제품을 출시하는 전략을 추구하고 있다"고 평가했다.[33] 패스트푸드 체인 맥도날드가 글로벌 기업이 고전을 면치 못하고 있는 인도에서 성공할 수 있었던 이유로 맥도날드가 단일 기준 마케팅 전략을 폐기했기 때문이라는 분석도 있다. 소고기를 먹지 않는 힌두교도가 인구의 80.5퍼센트, 돼지고기를 먹지 않는 무슬림이 인구의 13.4퍼센트를 차지하는 인도 시장을 공략하기 위해 맥도날드는 통상 7대 3인 기본 메뉴와 현지 메뉴 비율을 인도에서는 3대 7로 뒤집고, 채식 메뉴를 대거 선보여 인도 시장에 안착할 수 있었다는 해석이다.[34]

# 대출 300만 원 법칙

소액 신용 대출을 주업으로 하는 대부업계가 주로 300만 원 언저리에서 대출을 해주는 이유를 설명해주는 개념이다. 2012년 상반기 기준 대부업 이용자의 1인당 평균 신용 대출액은 270~280만 원 대를 기록했는데, 이런 현상의 배후에 바로 대출 300만 원 법칙이 자리 잡고 있다는 것이다. 대출 300만 원 법칙이 작동하는 이유는 크게 세 가지다. 첫째, 2011년 대부업 법이 바뀌면서 소득 증빙이 필요한 대출 한도가 500만 원에서 300만 원으로 낮아졌다. 달리 말해 대출액이 300만 원을 넘으면 대출 조건이 까다로워졌기 때문에 대출을 쉽게 받기 위한 방편으로 활용되고 있다는 지적인 셈이다.

둘째, 300만 원은 신용 대출에 대한 대출자의 심리적 마지노선이다. 어쩔 수 없이 대부업을 이용하더라도 심리적 부담은 있을 수밖에 없다. 그러니까 대부업의 금리가 높아 대출자들이 300만 원 이상 빌리기를 꺼리는데다 300만 원 정도는 쉽게 갚을 수 있다고 생각한다는 것이다.[35] 셋째, 시중 은행의 5~6배를 웃도는 대부업체의 수익성이다. 2012년 말 기준 대부업체 연체율은 은행보다는 높은 9.4퍼센트였지만 금리가 연 35~39퍼센트에 이르기 때문에 10명에 1명 꼴로 돈을 떼여도 대부업체는 크게 남는 장사를 할 수 있다는 해석이다.[36]

# 대포통장

통장을 개설한 사람과 실제 사용자가 다른 비정상적인 통장이다. 대포통장의 가장 큰 문제는 각종 범죄에 중요한 수단으로 이용된다는 점이다. 전화를 통해 돈을 입금하도록 한 후 사라지는 보이스 피싱이 대표적이다. 2013년 8월 6일 금융감독원은 2011년 9월 30일 이후 2013년 6월 말까지 피싱에 쓰인 대포통장이 모두 3만 6,417건이었다고 밝혔는데, 2013년에만 매달 1,000개의 대포통장이 개설되어 보이스 피싱에 사용된 것으로 나타났다.[37]

대포통장을 활용한 범죄는 다양하다. 범죄자들이 범죄 후 자금 추적을 피하기 위한 용도로 대포통장을 활용하기 때문이다. 예컨대 가짜 금융회사 사이트를 제작한 후 개인 금융 정보를 빼돌려 돈을 가로채거나 저금리로 대출을 알선해준다고 속인 후 수수료를 가로채는 금융 사기, 납치 범죄 후 돈을 요구하는 경우에도 쓰인다. 비자금 관리 수단으로도 활용된다. 대포통장 업자들은 주로 가출청소년, 노숙자, 신용불량자 등 당장 돈이 필요한 취약 계층을 이용해 대포통장을 개설하는데, 인터넷 게시판이나 가출 카페 등에는 "개인·법인 통장 매매합니다", "통장 사드립니다, 남녀노소 불문, 당일 입금"이라는 대포통장 매입 문구 등이 적잖이 올라와 있다.[38]

대포통장의 몸값도 갈수록 뛰고 있다. 암시장에서 과거 개당

20~30만 원 선에서 거래되었던 개인명의 대포통장은 2013년 9월 현재 50~80만 원 선까지 가격이 치솟았는데, 노숙인 명의로 되어 있는 법인 대포통장 가격은 200만 원가량에 거래되고 있는 것으로 알려진다.[39] 2013년 11월 18일 금융감독원은 기존 통장 발급이 너무 간단하고 쉬워 대포통장 등 여러 금융사기에 노출될 가능성이 크다고 판단, 통장 발급 기본 절차를 강화하도록 지도하겠다고 밝혔다.[40]

# 디지털 사이니지|Digital Signage

포스터, 안내 표시, 간판 등 기존의 아날로그 광고판을 디지털 디스플레이어를 활용해 각종 정보와 광고를 제공하는 디지털 게시판을 이르는 말이다. 디지털 사이니지는 네트워크로 연결되어 원격으로 콘텐츠를 한꺼번에 제어할 수 있으며 주목성이 뛰어나 정보의 전달력이 우수해 광고 · 콘텐츠 제공에 효과적이라는 특징이 있다.[41] 일각에서는 내로캐스팅narrowcasting, 스크린 미디어screen media, 장소 기반 미디어place-based media, 디지털미디어네트워크digital media networks 등으로 부르기도 하지만 디지털 사이니지로 부르는 게 일반화되었다.[42]

디지털 사이니지는 애초 입력된 정보만 전해주는 수준에 그쳤다. 하지만 터치패널 등과 결합해 양방향 통신을 통한 개인 미디어 기능을 함께 수행하는 서비스로 발전하면서 쌍방향 커뮤니케이션 수단으로 각광받고 있으며, TV · PC · 휴대전화에 이은 '제4의 미디어'로 불리고 있다.[43] 영화관, 레스토랑, 학교(전자칠판)에서까지 활용되고 있으며 쓰임새는 갈수록 늘어나고 있다. 관련 업체들은 근거리무선통신NFC, 제스처 인식기술, 사용자 행동분석, 얼굴인식 기술 등 신규 기술과의 연계를 확대하고 있다.[44]

은행도 디지털 사이니지를 적극 활용하고 있다. 과거에는 고객에게 신상품을 알리기 위해 벽에 포스터를 붙이거나 옥외광고를 했지만 디지털 사이니지를 활용해 점포 내 스마트 기기와 TV 모니터를 통해 관련 정보를 제공하는 방향으로 진화하고 있는 것이다. 해외 은행들 역시 디지털 사이니지 구축에 적극적이다. 하나금융연구소가 발행하는 『주간 하나금융포커스』에 따르면 미국과 유럽, 호주 등 200여 은행을 대상으로 설문 조사한 결과 은행의 59퍼센트가 디지털 사이니지를 활용하고 있는 것으로 나타났다.[45]

디지털 사이니지는 정체된 TV 시장의 새로운 성장 동력으로 각광받고 있기도 하다. 2012년 세계 TV 생산량은 2억 3,850만 대로 2011년(2억 5,460만 대)보다 6.3퍼센트 감소했지만 상업용 디스플레이 시장은 매년 30퍼센트 이상 꾸준히 성장하고 있기 때문이다. 2012년 225만 대였던 디지털 사이니지 판매대수는 2017년 765만 대에 이를 것으로 전망되고 있는데, 삼성전자와 LG전자는 디지털 사이니지를 정체된 TV 시장을 대체할 수 있는 수익원으로 주목해 경쟁적으로 강화하고 있다.[46]

2013년 LG전자가 싱가포르 창이공항 제1터미널에 설치한 '소셜 트리'도 디지털 사이니지를 활용한 것이다. 디지털 사이니지 64대를 나무 모습으로 연결한 소셜 트리는 싱가포르의 숲과 바다, 도시를 담은 영상을 상영하고 있다. 이용객은 주위에 설치된 8대의 무인 정보단말기로 사진이나 영상을 촬영해 소셜 트리로 전송할 수 있으며, 키오스크로 촬영한 사진이나 영상은 자신의 페이스북이나 이메일을 통해 공유할 수도 있다. LG전자는 디지털 사이니지를 앞세워 세계 곳곳에 랜드마크를 만들어갈 계획을 가지고 있다.[47] 김성원 한국텔레스크린협회 이사는 "디지털 사이니지 생태계는 ICT와 광고, 건축, 설비 등의 산업이 포함돼 있는 대표적인 융복합 산업이다"며 "가까운 미래에 개인 미디어와 홈 미디어 그리고 공공 미디어를 통해 자유롭게 정보와 지식이 유통되고 교류하는 유비쿼터스 사회로 나아가기 위해서는 창조 경제의 가치를 갖고 있는 디지털 사이니지 산업에 대한 관심이 절실히 필요한 시점이다"고 말했다.[48]

# 레옹족 Leon族

멋쟁이 중년 남성을 이르는 말로, 2001년 일본에서 출간된 중년 남성 패션잡지 『레옹LEON』에서 유래한 말이다. 사회적인 지위를 지니고 있으면서도 20대 젊은 여성들도 반할 만큼 자신의 외모를 꾸미는 데 적극적이고 20~30대 못지않은 패션 감각까지 갖추었다는 게 이들의 공통점이다.[49] 한국 레옹족의 기원을 1990년대의 '오렌지족'으로 보는 경우도 있다. 패션에 적잖은 신경을 쓰며 멋을 부리던 오렌지족이 중년이 되어 레옹족이 되었다는 해석이다.[50] 레옹족을 미디어 현상으로 보는 견해도 있다. 조지 클루니, 브래드 피트 등 할리우드 배우를 비롯해 장동건, 이병헌, 정우성, 김승우 등 이른바 꽃중년 스타가 브라운관과 스크린을 누비며 활발한 활동을 하면서 이들의 영향을 받고 있다는 것이다.[51]

레옹족은 왕성한 구매력을 자랑한다. 경제력을 갖추고 있기 때문으로, 레옹족을 겨냥한 백화점 업계와 유통업계의 마케팅도 한창이다. 레옹족을 최대한 오래 잡아두기 위한 서비스 경쟁도 치열하게 벌어지고 있다. 레옹족을 겨냥해 백화점에 남성관이 등장한 지 오래되었으며 레옹족의 라이프스타일을 반영한 제품을 한데 모아 선보이는 쇼핑 공간으로 진화하고 있다. 2013년 현대백화점이 서울 무역센터점에 연 남성관에는 백화점 업계 최초로 남성 전용 이

발소가 들어섰다.[52] 남성을 위한 편집숍도 우후죽순 생겨나고 있다. 란스미어, 샌프란시스코마켓, 맨온더분, 므스크, 티피, 맨하탄즈, 고사우스, 포트빌 등이 그런 경우다. 편집숍이란 널리 알려지지 않은 국내외 패션 브랜드를 한곳에 모아 쇼핑하기 편하게 만들어놓은 매장으로, 구매자로서는 다양한 카테고리의 제품을 한곳에서 둘러보면서 코디를 할 수 있다는 장점이 있다.[53]

# 로고리스 브랜드 Logoless Brand

제품에 새기는 로고를 눈에 잘 띄지 않거나 아예 보이지 않게 한 명품을 말한다. 명품의 대중화 이후 등장한 현상이다. 과거 명품은 부유층의 전유물이었지만 중산층도 2~3개 정도의 명품을 기본적으로 소유하게 되면서 명품 소비 트렌드가 명품 브랜드 자체를 과시하기보다는 제품 자체의 디자인이나 스타일에 중점을 두는 방식으로 변화하면서 등장한 명품이라 할 수 있겠다. 2013년 한 백화점의 명품 브랜드 매출 신장률을 비교하면 루이뷔통·구치·펜디·코치 등 로고 디자인을 활용한 브랜드는 5퍼센트였으나 로고 디자인을 활용하지 않는 에르메스·보테가베네타·토즈 등은 2배가 넘는 13.5퍼센트를 기록한 것으로 나타나는 등 로고리스 브랜드 제품의 인기가 높아지자 기존의 명품 브랜드도 제품에서 로고를 없애고 디자인 중심으로 전략을 바꾸고 있다.[54] 업계 관계자는 "명품이 대중화되면서 로고 디자인을 보여주면서 과시하는 것보다 로고를 감추거나 독특한 디자인으로 브랜드를 노출시키는 편이 더 고급스럽게 받아들여지고 있다"며 "개성을 중시해 남들과 다른 제품을 갖고 싶어 하는 젊은 층의 명품 소비가 늘어난 것도 하나의 이유"라고 분석했다.[55] 과시형 명품에는 강한 거부감을 보이며 로고리스 브랜드를 찾는 사람들을 일러 노모no more 명품족이라 한다.[56]

# 로스 리더|Loss Leader| 마케팅

특정 상품 가격을 대폭 낮춰 해당 상품에서는 손해를 보지만 더 많은 고객을 유인해 전체적으로는 이익을 내는 마케팅 전략을 이르는 말이다. 일반 판매가보다 훨씬 싼 가격에 팔리는 상품을 로스 리더라 하는데, 이는 해당 상품에서는 손해를 본다는 뜻이다. 같은 물건을 하나 더 사면 그 상품은 50퍼센트 할인해주는 게 전형적인 로스 리더 마케팅이다. 미끼 상품 마케팅, 유인 상품 마케팅이라고도 한다. 수요 탄력성이 높고 경쟁력이 강한 상품일수록 효과가 있는 것으로 알려져 있다.[57]

유통업체 간 경쟁이 치열해지면서 로스 리더 마케팅도 진화하고 있다. 가격 경쟁력에 더해 소비자의 관심을 유발하기 위해 '흥미적 요소'를 도입하는 경우도 있다. 예컨대 2013년 CJ오쇼핑이 운영하는 인터넷 쇼핑몰 오클락과 온라인 쇼핑몰인 11번가, 네이버 지식쇼핑 등 온라인 쇼핑업계는 값비싼 제품을 특별 이벤트를 통해 나눠주는 최저가 경매 전략을 도입해 고객을 모았다.[58] 이른바 품절 제로 쿠폰도 로스 리더 마케팅의 한 사례다. 품절 제로 쿠폰은 행사 기간이 끝난 뒤에도 같은 가격으로 상품을 구매할 수 있는 쿠폰이다.

로스 리더 마케팅이 기업에 꼭 도움이 되는 것은 아니다. 오히려 해가 되는 경우도 있다. 예컨대 2010년 사회적으로 논란의 대상이 되었던 이마트의 '이마트 피자'나 롯데마트의 '통큰치킨'이 그런 경우다. 롯데마트는 로스 리더 마케팅 효과를 보기도 했지만 거대 기업이 골목 상권까지 위협한다는 사회적 비판이 제기되자 치킨 판매를 전격 중단하기도 했다. 그래서 사회 구성원의 용인 수준을 넘어서는 로스 리더 마케팅은 설 자리가 없다는 지적도 나오고 있다.[59]

# 리버스 이노베이션 Reverse Innovation

신흥 시장에서 혁신을 한 제품과 서비스를 선진국으로 다시 가져가는 전략을 이르는 말이다. 그간 선진국 기업들은 상품과 서비스의 혁신을 자국 시장에서 시작해 같은 제품을 신흥국 시장에 맞게 적당히 수정해 조금 싸게 파는 전략을 취해왔는데, 이와 정반대의 전략을 취한다는 점에서 리버스 이노베이션(역혁신)이라 한다. 혁신 전문가로 알려진 다트머스대학 교수 비제이 고빈다라잔이 2009년 GE 회장 제프리 이멜트와 함께 『하버드 비즈니스 리뷰』에 실은 「GE는 자신을 어떻게 파괴하고 있나How GE is disrupting itself」라는 논문에서 처음 등장한 개념이다.[60] 고빈다라잔이 역혁신을 강조하는 근거는 이렇다.

거대 다국적 기업의 연고지 시장은 성숙기를 지나 이미 포화 상태에 직면했다. 반면 아시아, 동유럽, 아프리카, 라틴아메리카 등 신흥 개발국이 글로벌 소비 시장의 주력으로 떠오르고 있다. 따라서 신흥 개발국 국민들의 요구에 부합하는 제품과 서비스를 제공하지 않고서 글로벌 시장에서 생존하기 어렵게 되었다.[61] 리버스 이노베이션의 성공 사례로는 미국에 본사를 둔 농기계업체 디어&컴퍼니가 거론된다. 디어&컴퍼니는 인도의 농업이 미국과 동일한 방향으로 진화할 것이라고 판단해 공략했다가 실패한 후, 인도만의 특성을 접목시킨 현지화 전략으로 큰 성공을 거두었다. 인도에서 소고기나 돼지고기를 뺀 햄버거를 출시해 시장에 안착한 맥도날드도 성공한 경우다.[62]

고빈다라잔은 리버스 이노베이션에는 세 가지 단계가 있다고 말한다. 첫째 단계는 가난한 나라에서의 혁신이다. 둘째 단계는 가난한 나라의 혁신을 다른 가난한 나라로 가져가는 것이다. 인도에서 중국, 인도에서 아프리카로 가져가는 식이다. 셋째 단계는 첫째, 둘째 단계에서 성공한 혁신을 부자 나라에 가져가는 것이다. 물론 셋째 단계의 혁신은 쉽지 않겠지만 1단계만으로도 엄청난 기회가 있을 것이라는 게 고빈다라잔의 주장이다.[63] 그는 리버스 이노베이션을 실행하기 위해선 고객에 대한 기존의 가정을 전부 버린 채 깨끗한 백지에 새로 그림을 그린다고 생각하고 접근해야 한다고 강조하는데, 이를 위한 구체적인 액션 플랜도 제시하고 있다.

첫째, 핵심 의사결정권자를 빈곤국에 배치한다, 둘째 이머징 마켓을 감독하는 역할을 갖는 신임 최고 경영진을 임명하고 그 성과를 별도의 손익 결산으로 측정한다, 셋째 이머징 마켓에서 R&D 지출을 늘리고 해당 지역 니즈에 집중한다, 넷째 소규모의 비용이 드는 실험을 할 수 있도록 이머징 마켓을 위한 독자적인 손익계산을 장려한다, 다섯째 이머징 마켓에서 풍부한 경험을 쌓은 리더가 포함되도록 이사회 멤버와 최고 경영진 구성을 변경한다, 여섯째 직원들을 다년간 신흥개발국에 파견근무시킨다, 일곱째 선진국에 근

무하는 임원이 빈곤국에서 단기간 동안 몰입해 경험을 쌓을 수 있는 기회를 제공한다.[64]

리버스 이노베이션은 볼륨 존Volume Zone을 겨냥한 마케팅과 비슷한 개념이기도 하다. 볼륨 존은 가계당 연간 가처분소득이 5,000만~3만 5,000달러에 이르는 브릭스BRICs와 동남아시아·아프리카·중남미 등 경제 신흥국의 소비 계층을 이르는 말로, 이들 국가에서 유행하는 제품은 글로벌 표준이 될 가능성이 높아 선진국으로 역수출될 수 있다는 가능성 때문에 글로벌 기업의 격전지가 되고 있기 때문이다. 볼륨존 공략의 키포인트도 현지화다.

리버스 이노베이션

# 리쇼어링 re-shoring

기업의 해외 진출을 뜻하는 오프쇼어링off-shoring의 반대 개념으로, 생산비와 인건비 등을 이유로 해외에 나간 기업이 다시 자국으로 돌아오는 현상을 말한다. 2013년 리쇼어링은 세계적인 트렌드로 떠올랐는데, 리쇼어링이 가장 활발한 나라는 미국이다. 버락 오바마 미국 대통령이 법인세 인하 등을 제시하며 대대적인 리쇼어링 캠페인을 벌이고 있기 때문이다. 캐터필러는 일본에서, 포드는 멕시코에서, 인텔은 중국에서 각각 미국으로 일자리를 되돌려왔다. 그간 중국에서는 기기만을 조립한다며 중요한 것은 실제 제품 설계를 누가 하느냐라는 점을 강조해왔던 애플 역시 2013년 6월 전문가용 데스크톱 컴퓨터인 '맥 프로' 신형을 미국에서 생산할 것이라며 리쇼어링 대열에 합류했다. 미국에서 급물살을 타고 있는 리쇼어링 움직임에 힘입어 최근 2년간 미국 내 리쇼어링을 통해 창출된 일자리는 2만 5,000여 개에 달한다.[65] 일본도 각종 세제 혜택을 강조하며 리쇼어링 정책을 추진하고 있다.[66]

각국 정부가 리쇼어링 정책을 추진하는 이유는 2008년 발생한 세계 금융 위기 이후 회복될 기미를 보이지 않고 있는 경기 침체와 실업난 때문이다. 그러니까 리쇼어링을 자국 경제 활성화와 일자리 창출을 위한 지렛대로 활용하고 있는 것이다. 자국의 실업 문제가 심각하지만 비용 절감을 이유로 해외에서만 일자리를 늘리는 기업들을 향한 국민들의 시선이 곱지 않은 것도 이유 가운데 하나다. 하지만 글로벌 기업의 리쇼어링 움직임을 단순히 애국심이나 정부 압박 때문만으로 해석할 수 없다는 주장도 있다. 이들은 기업에도 리쇼어링이 도움이 된다고 말한다.

최연진은 미국 기업들이 미국으로 유턴하는 배경에는 자국 내 생산이 오히려 비용 절감과 품질 향상을 가져온다는 인식이 깔려 있다고 말한다. 최근 몇 년간 중국의 인건비가 대폭 올라 인건비 격차가 과거보다 크게 줄어들었고 유가 상승으로 인해 생산비 절감의 메리트가 사라졌기 때문에 미국 내에서 리쇼어링 붐이 일고 있다는 분석이다.[67] 한국은 2012년 4월 정부가 '유턴 기업 지원 대책'이라는 이름으로 리쇼어링 정책을 추진하고 있지만 한국으로 유턴하는 기업은 찾아보기 어렵다. 오히려 해외로 빠져나가는 기업만 늘어나고 있는 실정이다.[68]

# 메뉴 심리학

음식을 주문하기 위해 메뉴판을 받아든 사람은 항상 무엇을 먹을 것인지 선택해야 하는 기로에 서게 되는데, 메뉴 심리학은 고객의 그런 갈등 상황을 겨냥한 마케팅이다. 브라이언 완싱크 미국 코넬 대학 소비자행동학과 교수가 메뉴 심리학의 초석을 놓은 인물로 꼽힌다. 메뉴 심리학자들은 과학과 심리학을 활용해 레스토랑 업계의 통념을 깨고 매출 향상을 돕고 있는데, 오늘날 메뉴 심리학은 학문의 영역으로까지 인정받고 있다. 가장 널리 활용되는 메뉴 심리학으로는 음식의 메뉴판 위치를 들 수 있다. 팔고자 하는 음식을 비싼 음식에 붙여서 배치하는 식으로, 상대적으로 저렴한 가격 때문에 손님들이 선택할 가능성이 높기 때문이다.[69]

소비자가 기억하기 쉽도록 메뉴 이름을 독특하게 짓는 메뉴 네이밍Naming도 메뉴 심리학의 일종이다. 소리를 동원하는 경우도 있다. 런던에 있는 레스토랑 팻 덕The Fat Duck은 '바다의 소리Sound of the Sea'라는 해산물 요리를 제공할 때 초소형 아이팟 셔플이 들어 있는 소라 껍데기를 함께 제공하는데, 이는 미각과 청각의 결합 효과를 노린 것이다. 시각 효과를 강조하는 경우도 있다. 일본의 디저트 살롱 '도시 요로이즈카Toshi Yoroizuka'는 카운터에 앉아 있는 고객의 눈앞에서 디저트를 직접 만들어준다. 엔터테인먼트 요소를 가미하는 경우도 있다. 일본의 레스토랑 겸 채소 가게인 '농가의 부엌Famers' s Kitchen'은 작은 농가를 방문해 건강하고 소박한 밥상을 받는 것 같은 경험을 제공하고 있다.[70]

메뉴 심리학을 활용한 마케팅은 한국에서 빠르게 확산 중이다. 2013년 6월 15일 CJ제일제당의 프리미엄 디저트 브랜드인 쁘띠첼은 국내외 인기 여성 뮤지션들이 꾸미는 뮤직 마케팅을 선보이고 '디저트 포 뮤즈' 메뉴를 선보였다. 쁘띠첼 측은 "이삼십대 여성 고객의 예매율이 60~70퍼센트에 육박하는 등 쁘띠첼의 타깃 소비자들 대상으로 한 여성 감성 뮤지션들의 공연인 만큼 디저트를 통한 힐링을 추구하는 프리미엄 디저트 브랜드 쁘띠첼의 매력을 보다 많은 소비자들이 체험할 수 있는 좋은 기회가 될 것 같아 이번 이벤트를 기획하게 됐다"고 말했다. 쁘띠첼은 2012년부터 디저트와 여성의 심리를 연구한 '쁘띠첼 디저트 심리학' 아래 다양한 마케팅 활동을 펼쳐왔다.[71]

음식을 한입에 먹기 좋도록 '황금 사이즈'를 찾으려는 노력도 있다. 2007년 문을 연 '죠스떡볶이'는 한국인 성인 여성이 벌릴 수 있는 입의 가로 사이즈가 4.5센티미터라는 점을 고려해 3.5센티미터짜리 떡볶이 제품을 내놓아 창업 5년 반 만에 가맹점 수를 330여 개까지 늘리며 급성장하고 있다. 파리바게트 역시 2012년 다이어트에 관심이 많은 젊은 여성을 위한 미니 디저트를 개발하면서 여성들의 입 크기를 고려해 가로 길이가 4센티미터의 '환상의 치즈수

플레'를 내놓았으며, 2013년 4월 매일유업이 내놓은 프리미엄 주스 '플로리다 내추럴' 역시 가구당 평균 인원이 2.7명이라는 점을 고려해 통상 1리터였던 용량을 3인이 한 잔씩 나눠 먹기에 적당한 750밀리리터로 줄였다.[72]

# 모디슈머|Modisumer

Modify(수정하다)와 Consumer(소비자)의 합성어로 제조업체가 제공한 조리법을 따르지 않고 자신이 재창조한 방법으로 제품을 즐기는 소비자를 말한다. 크리슈머Cresumer의 한 사례라 할 수 있겠다. 크리슈머는 Creative(창조적인)와 Consumer를 조합한 용어로, 단순히 제조사가 제공하는 제품을 소비하는 것에 그치지 않고 자신의 취향에 맞게 새롭게 만들어 사용하는 소비자를 일컫는다. 모디슈머에게 제조업체의 조리법은 참고용에 지나지 않는다. 모디슈머의 활약상이 가장 두드러지게 나타나는 음식은 라면으로, 2012년경부터 서로 다른 라면 2개를 활용해 완전히 새로운 제품을 만들어내는 이른바 트랜스포머 레시피가 등장한 것으로 알려진다. 짜파구리(짜파게티+너구리), 너볶이(너구리+떡볶이), 오파게티(오징어짬뽕+짜파게티), 왕구리(왕뚜껑+너구리), 신파게티(신라면+짜파게티) 등이 그런 경우다.

　모디슈머의 활약은 라면 업계에 지각변동을 불러일으켰다. 예컨대 짜파게티는 2013년 상반기 약 725억 원의 누적 매출을 기록해 출시 이후 처음으로 안성탕면을 제치고 넘버 2 브랜드로 발돋움한 것으로 나타났다.[73] 2013년 모디슈머는 진화에 진화를 거듭했다. 장정훈은 2013년 5월 "요즘 모디슈머의 활약은 라면을 뛰어넘어 음료나 시리얼 · 즉석밥 · 안동찜닭 등으로까지 확대되고 있다. 흔히 아침식사 대용이나 다이어트 식품으로 애용되던 시리얼도 모디슈머의 레시피 대열에 합류했다. 우유와 함께 먹는 것이 보통이지만 요즘엔 요거트나 크림수프 · 샐러드 · 과일 등과 섞는 레시피가 유행이다. 모디슈머들은 안동찜닭에 콜라를 섞는 유쾌한 실험도 마다하지 않는다"고 말했다.[74]

모디슈머 열풍의 진원지는 SNS와 TV다. SNS를 통해 자신만의 독특한 레시피를 공개하는 소비자가 늘고 TV에 등장하는 연예인들 역시 모디슈머 대열에 합류함으로써 빠른 속도로 확산했기 때문이다. 모디슈머가 창조한 레시피를 활용한 마케팅도 등장했다. 예컨대 CJ제일제당은 한 모디슈머가 숙취 해소 음료 헛개수를 활용해 헛개수 칵테일을 내놓자 이를 활용한 마케팅을 전개했으며, 아예 모디슈머 레시피를 제품화하는 업체도 있다.[75] 모디슈머는 나홀로족의 등장과도 관련이 깊다. 혼자서 식사하는 사람이 증가하는 가운데 똑같은 즉석 식품을 먹더라도 다른 사람과의 차별화를 위해 자신만의 독특한 레시피를 만드는 사람들이 늘어나고 있기 때문이다.

모디슈머에 대한 평가는 엇갈린다. 만들어진 제품에 창의력을 결합해 별미 제품을 만들기 때문에 식품업체들에 새로운 아이디어를 제공하는 긍정적인 면이 있다고 보는 시각도 있지만, 소비자들이 자발적으로 기업의 홍보 요원이 되고 있다는 지적도 있다.

# 미세스 커피족<sub></sub>Mrs. Coffee族

평일 오후 3~6시께 백화점에서 '테이크아웃 커피'를 사들고 유유히 유모차를 밀면서 쇼핑하는 30~40대 여성을 이르는 말로, 롯데백화점이 만든 말이다. 2013년 7월 15일 롯데백화점은 백화점 내에서 쇼핑하면서 롯데멤버십카드로 테이크아웃 커피를 연간 10회 이상 구매한 고객을 '미세스 커피족'으로 규정하며 상위 고객 중 7퍼센트에 해당하는 10만 명 정도가 미세스 커피족에 해당한다고 말했다. 미세스 커피족의 특징은 대략 이렇다.

첫째, 잠실·강남·분당·일산·평촌 등 아파트 단지가 밀집한 주거형 상권에 집중되어 있다. 둘째, 여유로운 쇼핑을 즐기기 위해 사람들이 몰리는 주말이나 저녁 시간대를 피한다. 셋째, 유모차 서비스 이용률이 일반 30~40대 우수 고객들의 이용률보다 3퍼센트가량 높고 자녀들을 위한 소비가 많다. 넷째, 쇼핑뿐 아니라 문화센터 등 백화점에서 진행 중인 다양한 프로그램도 적극적으로 이용한다. 다섯째, 소비 성향이 강하다. 이들의 2012년 평균 구매금액은 525만 원으로, 이는 구매 실적 상위 20퍼센트의 30~40대 고객보다 20퍼센트가량 높았으며 연평균 구매일수도 22일로, 상위 고객보다 7일 정도 많았다.[76]

바로 그런 이유 때문에 미세스 커피족에게 백화점은 단순히 물건을 구매하는 공간이 아니라 수시로 찾아가 커피 마시고, 쉬고, 문화생활을 향유하는 '제2 생활공간'으로 자리잡았다는 분석도 있다.[77] 미세스 커피족이 2013년 쇼핑가의 큰손으로 부상하면서 이들을 대상으로 한 타깃 마케팅도 활발하게 전개되고 있다.[78]

# 바겐헌터족Bargain Hunter族

폭탄 세일만을 기다렸다가 반값 이하 가격에 구매하는 소비족을 일 컫는다. 바겐헝그리족Bargain-hungry族이라도 한다. 바겐헌터는 애초 불황을 틈타 부동산과 증권 시장에서 저평가된 자산을 사들이는 이 들을 칭하는 말이었는데, 세계적인 경기 침체와 불황이 장기화되면 서 바겐헌터족은 소비 영역 전 분야로 확산되고 있다.

한국에서 바겐헌터족이 급증하는 이유로는 경기 침체와 불황 에 더해 사시사철 진행되는 유통업계와 백화점의 세일 행사가 꼽힌 다. 비세일기간 중 제값을 치르고 샀다가는 손해 본다는 인식을 하 는 소비자들이 늘고 있다는 것이다. 폭탄 세일에 들어갈 때까지 꼼 짝하지 않는 경향을 보이는 바겐헌터족이 가장 선호하는 행사는 시 즌 오프 세일로, 이들은 모든 정보망을 가동해 백화점이나 온라인몰 등에서 열리는 할인 행사에 대한 다양한 정보를 수집한다. 세일 가 격에 다음 해 살림살이를 미리 준비할 수 있기 때문이다.[79] 바겐헌터 족을 겨냥한 마케팅도 치열하다. 바겐헌터족은 커뮤니티를 통해 저 렴하게 '건진' 물건에 대한 후기를 공유하는 등 스스로 상품의 광고 효과를 높일 뿐만 아니라 입소문을 통해 즉각적인 소비자 반응을 불러오기 때문이다.

2013년 2월 기업형 슈퍼마켓은 의무 휴업 등 영업일수 감소 때문에 늘어난 재고를 털어내기 위해 바겐헌터족을 겨냥해 창고 대방출전을 펼쳤으며, 백화점 업계 역시 이들을 겨냥해 해외 명품을 30~80퍼센트 가격에 판매해 놀라운 매출 신장률을 기록했다. ABC마트 마케팅팀 장문영 팀장은 "구매를 줄여가며 지출을 줄였던 과거와 달리, 구매 시기를 늦춰 행사 시기를 노리는 바겐헌터가 늘어나는 추세"라며 "불황 타파를 위한 기업의 행사가 많아지고 잦아짐에 따라 바겐헌터족들의 세일 공략형 소비는 앞으로도 더욱 각광받게 될 것"이라고 예측했다.[80]

# 변종 SSM

2010년 유통법 개정으로 대형마트와 기업형 슈퍼마켓ssm 영업 규제가 강화된 이후 등장한 SSM의 상품공급점을 이르는 말이다. 롯데슈퍼가 2011년 인수한 CS유통의 상품공급점 '하모니마트'와 신세계그룹 계열사인 ㈜에브리데이리테일이 2012년 4월 처음 선보인 상품공급점 '이마트 에브리데이' 등이 변종 SSM에 해당한다.[81] 상품공급점은 모든 물건을 본사에서 받아 판매하는 직영점과 달리 업주가 자율권을 갖고 일부 물건을 들여 판매할 수 있는데, 업주는 대형마트와 SSM의 이름을 사용하는 대가로 본사에서 일정 금액 이상의 물건을 발주해야만 한다. 편의점 형태의 변종 SSM도 있다. 안진걸 경제민주화국민본부 사무국장은 롯데마켓999나 홈플러스365 등도 분류상 편의점에 속하지만 변종 SSM에 가깝다고 말한다.[82]

변종 SSM은 빠른 속도로 늘어나고 있다. 이마트 에브리데이는 2012년 5월 말 170개에서 2013년 5월 302개로 2배 가까이 늘었으며, 하모니마트는 184개에서 217개로 늘었다. 홈플러스는 편의점 홈플러스365를 2013년에만 22개의 매장을 여는 등 편의점 가맹사업을 본격화하고 있다.[83] 변종 SSM에 대해 유통업체들은 "기업 생존을 위한 불가피하고 합법적인 선택"이라고 말하고 있지만 인근 소매점주들은 "법망을 교묘히 피하는 꼼수 확장"이라고 반박한다.

변종 SSM이 대기업 물류를 이용하고 대기업 간판과 전산시스템을 쓰고 있기 때문에 SSM이 직접 들어온 것과 다르지 않다는 게 이들의 주장이다. 신규철 중소상인전국네트워크 집행위원장은 "유통 대기업들이 상품공급점 같은 변종 SSM을 앞세워 무차별적으로 시장에 진입하고 있다"며 "이 때문에 전통시장 상인, 골목슈퍼들이 설곳을 잃고 있다"고 토로했다.[84]

규제의 법망을 피해갈 수 있다는 게 변종 SSM이 급증하는 원인으로 지적된다. 2010년 개정된 유통산업발전법(유통법)과 대·중소기업상생협력촉진법(상생법)은 대기업이 직영하거나 지분이 51퍼센트 이상인 슈퍼만 조정 대상으로 삼고 있어 변종 SSM은 전통상업보존구역 반경 1킬로미터 내 진출 금지 규제, 영업 시간 제한, 의무휴업 대상에서 벗어날 수 있다. 편의점 형태의 변종 SSM 역시 동일 가맹점 간 신규출점 거리제한 규정(1,000개 이상은 제외)을 제외하고는 의무휴업, 영업 시간 제한 등에서 제외되기 때문에 상대적으로 출점이 수월하다는 장점이 있다. 변종 SSM이 SSM 규제에서 자유롭기 위해 대기업이 내놓은 출구전략이라는 비판이 나오는 이유다. 경기 부천시는 상품공급점이 SSM과 '초록동색'이라고 보고 산업통상자원부에 유통법 위반 여부를 질의했지만 규제 대상이 아니라는 답변을 받았다. 이게 시사하듯 변종 SSM은 빠른 속도로 늘어날 것으로 예상되고 있다.[85]

# VIB 마케팅

VIBVery Important Baby는 '귀한 아기'라는 뜻으로, VIPVery Important Person를 변형한 것이다. 백화점에서 유아용 전동차는 1대에 40~50만 원 수준이지만 없어서 못 팔 정도며 신세계백화점 본점에서는 100만 원을 훌쩍 넘는 유아용 전동차를 '명품자동차'라고 이름 붙여 판매했다.[86] 호텔가에는 'VIB 서비스'라는 용어가 등장했다. 유아를 동반한 투숙객에게 제공하는 특별 서비스를 일컫는 말로, 보통 아기를 동반한 투숙객을 위해 객실에 유모차와 아기 침대를 갖다 놓고 기저귀 등 유아용품을 비치하는 등 세심하게 신경을 쓴다.

롯데호텔 제주는 2012년 여름 최고급 스토케 유모차를 무료이용할 수 있는 '스토케 패키지'를 한시 판매했는데, 아이 엄마들에게서 엄청난 호응을 얻어 9월부터 11월까지 '앵콜' 판매를 진행했다. 하그랜드 앰배서더 호텔은 아예 아이를 동반한 고객을 겨냥해 디럭스 킹 침대와 싱글 침대를 함께 두고 아이들이 다치지 않도록 가구를 배치한 '패밀리 룸'을 운영했다. 웬만한 특급 호텔에서는 VIB 서비스와 패밀리 룸을 상시 운영하고 있다.[87]

VIB가 유행하면서 한국의 유아동용품 시장은 글로벌 업체들의 격전지로 변모하고 있는 것으로 나타났다. 2012년부터 유모차, 기저귀, 젖병 등 외국에서나 볼 수 있었던 명품 브랜드들이 잇달아 한국 시장을 두드리기 시작한 것이다. 보령메디앙스는 2012년 9월 150년 역사를 자랑하는 말레이시아의 프리미엄 유아동 브랜드 '로얄 셀렝고'를 들여왔으며, 10월부터는 네덜란드의 유아 캐리어 전문 브랜드 '로저'의 캐리어와 겉싸개 등을 독점 판매하기로 했다. 아가방앤컴퍼니는 2012년 6월부터 노르웨이의 카시트인 '비세이프'를 수입 판매 중이며, 매일유업의 자회사인 제로투세븐은 2012년 상반기부터 영국 1위 젖병 브랜드인 '토미티피'를 수입하고 있다.[88]

2013년 5월 13일 관세청은 '최근 유아용품 수입 동향'에서 유아용품 수입액이 2010년 2억 2,837만 달러, 2011년 2억 6,309만 달러, 2012년 2억 6,488만 달러로 증가 추세라고 밝혔다. 유아용품 가운데 특히 유모차가 증가세를 이끌었는데, 유모차 수입액은 2010년 3,912만 달러에서 2011년 5,312만 달러로 35.8퍼센트 증가했으며, 2012년에는 5,886만 달러로 전년 대비 10.8퍼센트 늘면서 기저귀와 유아용 의류를 제치고 최대 수입품목에 올랐다.[89]

VIB 마케팅은 아이를 적게 낳는 저출산 문화와 내 자식은 부족한 것 없이 키우겠다는 한국인의 가족주의가 결합하면서 등장한 현상으로 해석되고 있다. 아빠들이 느끼는 죄책감도 VIB 마케팅이 기승을 부리는 이유로 꼽는다. 바쁜 직장일 때문에 아이들을 자주 돌보지 못한다는 미안한 마음에 자녀들에게 더 비싼 것, 좋은 것을 사주려는 심리가 있다는 것이다.[90]

# 뼁시장

정상적인 방법으로 상품을 처분할 수 없는 대리점 주인이 손해를 감수하고 헐값에 물건을 판매하는 시장을 일컫는 은어다. 덤핑 시장 혹은 땡처리 시장이라고도 불린다. 서울의 청량리, 노량진, 영등포를 중심으로 부산에 2~3곳 등 전국 대도시를 중심으로 10곳가량 있는 것으로 알려지고 있다.[91] 뼁시장에선 음료, 유제품, 라면 등 유통기한이 긴 거의 모든 식품이 거래되는데, 뼁시장에서 거래되는 물건 값은 시중가에 비해 30퍼센트 이상 저렴하다. 2013년 남양유업의 밀어내기식 영업이 세간의 주목을 받으면서 관심의 대상으로 떠올랐다.

본사의 강요에 의해 어쩔 수 없이 상품을 구매한 대리점 주인이 조금이나마 손실을 만회하기 위해 뼁시장을 이용하지만 대형마트도 뼁시장의 중요한 공급자로 알려져 있다. 하지만 대형마트의 처지는 대리점 주인들과는 다르다. 대리점 주인은 밀어내기 상품을 처분하기 위해 울며 겨자먹기식으로 뼁시장을 이용하지만 대형마크는 제조사에서 싼값에 넘겨받은 물건 가운데 다 팔지 못하고 남은 상품을 뼁시장에 내놓기 때문에 뼁시장을 통해서도 수익을 남긴다는 것이다.[92]

뼁시장의 주요 고객은 영세 소매점, PC방, 노래방, 음식점, 예식장 등으로 알려져 있지만 삥시장에 흘러들어온 제품의 상당수는 일반 소매 점포 등에서 '원플러스원'이나 '반값 세일' 등 손님을 끌어들이기 위한 미끼 상품으로 판매되고 있다는 분석도 있다.[93] 한 유통업계 관계자는 "아이스크림이 여름철을 제외하고 60~70퍼센트씩 싼 가격에 팔리는 것도 삥시장 덕에 가능한 일"이라며 "대형마트나 편의점의 1+1 제품 등 판촉 상품이나 인터넷에서 믿기지 않을 정도로 싼 가격에 파는 생수, 라면, 과자 등에도 삥시장 제품이 섞여 있다"고 말했다.

이동주 전국유통상인연합회 정책기획실장은 "밀어내기의 폐해로 삥시장이 형성된 건 이미 수십 년 전"이라며 "실적을 강요당하는 영업직원들과 대리점이 필요 이상으로 떠안게 돼 발생한 재고는 유통기한이 지나면 폐기해야 하기 때문에 손실 보전을 위해 헐값에 삥시장에 내놓을 수밖에 없는 게 현실"이라고 말했는데, 그래서 근본적으로 밀어내기 관행이 해결되지 않는다면 삥시장은 사라지지 않을 것이라는 주장도 나오고 있다.[94]

# 소닉 브랜딩Sonic Branding

소리나 음악 등 청각적 요소를 이용해 특정 브랜드를 소비자에게 인식시키는 마케팅을 말한다. 소리가 어떤 사물이나 행동에 대한 이미지를 형성하는 데 중요한 역할을 한다는 것에 착안한 마케팅으로, 제품이나 브랜드 이미지에 맞춰 따라 부르기 쉽게 만든 CM송이 대표적인 소닉 브랜딩이다.[95] 오리온 초코파이의 "말하지 않아도 알아요", 대웅제약 우루사의 "간 때문이야" 등이 그런 경우다. 이들 CM송은 일부러 생각하지 않아도 자신도 모르게 따라 부르는 효과를 낳을 만큼 중독성이 강하다는 게 큰 특징이다.

　SK텔레콤의 대표 브랜드음인 '티링T-Ring'도 소닉 브랜딩이라 할 수 있는데, 이렇게 단순한 멜로디를 이용한 소닉 브랜딩은 징글jingle이라 한다.[96] 한국에서 소닉 브랜딩을 활용한 최초 기업은 종근당으로 알려져 있다. 종근당은 1960년 종鐘을 기업의 심벌로 삼고, 이듬해부터 모든 광고의 마지막에 종소리 효과음을 넣었는데, 이는 할리우드 제작사 MGM의 영화 도입부에 나오는 사자의 포효 소리에서 힌트를 얻은 것이다.[97] 한국에서 소닉 브랜딩은 1970년대부터 본격화되었다. 농심 새우깡의 "손이 가요, 손이 가"나 해태제과 브라보콘의 "12시에 만나요 브라보콘" 등이 그런 경우다.

　과거 주로 식음료를 중심으로 진행되었던 소닉 브랜딩은 브랜드 간 차별성이 줄어들고 경쟁이 치열해지면서 다양한 영역으로 급속도로 확장하고 있다. 예컨대 건설사인 삼성물산은 2011년 사람이 가장 편안함을 느낄 수 있는 주파수 영역인 500~700헤르츠 대역의 음계를 활용한 사운드를 개발해 아파트 주차장과 공원, 초인종, 안내방송, 엘리베이터 소리 등에 적용했다.[98] 자동차 분야도 소닉 브랜딩에 적극적이다. 기아자동차는 소닉 브랜딩에 대한 세계적인 전문업체로 알려진 '오디오 브레인'과의 협업을 통해 로고음을 개발했으며, 현대자동차도 소닉 브랜딩에 한창이다.[99]

소닉 브랜딩은 특히 하루가 다르게 어려운 기술 용어들이 등장하고 있는 전자통신 업계에서 크게 각광받고 있다. 대표적인 사례가 악동뮤지션이 불러 유명해진 KT의 '올아이피송'이다. 올아이피송은 방송 전파를 탄 지 2개월 만에 KT의 소비자 인지도를 90퍼센트(KT 자체 조사)까지 끌어올렸는데, 이는 2년 간 700억 원을 들여야 얻을 수 있는 효과였다고 한다. 더 놀라운 것은 올아이피송을 통한 광고 효과를 700억 원의 10분의 1도 되지 않는 비용을 들이고 거두었다는 사실이다.[100] KT는 2013년 하반기에도 국악계의 아이돌로 통하는 국악 소녀 송소희의 판소리 CM송 "아니라오, 아니라오"를 선보여 큰 재미를 보았다.[101]

바로 그런 효율성 때문에 소닉 브랜딩은 진화 중이다. 던킨도너츠가 음악과 향기를 결합해 선보인 이른바 '향기 라디오' 마케팅이 그런 경우다. 2012년 던킨도너츠는 3개월간 일부 서울 시내버스가 던킨도너츠 매장이 있는 정류장에 닿으면 던킨의 징글과 함께 커피향 분사를 통해 향기로운 커피향을 뿌리는 방식을 선보였는데, 해당 매장의 방문객 수는 16퍼센트, 커피 판매는 29퍼센트 증가한 것으로 나타났다. 제일기획 관계자는 "소닉 브랜딩은 음악의 힘 때문에 구전口傳 효과가 크고, 리메이크나 패러디의 소재로 활용되는 등 확산성도 좋다"면서 "벨소리나 통화 연결음 등 별도의 비즈니스로 발전해 신규 수익을 창출해내는 효과도 있다"고 말했다.[102]

# 소셜 데이터 마케팅

소셜 미디어와 빅데이터 분석을 결합한 마케팅 기법으로, 소셜 미디어에 올라오는 소셜 데이터를 분석해 활용한다. 소셜 데이터 마케팅의 장점은 소비자의 기호를 즉각적으로 제품에 반영할 수 있으며 리스크 관리를 쉽게 할 수 있다는 점이다. 소셜 데이터 마케팅에 적극적인 기업은 코카콜라와 네슬레다. 코카콜라는 2010년부터 국가별 소비자 기호와 코카콜라에 대한 호감도를 조사하기 위한 일환으로 트위터, 페이스북 등 SNS에서 생성되는 코카콜라 관련 데이터를 글로벌 단위로 수집해 분석하고 있다. 코카콜라의 소셜 데이터 분석은 한국어, 영어, 중국어 등 전 세계 12개 언어를 대상으로 하고 있으며, 데이터 분석가만 하더라도 2012년 300명을 넘어섰다. 식품 업체인 네슬레는 소셜 데이터 마케팅을 위해 '크라우드소싱 Crowdsourcing'을 활용하고 있다. SNS를 통해서 소비자가 원하는 맛과 제품을 선택할 수 있도록 투표를 실시해 투표 결과 수요가 적은 제품은 생산을 줄이는 식이다. 네슬레는 크라우드소싱을 통해 연간 10억 달러 이상을 절감하는 성과를 거둔 것으로 알려졌다.[103]

소셜 데이터 마케팅의 성공 사례는 한국에도 있다. 타박상, 벌레 물린 데 등 다양하게 활용할 수 있는 '맹' 연고를 개발한 한 제약사는 소셜 데이터 마케팅을 통해 대박을 터뜨렸다. 소셜 데이터 분석을 통해 '멍'이라는 키워드를 발견하고 여성을 타깃으로 삼아야 한다는 게 밝혀지자 '멍 빼는 데는 ○○○연고!'와 같은 광고 문구를 만들고 여성지에 광고를 집중적으로 게재했다. 그 결과 매출이 2~3배 이상 뛰는 대성공을 이루어냈다.[104] 2011년 라면업계에 돌풍을 일으켰던 '꼬꼬면'도 소셜 데이터 마케팅의 성공 사례다. 꼬꼬면은 출시 초기에 적정 물의 양을 550밀리리터로 표기했지만 소비자들이 SNS에서 물의 양을 500밀리리터로 하는 게 더 맛있다는 의견을 제시하자 봉지의 표기를 500밀리리터로 바꾸었다.[105] 글로벌 커뮤니케이션업체 에델만의 개빈 쿰스 아시아태평양지역 부사장은 "전통적인 데이터베이스와 비교했을 때 트위터 메시지 한 건이 100달러의 가치를 갖는다"며 "어떤 업계에 있던 기업은 소셜 미디어를 구축해 고객들과 긴밀한 상호작용을 할 필요가 있다"고 말했다.[106]

소셜 데이터 마케팅이 성공하기 위해서는 타깃을 명확히 설정해야 한다는 주장도 있다. 소셜 비즈니스에서의 목표 고객과 현실세계에서 목표 고객이 완전히 다를 수 있다는 게 그 이유다. 대표적인 성공 사례로는 펩시의 에너지 드링크 게토레이가 거론된다. 현실에서 게토레이를 가장 많이 마시는 계층은 운동선수들이지만 펩시는 소셜 데이터를 통해 게토레이를 가장 많이 언급하고 평가하는 집단이 온라인에서 게임을 하는 사람들이라는 것을 밝혀내고 이들을 대상으로 한 맞춤형 대응을 진행해 크게 성공했다는 것이다.[107]

소셜 데이터 마케팅

# 소셜 라이브 마케팅

유스트림과 유튜브 등 동영상 사이트와 판도라TV, 다음 TV팟, 네이버 TV캐스트 등 포털 · SNS를 통해 전 세계 누구나 방송을 시청하고 공유할 수 있는 '실시간 생중계 플랫폼'을 이용한 생중계 마케팅을 이르는 말이다. SLSSocial Live Service 마케팅이라고도 한다. 시공간을 초월해 다양한 소비자에게 리얼리티를 제공할 수 있다는 점이 소셜 라이브 마케팅의 가장 큰 장점으로 꼽힌다. 적은 비용을 들여 높은 광고 효과를 이끌어낼 수 있다는 것도 강점이다. 소셜 라이브 마케팅은 TV 광고에 들어가는 비용의 10퍼센트만으로도 전 세계 시청자에게 전달할 수 있을 뿐만 아니라 라이브 영상은 SNS를 통해 지속 · 공유되기 때문에 파급 속도와 도달 범위가 TV 광고에 비해 훨씬 넓다. 예컨대 삼성전자의 갤럭시S4 서울 투어 생중계 영상에는 50분간 댓글이 1,800건 달렸고, 1주일간 13만 명이 시청했다. 기업의 신제품 발표회를 비롯해 매장을 24시간 공개하는 중소 업체, 현지 풍광을 중계하는 레저 업계 등에서도 마케팅 수단으로 각광받고 있다.[108]

    소셜 라이브 마케팅에 가장 적극적인 곳은 엔터테인먼트 업계다. 아이돌 가수들에게 소셜 라이브 마케팅은 가장 효과적인 글로벌 홍보 수단으로 인식되고 있다. 신인 가수 역시 정식 음반 발매 이

전부터 SLS 플랫폼에 공식 채널을 열고 정기적인 방송 프로그램을 운영하며 팬들과의 접점을 늘려나가고 있다. 아이돌 그룹은 SLS를 이용해 '라이브 팬 채팅'도 열고 있다. 아이돌 가수만 소셜 라이브 마케팅을 활용하는 것은 아니다. 무려 10년 만에 가요계로 돌아온 가왕 조용필 역시 소셜 라이브 방식을 활용했는데, 2013년 4월 23일 네이버 뮤직을 통해 인터넷으로 1시간여 동안 전 세계로 생중계된 조용필의 19집 앨범 〈헬로〉의 쇼케이스는 25만여 건의 동시 접속자 수를 기록했다.

소셜 라이브 마케팅의 최대 수혜자로는 가수 싸이가 거론된다. 싸이를 세계적인 가수로 성장시킨 〈강남 스타일〉이 동영상 플랫폼 유튜브를 통해 퍼졌기 때문이다. 2012년 10월 5일 유튜브와 유스트림을 통해 전 세계에 중계된 싸이의 서울시청 콘서트는 무려 145개 국에서 160만 건에 달하는 조회수를 기록했다. 소병택 유스트림 코리아 본부장은 "지상파 음악방송 시청률이 점점 감소하는 반면, 인터넷과 모바일을 통한 콘텐츠 다운로드는 기하급수적으로 늘어나고 있다"면서 "아무런 제약 없이 전 세계 팬들과 만날 수 있는 SLS 마케팅은 가수들에게 이미 선택이 아닌 필수가 되고 있으며, 가요계의 경쟁은 더욱 치열해질 것으로 예상된다"고 말했다.[109]

드라마나 예능의 제작 발표회도 소셜 라이브 마케팅을 활용한다. CJ E&M는 2013년 6월 예능 프로그램 〈꽃보다 할배〉제작 발표회를 포털 사이트를 통해 생중계했다. 소셜 라이브 마케팅은 정치권까지 확장되고 있다. 2011년 서울시장 보궐선거에서 아프리카 TV를 통해 유세를 생중계했던 박원순 후보는 당선 후에는 판도라 TV를 통해 세계 최초로 인터넷 생중계 취임식을 가졌다.[110]

소셜 라이브 마케팅의 강점은 생중계를 통한 리얼리티와 즉시성 확보에 있는데, 바로 그런 이유 때문에 소셜 라이브 마케팅의 성공 여부는 안정적인 스트리밍에 좌우된다는 분석도 있다. 연구에 따르면 인터넷 영상이 2초 이내에 재생되지 않을 경우 시청자들은 다른 링크를 클릭하기 시작하고 5초 안에 영상이 재생되지 않으면 25퍼센트가 시청을 포기하며 10초를 넘어서면 50퍼센트가 시청을 포기하는 것으로 나타났다. 콘텐츠가 아무리 좋다 하더라도 중계 영상이 제대로 나오지 않으면 오히려 기업 이미지에 해가 될 가능성이 큰 셈이다. 이 때문에 소셜 라이브 마케팅을 위해선 사업자가 끊김 없이 안정적인 라이브 스트리밍을 지원할 수 있는지를 꼭 따져보아야 한다는 주장도 있다.[111]

# I-테크

보험을 뜻하는 영어 단어 인슈어런스Insurance의 머리글자 'I' 와 재테크의 테크Tech가 결합한 말로, 세제 혜택을 받을 수 있는 보험 상품을 재테크 수단으로 이용하는 것을 뜻한다. 2012년 세제 개편으로 금융소득 종합 과세 기준이 4,000만 원에서 2,000만 원으로 하향 조정되면서 보험이 절세의 수단으로 떠오르자 등장한 말이다. I-테크를 통해 저성장, 저금리 속에서 보유 자금을 효율적으로 운영해 최대 이익을 창출할 수 있는 재테크, 세제 혜택을 누릴 수 있는 세테크, 고령화로 인한 장수리스크 증가에 대한 리스크테크 등이 가능하다는 점이 주목받으면서 2012년 보험 가입 증가액은 사상 처음으로 예금을 앞섰다. 2013년 한국은행이 발표한 '2012년 자금 순환 잠정 집계'에 따르면, 2011년 80조 1,000억 원 증가했던 가계와 비영리 단체의 예금은 2012년 57조 2,000억 원 늘어나는 데 그쳤지만 보험사의 연금상품 등을 포함한 보험·연금의 증가액은 같은 기간 56조 6,000억 원에서 89조 1,000억 원으로 껑충 뛴 것이다.[112] I-테크가 보험 상품 판매의 트렌드를 바꾸고 있다는 분석도 있다. I-테크가 '셀링'에서 '플랜'으로 바뀌어가는 보험 판매 트렌드의 큰 흐름에 맞물리면서 단순히 상품을 파는 수준에서 벗어나 고객의 재무 설계를 해주는 방식으로 진화하고 있다는 것이다.[113]

# 업사이클링<sub>Up-cycling</sub>

디자인을 새롭게 하거나 활용 방법을 바꿔 재고품을 새로운 가치를 지닌 제품으로 만드는 행위를 일컫는다. 재고품에 새로운 가치를 입힌다는 점에서 쓰던 것을 다시 사용하는 리사이클링<sub>recycling</sub>과는 다르다. 재활용 의류를 통해 옷이나 가방을 만들거나 버려지는 폐현수막, 자투리 천, 폐목재 등에 디자인을 입혀 재탄생시키는 게 업사이클링에 해당한다.[114] 업사이클링은 인테리어 분야에도 적용되고 있는데, 공간 업사이클링이나 소품 업사이클링이 그런 경우다.

한국인에게 친숙한 개념은 아니지만 외국에서는 새로운 소비 트렌드로 자리 잡은 지 오래다. 예컨대 세계적인 디자인 행사 런던디자인페스티벌은 2012년 업사이클링을 '올해의 트렌드'로 꼽았다. 업사이클링을 통해 명품 반열에 오른 경우도 있다. 1993년부터 트럭용 방수 천막이나 에어백, 자동차 안전벨트 등을 재활용해서 가방을 만들고 있는 스위스 브랜드 '프라이탁', 업사이클링을 통해 가구 업계의 명품으로 떠오른 '리바 1920', '박스터' 등이 그런 경우다.

업사이클링 활성화의 가장 큰 장애로는 비싼 가격이 꼽힌다. 기존의 것에 전문가의 손길이 더해져 한결 더 멋스러워지는 것이 업사이클링의 특징인데, 이 때문에 적지 않은 비용 부담이 발생한다는 것이다. 하지만 한국에서도 창조성과 환경 보호라는 가치를 가

Business Section

치 있게 받아들이는 소비자들이 늘어나고 있어 업사이클링이 활성화될 것으로 보는 견해가 많다.[115]

업사이클링에 소비 트렌드 이상의 가치를 부여하는 사람들도 있다. 이채영은 업사이클링은 "단순한 재활용을 넘어서 버려지는 것에 새로운 생명을 불어넣는 것"으로 "끊임없이 새것을 갈구하는 현대 사회에서 소비 활동이 더이상 낭비가 아닌 그 이상의 가치를 창출하며, 나를 포함한 환경과 주변 사람까지 배려하는 것"이라고 말한다.[116] 업사이클링을 C2C<sub>Cradle to Cradle</sub> 패러다임의 핵심 개념으로 보는 견해도 있다. C2C는 어떤 제품이 사용된 후 폐기물 처리장이 아닌 또 다른 공장으로 가 새로운 제품과 용도로 다른 가치를 부여받는 것을 일컫는 말로, 업사이클링을 통해 자원이 지속적으로 선순환되기 때문에 물질적 풍요를 누리면서도 폐기물을 활용할 수 있다는 점에서 의미가 크다는 해석이다.[117]

# 올웨이스 온 마케팅

소비자들이 원할 때 언제든지 원하는 메시지를 공급하는 것을 일컫는 말로, 브랜드를 소비자의 삶의 일부로 침투시키는 마케팅이다. 올웨이스 온Always-On은 인터넷에 상시 접속해 있는 상태를 의미한다. 여행사인 익스피디어Expedia는 동영상 공유를 통해 다양한 상황에서 브랜드가 삶의 일부가 된다는 것을 보여주었으며, 힙튠스Hypp Tunes는 사용자의 기분에 맞춰 음악을 들을 수 있도록 해줌으로써 22퍼센트나 되는 매출 신장을 기록했다. 올웨이스 온 마케팅이 효과를 거두기 위해선 스팸 메일과의 차별성이 필요하다는 분석도 있다. 소비자의 일상적 삶까지 침투한다는 점에서 스팸 메일과 비슷하기 때문이라는 게 그 이유다.[118] 스마트 기기의 대량 보급으로 올웨이스 온 상태에 놓여 있는 사람들이 급증하고 있기 때문에 향후 올웨이스 온 마케팅은 급속하게 확산할 것으로 예측되고 있다.

# 잡 크래프팅 <sub></sub>job crafting · 직무 가공

직장에서 업무 만족도와 행복감을 높이기 위해 주어진 일을 의미 있는 활동으로 바꾸는 것을 말한다. 세계경제 위기의 여파로 많은 사람이 자아실현보다 돈을 벌기 위해 직장에 다니는 경향이 확산되면서 이에 대응하기 위해 기업은 경쟁적으로 잡 크래프팅을 도입하고 있다. 업무에 대한 인식을 긍정적으로 바꿈으로써 기업의 생산성을 끌어올릴 수 있기 때문이다. 세계적 테마파크(대형 놀이공원)인 디즈니랜드가 대표적이다. 디즈니랜드는 모든 직원을 캐스트 멤버 cast member(배우)라고 부르는데, 이는 입구 매표원부터 놀이기구 안내원까지 모든 직원이 디즈니랜드를 무대로 고객에게 즐거움을 선사하겠다는 의미를 담고 있다. 가전제품을 생산하는 삼성전자 광주사업장은 2013년 1월부터 많은 직원이 컨베이어벨트 앞에서 단순 작업을 반복하는 컨베이어 생산 방식 대신 소수 작업자가 모든 공정을 책임지고 완제품을 생산하는 모듈module 방식 생산을 도입한 이후 생산성 향상과 불량률 감소 효과를 거두고 있다고 말했다.[119]

직무 기술서상에 규정된 업무 범위에 얽매이지 않고 자발적으로 자신의 업무 범위와 관계를 조정하도록 지원하는 것도 잡 크래프팅의 일환이다. 다국적 제약회사인 화이자Pfizer는 직원을 채용할 때부터 잡 크래프팅을 고려하고 있다. 직무 기술서에 근거해 후보자의 적합도를 중요하게 따졌던 과거 방식에서 탈피해 후보자가 앞으로 어떤 역량을 보여줄 수 있는지를 평가하는 방식으로 변화하겠다는 것으로, 이를 통해 화이자 직원은 때때로 자신의 기호·역량에 맞춰 자신의 업무를 조정, 직무 기술서를 벗어난 일을 하기도 한다.[120] 자발적으로 잡 크래프팅을 하는 사람들도 있다. 업무 행복감을 높이기 위해 스스로 자신의 일에서 긍정적인 가치를 찾아내 부정적인 인식을 희석시키고 작더라도 중요한 의미를 부가시키는 식이다. 예컨대 미국항공우주국NASA의 경비원은 자신의 업무를 '달나라로 가는 꿈을 실현하는 사람들의 안전을 책임진다'고 생각하고, 디즈니랜드의 청소 직원은 자신의 역할을 '퍼레이드 연출을 위한 무대 만들기'로 정의하는 식이다.[121]

잡 크래프팅 옹호론자들은 잡 크래프팅을 통해 행복감을 느끼는 사람은 직원 개개인이며, 회사의 성과 향상은 직원의 행복감 증대에서 나오는 부산물일 뿐이라고 강조한다. 삼성경제연구소 선임연구원 임명기는 "잡 크래프팅은 직원 개인이 스스로 능동적인 변화를 만들어낸다는 점에서 관리자가 주도하는 '직무설계job design'와는 다르다"고 말한다. 잡 크래프팅을 통해 개인은 일에 대한 자긍심을 높이고, 기업의 성과는 향상된다는 것이다.[122] 하지만 기업이 주도하는 잡 크래프팅에 대해 '주어진 직무 현실에 만족하고 순응하라'는 메시지가 담겨 있는 것 아니냐고 해석하는 사람들도 있다.[123]

# 재제조Remanufacturing

고장·폐기·교환된 물건을 회수해 분해·세척·보수·재조립해 새것과 동일한 성능으로 다시 만들어진 제품을 뜻한다. 완전히 부수거나 녹여버리는 재활용recycling이나 한 번 사용한 것을 다시 쓰는 중고reuse 부품과는 다르다.[124] 성능은 새 제품과 비슷하지만, 원자재 구매 비용이 적게 들어 가격을 낮출 수 있다는 장점이 있으며, 자원의 순환율을 높일 수 있기 때문에 지속가능한 발전Sustainable Development의 대안으로도 각광받고 있다. 산업통상자원부는 소비자 선택권 확대, 일자리 창출, 에너지·자원 소비 절감, 중소기업의 동반성장 등을 재제조 산업의 장점으로 꼽고 있다.[125]

재제조 부품은 자동차와 비동력 기계, 펌프·압축기 등에 주로 사용되고 있으며, 최근에는 휴대전화, PC, 가전제품 등으로 확대되고 있는 추세다. 선진국에서는 이미 재제조가 새로운 산업으로 자리 잡았다. 재제조 산업이 가장 발달한 미국은 시장 규모가 연간 약 60조 원으로 추정되며 7만 3,000개의 재제조 업체에서 50만 명 이상의 일자리를 창출하고 있다. 유럽의 재제조 업체는 2만 4,000여 곳으로, 시장 규모는 21조 원에 이른다. 일본 역시 재제조 산업의 역사가 오래되었으며, 중국도 최근 관련법을 고쳐 재제조 시장에 뛰어들었다.[126]

재제조 분야의 창시자로 알려진 독일의 롤프 슈타인힐퍼는 2005년 9월 한국을 방문한 자리에서 "한국도 재제조 산업을 적극 육성하는 데 나서야 한다. 재제조 산업은 단순히 환경 규제에 대한 방어적 대응 차원을 넘어서 가격경쟁력 확보 등 냉혹한 시장 메커니즘에 효과적으로 대응하는 길"이라며 재제조의 중요성을 강조했다.[127]

한국은 2005년 재제조와 관련된 법률을 마련했지만 한국의 재제조 시장은 연 7,500억 원, 업체는 1,600곳 수준으로 선진국에 비하면 아직 규모가 작은 편이다. 1,600여 회사는 주로 자동자 부품과 토너카트리지 업체 중심이며 50인 미만 기업이 전체의 99퍼센트를 차지하고 있다. 한국의 재제조 시장 규모가 작은 이유는 믿을 만한 제품이 적어 재제조품에 대한 소비자들의 신뢰가 낮기 때문이다. 대기업인 원제조 업체들의 견제에서 비롯된 저조한 유통망·판로 등도 이유로 거론된다.[128]

한국 소비자들이 재제조 방식으로 만든 부품을 별로 좋아하지 않는 것도 이유다. 새것을 유독 좋아하는 한국인들이 재제조 제품을 이미 '사용한 제품'이라고 인식하고 있어 재제조 시장이 외면받고 있다는 지적인 셈이다. 예컨대 애플은 고객이 구입한 스마트폰 아이폰이 고장 나면 리퍼폰refurbished phone으로 바꿔주는 제도를 운용하고 있지만, 이에 대한 한국 소비자들의 불만이 높아지자 제도를 변경해 한국에서는 아이폰 구입 후 1개월 내에 고장이 나면 신제품으로 교환해주고 있다.[129] 산업부와 환경부 사이에 존재하는 부처

간 칸막이 문화가 재제조 시장을 가로막고 있다는 분석도 있다. 산업부는 물가 안정, 고용 창출, 자원 절약 등의 효과를 내세워 재제조 산업 육성에 적극 나서고 있지만 환경부는 영세 중고품 시장의 타격, 지적재산권 침해, 유해 물질 사용 등을 이유로 반대하고 있다.[130] 정부는 2013년 3월부터 휴대전화와 LCD TV 등 일부 전자제품에서 재제조 부품 사용을 전면 허용했다.

재제조

# 전자지갑

디지털화된 가치를 안전하게 활용할 수 있도록 모바일 기기상에 구현한 전자 지불 시스템의 한 종류로, 영어로는 'e-Wallet'이나 'Digital Wallet'이라고 한다. 신용 결제뿐 아니라 멤버십·포인트·쿠폰 등 다양한 결제 방식을 자유롭게 선택할 수 있기 때문에 스마트폰 혁명이 초래한 모바일 경제 시대의 새로운 결제 방식으로 각광받고 있다. 미국의 IT 연구 및 자문 회사인 가트너는 글로벌 모바일 결제 금액은 2012년 1,720억 달러에서 2016년 6,000억 달러로 4년 안에 3배 이상 급성장할 것으로 전망했다.[131]

바로 그런 이유 때문에 세계적으로 전자지갑의 주도권을 두고 치열한 경쟁이 벌어지고 있다. 전자지갑 경쟁의 포문을 연 회사는 구글이다. 2011년 구글이 '구글 월렛'을 선보인 이후 애플 역시 전자지갑 시장에 뛰어들었으며 미국의 유통 업체들도 전자지갑 개발에 적극적으로 나서고 있다.[132] 한국 역시 다르지 않다. 전자지갑의 주도권을 놓고 카드사, 통신사, 은행, 스마트폰 제조사, 유통사 등은 무한 경쟁을 벌이고 있다. 신한카드의 '신한 스마트월렛', 삼성카드의 '삼성m포켓', SK플래닛의 '스마트월렛', KT의 '모카' 등이 그런 경우다.[133]

전자지갑이 스마트폰 시대의 새로운 플랫폼으로 각광받고 있다는 것도 이유다. 모바일 결제가 급증하고 있는 상황에서 자체적인 전자지갑을 갖지 못할 경우엔 막대한 수수료를 물면서 타사의 서비스를 이용해야 하기 때문이다. 카드업계 관계자는 "결제 방식을 떠나 일단 전자지갑 플랫폼에 많은 소비자를 끌어들이면 이후 결제 방식 규격화 논의에서도 유리한 위치를 차지할 수 있다"고 말한다.[134] 그런 의미에서 전자지갑 경쟁은 수수료 경쟁이자 플랫폼 경쟁이라고 할 수 있겠다. 소비자의 빅데이터 확보를 통한 개인 맞춤형 마케팅이 가능하다는 점도 이유로 꼽힌다. 멤버십이나 쿠폰을 어느 장소에서 얼마나 쓰는지 파악할 수 있어 계열사 영업 등과 연계해 시너지 효과를 낼 수 있다는 것이다.[135]

# 카피슈머<sub>Copysumer</sub>

Copy(복제)와 Consumer(소비자)의 합성어로, 백화점 제품을 구매해서 본뜬 후 다시 환불을 요구하는 짝퉁 제조업자를 말한다. 계절별 신상품이 나오는 매년 2월, 5월, 8월, 10월 백화점에 어김없이 등장해 유명 브랜드 신상품을 골라 샀다가 카피 본을 뜬 후에 다시 봉합해 환불을 받는 식이다. 카피슈머의 특징은 대략 이렇다. 최고급 명품에는 접근하지 않고 이보다 한 단계 급이 낮은 고급 여성복을 주요 타깃으로 한다. 5~10분 만에 여러 벌의 옷을 입어 보지도 않고 구입한다. 의혹에 찬 눈길을 피하기 위해 여러 명이 함께 와서 모녀 또는 부부인 척 연기를 한다. 구매 기록을 남기지 않기 위해 백화점 카드는 쓰지 않고 포인트도 쌓지 않는다. 환불을 요구할 때는 환불만 전문으로 대행하는 사람들을 동원하는데, 이들은 여러 개의 쇼핑백을 들고 거침없이 매장을 누비면서 매장 직원이 문제를 제기하면 블랙 컨슈머로 돌변해 직원들에게 고통을 준다.[136] 카피슈머를 차단하기 위해 백화점들은 매장 직원에게 옷 해체 여부를 판단할 수 있는 매뉴얼을 만들어 교육하고 '의류 디자인 무단 도용 시 환불이 불가능하다'는 내용의 안내문을 붙이는 등 대응책을 마련하고 있지만, 이들을 원천 차단할 수 없어 속만 태우고 있다. 심증은 있지만 물증이 없기 때문이다.[137]

# 컬처플렉스 Cultureplex

Culture와 Complex의 합성어로, 멀티플렉스에서 한 단계 진화해 '복합문화공간'으로 변신하고 있는 극장을 말한다. 극장에 라이프 스타일을 가미함으로써 극장 방문이 단순한 영화 관람을 넘어 영화 관을 방문하는 경험 자체를 특별한 즐거움으로 만들어주는 영화관 이라 할 수 있겠다. 극장에서 쇼핑과 외식은 물론이고 비즈니스 · 공연 · 전시 · 학교 수업 · 세미나도 하는 식이다. 대형 복합 쇼핑몰 에서 쇼핑 · 놀이 · 공연 · 교육 등을 원스톱으로 해결하려는 몰링족 malling族이 크게 증가하고 있는 만큼 극장이 컬처플렉스로 변신하는 것은 더욱 탄력을 받을 것으로 예측되고 있다.

컬처플렉스의 선두 주자는 한국 최초로 멀티플렉스 시대를 연 CJ제일제당의 CGV다. 2011년 CGV청담씨네시티를 오픈하면서 컬처플렉스라는 영화관의 새로운 패러다임을 선보인 CGV는 이후 영화관과 고급 레스토랑을 결합시킨 명품 영화 상영관 '씨네드쉐 프', 복층 테라스 구조 디자인으로 오페라 극장 박스석席처럼 고급 스러운 느낌을 살린 '스윗박스 프리미엄' 등 특색 있는 컬처플렉스 를 선보였다. 롯데시네마와 메가박스도 컬처플렉스로 진화 중이다. 'Happy Memories'를 표방한 롯데시네마는 다채로운 쇼핑이 가 능하도록 변신하고 있다. '공감, 재미, 창조'를 슬로건으로 내세우는 메가박스는 '온 가족을 위한 놀이공간'으로 변신하고 있다. 영화관에서 오페라며 클래식 공연, 콘서트, 3D 발레까지 상영할 뿐 아니라 지역 도서관 관계자를 초대해 영화 관람도 하고, 도서관 문화 확산을 위한 토론도 하는 '도서관의 밤'도 개최하는 식이다.[138] 2013년 12월 18일 한국의 총 영화관객 수는 2억 명을 돌파하고 1인당 연간 영화 관람 횟수에서도 세계 1위로 올라섰는데, 컬처플렉스의 공이 컸다는 분석도 나오고 있다. 멀티플렉스가 새로운 라이프스타일을 제안하며 컬처플렉스로 변신하자 영화 관객들이 더욱 자주 극장을 찾게 되었다는 것이다.

멀티플렉스는 외국에서 들여온 시스템이지만, 컬처플렉스로 진화하며 해외 시장도 두드리고 있다. 2013년 8월 27일 CGV는 중국 진출 7년 만에 20호점 시대를 열었는데, 컬처플렉스를 기반으로 한 차별화 전략이 주효한 것으로 평가받고 있다. 예컨대 CGV베이징 이디강頤堤港은 CJ푸드빌의 대표 브랜드인 투썸플레이스, 비비고, 뚜레쥬르와 함께 인디고indigo몰 내 CJ 복합문화공간을 조성해 영화와 외식을 함께하는 라이프스타일을 제시하고 고급 석재와 은은한 조명으로 단장한 명품 화장실을 선보였는데, 사회주의 체제에서는 접할 수 없는 서비스 전략에 중국인들이 매료당했다는 해석이다.[139] CGV의 컬처플렉스 전략은 베트남에서도 위력을 떨치고 있다. 2011년 CGV가 인수한 베트남 메가스타는 매년 관람객 수가 30만 명씩 증가, 평균 25퍼센트의 관람객 증가율을 보였다.[140]

# 코넥스<sub>KONEX</sub>

창업 초반의 중소기업을 위한 전용 주식시장으로, 코스닥 전 단계의 주식시장이라 할 수 있다. 은행 대출이 막히면 바로 자금난에 허덕일 수밖에 없는 중소기업이 원활하게 자금을 조달할 수 있도록 하겠다는 취지에서 2013년 7월 1일 개장했다. 코넥스는 기존 주식시장인 코스피와 코스닥에 비해 상장 문턱이 낮다. 자기자본 5억 원 이상, 매출액 10억 원 이상, 순이익 3억 원 이상이라는 3가지 조건 가운데 1가지만 충족하면 상장할 수 있다. 하지만 투자 자격은 까다롭다. 투자 주체는 증권사, 펀드, 정책금융기관, 은행·보험사 및 각종 연기금 등 자본시장법상 전문 투자자로 제한되었다. 직접 투자도 벤처캐피털, 기관투자자, 3억 원 이상 예탁한 개인 등으로 제한되었는데, 이는 상장 기업들이 창업 초반의 중소기업이고 공시의무가 완화된 점 등을 감안한 배려다. 일반 투자자는 펀드 가입 등을 통해 간접 투자를 할 수 있다.[141]

코넥스는 박근혜 정부가 줄곧 강조해온 이른바 '창조경제'의 대표주자로 거론된다. 바로 그런 이유 때문에 개장 전 코넥스는 큰 주목을 받았으며 박근혜 정부 역시 코넥스 활성화에 적잖은 공을 들였다. 하지만 개장 첫날 반짝 인기를 끌었던 코넥스는 이후 지속적으로 하향곡선을 그렸다. 예컨대 개장 닷새 후인 7월 5일에는 시가총액이 개장일 대비 649억 원 줄었다.[142] 이후로도 코넥스가 고전을 면치 못하자 박근혜 정부는 측면 지원을 하고 나섰다. 2013년 7월 17일 정홍원 국무총리는 "우리 경제가 기존의 양적 성장에서 미래 지향적인 창조경제로 성장 전략을 수정해나가는 데 있어 코넥스 시장이 핵심적인 역할을 담당해야 한다"고 강조했다.[143]

　　창조경제의 돈줄이 될 것으로 기대했지만 출범 3개월 만에 거래액이 반 토막이 나자 급기야는 투자자들에게 잊힌 시장이 될 것이라는 우려마저 제기되었다. 코넥스의 고사를 우려한 금융당국과 업계는 코넥스 활성화 해법으로 상장 기업을 늘리기 위한 세제 혜택 등의 지원책과 규제 완화를 통한 투자 활성화 유도를 주장하지만 무리한 규제 완화가 독으로 작용할 것이라는 반론도 거세다. 거래 활성화만을 노린 규제 완화로 중소기업에 대한 안정적 자금 지원이라는 본래의 취지는 퇴색된 채 코넥스가 일확천금을 노리는 '거대 투기시장'으로 전락할 수 있다는 우려 때문이다. 일각에서는 규제가 과도하게 완화될 경우, "파리만 날리고 있는 코넥스가 성장만 좇는 규제 철폐로 전무후무한 '무규제 시장'으로 탄생"할 것이라는 비아냥도 내놓고 있다.[144] 충분한 준비 없이 성급하게 개장을 서두른 게 코넥스 부진의 가장 큰 이유로 거론되고 있지만, 금융당국은 향후 2년 내 코넥스가 중소기업의 자금 창구 역할을 할 것이라는 낙관적 전망을 고수하고 있다.[145]

# 코디션 Co-dition

Company(회사)와 Auditon(오디션)의 합성어로, 소비자 참여를 유도해 브랜드의 이미지를 높이는 마케팅을 이르는 말이다. 오디션 참가자가 바로 브랜드의 콘텐츠가 되기 때문에 프로그램에 제품을 노출하는 PPL보다 브랜드에 대한 호감도와 충성도가 높다는 게 특징으로, 오디션 형식을 취한 TV 프로그램이 인기를 얻으면서 등장한 마케팅 기법이라 할 수 있겠다. C세대의 급증도 한 이유다. C세대는 Connection(접속), Creation(창조), Community(커뮤니티), Curation(큐레이션)의 공통적인 머리글자인 C를 딴 세대로, 이들은 자신의 끼를 드러내는 데 거리낌이 없기 때문이다. 바로 그런 이유 때문에 2013년 9월 25일 사이먼 칸 구글 아시아 · 태평양APAC 마케팅 총괄은 C세대를 겨냥한 마케팅 전략으로 코디션을 제시하기도 했다.[146]

코디션은 유통업계를 중심으로 빠른 속도로 번지고 있다. 패스트푸드 업체인 맥도날드가 2013년 3월 25일 실시한 '빅맥 빅데이' 이벤트가 그런 경우다. 오후 2시부터 8시까지 전국 매장 카운터 앞에서 빅맥송 완곡을 부른 사람들에게 빅맥을 무료로 증정한 '빅맥 이벤트'는 주부 · 경찰 · 할머니를 비롯해 경쟁사 직원들까지 참여할 만큼 호응을 얻었다. 맥도날드는 이 가운데 재미있는 동영상을 선별해 인터넷에 올리는 방식을 통해 광고 효과를 제대로 보았다는 평가를 받았다. 코디션을 통해 브랜드의 새로운 얼굴을 찾아내는 기업도 있다. 경남제약은 2013년 레모나 발매 30주년을 맞이해 '레모나 광고모델 공개 오디션'을 진행했다.[147]

# 큐레이션 커머스<sub></sub>Curation Commerce

큐레이터와 같은 특정 분야 전문가가 고객 입장에서 한정된 상품만을 선별해 선택적으로 선보이는 전자상거래E-Commerce로, 정보 과잉 시대에 지친 소비자와 귀차니스트들을 겨냥한 서비스다. 구매자가 정기 구독료나 가입비를 서비스 업체에 지불하면 해당 업체가 상품을 알아서 선정해 정기적으로 배달해주는 상거래인 서브스크립션 커머스와 비슷하지만, 서브스크립션 커머스는 고객이 직접 자기가 원하는 상품을 구매하기 어려운 데 비해 큐레이션 커머스는 소비자가 필요한 상품만을 선별해 보여준다는 점에서 차이가 있다.[148]

큐레이션 커머스는 주로 전문점 형태로 운영되는데, 이는 특정 분야에 대한 소비자들의 욕구, 구매 패턴 등 자세한 사항을 남들보다 앞서 빨리 간파하고 제품을 선택해 제공해주어야 하기 때문이다. 세계적으로 큐레이션 커머스 열풍을 불러온 업체는 디자이너 제품을 판매하는 미국의 팹닷컴Fab.com이다. 팹닷컴은 독특한 디자인의 제품을 가상 바자회 형식으로 전시해놓고 정해진 기간에만 할인가로 판매하는데, 큐레이션 서비스를 오픈한 지 1년 만인 2012년 매출 1억 달러를 넘어섰다. 큐레이션 커머스를 무기로 팹닷컴이 전자상거래 역사상 가장 빠른 성장세를 기록하자 유럽과 일본에서도 유사한 비즈니스 서비스가 속속 등장했다. 한국에는 2012년 유아용품, 디자인 제품, 친환경 농산물, 패션, 식품 등을 중심으로 선을 보였다. 유아용품 분야의 퀸시quincee.co.kr, 디자인 상품 분야의 디블로deblow.co.kr와 엠버스mverse.co.kr, 화장품·패션 분야의 미미세일memebox.co.kr, 음식(빵) 분야의 헤이브레드heybread.com가 그런 경우다.

큐레이션 커머스 시장이 빠른 속도로 커지면서 2013년 옥션, 지마켓, 11번가 등 기존 온라인 유통 업체들도 큐레이션 서비스에 속속 동참하고 있다. 윤리연은 "큐레이션 커머스는 신제품 또는 뛰어난데도 주목받지 못했던 제품 등을 집중적으로 소개한다는 점에서 판매자와 소비자에게 매우 유리한 서비스다"며 "게다가 소비자는 믿을 수 있는 제품, 이미 많은 사람에게 인정받은 제품 등을 상대적으로 저렴하고 손쉽게 살 수 있다. 이렇듯 큐레이션 커머스는 사고 파는 사람이 모두 만족하는 선순환 구조의 상거래다"고 말한다.[149] 유아 큐레이션 커머스 퀸시 대표 최선준은 큐레이션 커머스의 궁극적인 목표는 오프라인 유통 시장을 온라인으로 옮겨와 온라인 시장을 넓히는 것이라고 말한다.[150]

# 펀 네이밍Fun Naming

소비자들의 호기심과 구매욕을 자극하기 위해 제품의 이름을 독특하게 짓는 마케팅을 말한다. 제품의 이름이 친근하고 재미있다는 게 특징으로, 장기불황 시대 주목투쟁의 한 방법으로 각광받고 있다. 과거 펀 네이밍은 생활용품이나 식품·외식업계에서 많이 활용했는데, 2013년에는 패션 브랜드들도 펀 네이밍에 적극 나서고 있다. '불타는 금요일에 어울리는 와인색 바지(불금와인)', '진짜 하늘색 컬러의 바지(레알스카이)', '볼수록 매력적인 코럴(볼매코럴)', '귀여운 척 핑크(귀척핑크)'처럼 제품에 반영된 컬러를 재미있게 강조한 캐주얼 브랜드 바이크리페어샵의 컬러 팬츠가 그런 경우다.[151] 뷰티 브랜드들도 펀 네이밍 열풍에 합류했다. 아모레퍼시픽의 에뛰드하우스가 내놓은 이른바 '접속사 립스틱'이 그런 경우다. 이 립스틱은 '아직 오렌지', '당연히 오렌지' 등 미묘하게 달라지는 컬러 차이를 접속사를 활용해 위트 있게 표현했다는 평을 얻었다.[152]

드라마도 펀 네이밍을 적절히 활용한다. 주인공 이름을 활용해 제목을 짓는 식으로, 2013년 SBS에서 방영된 〈주군의 태양〉이 그런 경우다. 〈주군의 태양〉은 '주중원 군의 태공실 양'을 줄인 것으로, 주군은 킹덤 쇼핑몰 사장인 주중원(소지섭)을 일컫고, '태양'은 태공실(공효진)을 가리킨다. 주군을 밝혀주는 태양이라는 의미도 담고 있다. KBS-2 TV에서 방영된 〈연애를 기대해〉는 남녀 주인공을 연상케 하면서도 중의적 의미를 담았다. '주연애'(보아)가 SNS를 통해 '차기대'(최다니엘)한테서 연애에 대한 코칭을 받는다는 게 내용이다.[153] 드라마 작가 가운데 펀 네이밍을 가장 효과적으로 활용하는 작가는 문영남과 임성한이다. 이들은 작명을 통해 등장인물의 캐릭터를 담아내는 것으로 유명하다. 예컨대 임성한은 궁상식, 피혜자, 결명자 등의 이름을 선보였으며 문영남의 드라마에서는 한심한, 나화신, 내연녀, 박살라, 허세달, 고민중 등이 등장인물 이름으로 쓰였다. 우스꽝스러운 이름 짓기를 비판하는 목소리들도 있지만 한 드라마 PD는 "캐릭터를 쉽게 설명하려는 것 아니겠느냐. 그것도 드라마를 쉽고 재밌게 전달하는 방법이라 생각한다"고 말했다.[154]

# 협업<sub>Collaboration</sub> 마케팅

타깃 수요층이 겹치는 제품끼리 함께 진행하는 마케팅이다. 소비자의 초기 이목을 집중시킬 수 있을 뿐만 아니라 비용 대비 효과를 극대화할 수 있다는 장점이 있다. 장기 불황이 지속되면서 각광받고 있는 마케팅이다. 제휴 마케팅, 짝짓기 마케팅이라고도 한다. 협업 마케팅에 가장 적극적인 곳은 식품 업계다. 팔도 비빔면과 동원 F&B가 공동으로 내놓은 참빔면이 대표적이다. 참빔면은 참치와 비빔면을 혼합한 것이다. 식품 업계의 협업 마케팅은 겨냥하는 타깃에 따라 제휴사가 달라진다. 화장품 업체와 협업을 하는 식품의 주타깃은 젊은 여성이고 어린이를 대상으로 한 식품은 주로 만화 캐릭터 업체와 협업을 한다. 새 식품을 출시하면서 어린이들에게 친근한 인기 만화 캐릭터를 활용하는 식이다. 젊은 층을 겨냥해 게임 업체와 짝짓기를 하는 경우도 있다.[155]

협업 마케팅은 빠른 속도로 진화하고 있다. 2013년에는 브랜드와 브랜드를 섞는 방식도 등장했다. 브랜드 간 협업 마케팅을 선도하고 있는 곳은 외식 업계로, 이들은 자신의 매장을 제휴사의 홍보 채널로 제공하면서 자동차, IT, 출판 업계와의 협업 마케팅을 적극 추진하고 있다. 커피빈이 현대자동차와 함께 손을 잡고 매장에 자동차를 전시한 것이나 카페드롭탑이 삼성전자와 제휴를 맺고 갤럭시노트 10.1을 장착한 스마트 테이블 '터치 탁'을 매장에 설치한 것, 할리스커피가 교보문고와 협약을 맺고 합정역 인근에 오픈한 북카페 테마 매장 등이 이에 해당한다. 할리스커피의 북카페 테마 매장은 매장 내에 인문, 사회, 소설 등 다양한 장르의 책 500여 권을 비치하고 e북 전용 단말기를 테이블에 설치했는데, 향후 콜라보레이션 매장의 장점을 살려 저자와의 대화, 저자 사인회 등도 진행할 계획이다.[156] 음식 메뉴에 아이돌 그룹을 접목시킨 경우도 있다. 망고식스가 아이돌 그룹 '제국의 아이들' 이름을 따 내놓은 메뉴가 그렇다.[157]

Business Section

# 호갱

호구와 고객을 합친 말로, 어수룩해 속이기 쉬운 손님을 뜻한다. 일반적으로 판매자는 '호갱님'이라고 하고 소비자들은 '호갱이'라고 부른다. 호갱님은 판매자들이 입으로는 '고객님'이라며 친절하게 굴지만 실제로는 고객을 우습게 보는 현실을 비꼰 표현이다. '호갱이'는 호갱으로 전락한 소비자들이 자신의 신세를 한탄할 때 쓰는 말이다. 호갱이 가장 흔하게 발견되는 업종은 휴대전화 시장이다. 호갱이라는 단어가 본격적으로 쓰이기 시작한 곳도 휴대전화 시장으로, 휴대전화를 제값 내고 사는 사람들을 일컬어 호갱이라 칭하면서 널리 알려졌다.

호갱은 휴대전화 구입 조건을 꼼꼼히 따져보고 구입하는 젊은 층보다 중장년 층에 많은 것으로 알려져 있지만 휴대전화 시장에서는 사실상 전 국민이 호갱화化된 지 오래라는 분석도 있다. 보조금이 천차만별인 데다가 소비자가 마땅히 누려야 하는 권리마저 이동통신사가 대단한 혜택을 주듯 마케팅을 전개하고 있기 때문이라는 게 그 이유다.[158] 그래서 "대한민국 국민은 통신업계의 호갱이인가?"라고 탄식하는 사람도 있다.

박현정은 "①할부원금·자급제폰(언락폰)·알뜰폰을 모른다면 ②한 달 음성통화 시간, 데이터 사용량 따위엔 전혀 관심이 없다거나 ③휴대전화 매장 직원이 속사포처럼 내뱉는 어려운 단어에 위축된다면 당신은 혹시 호갱님?"일지도 모른다면서 "경쟁이 치열해질수록 소비자 몸값은 올라가야 하거늘, 너도나도 '나는 호갱이었다'는 한탄이 끊이지 않는다"고 말한다.[159]

이통사가 제공하는 멤버십 카드를 제대로 활용하지 못하는 사람도 호갱으로 분류되는데, 이런 사람들도 적지 않다. 2013년 10월 10일 새누리당 의원 김기현은 이동통신 전체 가입자 5,414만 명 가운데 멤버십 카드 발급률은 35퍼센트로 저조하고 근 4년간 마일리지 소멸액도 2,456억 원에 달한다면서 이통사의 적극적인 멤버십 카드 운영이 필요하다고 말했다.[160] '호갱이' 취급을 당하지 않기 위해 스마트폰 구매 요령 등 관련 정보를 제공하는 호갱 닷컴, 호갱 프로텍터 등을 활용하는 사람도 많지만 휴대전화 판매 시장이 정상화되지 않는 이상 호갱에서 '탈출'하는 것은 쉽지 않다는 분석이 일반적이다.

# Society Section

TALK

Trend Keyword

# 감정독재

사람이 어떤 결정을 할 때 이성보다는 감정의 지배를 많이 받는다는 것을 의미하는 용어다. 전북대학교 교수 강준만이 2013년 12월 출간한 『감정독재』에 등장하는 개념으로, 이성도 작용하지만 많은 경우 이성은 감정의 '졸후'이거나 '호위 무사' 수준에 지나지 않을 정도로 인간은 일상적 삶에서 늘 감정의 지배를 받으며 살아가고 있다는 맥락에서 사용한 말이다. 강준만은 인간의 삶에서 감정독재는 오래된 현상이지만, 속도가 생명인 인터넷과 SNS로 대변되는 커뮤니케이션 혁명의 결과로 과거보다 더욱 견고한 감정독재 체제하에서 살게 되었다고 말한다. 속도는 감정을 요구하고 감정은 속도에 부응함으로써 이성의 설 자리가 더욱 축소되었기 때문이다는 게이유다.

강준만은 '감정노동', '감정자본주의' 등이 한국 사회에서 주요 이슈로 부각되는 것도 감정독재 체제의 문법과 밀접한 관련이 있다면서 이성과 감정은 완전 분리가 가능한 것이 아니기 때문에 감정독재 시대에는 타협이 필요하다고 했다.[1] 감정독재가 시사하듯, 2013년 출판계에는 감정을 중심으로 다룬 책들이 적잖게 쏟아졌다. 『강신주의 감정수업』, 『감정의 인문학』, 『탈감정사회』, 『감정자본주의』 등이 그런 경우다. 김종목은 그간 감정은 자기계발과 종교, 문학 영역에서 주요하게 다루어진 소재·주제였지만 2013년을 기점으로 인문학, 사회학, 정치학의 영역으로 확대되고 있다면서 감정은 2014년 출판계의 중요한 키워드가 될 것이라고 예측했다. 문화비평가 권정관은 출판계의 감정 신드롬에 대해 "감정을 그간 수동적인 것으로 여기다가 주변화나 소외 등 지금 시대의 여러 문제에 직면했다"며 "감정에 관한 연구서, 대중서가 붐을 이루는 현상은 이 시대를 지배하는 주요 메커니즘에 대한 저항의 맥락이 있다"고 해석한다.[2]

# 건강 불평등 격차

보건 서비스에 접근이 쉬운 사람과 그렇지 않은 사람 사이의 격차가 얼마나 큰지를 나타내는 지수다. 격차가 큰 국가일수록 가난한 사람들의 보건 교육, 예방, 치료 등이 보장되지 않고 있다는 것을 의미한다. 건강 불평등 격차를 낳은 것은 소득과 학력으로, 소득과 학력의 양극화는 건강 불평등으로 이어진다. 2013년 6월 18일 보건사회연구원이 암환자 4만 3,000여 명의 소득계층별 생존율을 분석한 「우리나라 건강 형평성 현황 및 대책」 보고서에 따르면, 똑같이 암에 걸려도 고소득층의 생존율은 저소득층에 비해 뚜렷하게 높았으며, 학력 격차에 따른 사망률은 8배 이상 차이 나는 것으로 나타났다. 소득 상위 20퍼센트 남성 환자의 5년 생존율은 37.84퍼센트로 소득 하위 20퍼센트의 24.04퍼센트보다 13.80퍼센트나 높았다. 또 경제적인 이유 때문에 몸에 이상이 있지만 병원을 방문하지 못했거나 치료를 중도에 포기한 환자의 비율도 상층(6.2퍼센트)보다 하층(29.9퍼센트)에서 월등히 높았다.

한국 사회의 건강 불평등은 소득과 학력처럼 대물림되고 있다.[3] 인맥 사회의 그늘도 건강 불평등 격차가 발생하는 요인 가운데 하나로 지적되는데, 대표적인 게 병원 대기 시간이다. '빽'이 있으면 하루만에 끝나지만 없으면 1년 이상 기다려야 하는 일들도 있는

데, 인맥을 바탕으로 한 그런 '병원 새치기'가 건강 불평등을 가속화하고 있다는 지적인 셈이다.[4]

　건강 불평등은 세계적인 현상이지만 한국의 건강 불평등 격차는 상대적으로 크다. 2013년 9월 3일 국제구호개발기구 월드비전이 발표한 전 세계 176개국의 건강 불평등 격차에 따르면 한국은 33위를 차지했다. 전체 순위에서는 비교적 상위권에 자리 잡았지만 고소득 국가 중에서는 중하위권에 머무른 것이다.[5] 경제적 양극화 때문이었다. 바로 그런 이유 때문에 중앙대학교 교수 신광영은 2013년 4월 펴낸 『한국 사회 불평등 연구』에서 건강 불평등은 경제적 불평등과 밀접한 관련을 맺고 있다며 "요즘은 '인명재천'이 아니라 '인명은 계급에 달렸다'고 말해야 할 정도"라고 했다.[6] 예란 테르보른 케임브리지대학 명예교수는 주류 관습은 개인의 건강 차를 타고난 운수의 차이로만 여기지만 그간 나온 생명의학·사회과학 연구는 건강 불평등 역시 인간이 만든 불평등이라는 것을 보여주고 있다며 건강 불평등은 "인간관계의 사슬이 명확해진 것"이라고 지적했다.[7]

# 공밀레

이공계 영역에서 놀라우리만치 화려한 성능의 제품이나 연구가 성공했을 때 사용되는 말이다. 어린아이를 공양해 만들었다는 에밀레종 설화에 빗댄 말이다. 에밀레종을 칠 때마다 '에밀레, 에밀레' 소리가 들리는 것처럼, 한국 기술자들이 만든 최첨단 기기를 두드리면 '공밀레, 공밀레' 소리가 들린다는 의미다. 이게 시사하듯, 공밀레에는 최첨단 기기를 만들어내기 위해 개발자나 엔지니어들이 엄청난 야근과 철야로 죽을 만큼 희생했다는 의미가 담겨 있다. 첨단 기기가 탄생하기까지 이공계 기술자들이 겪어야 했던 고생과 아픔에 대한 탄식이 담겨 있는 만큼 이공계생에 대한 열악한 처우를 풍자한 말이라 할 수 있겠다. 한 인터넷 사이트에 올라온 글은 "프로젝트를 시작하면서 박봉과 월화수목금금금, 철야 작업으로 공돌이를 갈아 넣어서 적은 비용으로 목표치를 초월 달성하는 것"이라고 표현하고 있다.[8]

　애플의 아이폰과 세계 스마트폰 시장을 양분하고 있는 삼성전자의 갤럭시는 별명이 '공밀레폰'일 만큼 공밀레의 대표 주자로 거론된다. 스마트폰 옴니아를 내놓았다가 큰 실패를 겪은 후 아이폰 못지않은 제품을 내놓으라는 최고위층의 불호령이 떨어지자 개발자들의 땀과 혼까지 갈아 넣을 정도의 간난신고艱難辛苦 끝에 갤럭시가 탄생했다는 게 이유다.⁹ 공밀레가 한국 기업의 경쟁력을 일군 일등공신이라는 해석도 있지만 공밀레가 사라지지 않는 한 우수한 인재들이 이공계를 기피하는 경향은 개선되지 않을 것이고 그 결과 세계 시장에서 한국 기업의 경쟁력이 추락할 것이라는 우려도 나오고 있다.

이정훈은 "한국은 전형적인 공업주도형 수출 국가다. 대한민국 산업의 중추적인 역할을 담당해온 산업은 건설 · 철강 · 화학 · 반도체 · 자동차 · 전자제품이며, 대한민국 공학도의 실력과 열정 역시 세계 수준급이다. 하지만 한국의 공학도들은 그에 걸맞은 대우를 받지 못했다"며 "우리가 계속 '공밀레'나 울린다면 공업의 진보와 발전도 없을 것이고, 우리도 몰락의 길을 가게 될 것이다"고 말했다.¹⁰

# 광탈절

빛의 속도로 탈락한다는 뜻의 광탈(광속 탈락)과 기념일이나 명절을 의미하는 '절節'이 결합한 말로, 구직자들이 서류 전형이나 면접 전형에서 탈락하는 날을 일컫는 말이다.[11] 서류 전형에서 탈락하면 서류 광탈, 면접에서 떨어지면 면접 광탈이라고 한다. 청년 실업 100만시대, 취업 준비생의 애환이 서려 있는 말이라 할 수 있겠다. 광탈절은 주로 주요 대기업이 서류 전형 통과자를 발표하는 상반기 3~4월과 하반기 9~10월에 줄을 잇는다.

한 취업 준비생은 2013년 "지난 하반기에는 많게는 하루에 5개 기업의 기업 서류 전형에서 광탈했고 이번 상반기에는 하루 4개 기업의 서류 전형에서 떨어졌다. 광탈에 대비해 50개 정도의 서류를 쓰는 것은 취준생 사이의 기본"이라고 토로했다.[12]

2012년 12월 취업 포털 인크루트가 현재 구직 활동 중인 신입 구직자 1,051명을 대상으로 설문 조사를 실시한 결과, 취업에 대한 의욕을 잃거나 무기력함을 겪고 있는 가장 큰 이유로 '서류 전형에서 계속 탈락해서'(37.2퍼센트)라고 응답할 만큼 서류 광탈이 취업 준비생을 가장 힘들게 하는 것으로 나타났다.[13]

서류 광탈에 직면했을 때 시한부 인생을 사는 것 같은 느낌을 받았다는 취업 준비생도 있다. 광탈이라는 말은 대중문화 영역에서도 활발하게 사용된다. 예컨대 오디션 프로그램에서 빨리 떨어졌을 때 광탈했다고 말하는 식이다.

# 그룹 홈 Group home

가족이 아닌 사람들이 모여 공동 생활을 할 수 있도록 한 시설로, 7인 이하의 사람들이 함께 생활하며 치료도 받는 소그룹 공동체를 말한다. 30여 년 전 스웨덴에서 처음 시작되었으며, 한국에는 1992년 처음 등장했다. 당시 서울시는 1명의 생활 보조인을 지정해 혼자서는 정상적인 가정생활이 어려운 정신지체 장애인들을 복지 시설이 아닌 일반 주택에 모여 함께 생활하도록 했는데, 입주자와 아이들의 부모는 물론 그룹 홈이 있는 지역 주민들에게서도 긍정적인 반응을 얻었다.[14] 이후, 그룹 홈은 노인·장애인·노숙자·청소년 등 사회에 적응하지 못하거나 도움을 받아야 하는 사회적 약자들을 대상으로 확장되었다. 그룹 홈은 치매 등 특정 질환 환자들의 치료·재활을 위해서도 활용되고 있는데, 일본이 대표적인 국가다. 일본은 1997년부터 치매 대책의 일환으로 그룹 홈을 활성화하고 있다. 2005년 보건복지부가 농어촌 보건복지 차원에서 그룹 홈 설치에 나서면서 한국에도 치매 노인을 돕기 위한 일환으로 농촌에 그룹 홈이 등장했다.[15]

　　농촌 공동화로 인해 고령 인구가 급속하게 늘어나는 추세에 맞춰 그룹 홈은 빠른 속도로 확산되고 있다. 65세 이상 고령 인구 비율이 20퍼센트가 넘는 전북 김제시가 운영하고 있는 127개의 그룹 홈에는 1,258여 명의 노인이 함께 살고 있는데, 그룹 홈을 통해 이들은 외로움도 치유하고 치매도 방지하고 있다. 김제시 보건소는 한 달에 두 번 정도 그룹 홈을 방문해 치매 여부 검사를 하고 있으며 대도시 치매 센터에서 하는 색종이 접기, 그림 그리기 등 치매 퇴치 프로그램을 운영해 치매에 걸릴 위험을 낮추고 있다. 그룹 홈에서 생활하는 사람들은 서로를 가족이라 칭하는 등 유사 가족의 성격을 띠고 있다.[16] 사회 공헌 차원에서 그룹 홈을 지원하는 기업들도 생겨나고 있다.[17]

그룹 홈에 대한 관리를 강화해야 한다는 지적도 있다. 지방자치단체가 설치해 운영하는 그룹 홈도 있지만 허가제가 아닌 신고제 시설이라 면적에 대한 기준만 있고 지역 분포나 현장민원 등을 고려한 세부적인 허가 기준이 없어 일부 도시 지역에서는 시설이 집중되는 문제가 발생하고 있기 때문이다. 주민 간의 갈등을 부추기는 원인이 되는 경우도 있다. 그래서 그룹 홈이 추구하는 취지를 얻기 위해선 지방자치단체의 관리와 함께 편의 시설과 휴게 시설 등을 갖추는 것이 필요하다는 주장도 있다.[18]

# 글로벌 옥션 The Global Auction

국경을 뛰어넘는 노동자 고용 시스템을 일컫는 용어로, 세계적인 경매 사이트 옥션의 역경매 시스템에서 착용한 말이다. 옥션에서는 가장 싼 값을 제시한 사람이 물건을 구입하는 역경매가 이루어지는데, 국경이 무너진 오늘날의 글로벌 시대에는 가장 값싼 임금을 제시하는 사람이 고용된다는 게 글로벌 옥션의 핵심 개념이다. 글로벌 옥션은 영국의 필립 브라운, 휴 로더, 데이비드 애쉬턴이 함께 쓴 책의 제목이기도 하다. 한국에서는 『더 많이 공부하면 더 많이 벌게 될까』라는 제목으로 출간되었다. 필립 브라운 등에 따르면, 글로벌 옥션은 훌륭한 지식이나 아이디어를 갖춘 사람을 찾기 위한 게 아니라 얼마나 훌륭한 지식을 얼마나 싼값에 팔 수 있느냐를 놓고 벌어지는 흥정이다.[19]

글로벌 옥션 현상의 원인으로 전 세계적인 대졸자의 폭발적 증가, 품질과 비용의 혁명, 지식노동을 통제하기 쉽게 만드는 디지털 테일러리즘, 글로벌 인재확보 전쟁 등을 꼽은 이들은 글로벌 옥션으로 인해 고학력·고임금의 노동 시장은 사라졌다고 말한다. "대학만 졸업하면 취업시장에 뛰어들었을 때 높은 보수를 받을 수 있다는 믿음 아래 (미국) 사회는 개인들에게 대학 졸업장을 따기 위해 빚을 지도록" 권유하고 있지만 폭발적으로 늘어나는 신흥국의 대졸자들이 고급 노동력을 염가 할인하는 역경매 방식으로 일자리를 빼앗아가는 바람에 미국의 대졸자들은 실업자로 전락하고 있으며, 설사 취업을 하더라도 저임금에 시달리고 있다는 것이다. 이들은 글로벌 옥션이 중산층 몰락도 부추기고 있다고 말한다. 돈과 에너지를 들여 대학 졸업장을 딴 고급 인력이 일자리는 구하지 못한 채 이른바 '잉여인간'으로 전락하고 있기 때문이라는 게 이유다.[20]

글로벌 옥션에 노출되어 있는 국가는 미국만이 아니다. 대졸 실업자가 사회문제로 떠오른 한국 역시 마찬가지다. 2012년 한국의 대졸자와 고졸자의 기대 소득을 조사한 결과, 대졸자 67만 명은 비용을 감안할 때 고졸자보다 기대 소득이 낮은 것으로 나타났다. 2000년 같은 조사에서 기대 소득이 낮은 대졸자가 16만 명이었던 것과 견주면 급격하게 증가한 셈이다.[21] 바로 그런 이유 때문에 대졸 취업자의 하향 취업도 급증하고 있다. 한국직업능력개발원에 따르면 대졸자의 24퍼센트가 하향 취업을 하고 있는 것으로 나타났는데, 이는 OECD의 주요 선진 12개국 중에서 가장 높은 수치다. OECD 평균은 9퍼센트였다.[22]

# 깡통 전세

집주인의 주택 담보 대출 금액과 전세금 합계가 집값에 육박해 시장 침체 때 집값이 떨어지면서 세입자가 전세금을 떼일 우려가 있는 주택을 가리키는 말로, 주택 시장에서 속어처럼 쓰이는 말이다. 통상적으로 주택 담보 대출 금액과 전세금을 합한 금액이 집값의 70퍼센트를 넘어서면 깡통 전세로 본다. 2010년부터 집값은 떨어지는 데 반해 전세 대란으로 인해 전세금은 급등한 게 깡통 전세 급증의 이유로 꼽힌다. 2013년 3월 주택산업연구원이 조사한 자료에 따르면 집값은 하락하고 전세금만 오르는 상황이 지속되면 앞으로 2년 이내 깡통 전세로 내몰릴 수 있는 가구가 수도권에만 19만 가구에 달하는 것으로 나타났는데, 이보다 훨씬 많은 가구가 깡통 전세의 위험에 놓여 있다는 예측도 있다.

예컨대 2013년 11월 1일 한국은행은 깡통 전세 주택이 전세를 낀 전체 주택의 9.7퍼센트라고 밝혔는데, 370만 전세 가구를 대입하면 약 36만 가구가 깡통 전세로 전락한 것으로 추정할 수 있다는 것이다.[23] 깡통 전세의 급증으로 보증금을 떼이는 전·월세 세입자들도 크게 늘고 있다. 깡통 전세가 사회에 미치는 가장 큰 영향은 가계 부채의 급증이다. 전세금을 마련하기 위한 대출로 인해 세입자 가계가 빚에 짓눌리는 현상이 발생하고 있기 때문이다. 한국은행은 전셋값의 급등으로 2009년 말 33조 5,000억 원이던 전체 전세 자금 대출액이 2013년 6월 말 60조 원을 넘겨 2배 가까이 급증했다고 말했다.

깡통 전세의 속출은 집값은 하락하고 전세금만 오르는 기형적인 현상 탓이지만, 금융권의 전세 자금 대출이 과도해 전세금을 끌어올리는 부작용을 낳고 있다는 지적도 있다. 공기업인 주택금융공사가 보증서를 발급해주기 때문에 대출에 따른 위험 부담이 거의 없어 은행이 경쟁적으로 대출을 해주고 있다는 것이다.[24] 깡통 전세가 사회문제로 부상하면서 2013년 8월 정부는 전월세 대책으로 대출 확대를 독려했는데, 이를 두고 정부가 악성 가계 부채를 키우고 있다는 비판이 제기되기도 했다.[25]

깡통 전세 문제를 해결하기 위해서는 단기적 처방과 장기적 처방을 병행해야 한다는 지적이다.[26] 하지만 처방을 두고 정치권은 물론이고 사회적인 여론을 조율해야 할 언론들 사이에서도 입장 차이가 워낙 커 해법은 쉽게 마련되지 않을 것으로 예측되고 있다. 예컨대 단기 처방을 두고는 억지로 집값 안정에 집착하기보다 전월세 상한제 도입을 통해 당장 시급한 전세난을 해소해야 한다는 주장과 전세 수요를 매매 수요로 분산시킬 수 있는 방법을 고민해야 한다는 주장이 대립하고 있다. 장기 처방에서도 집값 거품을 서서히 제거해 나가는 정책을 펴야 한다는 주장과 임대 주택 공급을 확 늘려야 한다는 주장 등이 엇갈리고 있다.

# 노노 학대

노인이 된 자녀와 배우자가 고령의 부모를 학대하는 행위를 일컫는 말이다. 고령화 사회의 비극으로, 한국이 고령 사회를 넘어 초고령 사회로 진입하면서 노노老老 학대는 빠른 속도로 늘어나고 있다. 2013년 6월 11일 보건복지부가 공개한 「2012년 노인 학대 현황」 보고서에 따르면, 만 60세 이상의 학대 행위자는 2010년 944명에서 2011년 1,314명으로 39.2퍼센트 증가했으며, 전체 학대 행위자 가운데 60세 이상의 비율도 2010년 27.1퍼센트에서 2011년 34.1퍼센트로 증가했다.

고령화와 함께 나이 든 자녀의 부양 능력이 떨어지면서 생기는 경제적 어려움이 노노 학대 증가의 원인으로 꼽힌다. 자신도 보살핌을 받아야 하는 노년기에 접어들어서도 나이 든 부모를 모셔야 하는 경우 신체적 · 경제적 어려움에 따른 부양 스트레스가 증가하고, 이것이 부모 학대로 나타나고 있다는 해석이다. 바로 그런 이유 때문에 노노 학대를 개인 문제로만 생각하지 말고 행위자와 피해자를 모두 도울 수 있는 해결책을 모색해야 한다는 지적도 나오고 있다.[27]

# 니트

이명박 정부가 영어 몰입 교육의 일환으로 추진한 국가영어능력평가시험National English Ability Test, NEAT으로, 한국형 토플로 불린다. NEAT는 말하기, 듣기, 읽기, 쓰기를 모두 평가할 수 있는데, 성인이 보는 1급과 고교생이 보는 2~3급으로 나뉜다. 2008년 2월 이명박 정부는 토플·토익 등 외국 시험 응시료로 국부國富가 유출되는 걸 막고 '고등학교를 졸업하면 누구나 영어로 말할 수 있게 하겠다'며 NEAT를 추진하겠다고 밝혔다. 이명박 정부는 2013년부터 NEAT로 수능 영어 시험을 대체하겠다고 말했지만, 2012년 "차기 정권에서 결정하는 게 좋겠다"며 발을 뺐다.²⁸

이명박 정부는 NEAT 필요성을 강조했지만 현장에서는 환영받지 못했다. 2012년 고교생을 대상으로 한 시범평가에 응시한 학생은 1,000여 명이었으며 2013년 5월 11일 일반인을 대상으로 한 첫 1급 시험에는 500여 명이 응시했다. 대학도 싸늘한 시선을 보냈다. 2013학년도 대학입시에서는 7개 대학(4년제 기준)이 수시모집 전형에 반영했고, 2014학년도에는 3.5배 늘어난 25곳이 수시에 반영키로 했지만 서울 주요 대학은 상위권 학생을 변별하는 데 큰 도움이 되지 않는다며 NEAT 반영을 꺼렸다.

NEAT를 취업이나 승진 시험에 활용하겠다고 밝힌 기업이나 공공기관도 한 곳이 없었다. NEAT에서 기존의 영어 시험을 넘어설 만한 장점이 눈에 띄지 않았기 때문으로, 이는 NEAT가 효용성 논란에 휩싸인 여러 이유 가운데 하나로 작용했다. 이명박 정부는 NEAT가 단순한 문제풀이가 아닌 말하기와 쓰기 등의 능력을 평가할 수 있는 시험이라고 강조했지만 토익과 토플, 텝스도 오래전부터 말하기와 쓰기 시험을 실시하고 있기 때문에 굳이 새로운 시험을 적용할 필요가 없다는 게 이유였다.[29] 결국 2013년 5월 10일 서남수 교육부 장관은 학부모와 교사 240명을 만난 자리에서 "갑자기 (한국형 토플이) 수능 영어 시험을 대체한다면 학습 부담이 집중되고 사교육 의존 우려가 높아진다"며 "학교가 대응할 수 있는 단계가 되기까지 입시와 연결하는 것은 바람직하지 않다"고 말해 NEAT의 수능 대체는 백지화되었다.[30]

NEAT 개발 비용으로만 5년간 약 400억 원이 들어갔는데, 『한국일보』 2013년 5월 13일자 사설은 "NEAT는 애초부터 일선 교육 현장의 현실을 도외시한 졸속 정책이었다. 낙후된 영어 교육 인프라를 개선하지 않은 상황에서 말하기와 듣기가 평가 비중의 50퍼센트를 차지하는 NEAT로 수능을 대체하겠다는 발상 자체부터 탁상행정의 표본이"었다고 지적했다.[31]

# 님티|NIMTE

'내 임기 중에는 절대 안돼Not in my terms'를 이르는 말로, 일반적으로는 인·허가권을 거머쥔 공무원들이 정부 정책 등에 반해 현장에서 정책 집행을 거부 또는 저항하는 현상을 가르킨다. 민간에 '님비(내 뒷마당에는 안 된다)Not In My BackYard'가 있다면 님티는 주로 관가官家에서 자주 발생하며 정부 관리들의 복지부동을 꼬집는 말로 쓰인다.[32] 정치 현장에서도 님티는 발견되는데, 이는 주로 골치 아픈 문제를 차기 정부로 떠넘기는 식으로 나타난다. 예컨대 균형 재정 달성을 차기 정부의 몫으로 넘기는 게 대표적인 경우다. 대선 과정에서는 장밋빛 성장 전망을 내놓으며 균형 재정을 달성하겠다고 말했다가 선거가 끝나면 균형 재정 달성 연도를 뒤로 늦추길 되풀이하는 행태가 이어지고 있기 때문이다.

이동현은 이명박 정부의 균형 재정 달성 공약을 대표적인 님티로 거론한다. 임기 첫해인 2008년에 균형 재정을 달성하겠다고 말했던 이명박 정부는 이를 2012년으로 한 차례 미루었고, 이후 늦어도 2014년까진 균형 재정을 달성하겠다고 다시 강조했지만 결국 균형 재정은 달성하지 못해 국가 채무만 빠른 속도로 늘렸다는 것이다.[33] 박근혜 정부 역시 2013년 9월, 균형 재정 달성 목표를 2017년 이후로 미루겠다고 말해 님티 논란에 휩싸이기도 했다.[34]

# 도행역시

'순리를 거슬러 행동한다'는 뜻으로, 『교수신문』은 2013년 한국의 정치 · 경제 · 사회를 규정하는 '올해의 사자성어'로 도행역시倒行逆施를 뽑았다. 도행역시는 중국 사마천이 저술한 역사서 『사기』에 실린 고사성어로, 춘추시대의 오자서가 그의 친구에게 '도리에 어긋나는 줄 알면서도 부득이하게 순리에 거스르는 행동을 했다'고 말한 데에서 유래했다. 내용은 이렇다. 초楚나라의 오자서는 자신의 아버지와 형제가 초평왕에게 살해되자 오吳나라로 도망쳐 오왕 합려의 신하가 되어 초나라를 공격했다. 승리한 오자서는 원수를 갚고자 이미 죽은 초평왕의 무덤을 파헤쳐 그의 시체를 꺼내 채찍으로 300번 내리쳤다. 이 소식을 들은 오자서의 친구 신포서가 편지를 보내 "과한 행동"이라고 질책하자 오자서는 편지를 가져온 이에게 "이미 날이 저물었는데 갈 길은 멀어서 도리에 어긋나는 줄 알지만 부득이하게 순리에 거스르는 행동을 했다吾日莫途遠 吾故倒行而逆施之"고 말했다.[35]

교수들이 도행역시를 2013년의 사자성어로 꼽은 것은 박근혜 대통령의 불통 국정 운영과 공안 정치를 꼬집은 것으로 해석되고 있다. 도행역시가 미래 지향적인 가치를 주문하는 국민의 여망을 제대로 읽지 못하고 과거 회귀적인 모습을 보이는 박근혜 정부에 대한 지적이라는 것이다. 도행역시를 추천한 중앙대학교 교수(서양사) 육영수는 "박근혜 정부 출현 이후 국민들의 기대와는 달리 역사의 수레바퀴를 퇴행적으로 후퇴시키는 정책·인사가 고집되는 것을 염려하고 경계한다는 뜻"이라며 "박근혜 정부의 초반 행보는 '유신 체제의 추억'을 되새김질하려는 억압적인 국가권력과 심화된 사회경제적 불평등을 동반했다"고 추천 이유를 밝혔다.[36] 숭실대학교 교수(철학과) 김선욱은 "한국 최초의 여성 대통령으로 새로운 리더십을 기대했지만, 오히려 답답했던 과거 시대로 회귀하는 모습을 보였다"고 지적했다.[37]

# 딩크펫<sub>DINKpet</sub>

정상적인 부부 생활을 영위하면서 의도적으로 자녀를 두지 않는 맞벌이 부부를 일컫는 딩크DINK · Double Income, No Kids와 애완동물을 뜻하는 펫pet의 합성어로, 자녀 대신 애완동물을 키우며 애정을 쏟는 사람들을 일컫는 말이다. 한동대학교 심리학과 교수 신성만은 "딩크펫은 관계의 결핍이 표출된 현상으로 볼 수 있다"며 "그 정도가 지나치면 일부 계층에는 '불편한' 사회현상이 된다"고 말했다.[38] 하지만 딩크펫에게는 애완동물이 곧 자녀다. 자녀를 둔 부모가 내 아이만큼은 최고로 키우겠다는 인식을 가지고 있는 것과 마찬가지의 심정을 투사하기 때문에 이들은 애완동물에 아낌없이 투자한다. 한 딩크펫은 이렇게 말한다. "'가족'을 위해 쓰는 돈은 아깝지 않다. 사람이 잘 먹고 예쁜 옷을 입기 원하듯 우리 아이도 귀하게 기르고 싶다." 이런 딩크펫을 겨냥해 애완동물용 명품 브랜드 시장은 빠른 속도로 커지고 있다.[39] 펫 비즈니스가 당분간 최고의 성장 산업이 될 것이라는 해석이 나오는 이유다.

# 리터너족 re-turner族

취업에 성공했지만 원하는 직업과 직장을 위해 다시 취업 시장으로 회귀하는 사람들을 일컫는 말이다. '되돌아오는 사람'을 의미하는 리터너는 본래 휴직 후 직장에 돌아오는 사람이나, 부상 등의 이유로 잠시 경기장을 떠났다가 복귀하는 운동선수를 가리키는 말이었는데, 잘 다니던 회사를 그만두고 더 나은 직장을 구하고자 취업 시장으로 돌아가는 사람들을 지칭하는 말로도 쓰이고 있다.[40] 퇴사 후 재취업을 준비하는 사람이 많은 현실을 반영한 말이라 할 수 있겠다.

리터너족은 전 세계적인 현상이다. 하지만 재취업에 실패하면서 장기실업자 신세로 전락하는 리터너족도 많다. 경기 침체와 장기 불황의 여파로 기업의 채용 규모가 갈수록 줄어들고 있는데다 기존의 구직자와도 경쟁해야 하기 때문이다. 원래 직장보다 나은 곳에 가고자 하는 욕심도 장기 실업자로 전락하는 이유가 되고 있다. 리터너족은 20대에 많은 것으로 알려지고 있다. 한국고용정보원에 따르면 2012년 9월 기준으로 20대 실업자 25만 명 가운데 취직을 했다가 퇴사 후 1년 이상 재취업을 하지 못한 실업자 비율은 28.4퍼센트(7만 1,000명)로 이는 2011년(21.7퍼센트)에 견줘 6.7퍼센트 늘어난 수치다.[41]

# 메디텔 Meditel

의학을 뜻하는 medicine(메디슨)과 hotel(호텔)의 합성어로, 의료와 숙박 시설을 겸한 건물이다. 2013년 5월 1일 정부는 투자 활성화 차원에서 메디텔을 육성하겠다고 말했는데, 이는 성형이나 미용을 위해 한국을 찾는 관광객이 많은 만큼 의료 관광 허브로 키우겠다는 발상에 따른 것이다. 메디텔을 두고 논란이 일었지만 정부는 12월 13일 제4차 무역투자진흥회의를 열어 메디텔을 공식적으로 허용했다. 메디텔의 허용으로 의료 관광 붐이 일 것이라는 예측이 일면서 메디텔을 짓는 병원도 빠른 속도로 증가하고 있다. 호텔 내부에 메디텔이 들어서는 경우도 있으며, 아예 메디텔을 짓는 지방자치단체도 있다.[42]

하지만 메디텔에 대한 우려의 목소리도 크다. 우선 메디텔 허용으로 대형 병원 쏠림 현상이 가속화될 것이라는 우려가 있다. 특히 지방 환자를 빨아들일 것이라고 보는 예측이 많다. 그렇지 않아도 KTX 때문에 지방 환자가 급격히 줄어들었는데, 여기에 메디텔까지 허용됨으로써 지방 환자들이 몰리는 현상은 더욱 심해질 것이라는 지적이다. 그것은 메디텔이 지방 환자들을 위한 입원실로 활용될 수 있다는 이유 때문이다. 바로 이런 이유 때문에 지방 국립대 병원이 존폐 위기에 놓일 것이라는 분석도 있다. 서울과 지방 간의

의료 격차가 커질 것이라고 우려하는 사람들도 있다.[43]

　공익성이 큰 의료 분야에서 돈을 벌겠다는 의미가 있는 만큼 메디텔이 이른바 의료 민영화의 시발점이 될 것으로 우려하는 시각도 있다. '내가 만드는 복지국가'의 김종명 의료팀장은 "병원이 돈이 되는 쪽으로만 투자를 하도록 하면 예방·재활·건강 증진 등 의료의 기본적 분야에는 공급이 제대로 이뤄질 수 없다"며 "메디텔을 허용할 경우 전체 병원 시스템 중 한쪽에 큰 공백이 생길 수 있다"고 말했다.[44] 메디텔의 주객이 전도될 가능성이 있다는 지적도 있다. 의료 전문 기자 이병문은 메디텔은 의료기관이 직접 운영하는 의료 관광 호텔이지만 주무부처가 보건복지부가 아니라 문화체육관광부로 되어 있기에 '의료'보다 '호텔'이 핵심이 될 수 있다면서 바로 그런 이유 때문에 메디텔에 대한 개념을 명확히 정립하고 출발부터 첫 단추를 잘 꿰야 한다고 말했다.[45]

# 모듈러Modular 주택

기본 골조와 전기 배선, 온돌, 현관문, 욕실 등 집의 70~80퍼센트를 공장에서 미리 만들고 주택이 들어설 부지에서는 '레고 블록'을 맞추듯 조립만 하는 방식으로 짓는 주택이다. 일반 철근콘크리트 주택에 비해 상대적으로 빨리 지을 수 있고, 철거가 쉽다는 게 모듈러 주택의 장점이다. 예컨대 5층짜리 소형 임대 주택을 철근콘크리트 제작 방식으로 지으면 공사 기간이 6개월가량 걸리지만 모듈러 공법을 적용할 경우 30~40일이면 조립과 마감이 가능하다. 빠르면 1~2주 내에도 가능하다. 주요 자재의 최대 80~90퍼센트가량을 재활용할 수 있다는 것도 장점이다. 도시형 생활 주택뿐 아니라 대형 숙박 시설, 소규모 비즈니스 호텔, 오피스텔 등도 모듈러 공법으로 건축이 가능하다.[46]

2013년 5월 26일 국토해양부는 박근혜 정부의 핵심 공약으로, 서울 서대문구 가좌지구에 들어서는 행복주택 650가구 중 5층 이하 원룸형 주택 20가구에 모듈러 주택을 시범 공급하겠다고 말했다. 서울시와 SH공사도 도심에 짓는 임대 주택에 모듈러 공법을 적용하기로 하고 도입 방안을 검토 중이다. 한국에 모듈러 주택이 처음 등장한 것은 2003년으로 이는 모듈러 주택 시장이 활성화되어 있는 해외에 비하면 늦은 편이다. 도입은 늦었지만 모듈러 주택의 설계 방식이 표준화되고 대규모 양산 체제가 갖추어지면 비용이 적게 들기 때문에 모듈러 주택 시장이 급속하게 팽창할 것으로 예측이 많다.

대한건설정책연구원은 한국의 모듈러 주택 건축 시장 규모는 오는 2015년 3,800~7,500억 원, 2020년에는 1조 원 이상으로 커질 것으로 전망하고 있다. 모듈러 주택 시장을 선점하기 위한 건설사들의 움직임도 빨라지고 있다. 2012년 러시아와 호주 수출을 통해 모듈러 주택 시장에 뛰어든 포스코A&C는 모듈러 주택 개발을 적극 추진하고 있으며 일부 대형 건설사도 사업성을 검토하는 등 진출 여부를 타진하고 있다. 일본 업체의 한국 시장 공략도 시작되었다. 수십 년간 모듈러 주택 노하우를 쌓아온 세키스이하임이나 미사와홈 등은 한국 업체와 손잡고 합작사를 만들어 한국에 진출했다.[47]

하지만 모듈러 주택 시장 전망이 불확실하다는 전망도 있다. 목재나 철골 등이 주로 사용되는 조립식 주택의 특성상 콘크리트 건물보다 소음이나 진동, 화재에 약해 소비자들이 심리적으로 거부감을 가질 수 있다는 게 이유다.[48] 아파트 생활에 길들여진 한국인들의 의식도 모듈러 주택이 넘어야 할 난관으로 거론된다. 소득 수준이 높아지고 '탈脫 아파트' 바람이 일면서 성냥갑 같은 아파트보다는 개성 있는 단독주택에서 살고 싶다는 욕구를 가진 사람들이 증가하고 있다지만 아파트가 주는 편안한 생활을 포기할 사람이 많지 않을 것이라는 분석인 셈이다.

# 백열전구 퇴출

백열전구는 발명왕 토머스 에디슨이 1879년 미 뉴저지주 멘로파크에서 처음으로 세상에 내놓은 전구다. 이로부터 8년 후인 1887년 4월 경복궁 건청궁(왕의 침전)에 한국 최초로 100촉짜리 전구 2개가 점등되어 한국에 상륙했다. 백열전구는 기물奇物이었다. 점등식에 참여했던 한 상궁은 이렇게 말했다. "향원정의 취향교와 우물 사이의 중간 연못에 양식 건물이 세워지고 건물 안에는 여러 가지 기계가 설치되었다. 그 공사는 서양인이 감독하였다. 궁내의 큰 마루와 뜰에 등롱燈籠 같은 것이 설치되어 서양인이 기계를 움직이자 연못의 물을 빨아올려 물이 끓는 소리와 우렛소리와 같은 시끄러운 소리가 났다. 그리고 얼마 있지 않아 궁전 내의 가지 모양의 유리는 휘황한 불빛이 대낮같이 점화되어 모두가 놀라움을 금치 못했다. 밖의 궁궐에 있는 궁인들이 이 전등을 구경하기 위해 어떤 핑계를 만들어서든 내전 안으로 몰려들었다."⁴⁹

　1898년 서울에 한성전기주식회사가 설립되면서 백열전구는 민간에 보급되었으며 한국 최초의 영업 전등은 1901년 6월 17일 경운궁(지금의 덕수궁)에 설치되었다.⁵⁰ 당시 백열전구는 여러 명칭으로 불렸다. 미국의 에디슨전기회사는 향원정 연못의 물을 끌어올려 발전기를 돌렸는데, 사람들은 물을 먹고 켜진 불이라 하여 '물불'이라고 했다. 신기한 불이라며 묘화妙火라고도 불렸다.[51] 발전기 소리가 시끄러워서 '덜덜불'이라고도 했다. '건달불'이라고도 불렸는데, 수명이 짧고, 자주 꺼지고, 돈까지 많이 들어갔기 때문이다.[52] 백열전구는 한국의 압축성장 역사를 지켜본 증인이기도 하다. 허승호는 "'한강의 기적'은 숱한 사람들이 백열등 밑에서 흘린 땀의 결정체다"면서 "전등이 있느냐 없느냐로 도시와 시골이 갈리고, 벽에 구멍을 뚫고 백열등 하나를 달아 두 개의 방을 밝히던 시절"이 있었다고 말한다.[53]

발명 초기만 하더라도 백열전구는 어둠을 몰아내 인류의 삶을 바꿔 놓았다는 평가를 받았지만, 과학기술이 발달하면서 천덕꾸러기가 되었다. 에너지 효율이 낮았기 때문이다. 백열전구는 투입되는 에너지 중 단 5퍼센트만을 빛 에너지로 전환하고 나머지 95퍼센트는 열로 발산해 '전기 먹는 하마'로 불렸으며, 에너지 낭비의 주범으로 지목되어왔다.[54] 2013년 7월 16일 산업통상자원부는 국가 에너지 효율을 높이기 위해 2014년부터 국내 시장에서 백열전구 생산과 수입을 전면 중단한다고 밝혔다. 백열전구 퇴출은 세계적인 흐름이다. 2007년 G8 정상회담에서 에너지 절약 정책을 위해 백열전구 퇴출이 결의된 이후 대부분의 OECD 국가에서 단계적으로 백열전구 퇴출이 추진되고 있다. 백열전구의 퇴출 효과는 LED 업계가 볼 것으로 예측되고 있다.[55]

# 버킷 리스트 — Bucket List

죽기 전에 꼭 해보고 싶은 일을 적은 목록을 말한다. 높은 곳에 밧줄을 매단 뒤 양동이 위에 올라가 목에 밧줄을 걸고 나서 양동이를 걷어차는 식으로 시도된 자살 방법을 일컫는 'kick the bucket'에서 유래한 말이다. Bucket은 양동이를 뜻한다. 버킷 리스트라는 말은 2007년 개봉한 잭 니컬슨과 모건 프리먼 주연의 할리우드 영화 〈버킷 리스트〉 이후 널리 쓰이게 되었다. 〈버킷 리스트〉는 암에 걸려 6개월 시한부 선고를 받은 두 노인이 병원 중환자실에서 만나 각자의 소망 리스트를 실행에 옮기는 내용의 영화다.

유영수는 버킷 리스트의 장점으로 3가지를 들었다. 첫째, 버킷 리스트를 수정하면서 자신이 선호하고 좋아하는 것을 발견할 수 있기 때문에 자신이 누구인지 아는 데 도움을 준다. 둘째, 삶의 '방향성'과 '구체성'을 주기 때문에 버킷 리스트는 삶의 방향과 속도를 설정할 때 유용한 도구다. 셋째, 이룰 수 없는 '막연한 꿈'이 아니라, 이룰 수 있는 '구체적인 꿈'에 도전하고 이루면서 삶에 대한 만족도가 크게 높아지기 때문에 버킷 리스트를 쓰면서 행복해질 수 있다.[56] 2013년 이른바 웰 다잉Well Dying 트렌드가 확산되면서 버킷 리스트도 관심의 대상이 되고 있는데, 버킷 리스트를 '웰 다잉 10계명' 가운데 하나로 거론하는 사람도 있다.

은퇴 이후의 삶을 준비하는 차원에서 버킷 리스트 작성을 권하는 사람도 있다. 한화생명 은퇴연구소 연구위원 이해준은 「은퇴 후 인생은 길다…당신의 버킷 리스트에 'LIST'는 있는가」라는 칼럼에서 은퇴에 대비해 꼭 준비해야 할 리스트로 여가Leisure, 보험Insurance, 안전자산Safe asset, 여행Travel을 들면서 이렇게 말했다. "은퇴 이후 삶에 있어서도 가장 소중한 것은 끊임없이 격려와 용기를 주는 친구와 가족일 것이다. 여유가 있다면 자신이 가진 재물과 재능을 이웃과 함께 나누며 사는 것도 방법이다." [57]

버킷 리스트를 활용한 공공예술 프로젝트도 있다. '비포 아이 다이before I die' 프로젝트가 그런 경우다. '비포 아이 다이'는 미국 뉴올리언스의 공간 디자이너이자 아티스트인 캔디 챙Candy Chang이 돌아가신 어머니를 추모하면서 시작한 프로젝트로, 챙은 뉴올리언스의 방치된 건물에 칠판 구조물을 설치해 '죽기 전에 하고 싶은 일'이라는 문구를 적어 누구나 자신의 삶을 돌이켜볼 수 있는 공간을 만들었다. 2013년 5월 현재 30여 개국에 이런 문구가 적힌 100여 개의 벽이 설치되어 있다. [58] 2013년 5월 2일 서울시는 '비포 아이 다이' 프로젝트 일환으로 서울 영등포구 선유도공원에 버킷 리스트를 쓸 구조물을 설치한다고 말했다. [59]

# 번아웃 신드롬Burnout Syndrom

일에 몰두하던 사람이 극도의 피로감으로 인해 무기력해지는 증상을 일컫는다. 불타서 없어진다burn out고 해서 붙은 이름이다. 소진消盡 증후군 혹은 연소 증후군이라고도 한다. 한 직장인은 "휴일만 되면 퓨즈가 끊어진 것 같은 느낌"이라고 표현했다. 1980년대 등장한 용어지만 의학적으로 명확하게 정의된 용어는 아니다. 노동 · 생산 · 복지 같은 사회적 관계를 다루는 경영학 · 사회학 · 사회복지학에서 현대 사회의 병리적 징후를 표현하는 용어로 사용되고 있다.[60] 『매경이코노미』는 번아웃은 부정적인 스트레스의 극단적인 형태라면서 번아웃 신드롬에 빠지면 "신체적, 정서적으로 극도의 피로감과 의욕 상실, 그리고 무기력증에 시달린다. 심하면 우울증에 빠지고 자신의 능력 없음을 탓하는 자기혐오마저 생긴다. 때론 업무를 거부해버리기도 한다"고 말한다.[61]

2013년 한국에서는 번아웃 신드롬이 사회문제로 부상했다. 2013년 12월 『매경이코노미』가 여론조사업체 마크로밀엠브레인과 함께 직장인 1,000명을 대상으로 한 설문 조사 결과, 직장인 862명이 번아웃을 느낀다고 응답한 것이다.[62] 번아웃 신드롬을 예방하기 위해 슈퍼맨(슈퍼우먼) 콤플렉스를 벗어던져야 한다고 조언하는 사람도 있다. 김진국은 "사람들은 '불꽃같은 삶'을 우상시하는 경향이 있다"며 "그러나 우리는 구국의 소녀 잔다르크나 유관순이 아니다. 이순신과 안중근도 아니다. 불꽃이 화려할수록 그림자도 짙다. 사그라지고 나면 재만 남는다. 우리는 영웅이 아니다. 하루하루의 구체적인 삶을 살아내야만 하는 실존적인 존재다"고 조언했다.[63]

개인적 차원에서 그런 노력을 해야 하는 것은 마땅하지만 번아웃 신드롬은 한국 사회의 구조적 문제에서 비롯되었다는 해석도 많다. 예컨대 한국인들이 번아웃 신드롬에 빠지는 가장 큰 이유로 노동시간은 길고 노동 강도도 높은 데 비해 휴식이 부족하다는 점이 꼽힌다. OECD의 2012년 조사에 의하면 한국인은 하루의 4분의 1 이상을 일하며 사는 것으로 나타났는데, 이는 OECD 국가 중 최고 수준이다.[64] 노동시간에 비해 보상이 적다는 것도 이유다. 강한 위계질서를 바탕으로 한 조직과 복잡한 대인관계가 번아웃 신드롬이 번지는 이유라는 해석도 있다.[65] 피곤한 삶을 강요하는 한국 사회가 한국인들을 번아웃으로 내몰고 있다는 것이다.

2013년 한국에서는 '레드불', '핫식스' 등 고카페인을 함유한 에너지 음료 시장이 급성장했는데, 이 역시 번아웃 신드롬과 관련이 깊다는 해석이다. 피로사회를 헤쳐나가야 한다는 강박이 고카페인에 대한 의존으로 나타나고 있다는 것이다. 번아웃 신드롬은 개인 차원에서만 문제가 되는 것은 아니다. 조직의 생동감과 창의성을 갉아먹는 것으로 이어지기 때문이다. 한국 사회의 노동문화와 기업의 조직문화를 바꾸어야 한다는 지적이 나오는 이유다.

# 베이비 푸어

임신과 출산, 육아에 들어가는 비용 부담으로 인해 경제적 어려움을 겪는 가정을 일컫는다. 저출산으로 인해 한 자녀 가구가 증가하면서 나타난 현상으로, 하나뿐인 자녀를 남부럽지 않게 키우기 위해 아낌없이 투자를 하는 게 베이비 푸어baby poor의 특징이다. 온라인 취업포털 사람인이 2013년 6월 직장인 799명을 대상으로 설문 조사한 결과 응답자의 71.5퍼센트가 '스스로가 푸어족에 속한다'고 답했는데, 이 가운데 베이비 푸어는 7.7퍼센트를 차지했다.[66] 2013년 7월 9일 국무총리실 산하 육아정책연구소가 내놓은 「영유아 양육물가 현황과 지수화 방안」 보고서에 따르면 2012년 영·유아 자녀를 키우는 서울 중산층 가정의 월 평균 육아 지출 총액은 약 118만 원으로, 이는 월 소비지출의 61.8퍼센트, 월 가구소득의 32.4퍼센트를 차지했다. 유아용품 업체들이 경쟁적으로 펼치고 있는 이른바 VIB 마케팅도 베이비 푸어가 증가하는 원인 가운데 하나다. 베이비 푸어가 베이비 푸어로 끝나지 않는다는 점에서 이를 심각하게 받아들여야 한다는 지적도 있다. 베이비 푸어가 수입에 비해 과다한 사교육비 지출을 하는 에듀 푸어edupoor를 거쳐 노후 대비를 제대로 못 하는 실버 푸어silver poor로 이어질 공산이 크기 때문이라는 게 그 이유다.[67]

# 불효 소송

부양을 조건으로 자신이 평생 모은 재산을 자식에게 미리 상속했지만 자식들이 부양 의무를 다하지 않았다며 상속했던 재산을 다시 돌려달라고 부모가 자식을 상대로 벌이는 소송을 말한다. 2002년 68건이었던 불효 소송은 2010년 203건으로 3배 가까이 늘어나는 등 2010년대 들어 급증하고 있다.[68] 경제 위기와 노인 빈곤 문제가 불효 소송 증가의 원인으로 꼽힌다. 하지만 부모가 승소하는 경우는 매우 드물다. '부양을 조건으로 재산을 상속한다'는 내용을 입증할 물증인 이른바 '계약서'가 없기 때문이다. 현행 민법은 소유권이전 등기 등 이미 증여가 이루어졌을 경우, 부양 의무 불이행 등을 이유로 증여를 해제할 수 없다고 규정하고 있다.[69]

이 때문에 재산을 상속할 때 계약서를 남기는 방식도 등장했다. 강경희는 "돈을 사이에 둔 계약 관계, 부모·자식 간의 일이라고 하기엔 너무도 씁쓸한 현실이다. 그저 일반적이 아닌 극히 일부의 일일 것이라 위안 삼고 싶을 뿐이다"고 말했지만,[70] 계약서만으로는 부족하니 '부양하겠다'는 자식의 말을 녹음해두라고 조언하는 변호사들도 있다.[71]

불효 소송이 크게 증가하면서 효도법을 제정해야 한다고 주장하는 정치인도 등장했다. 2013년 8월 새누리당 의원 정수성은 자녀가 부모 봉양을 전제로 증여받은 뒤 부양 의무를 소홀히 하거나 미이행시 증여를 즉시 해제토록 하는 내용을 담은 민법 개정안을 내놓았다.

정수성은 "효도까지도 법으로 규정해야 하는 현실이 씁쓸하지만 개정안을 통해 전통적인 효의 가치를 유지, 발전시키는 계기가 되길 기대한다"고 말했다. 이에 앞서 새누리당의 전신인 한나라당은 17대 총선에서 '효도특별법'을 공약으로 내걸기도 했다. 부모 부양이 가능한 상황임에도 회피할 경우에는 부양명령 등을 통해 강제 조치하고 그 명단까지 공개한다는 내용이었다.[72]

불효 소송

# 생존자 증후군<sub>Layoff-Survivor Sickness</sub>

전쟁이나 천재지변 등 사고에서 살아남은 사람들이 겪는 심리적 고통과 불안감을 말한다. 엘론대학 경영학 교수 데이비드 노어 박사가 만든 개념이다. 구조조정이 일상화하면서 실업을 걱정하는 사람이 실제로 실업을 당한 사람보다 많은 스트레스를 받아 발생하는 정신적 외상(트라우마)도 생존자 증후군인데, 이는 구체적으로 정리해고 생존자 증후군이라고도 한다. 생존자 증후군은 '정신의 황무지화' 현상을 겪기도 하는데, 삼성경제연구소 연구원 정지은은 3단계의 과정을 거치게 된다고 말한다.

1단계는 동료의 정리해고를 도와줄 수 없었던 것에 대한 죄책감과 자신이 언제 잘릴지 모른다는 불안감에 따른 '정신적 혼돈기'로, 두려움과 불안과 죄의식 등의 감정이 공존하며 소문에 민감해지고 기억력과 집중력이 크게 저하되는 단계다. 2단계는 정신적 억압기 또는 놀라운 적응기로, 상사의 지시에 순응하며 감봉이나 휴가 반납까지 감수하며 열심히 일을 하지만 폭발 직전의 단계다. 3단계는 정신의 황무지화로, 이 단계에서는 희망과 열정, 전망이 없을 뿐 아니라 실직의 공포감도 느끼지 못하기 때문에 동료가 추가로 해고 당해도 아무 감정을 느끼지 못하는 자포자기 상태나 정신적 마비 현상이 나타나게 된다.[73]

생존자 증후군은 산업재해로 이어지기도 한다. 구조조정에서 살아남은 사람들이 생존자 증후군에 심각하게 노출될 경우 심근경색이나 뇌출혈 등 순환기 계통 질환으로 갑작스레 세상을 떠나거나 후유증을 앓는 경우도 많다는 것이다.[74] 세계경영연구원이 발간하는 온라인잡지 『글로벌스탠더드리뷰』는 '정리 해고 생존자 증후군'에 대처하는 방안으로 6가지 방법을 제시했다. 회사의 경영위기에 관한 진실한 의사소통, 공정한 과정에 따른 해고, 스트레스를 해소할 수 있는 출구 마련, 직원 가족들에 대한 배려, 위기 극복을 위한 임원들의 솔선수범, 확고한 비전 제시 등이다.[75]

# 손주병

맞벌이하는 자녀를 대신해 손자·손녀를 돌보는 조부모의 정신적·육체적 스트레스를 일컫는다. 황혼 육아가 급증하면서 나타난현상이다. 2012년 기준으로 조부모가 손주 육아를 맡고 있는 가구는 250만 가구로, 맞벌이 가구 510만 가운데 50퍼센트가 조부모에게 육아를 맡기고 있는 실정이다.[76] 손주병의 가장 흔한 증상은 척추와 손목, 어깨 등의 근골격계 통증이다. 체력이 약해진 몸으로 온종일 손주를 업고 씻기고 먹이느라 허리와 어깨 등에 무리가 오기 때문으로, 정형외과를 찾는 조부모들도 빠른 속도로 늘고 있다. 수면장애나 만성 피로, 식욕 저하, 소화 부진 등도 손주병의 증상이다. 손주 양육 방법을 두고 자녀와 불거지는 갈등에서 발생하는 정신적스트레스도 손주병으로 볼 수 있다.[77] 심한 경우 우울증도 유발한다. 4세 손녀를 키운다는 한 조부모는 "종일 손녀 뒤치다꺼리를 하고 나면 친구 만날 시간도 없다. 늙어서 내가 왜 이 고생인가 하는생각에 우울증까지 생겼다"고 말한다.[78]

2013년 3월 한국여성정책연구원이 '100세 시대 대비 여성 노인의 가족 돌봄과 지원 방안 연구'에서 손주를 돌보는 수도권 여성노인 300명을 대상으로 노동시간을 조사한 결과에 따르면, 이들은하루 평균 8.86시간을 손주를 돌보는 데 사용하고 있는 것으로 나타났다. 사실상 손주 육아가 직업인 셈이다. 바로 그런 이유 때문에 조부모들 사이에서 손주병은 '직업병'으로 불린다. 손주병에 대한 관심이 커지면서 서울 서초구나 강남구처럼 이른바 손주 양육 수당을 지급하는 지방자치단체도 등장했지만, '언 발에 오줌 누기'라는 지적도 적지 않다. 육아를 개인과 가정의 문제로 환원시키는 사회 구조적 시스템을 해결하지 않는 이상 손주병은 사라지기 어려울 것이라는 게 그 이유다. 경제적 부담 없이 아이를 믿고 맡길 수 있는 보육 시설을 대폭 늘리고 육아를 위해 자유롭게 육아휴직 등을 사용할 수 있는 사회적 분위기를 조성해야 한다는 목소리가 힘을 얻고 있다.

손주병

# 슈바베 지수 Schwabe Index

가계의 소비지출에서 차지하는 주거비 비중을 일컫는 말로, 독일 통계학자 슈바베의 이름을 땄다. 1868년 베를린의 가계조사를 진행했던 슈바베는 저소득층일수록 주거비 비중이 커져 주택 부담 능력이 떨어지게 된다는 사실을 밝혀냈는데, 오늘날 슈바베 지수는 엥겔지수와 함께 빈곤의 척도를 가늠하는 지표 중 하나로 사용되고 있다. 주거비는 집세, 상하수도비, 냉난방비, 주택 유지·수선비, 주택관리비 등을 포괄하는 개념이다. 슈바베 지수는 저소득층일수록 높고 고소득층일수록 낮다. 슈바베 지수를 근거로 저소득층에 보조금을 지급하는 나라도 있다. 미국이 그런 경우로, 미국은 슈바베 지수가 25퍼센트를 넘어선 가구에 보조금을 주고 있다. 주거비에는 집세 외에 수도·광열비, 주택 유지·수선비, 상하수도·폐기물 처리비, 기타 주거 관련 서비스와 연료비가 포함된다.[79]

    2007년 9.7퍼센트였던 한국의 슈바베 지수는 2009년 9.8퍼센트, 2010~2011년 10.1퍼센트, 2012년 10.4퍼센트로 꾸준하게 상승하고 있다. 장기 불황과 경기 침체에 따라 가계의 실질 소득은 하락하고 있지만 전·월세 가격과 연료비는 크게 상승한 게 슈바베 지수 상승의 이유로 꼽힌다.[80] 슈바베 지수의 상승은 젊은층에게서 많이 나타나고 있다. 2013년 7월 11일 현대경제연구원이 발표한

「청장년 가구의 엥겔·슈바베 계수 급등」 보고서에 따르면 20~30대의 슈바베 계수는 2009년 9.6퍼센트에서 2012년 10.6퍼센트로 상승했지만 같은 기간 40~50대의 슈바베 계수는 0.2퍼센트포인트 올랐다.[81]

# 원전 마피아

자신들의 배타적 기술력과 국가 보안을 무기 삼아 한국수력원자력
(한수원)과 한국전력기술, 제조업체, 시험기관, 국무총리 직속 원자
력 감시기관의 주요 요직을 독식하며 패거리 문화를 구축한 특정
학맥·인맥의 원자력 엘리트들을 일컫는다.[82] 2013년 5월 28일 신
고리 2호기, 신월성 1호기 등 원전 2기의 가동이 중단되고 원전 부
품 납품 비리가 사회문제로 떠오르면서 회자된 말이다. 마피아가
그렇듯, 원전 마피아의 특징도 폐쇄성과 배타성에 있다. 예컨대 한
수원이 발주한 일감은 약 300개의 납품·용역업체가 나눠 갖는 구
조로 전문 영역이라는 이유로 진입 장벽이 높고 외부 감시에서도
자유롭다. 하지만 바로 그런 폐쇄성 때문에 일단 장벽을 넘어 진입
만 하면 탄탄대로를 달린다.

폐쇄성과 배타성을 바탕으로 한수원 퇴직자들이 납품업체를
차리거나 재취업하는 경우도 많다. 한수원 고위 간부 퇴직자들은 그
동안 원자력발전소 설계부터 건설·정비·품질 안전 검사와 관련
된 업체들에 전방위로 재취업해온 것으로 알려졌는데, 2003~2012년
사이 61개 민간업체·공기업·연구기관 등에 임원, 1급(갑·을), 2급
등 한수원 고위 간부 출신 81명이 일하거나 회사를 차린 것으로 나
타났다. 원청업체가 한수원만 있는 상황에서 한수원 출신 퇴직자들

을 고용한 업체들이 경쟁 업체보다 유리할 수밖에 없는 구조가 낳은 현상으로, 한수원 퇴직자를 영입한 13개 원전 관련 업체가 2010년부터 2012년 8월까지 한수원과 맺은 계약 금액은 모두 1조 6,785억 원에 이른다.[83]

이헌석 에너지정의행동 대표는 "원전 관련 업계에서 1급 출신의 퇴직자를 채용하는 것은 일감 수주·로비를 위한 영업 때문에 데려가는 것이 정설로 통한다. 오랜 관행이 공생관계로 굳어져왔다"고 말했다.[84] 장병윤은 "원전 정책을 결정하는 당국과 학계, 업계가 장악한 우리 원전 산업은 그 폐쇄성으로 해서 비리를 만들어낼 수밖에 없는 구조다"면서 "그들만의 리그는 스스로 선수도 되고 심판도 되는 비이성적 구조를 고착화시켜왔다. 원전 부품 발주사나 제조업체 대표가 부품의 안전을 시험하고 검증하는 기관의 관리감독까지 맡는 모순된 구조는 툭하면 보안을 내세우며 바깥과 차단한 채 거대한 이권사슬을 구축해왔다"고 말한다.[85]

원호섭은 원전 마피아는 서울대학교, 카이스트 등 원자력학과를 두고 있는 국내 12개 대학이라면서 특히 매년 원자력학과 박사의 40퍼센트를 배출하는 서울대학교가 원전 마피아의 중심이라고 말한다.[86] 이승준 역시 "'원전 마피아'라는 말이 생긴 배경에는 특정 대학 출신 인사들이 '그들만의 리그'로 원전 정책을 좌지우지하고 있는 현실이 깔려 있다"며 "눈여겨볼 부분은 매년 40퍼센트의 박사를 배출하는 서울대 원자핵공학과"라고 말한다. 원전 운영과 감시를 맡는 주요 기관마다 서울대학교 원자핵공학과 출신들이 포진하고 있기 때문이라는 게 그 이유다.[87] 2013년 10월 10일 정부는 '원전사업자 관리감독에 관한 법률'을 제정해 원전 비리 재발을 방지하겠다고 밝혔다. 원전 부품 납품이 특정 업체에 쏠리는 현상을 막기 위해 원전 부품의 표준화, 공급사 입찰 요건의 완화, 원자력 옴부즈만 제도의 신설, 원전 공기업 퇴직자의 3년간 협력업체 취업 금지 등을 실시하겠다는 것이다.[88]

# 웰 다잉 Well-Dying

살아온 날을 아름답게 정리하는, 평안한 삶의 마무리를 일컫는 말이다. 삶의 마지막이자 가장 중요한 길이라 할 수 있는 죽음을 스스로 미리 준비하는 것은 자신의 생을 뜻깊게 보낼 뿐 아니라 남아 있는 가족들에게도 도움이 되는 것이라는 인식이 확산되면서 나타난 현상이다. 고령화에 따른 각종 질병의 증가, 가족 해체와 1인 가구의 확산으로 급증하고 있는 고독사 등이 웰 다잉 트렌드를 이끄는 요인으로 거론되고 있다. 한국죽음학회는 "당하는 죽음이 아니라 맞이하는 죽음"이 되어야 한다고 강조한다.[89]

웰 다잉에 대한 관심이 커지면서 맞이하는 죽음을 위한 '웰 다잉 10계명'도 등장하고 있다. 2013년 3월 6일 방송된 SBS CNBC의 〈집중분석 takE〉는 '웰 다잉 10계명'으로, 첫째 버킷 리스트 작성하기, 둘째 건강 체크하기, 셋째 법적 효력 있는 유언장 자서전 작성하기, 넷째 고독사 예방하기, 다섯째 장례 계획 세우기, 여섯째 자성의 시간 갖기, 일곱째 마음의 빚 청산하기, 여덟째 자원 봉사하기, 아홉째 추억 물품 보관하기, 열째 사전의료의향서 작성하기 등을 제시했다.[90]

웰 다잉을 위한 프로그램도 있다. 유서를 남기고, 자신의 묘비명을 지어보고, 삶을 정리하는 기록을 남기고, 죽음의 공간인 '관'

에 실제 들어가 보는 식이다. 한화손해보험은 죽음을 긍정적으로 받아들이고 노년을 보다 건강하고 즐겁게 보내는 동기를 마련하자는 취지에서 2009년부터 '하늘소풍 이야기'이라는 웰 다잉 준비 프로그램을 실시하고 있다. 강원도 동해시 노인종합복지관은 2012년부터 '임종 준비학교'를 운영하고 있으며, 2013년 1월부터 강원웰다잉연구소는 강릉노인종합복지관과 함께 '인생 100세 시대, 행복한 삶 · 아름다운 마무리'를 주제로 매월 두 차례씩 장례 계획 세우기, 유언과 상속, 장기 기증, 나의 묘비명, 나의 사망기 등을 노인들이 직접 작성 · 체험토록 하는 프로그램을 운영하고 있다.[91]

2013년 7월 1일 출범한 '한국 1인가구연합singlesunion.or.kr'은 가족이 곁에 없는 사람들을 위한 후견 지원, 임종기 보살핌 등 무연사(연고가 없는 죽음) 방지 운동을 벌이고 있다. 만 45세 이상 65세 미만의 홀로 사는 사람들을 주요 대상으로 하고 있는데, 회원이 되면 장례 방식, 장지, 공부 정리, 유품 처리, 영정 사진과 신변 정리를 위한 '엔딩 노트'와 유산을 위주로 한 유언장 작성을 할 때 변호사들의 법률 지원을 받을 수 있다.[92] 웰 다잉 시장이 급격하게 성장하면서 고품격 장례 서비스를 내놓은 상조회사도 등장했다.[93]

웰 다잉 차원에서 비문碑文을 미리 생각해둔 사람들도 있다. 코미디언 김미화는 '웃기고 자빠졌네', 사진가 임종진은 "서투른 여유의 삶, 그저 이렇게 살다 간다"를 비문으로 지어 두었다. 국민 사회자로 널리 알려진 최광기는 자신의 비문에 '쉿! 깼라'를 쓰고 싶

다고 말했다. "큰일이 있을 때마다 늘 사람들의 함성과 함께하다 보
니 내가 잠에서 깬다면 그건 세상이 시끄럽다는 증거일 터"라는 게
그 이유다.[94]

# 이케아 세대

능력은 뛰어나지만 값이 싸고 내구성은 떨어지는 세대를 말한다. 스웨덴에 본거지를 둔 조립식 가구 브랜드 이케아IKEA에 빗댄 표현 으로, 한양대학교 국제대학원 특임교수 전영수가 1978년을 전후로 태어난 세대가 처한 현실을 설명하기 위해 사용한 말이다. 디자인 이 미니멀하고 감각적이지만 실용적이고 값이 싸다는 게 이케아의 최대 강점으로 꼽히는데, 전영수는 이케아 세대 역시 비슷한 특성을 가지고 있다고 진단한다.

이케아 세대는 능력이 뛰어나고 스펙도 훌륭할 뿐만 아니라 해 외여행 · 어학연수 · 유학 등을 통해 해외 문화에도 익숙하고 높은 안목을 지녔지만 저렴한 몸값과 고용 불안으로 인해 결혼 · 출산 · 양육 · 내 집 마련 등 어느 것 하나 감당하지 못할 정도로 내실은 허 약한데 바로 그런 특성이 이케아와 닮았다는 것이다.[95]

전영수는 이케아 세대가 처한 현실이 곧 한국 경제를 뒤바꾸는 엄청난 충격으로 다가올 것이라고 경고한다. 급속한 고령화가 진행 되고 있는 한국 사회에서 이케아 세대가 처한 현실을 방관할 경우 머지않아 큰 재앙이 닥칠 것이라는 게 이유다. 이른바 이케아 세대 의 역습인데, 이는 벌써 결혼 파업과 출산 파업 등으로 나타나고 있 다.[96]

전영수는 이케아 세대의 등장으로 인해 발생하고 있는 문제를 해결하기 위해서는 기성세대가 이기심을 버려야 한다고 말한다. 재촉하기보다는 이해를, 위로하기보다는 대안 제시를, 강요하기보다는 양보를 통해 이케아 세대와 함께 이어달릴 수 있는 환경을 마련하는 데 기성세대가 관심을 기울여야 한다는 지적으로, 이케아 세대의 실업 문제를 해결하기 위해 노인복지와 연금체계를 바꿔 나눌 파이를 키우자는 게 전영수가 제시한 해법이다.[77]

이케아 세대

# 전쟁정치

외부의 적뿐만 아니라 내부의 적도 전투 현장에서 섬멸하듯 색출, 감시, 진압하는 방식으로 체제를 유지하는 통치 방식이다. 지배질서 유지를 위해 '적과 우리'의 원칙과 담론을 사용해 적으로 지목된 집단의 존재와 활동의 기반을 완전히 없애려 하는 일을 국가의 일차적 활동 목표로 거론하는 게 특징이다.[98] 김동춘 성공회대학교 교수가 2013년 12월 출간한 『전쟁정치: 한국 정치의 메커니즘과 국가폭력』에서 한국 정치의 작동 원리를 설명하기 위해 제시한 개념이다. 김동춘은 전쟁정치로 인해 정치 갈등은 내전과 같은 양상을 띠게 되는데, 이 결과 국가 내부의 노동·빈민 세력과 비판적 지식인은 '절대적 적'으로 취급된다고 말한다.

김동춘에 따르면, 과거 군사정권 시절 자행된 인혁당 재건위 사건과 광주 5·18 민주화운동, 수많은 고문과 간첩 조작 등은 물론이고 2008년 광우병 촛불시위 참가자들에 대한 수사기관의 대응, 2009년 용산 참사 당시 경찰의 진압, 이명박 정부 들어 벌어진 민간인 사찰 등이 전쟁정치의 작동 원리에서 비롯된 현상이다. 국정원 등 국가 기관의 정치 개입 의혹도 과거 독재정권 시절부터 이어져온 전쟁정치의 연장선상에서 해석할 수 있다.

김동춘은 전쟁정치는 "사상이 꽃필 기회를 말살하고 사회를 말살하며, 자발성을 끌어낼 수 없기 때문에 국가가 위기에 처하면 적나라한 이기적 행동만"을 야기할 것이라고 경고하면서 가해자에 대한 분명한 처벌로 책임을 묻고 수사·정보기관이 본연 임무에 충실하도록 통제해야 한다고 말한다. 예컨대 권력 기관은 국가안보가 아니라 국민이 일상에서 마주하는 '인간안보'를 지키는 기구로 위상을 재정립해야 한다는 것이다.[99]

# 정신질환 낙인

한국에서는 정신질환자로 낙인찍히면 안 된다. 정신질환자로 낙인찍히면 의사·약사 같은 전문직 면허를 따기도 쉽지 않을 뿐만 아니라 회사에 다니기도 힘들다. 친구들에게도 왕따당하기 십상이다. 그래서 자녀가 주의력결핍과잉행동장애ADHD가 있는데도 아이한테 불이익이 갈 것을 우려해 치료를 기피하는 부모도 많다. 어쩔 수 없이 치료를 받을 경우에도 자식의 미래를 걱정해 자식의 정신과 진료 기록이 남지 않도록 편법을 사용한다. 상담치료와 약물치료는 자식이 받았지만 기록은 엄마가 받은 것처럼 남기는 식이다.[100] 이 때문에 한국인의 정신과 상담 비율은 현저하게 떨어진다.

2011년 기준으로 전문가의 상담과 치료를 받고 있는 정신질환자는 한국은 15.3퍼센트지만 미국은 39.2퍼센트다. 2008년 기준으로 병에 걸려서 첫 치료를 받을 때까지 한국은 84주가 걸렸지만 영국은 30주에 불과하다. 정신질환은 조기 치료가 중요한데 병이 깊어진 뒤 병원에 가게 되면서 한국 환자들은 입원 일수도 긴 편이다. 한국은 환자 당 166일이지만 프랑스는 6일이다. 보건복지부 이중규 정신건강정책과장은 "한국의 자살률이 OECD 회원국 중 가장 높은 이유 중 하나도 바로 이런 낙인 때문이다"고 말한다.[101]

2013년 7월 15일 고용노동부는 2012년 한 해 동안 산재를 적용받은 근로자 수는 9만 2,256명에 달하는데, 이 가운데 정신질환 관련 산재 승인을 받은 근로자는 0.05퍼센트인 47명에 불과하다고 말했다. 연간 정신질환 관련 산재 승인을 받은 근로자는 2007년 30명, 2008년 24명, 2009년 22명, 2010년 21명, 2011년 26명 등 해마다 30여 명 수준에 그치고 있는 것으로 알려졌는데, 정신질환 관련 산재 승인이 극히 적은 이유는 정신질환으로 판정받을 경우 회사와 사회에서 받게 될 따가운 눈총 때문이다.[102]

2013년 12월 31일 정부는 정신질환자의 범위를 축소하고 정신질환자 차별을 금지하는 내용을 골자로 한 정신건강증진법 개정안을 의결했다. 개정안은 정신질환자를 '사고장애 · 기분장애 · 망상 · 환각 등으로 독립적 일상생활을 영위하는 데 중대한 제약이 있는 사람'으로 한정했는데, 이는 1995년 제정된 정신보건법을 17년 만에 손 본 것이다. 정신보건법은 '정신병 · 인격 장애, 알코올 및 약물 중독, 기타 비정신병적 정신장애를 가진 자'를 정신질환자로 규정하고 있다.

개정안의 통과로 정신질환자는 약 400만 명에서 100만 명으로 75퍼센트가량 줄어들고 지금까지 정신과 상담을 받은 전력만 있어도 운전면허증 취득(도로교통법)이나 이 · 미용사 자격 취득(공중위생관리법) 등 120여 개 법률에서 차별을 받았던 300만 명은 불이익을 면하게 될 것으로 추산되고 있다.[103] 인제대학교 서울백병원 정신건강의학과 우종민 교수는 "정신질환은 누구나 걸릴 수 있고, 걸

리더라도 일을 하거나 공부를 하는 데 결격 사유가 없는데도 차별을 받아왔다"며 "낙인 때문에 병원을 찾지 않아 병을 키우게 되는데 이번 조치가 낙인을 줄이는 데 기여할 것"이라고 말했다.[104]

정신질환에 대한 따가운 시선을 종식시키기 위해 드라마나 영화 등 대중문화가 앞장서야 한다는 주장도 있다. 미국인들은 정신과 상담 받는 것을 몸이 아플 때 병원에 가는 것과 별반 다르지 않게 생각하고 있는데, 이는 미국의 드라마나 영화에서 지극히 멀쩡한 주인공도 정신 상담하는 내용을 쉽게 접할 수 있는 것과 관련이 깊기 때문이라는 게 이유다.[105]

# 처월드

장인, 장모, 처남, 처제 또는 처형처럼 '처가妻家' 사람들의 세상을 말한다. 며느리를 시종 부리듯 하는 시집 식구를 가리켜 '시월드'라 하기 때문에 사위에게 부당한 대우를 하는 처가 식구를 뜻하는 말로도 쓰인다. 맞벌이 부부의 증가로 자녀를 처가에서 양육하는 가정이 증가하는 등 시집 중심의 친족 관계가 처가 중심으로 변화하면서 등장한 말이라 할 수 있는데, 처월드 스트레스를 호소하는 남성들도 급증하고 있다. 처월드 문제로 이혼을 고민하는 남성들도 많다. 대한가정법률복지상담원이 2012년 12월 14일 최근 1년간 실시한 이혼 및 부부 상담 사례 354건을 분석한 결과에 따르면, 남편이 부인 또는 처가와의 갈등으로 이혼을 상담해온 사례는 2011년 5.6퍼센트(6명)에서 15.7퍼센트(17명)로 3배 가까이 급증한 것으로 나타났다.[106]

처월드에서 가장 흔하게 발생하는 갈등은 '장서丈壻(장모·사위) 갈등'이다. 처월드에서 가장 큰 영향력을 발휘하는 사람이 장모이기 때문에 발생한 현상이라 할 수 있는데, 딸의 입장에서 사위를 일방적으로 몰아세우거나 사위가 장모에게 무릎을 꿇고 빌고 따귀를 맞았다거나 맞벌이를 이유로 장모에게서 생활비를 요구받았다는 것 등이 널리 알려진 사례다.[107] 과거 명절 스트레스는 주로 며느리들의 전유물이었지만 처월드 때문에 명절 스트레스를 호소하는 남성들도 빠른 속도로 늘고 있다. 정영일은 "명절을 맞아 오랜만에 처가집으로 향하는 사위들의 발걸음도 가볍지만은 않다. 십수 시간 씩 운전대를 잡고 꾸역꾸역 처가집에 도착해보면 날아드는 것은 장모님의 잔소리. 뭔가 불편한 처가집 식구들도 스트레스 대상이다"면서 "일년 내내 '돈 벌어오는 기계'로 집사람에게, 자식들에게 치이며 살아오다 명절 한때만이라도 귀한 자식 대접받고 싶은 소박한 마음은 이제 사치다. '처월드 스트레스'를 호소할라치면 돌아오는 건 집사람의 냉소뿐이다"고 말한다.[108]

　　육체적 애로를 호소하는 사람들도 적지 않지만 전문가들은 남성들이 처월드 스트레스를 겪는 주요한 이유로 정서적 소외를 꼽는다. 예컨대 대구사이버대학교 상담심리학과 교수 심영섭은 "여자들은 친정 근처에 살면서 양육에다 경제적·정서적으로 실질적인 도움을 받는 경우가 많다"며 이렇게 말한다. "남자 처지에서는 가족 경계뿐 아니라 자존감의 경계까지 침해받는다는 느낌이 들어 스트레스를 받는다. 게다가 시가는 아들을 빼앗겼다고 생각하고 처가는 아들로 여기지 않으니 남자들이 돌연 고아가 된 셈이다. 그러나 시집살이 전통이 유구한 한국에서 대부분의 남자들은 처가에서 여자들처럼 일하지 않는다. 시월드와는 경중이 다르다."[109] 처월드 시대가 본격화하면서 대중문화 영역에서는 이를 소재로 삼은 예능 프로그램과 드라마가 등장했다.

# 취톡팸

취업·카카오톡·패밀리의 준말로, 취업 정보를 모바일 메신저 카카오톡을 통해 실시간으로 주고받는 대학생들의 모임을 뜻한다. 취업 시장에 대한 정보를 공유하는 것이 목적으로 서글픈 취업 대란이 낳은 풍경 가운데 하나다.[110] 취톡팸은 취업 준비생의 스터디 문화도 바꾸어놓고 있는데, 고시촌 역시 예외는 아니다. 공부를 시작하면 합격할 때까지 지인들과 연락을 끊고 이른바 '잠수'를 타는 게 과거 고시촌의 일반적인 풍경이었지만, 취톡팸의 활성화로 그런 풍경은 역사 속으로 사라지고 있다. 예컨대 2014년 현재 서울 신림동 생활 3년 차에 접어들었다는 한 고시생은 2013년 행시 2차 시험에 떨어진 후 한동안 고시원에서 두문불출하기도 했지만 카톡 스터디 덕분에 슬럼프를 털고 일어날 수 있었다고 말했다.[111]

취톡팸은 취업 준비생들에게 발견되는 일반적인 현상이지만 수도권 대학생들보다 지방대 학생들에게서 자주 발견되는 현상이라는 분석도 있다. 서울공화국 체제와 수도권 패권주의로 인해 구조적으로 지방대생들이 취업 정보를 얻는 데 불리한 환경에 놓여 있기 때문이라는 게 그 이유다. 예컨대 2013년 온라인 취업포털 사람인이 지방대 출신 구직자 408명을 대상으로 실시한 설문 조사에 따르면, 응답자의 45.7퍼센트는 '서울, 명문대 위주로 취업 설명회 등이 열릴 때', 38.6퍼센트는 '취업 관련 정보를 얻기 힘들 때' 불이익을 받는다고 생각한 것으로 나타났다.[112]

# 치킨 버블

우후죽순격으로 증가한 치킨집이 한국 경제를 위협하게 될지도 모른다는 현상을 지적한 말로, 일본의 부동산 버블에 빗댄 표현이다. 미국의 『월스트리트저널』(한국어판) 2013년 9월 16일자 기사가 처음 사용한 말이다. 『월스트리트저널』은 "한국에는 동네마다 집을 담보로 대출받아 개업한 치킨집이 넘쳐나고 있다"며 "미국 주택시장 붕괴 직전 수준에 다다르고 있는 한국 가계부채의 일부는 치킨집으로 늘어난 대출 때문이다"고 했다.[113] 『월스트리트저널』에 따르면, 2013년 현재 한국의 치킨집은 3만 6,000개로 10년 전에 비해 3배 늘어났다. 매년 7,400개 치킨집이 새로 문을 열고 기존 치킨집 5,000개는 파산하는데, 절반에 가까운 치킨집은 3년 내 문을 닫고 10년 내에는 80퍼센트가 폐업한다.

치킨집이 이렇게 급증한 가장 큰 이유는 별다른 기술 없이 자본만 있으면 쉽게 창업할 수 있다는 장점 때문이다. 낮은 진입장벽 때문에 연금만으로 생활 유지가 어려운 베이비붐 세대 은퇴자들이 치킨집을 개업하고 있는 셈이다.[114] KB연구소의 보고서에 따르면 치킨집 창업자 가운데 50대가 차지하는 비중은 10년 전에 비해 2배나 늘었다. 이들은 부동산을 담보로 치킨집을 개업하고 있는 것으로 알려졌는데, 바로 그런 이유 때문에 치킨 버블이 터지면 한국 가계 부채의 뇌관이 터질 것이라는 분석이 나오고 있는 것이다. 실제 폐업하는 치킨집이 빠른 속도로 늘어나면서 가계 부채도 급증세를 보이고 있다. 2004년 가처분소득 대비 103퍼센트였던 가계 부채 비율은 2012년 말에는 136퍼센트까지 치솟았다.[115]

치킨 버블은 자영업자 비중이 유독 높은 한국의 경제구조를 경고하는 현상이라는 지적도 있다. 이 주장에 따르면 치킨 버블은 자영업 버블의 단면이다. 별다른 준비 없이 은퇴를 맞이한 베이비붐 세대가 생존 수단으로 자영업을 선택하는 비중이 높아지면서 다른 업종에서도 버블 현상이 발생할 개연성이 높다는 것이다. 그러니까 치킨집이 레드오션으로 전락하면서 베이비붐 세대 사이에서 순대나 족발이 새로운 창업 아이템으로 떠오르고 있는데, 은퇴 창업자들의 쏠림으로 인해 순대 버블 혹은 족발 버블이 치킨 버블을 대체할 수도 있다는 주장인 셈이다. 2012년 초 자영업자의 가계부채 비중은 전체 가계부채의 39퍼센트에 달했다.[116]

# 카페인 공화국

60여 종이 넘는 식물의 잎이나 열매, 씨앗 등에 존재하는 알칼로이드 화합물을 일컬어 카페인이라 하는데, 식물은 해로운 곤충을 죽이거나 마비시키기 위해 카페인을 사용한다. 카페인을 살충제로 보는 이유다.[117] 살충제이지만 사람에게 나타나는 반응은 다르다. 인체에 흡수된 카페인은 중추신경을 자극해 일시적으로 피로나 스트레스를 줄이는 효과를 낸다. 각성제로 활용되는 이유다. 카페인은 약 60여 종의 식품에 포함되어 있는 것으로 알려져 있는데, 이 가운데 가장 많이 소비되는 것은 커피와 차茶다. 어린이와 청소년이 즐겨 먹는 탄산음료와 초콜릿, 과자, 아이스크림, 의약품에도 들어간다.

카페인은 너무 많이 섭취하면 맥박수 증가, 두근거림, 불면증 등의 부작용이 있으며, 심장질환이 있는 사람에게 특히 해로운 것으로 알려진다. 미국정신의학회는 하루 카페인 섭취량이 250밀리그램 이상이면서 수면 장애, 잦은 소변, 가슴 두근거림, 위장 장애, 안절부절, 흥분, 동요, 근육 경련, 지칠 줄 모름, 신경과민, 산만, 안면 홍조 등 12가지 증상 중 5가지 이상에 해당되면 '카페인 중독'이라고 진단하고 있다.[118]

한국은 카페인 공화국이다. 카페인 하루 권장 섭취량은 성인 400밀리그램, 임산부 300밀리그램, 어린이는 체중 1킬로그램당

2.5밀리그램이지만 한국인은 이보다 훨씬 많은 카페인을 섭취하고 있다. 2013년 6월 취업포털 커리어가 직장인 503명을 대상으로 하루 커피 섭취량에 대한 설문 조사를 실시한 결과에 따르면, 응답자의 21.9퍼센트인 110명이 하루에 커피를 4잔 이상 마시는 것으로 나타나 성인 기준 1일 카페인 섭취량을 초과했다.[119]

청소년 역시 마찬가지다. 2013년 6월 12일 식품의약품안전처가 개최한 '고카페인 음료와 청소년 건강' 주제의 소비자포럼에서 공개된 대전 지역 중·고·대학생 200명 설문 조사 결과에 따르면, 응답자의 13.2퍼센트가 중고생의 카페인 일일 섭취 제한량 125밀리그램을 넘어선 것으로 나타났다. 청소년이 카페인을 초과 섭취하는 가장 큰 이유는 하루 동안 마셔도 되는 카페인 제한량을 모르기 때문인 것으로 나타났다.[120] 한국이 카페인 공화국이 된 이유는 피로 공화국이기 때문이다. 2013년 사회문제로 부상한 번아웃 신드롬이나 청소년들 사이에 선풍적인 인기를 끈 '붕붕 드링크' 열풍은 이를 잘 말해준다. 카페인 중독을 경고하는 목소리가 커지자 식품의약품안전처는 2014년부터 고카페인 음료의 TV 광고를 제한하기로 했다.

# 카페트 정치

카페트는 카카오톡·페이스북·트위터의 앞 글자를 따서 만든 조어로, SNS를 활용한 정치를 일컬어 카페트 정치라 한다. 한국에서 카페트 정치가 본격적으로 시작된 시기는 2012년 19대 대선이다. SNS를 활용한 선거운동이 허용되면서 새누리당과 민주당은 카페트를 활용해 민심을 읽고 선거 전략을 짰다. 민주당은 SNS의 중요도를 카카오톡, 페이스북, 트위터 순으로 했고 새누리당은 트위터 사용층이 20~30대의 젊은층이라는 점을 고려해 카카오톡과 트위터, 싸이월드 미니홈피를 주로 활용했다.[121]

정치권의 카페트 전략과 SNS를 활용한 유권자의 투표 독려·인증샷 행위가 결합 효과를 발휘하면서 19대 대선은 이례적인 투표율을 기록했지만 카페트 선거의 역기능을 우려하는 목소리도 적지 않다. 2012년 이충재는 카페트 선거는 "각종 유언비어와 흑색선전의 진원지였다. 선거 전날 '김정남 망명설' '문재인 1조 원 비자금 세탁설' 등 황당무계한 유언비어가 SNS에서 순식간에 퍼졌다. '숨겨 놓은 사생아 전격 공개' '아버지는 북한 인민군 출신' 등의 글까지 무차별 유포됐다. 선관위의 새누리당 미등록 선거사무실 고발로 SNS에 불법적으로 글을 올리는 '십알단(십자군 알바단)'의 존재가 드러나기도 했다"며 이렇게 말했다. "카페트 선거의 순기능은 살리

고 대신 자정 기능을 강화하라는 게 이번 선거가 부여한 과제다." [122]
19대 대선 이후 카페트 정치는 일상화되었지만 여전히 순기능보다
는 역기능을 우려하는 목소리가 높다. 카페트에 올린 글로 인해 설
화禍를 입은 정치인이 적지 않으며 카페트를 흑색선전과 비방의
수단으로 활용하는 사람들이 끊이지 않고 있기 때문이다. [123]

# 팔꿈치 사회 Ellenbogengesellschaft

누가 봐도 반칙이 틀림없지만 옆 사람을 팔꿈치로 치며 앞만 보고 달려가는 사회를 일컫는다. 달리기를 할 때 옆 사람을 앞서기 위해서 팔꿈치를 사용하는 행태에서 착안한 말이라 할 수 있는데, 1982년 독일에서는 올해의 단어로 뽑히기도 했다. 한국에서는 고려대학교 교수 강수돌이 한국 사회를 분석하기 위해 사용했다. 치열한 경쟁의 굴레 속에서 헤어나지 못하는 한국 사회를 꼬집은 표현이라 볼 수 있겠다.[124]

강수돌은 한국인의 뼛속까지 자리잡은 '경쟁의 내면화'가 팔꿈치 사회를 더욱 강화시키고 있다면서 그 중심에 자본이 강요하는 생존 경쟁이 있다고 분석한다. 자본이 강제하는 생존 경쟁을 자신의 논리인 것처럼 굳게 받아들이는 이른바 '강자 동일시' 현상이 경쟁을 계속 양산함으로써 한국 사회가 팔꿈치 사회라는 틀 안에 갇히게 되었다는 것이다. 강수돌은 팔꿈치 사회에 대한 해법으로 협동을 바탕으로 한 사회적 구조조정을 동반한 노동시간 단축을 통한 일자리 나누기, 사회적 자원의 민주적 재분배 등을 제시했다.[125]

팔꿈치 사회라는 말이 경쟁 사회의 냉혹함을 보여주는 단어이긴 하지만 한국 사회의 경쟁 구조를 정확히 짚어내기에는 부족한 개념이라는 지적도 있다. 팔꿈치와 팔꿈치는 같은 높이에서 부딪치기 때문에 팔꿈치 사회는 동등한 관계라는 것을 바탕으로 하고 있는데, 한국 사회는 동등한 수준에서 경쟁이 이루어지는 게 아니라 서열화된 먹이사슬 구조 속에서 경쟁이 이루어지고 있기 때문이라는 게 그 이유다. 중앙대학교 교수 신진욱은 "위계와 불평등은 어느 사회에나 있되, 한국 사회의 잔인함은 그 위계의 '승자'가 그렇지 못한 타인들의 물질적 · 인격적 존엄을 박탈할 수 있을 만큼 무제한적 권력을 휘두른다는 데 있다"면서 한국인들이 팔꿈치를 휘두르는 이유는 "살기 위해"서라고 했다.[126]

# 퍼네이션 Funation

Fun(재미)과 Donation(기부)을 결합시킨 말로 생활 속에서 나눔을
생활화하는 문화를 가리킨다. 퍼네이션은 '얼마를' 기부하느냐보
다 '어떻게' 기부하는지에 대한 관심이 커지면서 나타난 현상이다.
쇼핑 구매 금액의 일부, 또는 카드 수수료나 적립 포인트를 기부한
다거나 영화 속 소품의 자선 경매, 콘서트 수익금의 일부 적립 등이
대표적인 사례다. 한국에서 가장 성공적인 퍼네이션 사례는 자동전
화모금ARS 기부다. 사회복지공동모금회 신필균 사무총장은 "우리에
게 특이한 것은 자동전화모금ARS이다. 우리 공동모금회도 1통화에
2000원씩 해서 25억 원이나 모은 적이 있다. 무려 125만 명이나 참
여한 것이다. 외국인들이 오면 우리의 높은 자동전화 모금액에 놀
란다"고 말했다.[127]

　　퍼네이션은 빠른 속도로 진화하고 있는데, 웹이나 모바일 플랫
폼을 통해 기부할 수 있도록 유도하는 스타트업(신생 벤처기업)의 활
약상이 돋보인다. 기업들에 제품을 후원받아 필요한 사람들에게 할
인된 가격으로 물건을 판매하고 기부금도 적립해주는 기부 소셜 커
머스 '네모네', 생일날 친구들에게 선물을 받는 대신 후원 모금을
할 수 있는 서비스를 제공하는 '비카인드', 기업의 광고나 나눔 활동
에 대한 정보를 스마트폰 잠금 화면에 표시하고 이를 10번 해제할

때마다 기부금을 적립해주는 '두네이션' 등이 그런 경우다. 100미터를 걸으면 1원씩 기부가 되는 빅워크 앱, 통화 행위만으로 기부가 되는 앱 등 퍼네이션을 할 수 있도록 유도하는 앱도 있다.[128]

스마트폰 게임을 이용해 퍼네이션 활동을 하는 기업도 있다. 사용자들이 앱에서 물을 주면서 나무를 키우면 그 나무를 선택한 지역에 실제로 심어주는 모바일 게임인 트리플래닛, 시든 꽃을 살리는 방식으로 기부 금액을 적립할 수 있는 스마트폰 게임인 '애로애로愛露哀撈 대작전', 퀴즈 게임을 즐기면서 굶주리고 있는 전 세계 기아들을 후원할 수 있는 모바일 게임인 '모바일 프리라이스' 등이 그런 경우다.[129] 참신한 아이디어로 무장한 퍼네이션 플랫폼은 더욱 확산할 것으로 예측되고 있는데, 퍼네이션이 기부 문화 후진국인 한국의 기부 문화에 활력소를 불어넣을 것으로 예측하는 사람들도 있다.

# 페이스펙

얼굴을 뜻하는 Face와 학점·학력을 뜻하는 Spec의 합성어로, 얼굴도 스펙이라는 것을 의미하는 말이다.[130] 한국 사회의 외모 지상주의와 취업 대란이 맞물려 탄생한 조어라 할 수 있겠다. 페이스펙을 확보하기 위한 투쟁은 크게 2가지 방식으로 이루어진다. 하나는 이력서 사진을 수정하는 '뽀샵'이다. 뽀샵은 사진 보정을 의미하는 포토샵의 은어다. 포토샵이나 얼굴형·눈·코·입의 크기와 모양을 자유자재로 변형할 수 있는 스마트폰 앱을 활용해 직접 뽀샵을 하는 사람들도 있지만 전문적으로 뽀샵을 해주는 사람도 많다. 사진 수정방修正房을 따로 운영하는 취업 정보 인터넷 카페나 뽀샵을 위한 사진관 등이 그런 경우다. 비슷비슷한 뽀샵 사진이 일반화하면서 포란성 쌍둥이라는 말도 등장했다. 포토샵과 일란성 쌍둥이의 합성어다.[131]

뽀샵에 대한 기업의 인사 담당자들의 시각은 이중적이다. 스펙이 조금 부족해도 외모가 뛰어난 지원자에게 가점을 주거나 합격시킨 경험이 있다고 밝힌 인사 담당자도 많지만 실물과 사진이 아주 달라 불쾌감을 느끼는 인사 담당자들도 적지 않다. 예컨대 2013년 9월 취업 포털 인크루트가 인사 담당자 289명을 대상으로 한 설문조사에 따르면, 인사 담당자 중 91퍼센트는 지원자의 사진과 실물이 많이 달라 당황한 것으로 나타났으며 이 가운데 46퍼센트는 '사진과 실물이 달라서 지원자의 신뢰도가 떨어진다' 는 반응을 보였다.[132] 바로 그런 문제 때문에 이력서에 붙이는 사진을 보정하는 수준을 넘어 성형 수술을 감행하는 사람들도 적지 않다. 이른바 취업 성형이다. 페이스펙의 중요성이 커지면서 취업 성형이라는 타이틀을 내세워 홍보하는 성형외과도 등장했다.[133]

# 하이티즘 Heightism

키 큰 사람이 누리는 프리미엄을 이르는 말이다. 『키는 권력이다』의 저자 니콜라 에르팽은 남자의 큰 키는 신분, 연봉, 연애, 결혼, 그리고 많은 요인에서 유리하게 작용하는 신체 자본으로, '키는 곧 권력'이라고 말한다. 키는 취향의 문제가 아니라 신체적 우월성과 남성성의 표상이라는 게 에르팽의 주장인 셈이다. 실제 키가 큰 남자들은 평균 키의 남자들이나 키가 작은 사람들에 비해 연봉을 더 많이 받고 사회적으로 성공할 가능성이 더 높다는 연구 결과도 있다.[134] 바로 그런 이유 때문에 키가 작은 정치인들은 어떻게 해서든 작은 키를 크게 보이려고 애를 쓴다.

예컨대 키가 165센티미터였던 박정희는 평소 너그러운 성품을 보이다가도 누가 자신의 작은 키를 거론하면 불같이 화를 냈으며, 이탈리아의 파시스트 무솔리니는 사진을 찍을 때 항상 턱을 앞으로 내밀고 가슴을 쫙 폈다. 무솔리니는 군중대회에 나설 때는 작은 키를 감추기 위해 발판 위에 올라섰는데, 그의 모든 사진은 대상물의 높이가 증대되는 효과를 낼 수 있는 '로 앵글low angle'로만 찍혔다. 미디어 재벌로 이탈리아 총리 자리에까지 오른 실비오 베를루스코니도 키가 커 보이도록 하기 위해 갖은 방법을 다 동원한 것으로 유명하다. 좌석에 앉을 때는 두툼한 방석을 사용하거나 단체 사진을 찍을 때는 카메라 셔터가 작동하는 시점에 맞춰 몰래 발뒤꿈치를 살짝 들어 올렸다. 베를루스코니의 키는 167센티미터다.

# 하이티즘 신드롬Heightism Syndrome

키 작은 사람에 대한 차별이나 멸시 또는 키 큰 사람들에 대한 사회적 선망 현상을 이르는 말이다. 하이티즘 신드롬은 동서고금을 막론하지만 한국 사회만큼 큰 키에 대한 열망이 남다른 사회는 없다. 2009년 11월 9일 방영된 KBS-2 TV 〈미녀들의 수다〉에 출연한 한 여대생 게스트는 "키 작은 남자가 싫다"면서 "외모가 중요하게 생각되는 시대에서 키는 경쟁력이다. 키 작은 남자는 루저Loser(패배자)라고 생각한다"고 말해 사회적 논란을 일으키기도 했다.[135]

하지만 하이티즘 신드롬은 맞선 시장을 장악하고 있다. 자신을 '165센티미터의 키작남'이라고 소개한 한 남자는 소개팅을 나갔다가 소개팅 여성이 "전 저보다 키가 작은 남자와는 만나지 않는다"면서 만난 지 2분 만에 자리를 박차고 나갔다고 말했다. 하이티즘 신드롬으로 '척추를 펴는 수술'도 유행하고 있다. 척추를 펴는 수술을 하면 키가 3~7센티미터까지 늘어난다는 게 이유인데, 부모들은 척추를 잘못 건드리면 평생 불구가 될 수도 있다는 두려움 속에서도 자녀의 미래 인생을 위해 어쩔 수 없이 척추를 펴는 수술을 해주기도 한다.[136]

방학은 키 수술 전문 병원의 성수기다. 서울아산병원 소아청소년병원장 유한욱은 어떻게 하든 자녀의 키를 키워달라고 요청하는 부모들로 인해 "소아청소년과 전문의 중에서도 내분비·대사질환을 전공하는 의사들은 아이들 방학기간이 제일 바쁘다"고 했다.[137]

하이티즘 신드롬은 키 수술을 '성형 상품'으로까지 확산시키고 있다. 박순봉은 2013년 8월 30일 "29일 인터넷 포털 사이트에서 '키' '수술' 등의 검색어를 입력하자, 흔히 '키 수술'로 알려진 사지연장술에 대한 강렬한 욕구가 검색됐다. 부작용·합병증부터 수술비용에 대한 고민까지 다양했다"며 "심각한 부작용을 초래할 수 있는 위험한 수술임에도 수요는 엄청났다"고 했다. 이어 그는 28일 사지연장술을 전문으로 한다는 강남의 한 정형외과에 '키 수술' 상담을 하려 하자 "다음 달 16일까지는 상담이 어렵다"는 말을 들었다며 재차 물은 결과 "9월 16일이 아니면 10월로 넘어가야 한다. 상담받는 환자가 많다"는 대답을 들었다고 했다.[138]

# 화장품 동물 실험 금지법

유럽연합에 의해 2013년 3월부터 발효된 법안이다. 2004년 화장품 완제품 단계의 동물 실험을 금지한 데 이어 2009년 원료 단계의 실험도 금지했던 유럽연합은 화장품 동물 실험 금지법을 통해 동물 실험을 거친 화장품의 수입·유통·판매를 금지했다. 외국에서 수입하는 화장품에도 적용된다.[139] 이스라엘과 크로아티아도 동물 실험을 법적으로 금지하고 있다. 한국에서는 동물 보호 단체를 중심으로 화장품 동물 실험 금지 운동이 펼쳐지고 있으며 동물 실험을 자체적으로 금지하는 추세가 확산되고 있다.

화장품 동물 실험 금지를 주장하며 2012년 4월부터 동물 실험을 안 하는 '착한 회사'를 조사해 발표하는 등 착한 소비 운동을 전개하고 있는 동물 보호 단체 카라에 따르면, 2013년 동물 실험을 하지 않은 화장품 회사는 55개 사로 이는 2012년 22개 사에 비해 2.5배 늘어난 것이다.[140] 하지만 여전히 한국에서는 실험이 끝난 물질에 대해서도 매번 동물 몇 마리 분의 실험 결과를 요구하는 경우가 있으며, 동물 실험에 반대하는 척하면서 중국이나 베트남 등에서 실험을 하는 기업이 있다는 분석도 있다.[141]

한국인 10명 가운데 7명은 화장품 동물 실험 금지에 찬성한다는 여론조사 결과도 있지만, 화장품 동물 실험을 두고 입장은 엇갈

**361**

화장품 동물 실험 금지법

린다. 국내외 동물 보호 단체는 질병 치료나 예방 등 다른 동물 실험의 목적에 비해 화장품 동물 실험은 실험을 위한 목적이 긴박하지 않기 때문에 화장품 생산을 위한 동물 실험은 사라져야 한다고 주장한다.[142] 하지만 화장품 업계는 먼저 해결해야 할 과제가 있다고 말한다. 이들이 토로하는 가장 큰 장애는 화장품 수입국의 동물 실험 자료 요구다. 한국 화장품 수출 1위 국가인 중국이 화장품 위생 행정 허가 시 완제품과 새로운 원료에 대해 동물 실험을 의무화하고 있으며, 미국과 일본도 일부 제품과 원료에 대해 안전 확보를 위해 동물 실험 자료를 요구하고 있기 때문에 현실적으로 당장 금지하는 것은 어렵다는 게 화장품 업계의 주장이다.

화장품 동물 실험은 한국 화장품의 수출 경쟁력과 관련이 있다는 주장도 있다. 대한화장품협회 상무 장준기는 "국내 화장품 산업계의 수출 경쟁력 확보를 위한 방안을 검토하는 것이 중요하다"면서 "원료 대부분을 수입에 의존하는 우리나라의 경우는 중국 수출 문제뿐 아니라 동물 실험을 진행하는 미국과 일본의 원료 수입 부분에 대한 대응책도 필요하다"고 말한다. 한국 화장품의 수출 비중은 2011년 기준 중국이 22.8퍼센트로 가장 높고 이어 일본, 홍콩 등 동남아시아가 대부분이다. 화장품 동물 실험 금지법을 발효한 유럽 연합은 1퍼센트 내외다.[143]

이런 이유 때문에 한국에서 판매하는 화장품에 동물 실험을 하지 않는 화장품 회사들 가운데 중국으로 수출하는 제품에 대해서만 동물 실험을 하는 경우도 있다. 카라 측은 중국 수출에 대해서는 어쩔 수 없다는 입장을 보이고 있다.[144]

화장품 동물 실험 금지법

# 휴먼 라이브러리|Human Library

관련 지식을 가진 사람이 독자와 일대일로 만나 정보를 전해주는 도서관으로 휴먼 라이브러리에서 독자들이 빌리는 것은 책이 아니라 사람Human Book이다. 사람책 도서관이나 리빙 라이브러리Living Library라고도 한다. 휴먼북과 독자가 자유로운 대화를 통해 지식과 경험을 공유하자는 게 휴먼 라이브러리의 취지다. 독자들은 휴먼북 목록을 살펴보고 읽고 싶은 휴먼북을 선정해 휴먼북과 마주 앉아 자유로운 대화를 통해 그 사람의 경험을 읽기 때문에 종이책에서 느낄 수 없는 저자의 생생한 이야기와 경험, 생각을 직접 들을 수 있다. 궁금한 점을 바로 물어볼 수 있다는 것도 휴먼 라이브러리의 매력으로 꼽힌다. 덴마크 출신의 사회운동가 로니 에버겔이 2000년 덴마크에서 열린 한 뮤직 페스티벌에서 선보인 이후 빠른 속도로 확산되고 있으며, 한국에는 2010년 국회도서관이 휴먼 라이브러리 행사를 개최하면서 알려졌다.[145]

휴먼 라이브러리는 대부분 비영리로 운영되는데 노원 휴먼 라이브러리가 현재 한국에서 가장 왕성한 활동을 하고 있는 도서관으로 꼽힌다. 2012년 현재 노원 휴먼 라이브러리는 각계 전문가 120명의 휴먼북을 확보하고 있는데, 기자는 언론인의 하루, 영화평론가는 영화 120퍼센트 재미있게 보는 법, 주부 9단은 맛있는 반찬 만들기를 열람 신청 독자에게 일대일로 전하고 있다.[146] 휴먼 라이브러리가 새로운 도서관 문화를 정착시킬 것으로 보는 시각도 있다. 강영아 달빛마루도서관 관장은 "종이책은 난도에 따라 독자가 한정되는데 비해 휴먼 라이브러리는 이를 허무는 구실을 한다"며 "책과 독자가 눈을 마주 보며 대화하고 묻고 대답하는 방식이라 누구나 열람이 가능하다. 또 직접 책을 쓰지 못하는 사람이 구술로 경험을 전달함으로써 책을 내는 것 이상의 보람을 느낄 수 있다"고 했다.[147]

# VVorld Section

Trend Keyword

# 글로벌 중산층

『역사의 종언』, 『트러스트』 등으로 한국에도 잘 알려진 프랜시스 후쿠야마가 2000년대 이후 전 세계적으로 발생하고 있는 시위를 설명하기 위해 제시한 개념이다. 후쿠야마는 2013년 6월 28일자 『월스트리트저널』에 기고한 글에서 이른바 '아랍의 봄'부터 브라질, 터키, 중국에 이르기까지 세계적으로 이어지고 있는 시위의 주도 세력은 글로벌 중산층이라며 이들의 욕구를 제대로 수용하지 못할 경우 극심한 정치적 혼란이 있을 수 있다고 말했다.[1] 그간 중산층을 바라보는 시각은 소비력 등 경제적 측면에 포커스가 맞춰져 있었지만, 높은 교육 수준을 바탕으로 이들의 정치·사회 참여 수준도 높아지고 있다는 의미로 해석할 수 있겠다.

후쿠야마의 글로벌 중산층론이 새로운 개념이 아니라는 주장도 있다. 세계개발은행IBRD이 2006년 말 발표한 「글로벌 경제 전망 2007: 세계화의 차세대 흐름 관리경제 전망」이라는 보고서는 국제 수준의 더 높은 교육을 열망하는 글로벌 중산층이 2006년 4억 명에서 2030년에 12억 명으로 늘어날 것이라고 전망하면서 글로벌 중산층의 증가로 각국에서 정치 구조 개혁의 목소리가 커질 것으로 예상했기 때문이다.[2]

# 니그로

'검은색'을 뜻하는 스페인·포르투갈어에서 유래한 용어로, 미국에서 흑인을 낮춰 부르는 말이다. 1900년 인구조사 때 처음 등장했으며, 1960년대 흑인민권운동과 더불어 사장死藏되다시피 했지만 미국 인구조사국은 2010년까지 피설문자의 인종에 대한 질문의 선택지에 이 단어를 포함해 논란을 빚어왔다.[3] 2013년 미국 인구조사국은 전국 350만 가구를 대상으로 이루어지는 2014년 연례 미국 커뮤니티 설문 조사를 시작으로 향후 모든 설문지에서 '니그로Negro'라는 표현을 삭제하기로 했다고 밝혔다. 니그로 대신 '블랙Black' 또는 '아프리카계 미국인African-American'만 쓰겠다는 것이다. 미국 통계국은 2010년 니그로 용어 배제를 검토하다가 니그로만이 자신의 인종을 가려주는 것으로 인식하는 소수의 남부 지역 흑인 가구들 때문에 이를 포기했는데, 흑인들의 거센 항의가 멈추지 않자 결국 니그로 사용을 포기했다.[4] 니그로의 퇴출은 PCpolitical Correctness 운동의 한 사례라 할 수 있겠다.

# 디플레이션 파이터Deflation Fighter

낮은 물가 속에 계속되는 경기 침체 상황(디플레이션)을 타개하기 위해 재정지출 확대와 통화공급 확대 정책을 펼치는 각국 정부와 중앙은행, 정책 책임자를 일컫는다. 디플레이션 파이터Deflation Fighter는 경기 부양을 중시한다. 2013년 5월 9일 금융통화위원회는 7개월 만에 기준금리를 연 2.75퍼센트에서 2.50퍼센트로 내렸는데, 반년간이나 꿈쩍 않던 한국은행이 기준금리를 인하하면서 디플레이션 파이터로 돌아섰다는 평가를 얻었다.[5]

일반적으로 중앙은행 총재는 물가 상승과 싸우는 인플레이션 파이터Inflation Fighter 역할을 하지만 2007~2008년 세계 금융 위기 이후 세계경제가 장기 침체에 빠지면서 디플레이션 파이터는 세계적인 현상이 되었다. 전前 미 연준Fed 의장 벤 버냉키가 대표적인 디플레이션 파이터다. 2006년 취임한 그는 "디플레이션을 막기 위해서는 헬리콥터로 돈을 뿌리는 일도 마다 않겠다"는 발언을 해서 '헬리콥터 벤'이라는 별명까지 얻었다.[6] 각국에서 디플레이션 파이터 구하기 경쟁이 벌어지면서 금리 인하나 양적완화 등 적극적인 통화정책을 수행하지 않다가 교체된 중앙은행 총재도 많다.

예컨대 2013년 일본 · 러시아 · 영국 · 캐나다의 중앙은행 총재가 임기 만료 등으로 바뀌었거나 교체되었는데, 후임 총재들은 거의가 디플레이션 파이터였다. 일본은 아베 신조 정부의 양적완화에 대해 소극적이었던 시라카와 마사아키白川方明 일본은행 총재가 물러나고 이를 적극적으로 시행할 구로다 하루히코黒田東彦가 부임했다. 러시아에서는 물가 관리에 중점을 두던 세르게이 이그나티예프Sergei Ignatyev 총재가 퇴진하고 블라디미르 푸틴 대통령의 경제수석보좌관인 엘비라 나비율리나Elvira Nabiullina가 임명되었다. 헝가리도 완화적 통화정책에 초점을 둔 인물로 중앙은행 총재가 교체되었으며, 영국은 캐나다 중앙은행 총재 시절 적극적인 통화정책과 현저하게 낮은 금리 정책을 폈던 마크 카니Mark Carney가 취임했다.[7] 벤 버냉키에 이어 2014년 2월 미 연준 의장에 취임한 재닛 옐런이 인플레이션 파이터가 될지 디플레이션 파이터가 될지에 대한 관심이 뜨겁다.

# 리코노믹스 Liconomics

시진핑習近平 시대 중국 경제를 이끌고 있는 중국 총리 리커창李克強 과 Economics의 합성어로, 리커창이 주도하고 있는 중국의 경제 정책 기조를 일컫는다. 영국의 투자은행 바클레이스 캐피탈이 만든 용어다.[8] 단기적인 고통은 감수하고라도 중장기적인 안정 성장을 추구하겠다는 게 리코노믹스의 기조다. 2013년 6월 대규모 부양책 중단, 금융권 채무조정, 경제 구조 개혁, 민생 안정 등을 강조하면서부터 본격적으로 실행되었는데, 리코노믹스는 전임 총리 원자바오溫家寶의 정책과는 확연하게 다르다. 예컨대 원자바오는 2008년 세계 금융 위기가 발생하자 1,000만 채의 집을 짓고 1,800만 대의 차를 사는 등 경기를 부양해 매년 8퍼센트 이상의 높은 성장률을 기록했지만, 리커창은 중국 경제의 성장률이 최근 5분기 연속 7퍼센트대로 둔화되었지만 경기 부양보다는 경제구조 개혁과 분배를 강조하고 있다.

리코노믹스가 원자바오 시대와 가장 두드러지게 다른 차이점은 인위적인 대규모 경기 부양책을 중단했다는 점이다. 전병서 경희대학교 China-MBA 객원교수는 "리커창 정부는 정부의 보이는 손 대신 시장의 보이지 않는 손이 작동하는지를 시험하고 있다"며 "경제가 울면 무조건 젖부터 물리던 다정한 엄마 같던 중국 금융 당국이 계모처럼 냉정해졌다. 원자바오 시대에 4조 위안 재정 지출과 10조 위안의 대출을 화끈하게 집행해 경기를 살리던 방식은 리커창 시대에는 더 이상 없다"고 말한다.[9]

그간 세계경제의 성장 엔진 역할을 해오던 중국의 성장이 둔화되면서 리코노믹스가 세계경제 전반에 독이 될지, 약이 될지를 두고 평가는 엇갈린다. 그렇지만 한국 경제는 당장 큰 영향을 받을 것이라는 게 지배적인 의견이다. 2003년 18.1퍼센트였던 대對중국 수출 의존도가 2012년 24.5퍼센트까지 상승할 만큼 대중국 수출 의존도가 대단히 높아졌기 때문이다. 몇 년 사이에 이렇게 높아진 대중 수출 의존도와 이에 따른 차이나 리스크 때문에 리코노믹스 시대에 맞춘 경제 정책이 필요하다는 의견도 나오고 있다. 박덕배 현대경제연구원 연구위원은 "이제 중국의 고성장 시대는 지나갔다" 면서 "경기 부양보다는 내수 활성화에 초점을 맞춘 중국의 정책 기조에 맞춰 우리 정부나 기업들도 대비해야 한다"고 말했다.[10]

# 마이넘버

일본판 주민등록번호 제도다. 사회보장·세금 공통번호라고도 한다. 2012년 2월 국회에 제출되었으며 2013년 5월 9일 일본 중의원 의회가 가결했다. 참의원 심의를 거쳐 최종 확정되면 2016년부터 본격 실시된다.[11] 마이넘버 제도가 시행되면 일본인들은 할당받은 번호로 연금·납세 정보 등을 한꺼번에 관리할 수 있으며, 행정기관은 국민 소득 수준, 고용 보험, 의료 보험 등을 파악하기 쉬워질 것으로 예측되고 있다. 일본의 다이와증권은 마이넘버 제도가 민간으로 확대되면 일본 IT 시장에 3조 엔(약 33조 원) 규모의 IT 특수가 발생할 것으로 예측하고 있다.

일본 정부는 공정하고 효율적인 사회보장을 실현하겠다는 취지를 내세워 마이넘버를 도입한다고 말했지만 비판도 만만치 않다. 무엇보다 개인정보 유출을 우려하는 목소리가 높다. 일부 시민단체들은 개개인의 소득이나 병력 관련 정보 등이 통째로 유출되거나 악용될 수 있다며 마이넘버 제도 도입을 반대해왔다. 일본 정부는 개인정보를 보호하기 위해 독립된 제3자위원회를 만들어 행정기관의 직권 남용을 막고 개인정보를 유출한 직원에게는 4년 이하 징역혹은 200만 엔 이하 벌금을 부과할 것이라고 말했다.[12]

# 말랄라 신드롬 Malala Syndrome

사회 부조리와 여성 차별에 저항하기 위해 직접 행동하고 조직을 만들어 운동을 펼치는 어린 소녀들이 증가하고 있는 현상을 일컫는 말이다. 2012년 10월 여성의 학교 갈 권리를 주장했다가 탈레반의 총격을 받고 사경을 헤매다 구사일생으로 살아난 파키스탄 소녀 말랄라 유사프자이의 이름에서 따온 용어다. 이 사건 이후 파키스탄 여성들은 "내가 말랄라다"라는 글이 쓰인 티셔츠를 입고 거리를 누비면서 단지 학교 가는 일로 목숨을 걸어야 하는 파키스탄의 현실을 고발해 '말랄라 신드롬'을 불지폈다.[13]

2013년 7월 12일 말랄라는 유엔 본부에서 열린 청소년의회에 직접 참석해 전 세계 아동과 여성의 교육권 보장을 촉구하는 연설을 했는데, 독일의 『슈피겔』은 "제2, 제3의 말랄라들이 가져올 의미 있는 사회 변화에 세계의 관심이 쏠리고 있다"면서 세계 곳곳에서 활동하고 있는 말랄라들을 소개했다. 성폭행을 당한 후 성폭행 피해자를 돕는 인도의 여성단체 '붉은 여단'에서 활동하고 있는 인도 북부 우타르프라데시 주 러크나우 시에 사는 13세 소녀 디야, 자신의 페이스북 '교실 일기'를 통해 학교의 문제점을 고발하며 브라질의 스타로 떠오른 이사도라 파베르, 남아프리카공화국의 사과 농장에서 일하며 동년배 친구 200여 명과 함께 여성 교육 운동가로 활동

하고 있는 발렌티니 등이다.[14]

　말랄라는 2013년 노벨평화상의 유력한 후보로 거론되다가 탈락했는데, 이는 세계적으로 말랄라 신드롬을 더욱 확산시키는 계기가 되었다. 이후 세계인이 말랄라의 목소리에 더욱 귀를 기울였기 때문이다.[15] 말랄라 신드롬은 빠른 속도로 번지고 있다는데, 이는 인터넷과 SNS의 덕이다. 인터넷과 SNS를 통해 10대 소녀들의 활동이 알려지면서 뜻을 함께하는 사람들이 힘을 합쳐 하나의 운동으로 발전시켜 나가고 있다는 것이다.[16]

말랄라 신드롬

# 메르켈리즘Merkelism

일반적으로 정치인 이름 뒤에 이즘-ism이 붙으면 정책을 가르키는 의미로 사용되지만, 메르켈리즘은 독일 총리 앙겔라 메르켈Angela Merkel의 리더십을 이르는 말이라는 점에서 좀 다르다. 권력을 과시하지 않고, 다른 의견을 포용하면서도 힘을 가진 정책을 펴는 '엄마의 리더십' 이라는 의미로 사용되고 있다. 2013년 9월 실시된 독일 총선에서 메르켈이 기민 · 기사당을 이끌고 압승을 거두며 3선에 성공하자 본격적으로 사용되기 시작했다. 예컨대 독일 일간지『쥐트도이체 차이퉁』 2013년 9월 23일자는 총선을 기점으로 "메르켈리즘의 시대가 도래했다" 며 메르켈리즘의 시대를 "권력을 과시하지 않지만, 힘을 가진 정책" 의 시대라고 규정했다.[17]

영국의『파이낸셜타임스』는 메르켈리즘의 특징은 첨예한 갈등 이슈를 둔화시키는 능력에 있다고 말한다. 비전이나 이데올로기 같은 말을 입에 올리지 않는 등 실용주의자의 모습을 보이면서 반대 세력과의 첨예한 갈등을 진정시키는 전략을 취해왔기 때문이라는 게 그 이유다.[18] 미국의 현대독일학회 잭슨 제인스 회장은 메르켈의 리더십은 "양극단의 주장을 철저히 배제하면서 화합을 이끌어내고 합의에 기초한 통치 스타일" 이라고 말하는데, 그런 말이 나올 만도 하다. 메르켈은 그간 좌파의 정책을 과감하게 수용하는 등 이념에 얽매이지 않는 면모를 보여왔기 때문이다. 징병제 폐지, 가정 복지 강화, 양성 평등 정책 등 사민당과 녹색당의 핵심 주장을 전격 수용했으며, 2011년 3월 일본 후쿠시마 원전 사고 이후에는 원자력 발전소 폐기를 전격적으로 결정했다. 이전까지 메르켈은 원전 신봉자였다.[19]

　　바로 그런 이유 때문에 메르켈리즘은 철의 여인으로 불린 마거릿 대처 전 영국 총리의 대처리즘과 비교의 대상이 되기도 한다. 강주남은 "권력을 가진 것을 특별하지 않은 일로 바꿔놓은 메르켈의 소탈한 성품에 독일인들은 열광했다"며 이렇게 말한다. "대처 전 총리가 비타협 강경 노선을 대표하는 정치인이라면 메르켈 총리는 통일 독일의 화합을 상징하는 인물이다. 대처 전 총리가 야당과 노조 등 자신의 반대 세력에 대해 타협 없이 강하게 대응한 반면, 메르켈은 사회적 약자를 배려하는 화합형 지도자로 자리매김했다. 노조와 사회적 약자를 배려하고 무절제한 자본주의를 경계하는 '따뜻한 보수주의자'로 통한다."[20]

　　메르켈리즘에 대한 비판이 없는 것은 아니다. 독일 외무장관(1998~2005년)을 지낸 요슈카 피셔는 메르켈은 "전형적인 테크노크라트"라고 깎아내렸으며, 영국의 시사주간지 『이코노미스트』는 메르켈과 마키아벨리즘을 합해 메르켈벨리아니즘Merkelvellianism이라고 평했다.[21] 국내 정책과 대외 정책을 대하는 메르켈의 리더십이 다르다는 점에 주목하는 비판도 있다. 예컨대 『위험사회』로 유명한 독일 사회학자 울리히 베크는 메르켈의 리더십을 '메르키아벨리 모델'이라 칭하면서 이렇게 말했다. "국내에서 사랑받는 비결은 간단하다. 외국에 두려움이 무엇인지 가르치는 것이다. 밖으로는 잔인할 정도의 신자유주의를, 내부에는 사회민주주의를 강조한 미소를 지어보이는 것이야말로 메르키아벨리가 자신의 권력 위상과 독일 중심 유럽을 구축해온 성공 공식이다." [22]

# 미국 셧다운

예산이 배정되지 않아 미국 연방정부 기관이 일시 폐쇄되는 상태를 일컫는다. 셧다운shut down은 '일시 업무 정지'를 뜻한다. 2013년 민주당과 공화당이 오바마케어 관련 예산을 두고 첨예하게 대립하다 2014회계연도 예산안 처리에 실패하면서 미국 연방정부는 2013년 10월 1일부터 셧다운에 들어갔다. 1976년 이래 발생한 18번째 셧다운으로, 이 가운데 최장 기간은 빌 클린턴 대통령 때인 1995년 12월 16일부터 1996년 1월 6일까지의 22일이다. 미국 법률은 셧다운이 되면 경찰, 소방, 우편, 항공 등 국민의 생명과 재산 보호에 직결되는 필수 서비스를 제외한 모든 공공 프로그램을 중단하도록 규정하고 있는데, 대략 다음과 같은 일들이 발생한다.

재정 지출이 중단되기 때문에 약 100만 명에 달하는 공무원들은 일시 해고(무급휴가)를 당하며, 공원 · 도서관 · 면허시험장 등 공공기관도 문을 닫는다. 국무부 등의 여권 · 비자 발급 업무도 중단된다.[23] 셧다운은 미국 연방정부의 핵심 서비스를 제외한 모든 공공 프로그램을 중단시키는 만큼 미국 경제에 미치는 타격이 적지 않다. 예컨대 미국 연방정부가 2주 정도 폐쇄되면 2013년 4분기 성장률은 기존 예상치보다 0.3퍼센트포인트 낮은 2.2퍼센트에 그치고 폐쇄가 3~4주 정도 이어진다면 1.1퍼센트 수준으로 추락할 것이라는 예측도 나왔다.[24] 2013년 12월 18일 미 상원은 2014회계연도와 2015회계연도 예산안을 통과시켜 2차 셧다운을 피했는데, 이는 셧다운이 장기화될 경우, 미국 경제가 디폴트default(채무불이행) 사태로 이어질 가능성이 크다는 우려가 작용한 결과라는 분석이다.[25]

# 미국 티 파티|Tea Party

증세와 정부 규제에 반대하면서 작은 정부를 지향하는 미국의 강경
보수주의 시민단체로, 2009년 2월 탄생했다. 티 파티라는 이름은
1773년 당시 영국의 식민 지배하에 있던 미국인들이 영국의 가혹한
세금 징수에 반발해, 보스턴 항에 정박한 배에 실린 차 상자를 바다
에 내던진 '보스턴 차 사건Boston Tea Party'에서 따온 말이다. 미국의
납세 기일인 2009년 4월 15일 전국 500여 개 도시에서 수십만 명의
시위대가 티 파티 시위를 벌이며 존재를 알렸다. 오바마는 2007~
2008년 세계 금융 위기를 돌파하는 과정에서 월가와 자동차 업계에
대한 대규모 구제 금융을 단행했는데, 증세와 정부의 역할을 강조한
오바마의 정책은 작은 정부를 지향하는 티 파티와 상극이었기 때문
에 이후로도 사사건건 오바마 행정부와 대립하고 있다.[26]

    티 파티는 2000년대 후반 공화당 지지층을 중심으로 급속히
세를 확산했는데, 미국 보수층의 대변자 역할을 자임한 케이블 방송
폭스뉴스의 역할이 컸다. 애초 미국의 주류 언론은 티 파티를 무시
했지만 티 파티와 배짱이 맞았던 폭스뉴스는 티 파티 운동을 비중
있게 다루며 티 파티 확산의 일등공신 역할을 수행했다. 폭스뉴스
의 지원을 등에 업고 치른 2010년 중간선거에서 티 파티가 지원한
후보 80여 명을 워싱턴에 입성시키는 돌풍을 일으켰는데, 이는 티

파티의 지원을 받은 공화당 후보 3명 중 1명꼴로 당선된 수치다.[27]

정치적으로는 크게 성공했지만 티 파티는 '공화당의 탈레반'이라는 타이틀이 붙을 만큼 비타협·무협상 전략으로 일관하며 적잖은 논란을 불러일으켰다. 특히 극우적 성향까지 보이면서 인종차별주의적 발언과 욕설을 서슴없이 자행해 악명을 얻었다. 오바마에 대한 증오 마케팅도 단골 메뉴로 활용했다. 하지만 과유불급이라고 했던가. 자신들의 이념을 밀어붙이기 위해 비타협·무협상 전략을 고수하면서 공화당 내부에서도 점차 껄끄러운 존재가 되었다. 예컨대 2012년 선거에서 티 파티는 공화당 내 온건파로 분류되는 의원들을 표적으로 삼아 낙선 운동을 벌이기까지 했다.[28]

2013년 10월 미국을 혼란에 빠뜨린 미국 연방정부 셧다운 사태가 발생하면서 티 파티는 최대의 위기에 직면했다. '오바마케어' 폐지를 주장하며 공화당 내에서 셧다운을 주도했기 때문이다. 셧다운 직후 여론조사 전문기관 퓨리서치센터가 내놓은 조사 결과에 의하면, 티 파티에 '우호적'이란 답변은 2013년 6월에 비해 11퍼센트나 떨어진 30퍼센트에 그쳤다. 공화당 지지자 내부에서도 티 파티에 대한 부정적 인식은 빠르게 확산되었다. 티 파티 계열 정치인들이 돌풍을 일으키며 의회에 입성했던 2010년 2월 실시된 조사에서는 공화당 지지자 가운데 티 파티에 부정적이란 답변은 10퍼센트에 그쳤지만 셧다운을 계기로 부정적이란 응답은 27퍼센트까지 치솟은 것이다. 공화당의 전통적 지지 기반이자 자금줄 역할을 해왔던

미국 재계 역시 티 파티에 대한 반감을 공개적으로 드러내고 있다.[29]

섯다운 후폭풍으로 티 파티가 궁지에 몰렸다는 분석도 나오고 있지만 정작 티 파티는 1라운드가 끝났을 뿐이라며 전의를 불태우고 있다. 당장 자체 웹사이트인 티파티닷넷TeaParty.net에서 오바마케어 최종 협상안에 찬성한 상원 27명, 하원 87명의 공화당 의원을 '이름만 공화당원'이란 뜻의 'RINORepublican In Name Only'로 낙인찍고 다음 선거에서 낙선 운동을 벌이겠다고 공언했다.[30] 티 파티 후원을 받는 강경파와 온건파의 대립이 극심해지면서 '공화당의 남북전쟁'이라는 말까지 나오고 있는 가운데 두 세력 간의 주도권 다툼은 2016년 대선 후보 지명전에서 정점에 이를 것이라는 전망이 나오고 있다.[31]

# 믹스터|Mixter

'섞다'라는 뜻의 mix와 일반적 남성 존칭 Mister를 혼합해 만든 신조어로, 남성도 여성도 아닌 제3의 성性으로 구분되길 원하는 성적 소수자들을 배려하기 위해 만들어진 호칭이다. 약자는 Mx다. 2013년 5월 2일 영국 남부의 브라이튼-호브시 시의회의 정책·예산 위원회는 '성평등 검증 자문단'의 제안에 따라 시의 공식 문서에 쓰는 호칭에 Mx를 추가하기로 의결했다고 밝혔다.

성평등 검증 자문단은 인구 약 25만 명의 이 도시에 자신의 성 정체성을 남성도 여성도 아닌 것으로 여기는 동성애자·양성애자·성전환자(트랜스젠더) 등이 4만 명에 이른다는 내용을 담은 보고서를 내고 성 전환 과정에 있거나 신체적 특이성 때문에 의학적으로도 남녀로 구별하기 어려운 시민은 150명가량이라고 말했다. Mixter는 민원 서류에 신청자의 호칭을 표시하는 부분에도 Mr·Mrs·Miss·Ms 등과 함께 한 자리를 차지하게 되었다.[32]

육철수는 믹스터라는 호칭이 그럴듯하다면서 이른바 무성애無性愛, Asexuality처럼 세상에는 제3의 성에도 속하지 않는 '제4의 성'도 존재하기 때문에 그런 사람들을 위한 호칭도 일찌감치 생각해둬야 할 것 같다고 말한다. 육철수는 또 "영어 호칭은 그럭저럭 해결되겠지만 우리 호칭이 고민"이라면서 "제3, 제4의 성에 군君·양孃·씨氏

말고 뭘 갖다 붙여야 어울릴까"라는 질문을 던졌다.[33] 성적 분화가 어디까지 이루어질 것인지 관심을 두고 지켜볼 일이다.

# 불평상담회사

전화로 불평을 들어주는 신종 서비스 산업으로, 2013년 일본에서 유행했다. 일본의 대표적인 불평상담회사 '남의 말 잘 들어주는 클럽'은 2006년부터 10분에 1,000엔(약 1만 1,000원)을 받고 전화로 불평을 들어주고 있는데, 2013년 현재 약 3만 건의 불평 상담이 이루어졌으며 80퍼센트 이상의 고객이 2번 이상 서비스를 이용한 것으로 나타났다. 기쿠모토 유조 대표는 "남의 일에 참견하는 사람들 대신 자기 일에 바쁜 세상이 됐다"며 "주위와 적절한 관계가 어떤 것인지 알기 어려워져 우리 같은 심리 안정제를 필요로 한다"고 말했다.[34] 조언은 하지 않은 채 거리에서 무료로 남의 불평을 들어주는 사람들도 증가하고 있는데, 『아사히신문』은 이들은 "임상 심리 치료사가 되기 위해서"나 "영업에 필요한 대화 기술을 익히기 위해서"라고 분석했다.[35] 머지않아 한국에서도 불평상담회사가 등장할 것이라는 예측도 있다. 한국이 스트레스 공화국인데다가 감정노동을 하는 사람이 많다는 게 그 이유다.

# 브릭스 개발은행

브릭스(브라질·러시아·인도·중국·남아공)가 세계은행·국제통화기금IMF 등 미국 주도의 달러 금융 질서에 맞서 추진하고 있는 독자적인 금융 협력 체제로, '브릭스판 세계은행'이다. 브릭스는 세계 인구의 43퍼센트를 차지하고 있고, 외환보유액 4조 4,000억 달러, 회원국 간 교역 규모 2,820억 달러(2012년 기준)로 세계 경제에 막강한 영향력을 행사하고 있지만 IMF에서 브릭스의 투표권 지분은 11퍼센트에 불과해 그간 미국과 유럽이 주도해온 국제 금융 질서에 불만이 많았다. 브릭스 개발은행은 기존 국제 금융 질서에 대항하려는 브릭스의 숙원 사업인 셈이다.[36] 자본금은 500억 달러로, 회원국이 100억 달러씩 내놓는 구조다.

　브릭스 개발은행이 출범하면 국제 금융 질서 판도에도 큰 변화가 발생할 것으로 점쳐지고 있다. 서방 국가들이 좌지우지하는 세계은행과 IMF에 필적할 만한 개발도상국 중심의 국제금융기구가 출범하기 때문이다. 러시아 대외경제은행 고위 관계자는 『신징보新京報』와 인터뷰에서 "브릭스 개발은행이 출범하면 브릭스 국가 간 결제와 대출 업무가 대폭 간소화할 것"이라며 "이는 달러·유로화貨에 대한 의존을 낮추는 효과를 가져온다"고 말했다.[37]

　브릭스 개발은행이 금융 위기에 처한 개발도상국에 자금을 지원해주는 역할을 할 경우 IMF의 역할을 대체할 가능성이 있다는 분석도 있다. 류구이진劉貴今 중국 아프리카사무특별대표는 "브릭스 개발은행이 만들어지면 브릭스 국가들이 서방 국가 중심의 국제 금융 질서에서 벗어나 독자적인 세력을 구축할 수 있다"고 진단했다.[38] 브릭스 정상들은 2013년 3월 27일 폐막한 제5차 브릭스 정상회에서 브릭스 개발은행 설립에 합의했지만, 자본금 규모 · 출연 규모 · 은행 운영 원칙 등에 대한 이견을 좁히지 못해 출범은 지연되고 있다.[39]

# 브콘탁테|VKontakte

러시아를 대표하는 SNS로, 2013년 5월 현재 가입자는 2억 1,000만 명을 넘었다. 러시아어로는 '접촉·관계'라는 뜻으로, 러시아판 페이스북이라 할 수 있다. 2006년 10월 만들어졌으며, 러시아뿐 아니라 우크라이나, 아제르바이잔, 카자흐스탄 등 러시아 언어권 국가들에서도 애용되고 있다.[40] 브콘탁테의 창업자인 파벨 두로프는 반反푸틴 시위에 가담한 전력이 있으며, 브콘탁테가 반反정부 목소리를 낼 수 있는 수단으로 활용되고 있기 때문에 러시아 정부가 브콘탁테를 통제하려는 한다는 의혹도 자주 불거진다.[41]

2011년 총선과 대선 과정에서 브콘탁테를 통해 반푸틴·반정부 시위가 확산되자 블라디미르 푸틴 러시아 대통령은 이후 브콘탁테를 강하게 압박해왔다. 2013년 4월 18일 영국의 일간지 『가디언』은 러시아 수사당국이 브콘탁테 본사와 파벨 두로프 대표의 자택을 압수 수색했다면서 러시아 내에선 이번 압수수색이 브콘탁테 통제의 신호탄으로 보는 시각이 적지 않다고 보도했다.

두로프는 "내가 대표로 있는 한 상황이 악화되게 놔두지는 않을 것"이라며 "(브콘탁테를 통제하려면) 먼저 나를 통제해야 한다. 그러나 합법적인 방식으로는 나를 변화시킬 수 없을 것"이라고 말했지만 브콘탁테의 앞날이 밝은 것은 아니다. 2013년 4월 17일 러시아 최대 국영 석유회사인 로스네프트의 임원이 소유한 펀드가 브콘탁테 주식 48퍼센트를 사들였으며, 주식 40퍼센트는 친親정부 성향의 인터넷 업체가 소유하고 있기 때문이다. 두로프가 소유한 주식은 12퍼센트다. 러시아의 한 네티즌은 "사실상 푸틴 대통령이 브콘탁테를 소유하게 됐다"고 평했다.[42] 브콘탁테는 불법 콘텐츠 유통 플랫폼으로 활용되고 있기도 하다. 음원과 영화는 물론이고 포르노 영상까지 유통되고 있어 간편한 검색만으로도 자신에게 필요한 콘텐츠를 찾을 수 있기 때문이다.[43]

# 블랙&사이버Black&Cyber 시즌

블랙&사이버 시즌은 미국의 추수감사절 바로 다음 날로 11월 넷째 금요일인 블랙 프라이데이Black Friday부터 12월 첫 월요일인 사이버 먼데이Cyber Monday까지를 이르는 말이다. 미국의 최대 쇼핑 축제 기간이라 할 수 있다. 사이버 먼데이는 2005년 전미유통연맹NRF이 대대적인 판촉을 기획하기 위해 고안해낸 용어로, 온라인 할인 판매 확대일이다. 온라인 쇼핑몰판 블랙 프라이데이로 불린다. 블랙&사이버 시즌에 미국 기업은 최대 80퍼센트까지 물건을 할인해주는데, 이때 미국 소매업체들의 한 해 매출 중 30퍼센트가 이루어지는 것으로 알려져 있다.[44]

전통과 역사를 고려하자면 블랙&사이버 시즌에서 큰 위상을 차지하는 것은 블랙 프라이데이지만 사이먼 먼데이가 차지하는 비중은 갈수록 높아지고 있다. 전자상거래 쇼핑의 장점 때문이다. 블랙 프라이데이 쇼핑은 추운 날씨 속에서 몇 시간씩 줄을 서야 하는 고역을 수반하지만, 사이버 먼데이 쇼핑은 거실에 앉아 손가락 몇 번 움직이는 것만으로도 물건을 구입할 수 있으니 말이다.[45] 경제적 요인도 작용하고 있다. 스마트폰이나 태블릿PC, 패블릿 등 모바일 기기를 이용해 전자상거래를 하면 모바일 쿠폰 할인, 앱App을 통한 지역 간 제품 가격 비교 서비스를 제공받을 수 있어 같은 제품이라도 세일 중인 가격의 절반 이하로 할인된 가격에 살 수 있다는 장점이 있기 때문이다. 2013년 조사통계업체인 닐슨리서치의 연휴 지출 조사 발표에 따르면, 응답자의 46퍼센트는 온라인 매장에서 구매할 계획이 있다고 밝혔는데, 이는 2012년의 30퍼센트보다 크게 늘어난 수치다.[46]

모바일 경제의 본격적인 개막으로 인해 블랙&사이버 시즌에서 사이버 먼데이가 차지하는 위상은 더욱 높아질 것으로 예상되고 있으며, 블랙 프라이데이의 사이버 먼데이화化도 멀지 않았다는 분석도 있다.

# 블랙 프라이데이족 Black Friday 族

미국의 추수감사절 바로 다음 날인 11월의 넷째 금요일을 일컬어 블랙 프라이데이Black Friday라 하는데, 이날 쇼핑하는 사람들을 일컫는 말이다. 블랙 프라이데이는 미국 최대 쇼핑 축제 기간으로, 블랙이라는 표현은 이날 유통업체가 연중 처음으로 장부에 적자red figure 대신 흑자black figure를 기재한 데서 비롯되었다. 사실상 미국인들은 모두 블랙 프라이데이족이라 할 수 있다. 공식 휴일이 아니지만 증시는 오후 1시에 조기 폐장하며 대부분의 노동자가 휴가를 내고 상점을 찾을 정도다.[47] 블랙 프라이데이족은 세계 곳곳에 존재하는데, 이는 미국 기업의 공격적인 마케팅 때문이다. 영국에서는 블랙 프라이데이가 아스다(월마트의 자회사)나 아마존이 할인 행사를 하는 중요한 쇼핑날로 자리 잡았으며, 아마존과 애플은 2013년 블랙 프라이데이에 영국과 유럽, 호주, 뉴질랜드 등을 타깃으로 마케팅 활동을 진행했다.[48]

온라인 경제의 활성화로 외국인 가운데도 자발적으로 블랙 프라이데이족에 합류하는 사람들도 있다. 한국인이 그렇다. 2013년 블랙 프라이데이족 명단에는 해외직구 트렌드를 타고 다수의 한국인들이 이름을 올렸다. 『한국일보』 2013년 11월 29일자는 "블랙 프라이데이가 코앞에 다가오면서 잠 못 드는 건 미국 소비자만이 아니다. 태평양을 건너 '해외직구족'으로 불리는 국내 소비자들도 파격적인 가격에 해외 브랜드를 살 수 있다는 기대에 함께 들뜨고 있다"고 했다.[49] 인터넷을 통해 해외에서 제품을 직접 구입하는 이들을 일컬어 해외직구족이라 한다.

해외직구를 통해 블랙 프라이데이족에 합류하는 사람들이 급증하면서 한국의 온라인몰들도 블랙 프라이데이족을 겨냥한 마케팅에 경쟁적으로 합류했다. 오픈마켓 11번가와 옥션 등은 "직구족들의 수요를 미리 흡수하겠다"며 블랙 프라이데이보다 앞선 11월 25일부터 할인 행사를 열었으며, 포털 사이트에서는 블랙 프라이데이가 실시간 검색어 1위에 올랐다. 해외 브랜드의 한국 지사도 블랙 프라이데이 할인을 전면에 내세우며 블랙 프라이데이족 마음 잡기에 나섰다. 순수 한국 업체들도 블랙 프라이데이 소비 열풍에 가세했다. 화장품 브랜드숍 미샤는 11월 29일 홈페이지 전면에 '블랙 프라이데이 세일'을 내걸고 '반값 세일'에 들어갔으며, 화장품 브랜드숍 토니모리도 블랙 프라이데이 하루만 최대 50퍼센트까지 할인 판매했다.[50]

블랙 프라이데이족에 합류하는 해외직구족의 증가는 한국의 가전 업계를 바짝 긴장시키고 있기도 하다. 블랙 프라이데이족의 구매 품목이 TV 등 대형 가전제품으로 확대되면서 이들 제품의 한국 판매 가격에 거품 논란이 일고 있기 때문이다. 예컨대 블랙 프라이데이 세일 기간을 통해 삼성전자나 LG전자의 TV를 해외에서 구입하면 국내보다 100만 원가량 저렴한데, 이 때문에 "한국 소비자들이 차별받는 것 아니냐"는 의심의 눈초리를 보내는 사람들도 있다.[51] 저렴한 가격이 주는 장점과 해외직구족의 등장으로 쇼핑에도 국경이 무너지면서 블랙 프라이데이족은 더욱 증가할 것으로 예측되고 있다. 한국인들이 블랙 프라이데이족에 합류하면서 카드사는 웃고 수입사는 울상을 짓고 있다.

# 섀도 뱅킹Shadow Banking

정부의 통제를 넘어 고위험 채권에 투자해 고수익을 얻는 유사 금융을 일컫는다. 은행과 달리 엄격한 규제를 받지 않는 비非은행 금융기관을 가리키는 말로도 쓰인다. 그림자 금융이라고도 한다. 그림자shadow라는 말은 그림자 금융이 금융의 본래 모습과 유사하지만, 눈에 잘 띄지 않는 특징을 가지고 있다고 해서 붙은 말로 규제의 사각지대에 놓여 있다는 것을 의미한다. 머니마켓펀드MMF, 환매조건부채권RP, 신용파생상품, 자산유동화증권ABS, 자산유동화기업어음ABCP, 헤지펀드 등이 대표적인 상품이다.[52] 그림자 금융은 투기를 조장하고 자산 거품을 키우는 주범으로 꼽히는데, 2008년 세계 금융위기를 촉발시켰던 서브프라임 모기지(비우량주택담보대출)를 기초로 한 신용파생상품이 대표적인 그림자 금융이다. 미국에서는 헤지펀드, 벤처투자, 사모투자펀드 형식으로 운영되며 주로 채권이나 자산유동화증권에 투자하고 있다.[53]

2013년 중국의 그림자 금융이 세계적인 논란의 대상으로 떠올랐다. 예컨대 2013년 4월 8일 헤지펀드 업계의 큰손인 조지 소로스 소로스 펀드매니지먼트 회장은 그림자 금융으로 인한 '중국판 서브프라임 사태' 위험성을 경고하고 나섰다. 소로스는 "중국의 섀도 뱅킹 팽창은 2007~2008년 미국의 서브프라임 모기지 사태와 비슷해

시장을 불안하게 할 수 있다"며 "섀도 뱅킹을 통제하는 것이 중국 정부의 중요한 임무 중의 하나"라고 강조했다. 그는 또 "중국 정부가 1~2년 사이에 리스크를 해소하지 못할 경우 버블이 터질 것이며, 이는 글로벌 경제에 커다란 충격을 가할 것"이라고 우려했다.[54]

국제신용평가기관인 스탠더드앤드푸어스S&P에 따르면 2012년 말 기준 중국의 그림자 금융 규모는 3조 7,000억 달러로 전체 대출 규모의 34퍼센트, 국내총생산GDP 대비 44퍼센트에 달하는 것으로 집계되었다.[55] 중국의 그림자 금융 규모가 커진 이유는 부동산 열풍 때문이다. 베이징의 한 은행 관계자는 "중국은행, 건설은행, 공상은행 등 주요 메이저 은행 이외에 수많은 제2, 3 금융권이 부동산 매매자들에게 거액 대출을 해주고 있다"고 말했다.[56] 중국에 불고 있는 부동산 열풍이 쉬 잠잠해지지 않을 것으로 예측되고 있기 때문에 중국의 섀도 뱅킹을 둘러싼 불안감은 단기간에 사그라지지 않을 가능성이 크며 자칫 잘못하다가는 세계적인 금융 위기로 이어질 가능성이 있다는 분석도 나오고 있다.

한국도 그림자 금융의 위험에 노출되어 있다. 한국의 그림자 금융 규모는 2011년 말 현재 1,268조 원으로 명목 국내총생산의 102.7퍼센트에 이르는데, 이는 미국(160.1퍼센트)이나 유로 지역 (175.4퍼센트)에 견줘서는 낮은 편이다. 하지만 그림자 금융 규모가 줄어드는 추세에 있는 다른 나라와 달리 그 규모가 커지고 있다는 점에서 체계적인 관리가 필요하다는 주장도 나오고 있다.[57]

섀도 뱅킹

# 세파르디 Sephardi

유대인 가운데 주로 스페인·포르투갈 등 이베리아반도에 정착한 이들과 그 후손을 일컫는다. 복수형은 세파르딤Sephardim이다. 세파르디가 스페인·포르투갈에 정착한 시기는 로마 시대 이전부터라는 설과 8세기경이라는 설 등 다양하다. 프랑스와 독일에서 주로 살다가 15세기 이후 다른 유럽 지역으로 진출한 아슈케나지Ashkenazi 유대인과 구별된다. 세파르디는 스페인어와 히브리어를 섞어 만든 전통 언어(라디노어)와 고유의 종교 의식을 지켜오는 등 정체성 유지에도 각별한 신경을 쓰고 있다.[58]

세파르디는 약 500년 전 스페인의 종교적 박해를 피해 집단적으로 피신했는데, 2012년 11월 스페인은 조상이 스페인에 살았다는 사실을 입증할 수 있는 유대인에게 이중국적까지 허용하며 시민권을 내주겠다고 말했다. 스페인은 역사적 정체성을 복원하기 위해서라고 말했지만, 부유한 유대인들을 끌어들여 스페인에 대한 투자를 촉진시키기 위한 경제적 동기가 작용했다는 해석이 유력하다.[59]

# 슈퍼 팩 Super Pac

미국에서 정치자금을 지원하는 외곽 후원단체를 말한다. '정치행동위원회'로 불리기도 한다. 캠프에는 소속되지 않고 외곽에서 지지 활동을 벌이는 슈퍼 팩의 특징은 합법적인 모금이 가능하다는 점에 있다. 2010년 미국 대법원은 특정 정치인과 정당에 직접 돈을 내는 것이 아니라면, 개인이나 노동조합은 물론이고 기업들도 무한정 모금을 할 수 있게 판결했는데, 이는 슈퍼 팩에 날개를 달아준 격이 되었다.[60] 기업이나 단체가 무제한 자금을 모으고 기부자를 익명으로 감출 수 있게 되면서 슈퍼 팩이 급증했을 뿐만 아니라 주요 선거에서 강력한 입김을 행사할 수 있게 되었기 때문이다. 미국 대통령 선거가 이른바 '머니 게임'으로 치러지는 것도 이들 슈퍼 팩과 관련이 깊다.[61]

2013년 4월 11일 세계 최대 SNS인 페이스북의 창업자 마크 저커버그는 실리콘밸리 벤처기업 경영자들과 손잡고 IT 산업 경영진 모임인 'FWD.us' 창설을 공식 발표했는데, 이 역시 슈퍼 팩으로 볼 수 있다. 미국 정치에서 월스트리트의 금융 회사들이 워싱턴 정치인들을 상대로 로비를 벌여온 건 일상적인 일이지만 실리콘밸리에서 막강한 정치 로비단체가 탄생하는 건 이게 처음이다. 저커버그는 단체 설립 비용으로 2,000~2,500만 달러(약 228~285억 원)를 내놓았다. 가입 희망자는 약 100만 달러를 내야 하는데, 저커버그는 이를 토대로 5,000만 달러의 활동 자금을 보유한 미국에서 가장 큰 슈퍼 팩을 만들 계획을 가지고 있다.

　저커버그는 IT 기업들이 미국 대학을 졸업한 외국인 엔지니어 등을 쉽게 고용할 수 있도록 하기 위해 해외 우수 인력 유치를 위한 이민법 개혁을 주요 활동 목표로 삼고 있으며, 교육·경제·과학 개혁도 함께 추진하겠다고 말했다. 링크트인, 징가 등 주요 SNS 관련 기업 경영자들과 마이크로소프트 설립자인 빌 게이츠도 참여하고 있다.[62] 저커버그는 야심 찬 계획을 발표했지만 정치 로비단체를 만드는 것이 오히려 실리콘밸리의 이미지를 악화시키는 등 부정적인 효과만 가져오고 로비 단체가 정치적 간섭을 할 우려가 있다는 부정적인 여론도 나오고 있다.[63] 시스코, 오라클, 인텔, 구글 등 대표적인 IT 기업들은 'FWD.us'에 참여하지 않았으며, 슈퍼 팩의 등쌀에 지친 민주당과 공화당이 모두 슈퍼 팩을 규제할 필요성에 공감하고 있어 성공 가능성이 불투명하다는 전망도 있다.[64]

# 아베노미디어

일본 총리 '아베 신조安倍晋三의 미디어'라는 말로, 페이스북을 지칭한다. 아베가 페이스북을 통해 네티즌과 직접 소통하며 자신의 메시지를 전달하는 데 힘을 쏟자 일본의 『아사히신문』 2013년 4월 31일자는 페이스북을 아베노미디어라고 지칭했다.[65] 아베는 부인 아베 아키에安倍昭惠와 쇼핑하거나 친구들과 만나는 일상을 페이스북에 올려 친근감 있는 이미지를 부각시켰는데, 이런 전략은 크게 적중해 2012년 말 16만 명이었던 팔로어는 2013년 5월 35만 명으로 늘었다. 아베는 페이스북을 정적 공격용으로도 활용한다. 일본 민주당에 대한 공격이나 언론 보도에 대한 반론·불만을 페이스북에 올려 자신의 팔로어들과 함께 공격하는 식이다.[66]

예컨대 아베는 2013년 4월 참의원 예산위원회에서 민주당 의원이 '각료들의 야스쿠니신사 참배로 납북 피해자 문제 해결에 중요한 중국, 한국과의 관계가 악화함에 따라 피해자 가족들이 낙담하고 있다'는 취지의 질문을 한 것과 관련해 페이스북에 "민주당은 마치 숨을 쉬듯 거짓말을 하는가"라고 공격했다.[67]

『아사히신문』은 "아베 총리의 '페이스북 사랑'은 자신의 메시지를 언론의 여과 과정 없이 국민들에게 직접 발신하는 방식을 선호하는 데 따른 것"이라고 분석했는데, 그러다 보니 실수가 없을 리

없다. 예컨대 2013년 4월 멕시코 대통령과의 정상회담 뒤 NHK가 관련 보도를 했음에도 "멕시코 같은 친일적인 국가와의 정상회담은 NHK도 보도하지 않기 때문에 페이스북에서 알립니다"라는 글을 올려 망신을 당했다.[68] 아베노미디어 현상으로 인해 페이스북은 일본 정치인들이 여론투쟁을 벌이는 장場이 되고 있다.[69]

# 알자지라 아메리카 AlJazeera America · AJAM

아랍권 위성TV 알자지라가 미국의 커런트 TV를 인수해 2013년 8월 미국에 세운 미국 법인이다. 영국 BBC의 아랍어 방송국이 폐쇄된 것을 계기로 1996년 아랍권을 대상으로 한 위성방송으로 출범한 알자지라는 2011년 9·11사건 직후 오사마 빈 라덴을 단독 인터뷰하면서 전 세계에 이름을 알렸다. 아랍어로 '섬', '반도'라는 뜻이며, 카타르의 국왕인 하마드 빈 칼리파 알 타니 일가가 1억 5,000만 달러를 투자해 CNN을 본떠서 설립한 민간 상업방송이다.

알자지라 아메리카는 저널리즘으로 승부를 보겠다는 생각을 하고 있다. '저널리즘의 새로운 목소리'라는 모토를 내걸고 "CNN이나 폭스뉴스와 비슷한 방식으로 프로그램을 만들되 자극적이거나 정치 편향적인 내용은" 피하겠다는 것이다. 하루 14시간 연속 뉴스 보도, 미국의 소외된 곳을 비추는 현장 기자들, 상업 광고 최소화 등 알자지라 아메리카의 저널리즘 실험은 대체로 호의적인 평을 얻고 있지만 미국 시청자를 확보하기가 쉽지 않을 것이라는 분석도 있다.

실제 알자지라 아메리카가 첫 방송을 내보낸 2013년 8월 20일 오후의 시청자 수는 2만 2,000명가량으로 통계적으로 의미 있는 최소 시청자 수를 밑도는 등 외면을 받았다. 미국에서 최고의 시청률을 자랑하는 보수 성향의 뉴스채널 '폭스뉴스'의 하루 평균 시청자 수는 120만 명, 진보 성향의 MSNBC는 36만 2,000명, CNN은 46만 7,000명이다.[70]

저널리즘 차원에서는 호평을 받고 있지만 시청률 부진에 허덕이는 이유는 알자지라에 대한 미국인의 혐오감 때문이다. 대다수 미국인은 알자지라가 오사마 빈 라덴이 이끌던 테러 조직 알카에다의 입장을 대변하는 '테러리스트의 선전 도구'나 '반미 방송'으로 인식하고 있다.[71] 바로 그런 이유 때문에 8월 19일 미국 최대의 휴대전화 업체인 AT&T가 자체 유료 TV망인 유버스u-verse를 통해 알자지라 아메리카는 방송할 수 없다고 통지하는 등 미국 케이블 업체들의 외면을 받고 있다.[72] 광고주들도 기피하고 있다. 뉴욕의 한 광고주는 "이곳은 (9·11사건이 발생했던) 뉴욕이다. 그들에게는 한 푼도 보태주지 않겠다"고 했다.[73] 알자지라 아메리카의 성패 여부는 미국인에게 각인된 '반미 방송' 이미지를 어떻게 극복하느냐에 달려 있는 셈이다.

# 양적완화 量的緩和 · Quantitative Easing

2007~2008년 세계 금융 위기 이후 연 2.5퍼센트였던 미국의 기준 금리가 0퍼센트대로 떨어져 더는 금리를 내릴 수 없게 되자 미국의 중앙은행 격인 연방준비제도가 시중은행이 보유한 채권을 사들여 시장에 돈을 공급한 통화정책을 말한다. 양적완화는 기준 금리가 제로에 가까운 상황에서 금리를 낮추기 어려울 때 쓰는 이례적인 정책으로, 금리를 더 내릴 수 없는 상황에서 시중에 돈을 공급한다는 의미에서 양적완화라고 한다. 세계 금융 위기 이후 양적완화를 추진했던, 당시 미 연준 의장 벤 버냉키는 "디플레이션을 막기 위해서는 헬리콥터로 돈을 뿌리는 일도 마다 않겠다"는 발언을 했는데, 세계 금융 위기 이후 총 3차례에 걸쳐 단행한 양적완화로 인해 시중에 풀린 돈은 총 3조 2,000억 달러(3,300조 원)가 넘을 것으로 추정되고 있다. 양적완화를 통해 주요 선진 7개국이 시중에 풀은 돈까지 합하면 10조 달러를 넘었다는 분석도 있다.[74]

2013년 양적완화 축소는 전 세계적인 관심사로 떠올랐다. 5년 동안 진행된 양적완화로 인해 세계 경제가 조금씩 회복세를 보이고 엄청나게 풀린 돈으로 인해 자산 가격에 거품을 일으킬 것이라는 비판이 제기되면서 양적완화 출구전략 가능성이 수시로 대두되었기 때문이다. 2013년 내내 세계 금융시장이 크게 출렁거렸던 것도

양적완화 축소 가능성 때문이었다.[75]

　　2013년 12월 18일 미 연준은 2014년부터 양적완화 축소에 돌입한다고 발표했는데, 이 결정으로 인해 세계 경제사에 또 하나의 새로운 역사가 추가되었다는 분석도 나왔다. 세계 금융 위기 이후 지난 5년 동안 세계경제를 지탱해왔던 '돈 잔치 시대'가 저물고 세계경제가 지독한 침체에서 벗어나 정상적인 성장 궤도로 복귀할 것으로 전망되고 있기 때문이라는 게 이유다.[76] 양적완화 정책을 두고서는 평가가 엇갈린다. 긍정적인 평가를 하는 사람들은 세계 대공황을 막았다고 극찬한다. 예컨대 헤지펀드 브리지워터 어소시에이츠의 최고경영자인 레이 달리오는 『월스트리트저널』에서 "핵전쟁에서 사람들을 구한 것과 마찬가지다"고 말했다. 하지만 양적완화 정책이 경기 회복에는 별 기여를 하지 못했다는 평가도 적지 않다.[77]

# 에어포칼립스 airpocalypse

Air(공기)와 apocalypse(대재앙)의 합성어로, 공기 오염으로 인한 대재앙을 말한다. 2013년 영국의 경제지 『파이낸셜타임스』가 중국 베이징의 심각한 대기오염 상태를 빗대 처음 사용한 말이다. '살인 스모그'로 불리기도 한다. 2013년 1월 11일 베이징에는 지름 2.55마이크로미터 이하 초미세먼지 농도가 993마이크로그램/세제곱미터로 사상 최고치를 기록했는데, 이는 세계보건기구wHo 기준치(25마이크로그램/세제곱미터)의 약 40배까지 치솟은 것이다.[78]

2013년 7월 중국 국가발전개혁위원회가 공식 홈페이지를 통해 발표한 「에너지 절약 및 온실가스 감축 관련 보고서」는 중국에서 발생하는 스모그는 영향권이 넓고 지속 시간이 길며 오염 물질의 농도가 짙은 3대 특징을 보이고 있다며 중국 국토의 4분의 1에 해당하는 광범위한 지역에서 스모그가 발생해 전체 인구의 절반에 육박하는 6억 명이 영향을 받았다고 말했다.[79] 에어포칼립스라는 말이 나오는 이유다.

에어포칼립스는 중국 경제에도 악영향을 미치고 있다. 우선 중국의 심각한 대기오염으로 인해 주요 기업의 경영진이나 외교관을 필두로 외국인의 엑소더스가 잇따르고 있다. 예컨대 베이징에서 3년 간 거주했던 라스 라스무센 노키아 마케팅 대표는 "공상과학소설처럼 매일 마스크를 쓰고 살 순 없다"며 두 자녀, 부인과 함께 고국 덴마크로 돌아가기로 결정했다고 말했다.[80] 그래서 스모그 위험수당이라는 것도 등장했다. 해외 인재 채용이 어려워지고 있을 뿐만 아니라 베이징보다 공기가 좋은 다른 도시로 근무지를 옮겨달라고 요구하는 사람들이 증가하면서 외국 기업들이 직원들의 이탈을 막기 위해 도입한 위험수당으로, 일반적으로 급여의 10퍼센트 수준에서 정해지는 것으로 알려지고 있다. 주중 미국 대사관도 직원들에게 스모그 위험수당을 제공하고 있다.[81] 외국 관광객도 급감하고 있다. 아시아개발은행ADB은 2013년 초 보고서에서 질병과 노동력 감소, 공기 정화와 같은 간접 비용까지 포함해서 대기오염에 따른 경제적 손실이 최대 2조 위안(약 340조 원)에 이를 것이라고 추산했다.[82]

중국 정부는 2013년 9월 12일 공기의 질을 획기적으로 개선하기 위해 석탄 사용 축소, 차량 수 제한, 오염 물질 배출 공장 폐쇄 등 강력한 조치를 취하는 내용의 '대기오염 방지 및 개선 행동 계획'을 발표했지만 상황이 낙관적인 것은 아니다. 중국 내 자동차 판매량이 급증하고 있으며 전력 생산을 위한 석탄 사용량도 크게 증가하고 있기 때문이다. 석탄은 중국 에너지 공급의 70퍼센트가량을 책임지고 있다.[83]

# FISH France · Italy · Spain · Holland

프랑스France, 이탈리아Italy, 스페인Spain, 네덜란드Holland 등 유럽 4개국의 앞 글자를 따서 만든 신조어다. 영국 『파이낸셜타임스』는 2013년 2월 14일, 2012년까지 그리스의 유로존(유로화 사용 17개국) 탈퇴 충격을 우려했던 미국 등 글로벌 투자자들이 FISH로 대표되는 유로존 중심 국가들의 장기 불황 가능성을 주목하고 있다고 말했다. 글로벌 경제를 뒤흔든 유로존 부채 위기의 진원지였던 유로존 주변부 4개국 'PIGS(포르투갈 · 아일랜드 · 그리스 · 스페인)'에 이어 유로존 중심부 국가인 FISH가 새로운 걱정거리로 떠오르고 있다고 분석했다.

　프랑스, 이탈리아, 스페인, 네덜란드가 유로존에서 차지하는 비중은 약 56퍼센트에 달하는데, 이들 국가의 2012년 4분기 성장률은 각각 0.3퍼센트, 0.9퍼센트, 0.7퍼센트, 0.2퍼센트씩 마이너스 성장을 기록했다.[84] FISH 국가에 대한 우려가 지나치다는 주장도 있지만 해외 투자자들이 유로존의 정치 · 경제 구조에 대한 근본적인 의문이 여전히 풀리지 않았기 때문에 투자 자금이 유로존으로 본격적으로 돌아오도록 하기 위해선 이들 국가가 구조 개혁을 위해 노력해야 한다는 주장도 있다.[85]

# LGBT 비즈니스

LGBT는 레즈비언Lesbian, 게이Gay, 바이섹슈얼Bisexual, 트랜스젠더 Transgender의 머리글자를 딴 것으로, 성 소수자를 의미한다. LGBT 인구는 4억 명에 이르며 이 가운데 절반인 2억 명이 아시아에 거주하고 있는 것으로 알려지고 있다. LGBT 전문 자산운용사인 LGBT캐피탈은 LGBT의 구매력이 연 3조 달러(약 3,400조 원)에 달한다고 말했는데, 세계적으로 LBGT 산업이 블루오션이 될 것이라는 기대감이 커지면서 이들을 겨냥한 관련 산업도 급팽창하고 있다.

자산운용업계는 LGBT를 겨냥해 금융 상품을 속속 내놓고 있다. 자산운용업계의 금융 상품은 자신이 투자한 돈을 동성 파트너가 상속할 수 있도록 하고 있다는 점이 특징이다. 여전히 LGBT 파트너의 재산을 보호해주지 않는 국가를 겨냥한 상품으로 동성 파트너가 사망했을 때 유산 상속이나 이혼 시의 재산 분할 등의 문제를 보완한 상품이 그런 상품이다. 은퇴 후 LGBT의 노후 보장을 위한 금융 상품도 있다.[86] LGBT를 겨냥한 관광 상품도 있다. 파트너와 함께 안전하고 편안한 분위기를 즐길 수 있도록 한 상품으로, 이런 상품은 주로 LGBT에 친화적인 나라가 목적지인 경우가 많다.

국가 차원에서 LGBT 비즈니스를 적극적으로 펴는 나라도 있다. 세계 최초로 동성애 결혼을 합법화한 네덜란드가 대표적이다.

예컨대 게이 페스티벌은 네덜란드의 주요한 국가 축제로 자리 잡았으며, 암스테르담은 LGBT 관광객이 관심을 가질 만한 장소들을 일목요연하게 소개하는 게이 전용 지도를 제공 중이다. 게이바, 게이 클럽 등도 활성화되어 있다.[87]

　여전히 LGBT에 대한 거부감이 강한 국가가 많지만 LGBT 비즈니스는 더욱 확산될 가능성이 크다. 2013년 프랑스가 동성결혼을 합법화하는 등 적잖은 국가들이 성 소수자들의 인권을 강화하는 추세이기 때문이다. 2012년 6월 마이클 블룸버그 뉴욕시장은 "뉴욕시가 2011년 6월 동성결혼을 합법화한 이후 1년 동안 얻은 경제적 이득이 2억 5,900만 달러에 이른다"고 밝혔는데, 이 발언이 시사하듯 LGBT의 권리를 인정하는 것이 국가 경제에 도움이 된다는 견해도 힘을 얻어가고 있다.[88]

　2018년으로 예정된 게이 올림픽을 유치하기 위해 암스테르담, 런던, 파리, 리우데자네이루, 미국의 올랜도와 플로리다 등이 유치 경쟁에 뛰어든 것도 그런 맥락에서 이해할 수 있을 것이다. 2009년부터 LGBT 자산 운용을 하고 있는 크레디트스위스의 에릭 버거 이사는 "성적 다양성에 대한 포용력이 확산돼 LGBT 상품이 필요 없어지는 날이 오기 바란다"고 말했다.[89]

# 웨이보쿵 微博控

웨이보微博 없이 살 수 없는 중국 사람들을 이르는 말이다. 웨이보는 중국판 트위터로 통하는 마이크로 블로그다. 쿵控은 영어로 콤플렉스complex에 해당한다. 중국인들 사이의 대화 화제의 70퍼센트가 웨이보에서 나오고, 웨이보가 말을 대신하고, 웨이보 팔로어 숫자로 상대방을 평가하는 현상이 발생하면서 등장한 말이다.[90] 웨이보쿵은 웨이보에 올려진 게시물을 무조건 좋아해 믿고 모방하는 광적인 팬 증세를 보이기도 한다. 웨이보쿵 현상은 부부 사이에서도 나타나고 있다. 바로 옆에 있어도 얼굴을 맞대지 않고 웨이보 단신을 통해 소통하는 부부도 있다. 이렇게 웨이보에 예속된 부부를 일러 웨이푸치微夫妻라 한다. 웨이보 부부라는 의미다.[91]

# 웨이즈Waze

소셜 기반 음성 길 안내 서비스 앱으로, 내비게이션에 실시간 정보 공유가 가능한 SNS 기능이 더해진 서비스다. 웨이즈는 미국 퀄컴과 마이크로소프트, 홍콩 재벌 리카싱, 이스라엘과 실리콘밸리의 벤처 투자자들이 초기 창업 자금을 지원해 2007년 설립된 기업의 이름이기도 한다. 웨이즈는 위치 정보도 제공하기 때문에 소셜 그래프를 활성화하면 친구들의 현재 위치도 실시간으로 확인할 수 있다. 웨이즈의 가장 큰 장점은 이용자의 참여성과 소셜적 성격에 있다.

웨이즈는 약 5,000만 명에 달하는 사용자들에게서 교통정체 · 사고, 경찰 위치, 속도감지 카메라, 주유소의 위치와 가스의 가격을 비롯한 다양한 교통 관련 정보를 크라우드소싱 방식으로 수집해 서비스를 제공하고 있는데, 이용자들이 제공한 교통 정보를 실시간으로 지도에 반영한다.[92] 이런 이유 때문에 웨이즈를 통해 제공되는 지도 정보는 구글의 스트리트뷰에 견줄 만한 정확성을 가지고 있는 것으로 평가받고 있다.[93]

공간 정보 산업의 주도권을 두고 지도 서비스를 둘러싼 경쟁이 치열해지면서 애플, 구글, 페이스북 등이 경쟁적으로 웨이즈 인수 경쟁에 뛰어 들었는데, 최종 승자는 구글이 되었다. 애초 가장 유력한 후보는 페이스북이었지만 이스라엘에 있는 웨이즈가 페이스북

본사가 있는 실리콘밸리 멘로파크로 이전하는 것을 거부하면서 협상이 결렬되었다. 구글은 정확한 인수 가격을 밝히지 않았는데, 11억 달러 설이 유력하다. 페이스북은 10억 달러를 제시했으며, 애플은 5억 달러를 제시했다.

웨이즈 인수로 구글은 3가지 효과를 거둔 것으로 평가받고 있다. 첫째, 글로벌 IT 업계 사이에서 벌어지고 있는 전쟁에서 애플을 따돌리며 모바일 지도 분야에서 한 발 앞설 수 있는 교두보를 확보하게 되었다. 둘째, 모바일 지도 서비스 강화를 시도해왔던 세계 최대의 소셜 네트워크 서비스인 페이스북을 견제하는 효과를 거두었다. 구글은 페이스북이 웨이즈를 인수할 경우 구글 맵스를 심각하게 위협할 가능성이 크다고 우려해왔다. 셋째, 구글이 기존에 서비스해왔던 구글 맵스에 웨이즈의 소셜성을 더함으로써 시너지 효과를 발휘할 수 있게 되었다. 구글은 그동안 지도 플랫폼 시장에서 선두 자리를 굳게 지켜왔지만 구글 맵스가 제공하는 실시간 교통량 정보는 정확성이 떨어진다는 지적을 받아왔는데, 사용자들이 실시간으로 제공하는 커뮤니티 기반 정보를 반영하는 웨이즈의 소셜 네트워크의 특징을 결합시킴으로써 구글 맵스의 취약점을 보완할 수 있게 되었다는 것이다.[94] 그래서 구글의 웨이즈 인수가 구글 맵스에 '생명을 입힌 격'이라는 평가도 나왔다.[95]

# EU 청년보장제

EU 집행위원회가 청년 고용 촉진을 위해 2012년 12월 22일 내놓은 종합 계획이다. EU 28개 회원국의 15~24세 청년 실업자는 약 560 ~600만 명으로 추정되고 있으며, 유럽 언론은 이들을 '잃어버린 세대'로 부르고 있다. 청년보장제는 25세 이하의 젊은이들이 학교를 졸업하거나 실직할 경우 4개월 이내에 교육과 노동 관련 기관의 도움을 받아 적절한 일자리를 제공받을 수 있는 제도를 갖출 것을 담고 있다.

재정 위기에 처한 국가들이 지속적으로 긴축 정책을 폄에 따라 개별 국가 자체적으로 고용 상황을 호전시키는 게 불가능해지면서 EU 차원에서 내놓은 대책이다. 청년보장제의 주요 목표 중의 하나는 학업을 마친 후 직장을 갖는 과정을 잘 연계시켜 청년 실업을 최소화하는 것이다. 교육 기관, 직업 훈련 기관, 노동 관련 공공기관, 청소년 단체들이 강력한 협력 체제를 구축하는 방안 등이 포함되어 있는 것도 이 때문이다.[96]

하지만 유로존의 경기 침체가 장기화하면서 실업 문제는 더욱 심각해지고 있다. 2013년 2월 유로존의 실업률은 12퍼센트로, 이는 EU가 1995년 실업률 발표를 시작한 이래 가장 높은 수준이다. 25세 이하 청년 실업률은 고공 행진을 계속하고 있으며 남북 유럽 국가

간 차이도 심각하다. 예컨대 그리스의 청년 실업률은 58퍼센트, 스페인은 55퍼센트, 포르투갈은 38.2퍼센트, 이탈리아는 37.8퍼센트로, 이는 유로존 전체의 청년 실업률 24퍼센트를 훌쩍 뛰어넘은 수치다. EU 집행위원회는 2013년 1월 발간한 「2012 사회·고용 발전 분석」 보고서에서 유럽 경제 위기의 가장 큰 피해자는 젊은이, 직업이 없는 여성, 미혼모 등이며 이들 대부분은 동유럽과 남유럽 국가에 거주하고 있다고 말했다.[97]

라즐로 안도르 고용담당 EU 집행위원은 높은 실업률에 대해 '유럽의 비극'이라며 "EU와 회원국들은 고용 창출과 지속 가능한 성장을 위한 가능한 모든 수단을 동원해야 한다"고 강조했다.[98] EU는 2013년 11월 12일 프랑스 파리에서 2차 청년 실업 정상회의를 열고 청년 실업 해소를 위해 향후 2년 동안 120억 유로(약 17조 3,000억 원)를 투입하기로 결정했다.

# 인구 보너스 Demographic Bonus

전체 인구에서 15~64세 생산 연령 인구의 비중이 높고, 고령 인구 비율이 낮은 인구 구조로 인해 경제 성장이 촉진되는 현상을 말한다. 인구 배당 효과라고도 한다. 인구 보너스는 중국의 급속한 고도 성장 비결 가운데 하나로 거론되기도 하는데, 중국의 인구 보너스 종료 시기가 멀지 않았다는 주장도 나오고 있다. 2013년 7월 15일 중국 정부 싱크탱크인 중국사회과학원의 리페이린李培林 부원장은 후베이湖北성 우한武漢시 당 상무위가 주최한 한 강연회에서 "오는 2015년이면 중국의 인구 보너스가 끝날 가능성이 크다"고 예측했는데, 이는 중국이 지난 2000년 5차 인구 센서스를 바탕으로 예측한 인구 보너스 종료 시점보다 15년이나 빠른 것이다.[99]

2013년 1월 18일 반관영 통신사 중국신문사는 2012년 기준 중국의 15~59세 노동 가능 인구는 총 9억 3,727만 명으로 2011년보다 345만 명이 줄어들었다고 보도하기도 했다. 노동 가능 인구의 지속적인 감소로 인해 인구 보너스가 줄어들 경우, 중국이 경제 성장을 지속하기 어려울 것이라는 분석도 있다.[100] 중국은 2014년부터 '단독양해單獨兩孩(부부가 모두 독자일 경우 두 자녀 허용)' 정책을 실시하기로 했는데, 이는 인구 보너스 종료 시기를 늦추려는 것과 관련이 깊다.[101]

# 제로아워 계약Zero-Hour Contract

정해진 노동시간 없이 임시직 계약을 한 뒤 일한 만큼 시급을 받는 노동 계약을 말한다. 최소한의 근무시간과 최소임금을 보장하는 파트타임part-time보다 못한 근로 조건 때문에 노예 계약으로 통한다. 0시간 계약 노동자는 '24시간 대기조'로 불리기도 하는데, 0시간 계약서가 노동자가 다른 부업을 하지 못하도록 규정하고 있는 경우가 많기 때문이다. 그러니까 고용주의 요청이 있을 때까지 무작정 기다려야 하는 게 0시간 계약 노동자가 처한 현실인 셈이다. 0시간 계약 노동자가 겪어야 하는 고통은 한둘이 아니다. 0시간 계약을 맺은 노동자는 안정적인 소득 예측이 불가능해 신용카드 사용이나 은행 대출 등 금융 혜택을 누리기도 어렵고, 유급 휴가나 병가 등도 인정받기 어렵다. 그래서 한국의 일용직과 비슷한 개념이라는 해석도 있다.[102]

2013년 7월 영국 왕실 소속 직원들이 수년째 0시간 계약에 신음해왔다는 사실이 드러나면서 널리 알려졌다. 0시간 계약이 가장 성행하고 있는 나라는 영국으로, 특히 젊은 층이 0시간 계약의 횡포에 노출되어 있다. 영국 통계청ONS 자료에 따르면, 0시간 계약을 맺은 16~24세 노동자 수는 2008년 3만 5,000명에서 2012년 7만 6,000명으로 2배 이상 증가했다. 25세 이하 노동자 3명 중 1명이 0시간 계약직으로 일하는 것이다.[103] 0시간 계약은 업종을 가리지 않고 만연해 있다. 영국에서 둘째로 큰 복합영화상영관 체인점으로 80개 극장을 보유한 '씨네월드'의 고용 인력 4,500명 가운데 80퍼센트가 0시간 계약 직원이며 영국의 대표적 국립 미술관인 테이트 갤러리도 모든 계약직 직원을 0시간 형태로 채용하고 있다.

영국에서 0시간 계약으로 가장 많은 직원을 채용하고 있는 회사는 세계 최대 패스트푸드체인 맥도날드. 영국 내 1,200개의 점포에 채용된 9만 2,000명의 맥도날드 직원 중 90퍼센트가 0시간 계약을 맺고 있다. 영국 통계청은 0시간 계약 형태 노동자가 20만 명이라고 추산하고 있지만 100만 명을 뛰어넘었다는 분석도 있다. 2013년 8월 5일 영국 인력개발연구소CIPD가 1,000개 기업을 대상으로 설문 조사를 벌인 결과, 전체 노동인구의 3퍼센트에 달하는 100만여 명의 근로자가 0시간 계약으로 일을 하고 있는 것으로 나타났다.[104]

영국에서 0시간 계약이 증가한 이유로는 크게 2가지가 거론된다. 하나는 2010년 EU가 임시 파견근로자도 12주 이상 고용 상태가 지속될 경우 일반 근로자와 같은 지위를 부여키로 결정하자 고용 유동성이 급격히 떨어질 것을 우려한 고용주들이 0시간 계약을 대안으로 내놓았다. 또 하나는 장기적인 경기 침체. 생존 경쟁의 일환으로 비용 줄이기에 나선 고용주들이 불완전 고용을 늘리기 시작했는데, 이게 0시간 계약 형태로 나타났다는 것이다.[105]

0시간 계약 옹호론자들은 0시간 계약이 노동유연성 확보와 실업 해소의 효과가 있다고 말하지만 0시간 계약은 노동유연화 시대의 대표적인 나쁜 일자리이기 때문에 사라져야 한다는 목소리도 크다. 예컨대 영국 공공서비스노조UNISON의 데이브 프렌티스 사무총장은 "이러한 고용 방식은 노동자들이 매일 일자리를 구하려고 공장 문 앞에서 줄지어 기다리던 산업화 시대로의 회귀"라며 "제로아워 계약을 불법으로 규정해야 한다"고 촉구했다.[106] 에드 밀리반드 노동당 대표 역시 2013년 9월 10일 열린 영국 노동조합회의TUC에서 0시간 고용을 금지하는 제안을 내놓았다.

# 컴캐스트 Comcast Corporation

미국의 최대 케이블TV 업체로, 케이블TV 사업에 기반을 두고 초고속 인터넷과 통신 분야로 사업을 확장하면서 세계 최대 미디어 기업으로 부상하고 있다. 컴캐스트 가입자는 2,300만 명으로, 2012년 매출액은 625억 달러(약 70조 원)에 달한다.[107] 2013년 2월에는 NBC 유니버설을 인수했는데, 이는 관련 업계에 큰 충격을 주었다. NBC 유니버설은 미국의 3대 공중파 방송인 NBC를 비롯해 경제방송 CNBC 등 방송 채널과 메이저 영화사인 유니버설스튜디오를 거느린 미디어 · 엔터테인먼트 기업으로, NBC 유니버설 인수로 인해 컴캐스트가 미국 종합엔터테인먼트 업계에서 막대한 영향력을 발휘하게 되었기 때문이다.[108] 바로 그런 우려 때문에 미국 법무부와 연방통신위원회FCC는 2012년 인수 승인 과정에서 컴캐스트가 일정 기간 동안 NBC 간판 프로그램 〈디 오피스〉, 〈슈퍼 배드〉 등에 개입하지 못하도록 조건을 달았으며, NBC 유니버설 콘텐츠를 경쟁사들에도 개방하도록 조치했다.[109]

2013년 6월 11일 브라이언 로버트 컴캐스트 CEO는 미국 워싱턴에서 열린 전미케이블협회NCTA쇼에서 "TV는 모든 사람들이 보는 보편적 매체지만, 이제는 개인화 매체로의 중요성이 더 부각되고 있다"며 "시청자에게 최적으로 맞춤화된 TV 서비스를 제공하는 것이

컴캐스트의 목표"라고 말했다. 이를 위해 컴캐스트는 주문형On-Demand 서비스를 강화하고 있다.[110] 컴캐스트가 꿈꾸는 세상은 어디서나 TV를 볼 수 있는 'TV 에브리웨어Everywhere'다.[111]

# 퀄리파잉 오퍼Qualifying Offer

미국 프로야구 메이저리그에서 FAFree Agent 자격을 얻은 선수에게 원 소속 구단이 메이저리그 상위 125명 선수들의 평균 연봉을 1년 재계약 조건으로 제시하는 것을 일컫는 말이다. 퀄리파잉 오퍼 금액은 매년 증가하고 있는데, 2013년 금액은 1,410만 달러였다. 천문학적인 금액이 시사하듯, 구단이 선수에게 퀄리파잉 오퍼를 제시했다는 것은 그 선수가 특급 FA로 공인받았다는 것을 의미한다. 소속 구단에서 퀄리파잉 오퍼를 제안받은 FA 선수는 일주일 안에 결정을 내려야 하며 퀄리파잉 오퍼를 거부할 경우 FA 시장에 나서게 된다.

스타급 FA 선수 가운데 퀄리파잉 오퍼를 받아들이는 선수는 많지 않은데, 원 소속 구단이 FA 선수에게 퀄리파잉 오퍼를 하는 이유는 해당 FA 선수가 다른 구단과 계약하면 보상 차원에서 이듬해 신인 드래프트 지명권을 넘겨받을 수 있기 때문이다. 그러니까 퀄리파잉 오퍼는 재정 상태가 좋은 구단이 FA 영입으로 선수를 독식하지 못하도록 해서 구단 간의 전력 평준화를 유지하기 위한 보호장치라 할 수 있는 셈이다.[112]

예외도 있다. 그해 승률 하위 10개 구단은 원 소속 구단에서 퀄리파잉 오퍼를 받은 선수를 영입해도 이듬해 신인 드래프트에서 지명권을 잃지 않는다.[113] 이 역시 전력 쏠림 현상을 막기 위한 장치로 볼 수 있겠다. 2013년 11월 5일 메이저리그 사무국은 신시내티 레즈가 FA가 되는 추신수에게 퀄리파잉 오퍼를 제시했다고 밝혔는데, 추신수는 이 제안을 거부하고 FA 시장에 나와 텍사스 레인저스와 7년 간 1억 3,000만 달러(약 1,377억 원)에 계약했다. 연평균 2,000만 달러(약 212억 원)에 조금 못 미치는 액수로, 퀄리파잉 오퍼 금액보다 많다.

# 킨들 월즈 Kindle Worlds

미국의 대표적 인터넷 서점 아마존이 팬픽의 상업화와 유통을 위해 내놓은 플랫폼이다. 킨들 월즈에서 판매되는 팬픽은 한국의 팬픽과는 다소 성격이 다르다. 한국에서는 특정 연예인을 등장인물로 삼은 소설을 일컬어 팬픽이라 하는데, 킨들 월즈에서 유통되는 팬픽은 기존 작품을 토대로 한 작품을 말한다. 팬픽의 등장인물이나 배경은 기존 콘텐츠에서 그대로 따오지만 작가가 새로운 에피소드를 창작하는 식이다. 이 때문에 킨들 월즈에서 판매하는 팬픽은 기존 작품 저작권자와의 합의가 필수적인데, 아마존은 〈가십 걸〉과 〈뱀파이어 다이어리스〉 등 인기 드라마 3편을 방영 중인 CW, ABC와 팬픽 콘텐츠 생산과 유통에 대한 협의를 마친 상태다. 아마존은 인기 있는 책, 게임, TV 프로그램, 영화, 음악 등으로도 소재를 넓힐 계획을 세우고 있다.[114]

킨들 월즈는 아마추어 작가 누구나 다 참여할 수 있지만 상업성을 전면에 내세우고 있는 만큼 채택 기준은 깐깐하다. 분량은 영어 기준 1만 단어 이상이어야 하고, 음란물이나 인종차별, 폭력적인 내용을 다루어선 안 된다. 표지가 없고 편집이 불량하거나 서지 정보를 제대로 기입하지 않은 책도 등록 불가 대상이며 광고비를 받고 특정 브랜드를 언급하는 팬픽도 킨들 월즈에 입주할 수 없다.[115]

킨들 월즈는 자체 콘텐츠 확보를 위해 아마존이 택한 전략이다. 동영상 스트리밍 서비스 기업 넷플릭스가 자체 콘텐츠 제작으로 대박을 터뜨린 후 미국의 유통 업체에선 자체 콘텐츠 제작 열풍이 거세게 불고 있는데, 향후 킨들 월즈를 애플의 앱스토어와 구글의 구글플레이에 버금가는 콘텐츠 플랫폼으로 성장시킨다는 게 아마존의 계획이다.[116]

# 테이퍼링Tapering

Taper는 '폭이 점점 가늘어지다'는 의미로, 마라톤이나 수영 선수 등 지구력이 필요한 운동선수들이 중요한 시합을 앞두고 훈련량을 점차적으로 줄여나가는 과정을 일컬어 테이퍼링이라 한다.[117] 이게 시사하듯 테이퍼링은 애초 스포츠 용어였지만 2013년 5월 23일 벤 버냉키 미 연방준비제도 의장이 의회 증언에서 "몇 번의 회의에서 자산 매입을 축소할 수 있다The Fed might taper in the next few meetings"는 발언을 한 이후부터는 양적완화 조치의 점진적인 축소를 의미하는 경제학 용어로도 사용되고 있다.[118]

버냉키의 발언 이후 테이퍼링은 2013년 세계 금융시장의 키워드로 떠올랐다. 2013년 12월 양미영은 테이퍼링은 "올해 들어 시장에 혜성처럼 등장한 단어다"면서 "처음엔 생소하고 설었지만 미국 연방준비제도Fed가 유동성 공급을 서서히 줄여가는 것을 이처럼 적절하게 표현한 것도 없었다. 불과 수개월 새 더없이 익숙한 용어가 됐다"고 말했다.[119]

버냉키의 발언 직후부터 세계 금융시장은 미 연준의 테이퍼링 시작 시기를 두고 온갖 촉각을 곤두 세웠으며, 버냉키의 발언 한마디 한마디에 세계경제는 민감하게 반응했다. 2013년 12월 연방 공개시장위원회FOMC는 2014년 1월부터 국채와 주택담보대출채권MBS

의 매입 규모를 월 850억 달러에서 750억 달러로 줄이고 향후 경제 상황에 따라 추가 축소가 있을 것이라고 말해 2007~2008년 세계 금융 위기 때 진행했던 양적완화에 대한 테이퍼링에 착수했다.

세계 각국이 테이퍼링이 미칠 영향에 긴장하고 있는 가운데, 『월스트리트저널』 2013년 12월 19일자는 인도, 인도네시아, 브라질, 남아프리카공화국, 터키 등 5개국을 '테이퍼링 취약국'으로 꼽았다. 한국은 상대적으로 영향을 덜 받을 것으로 예측되고 있지만 신흥국을 중심으로 전 세계 금융시장이 요동치면 한국도 예외가 될 수 없다는 시각도 있다.[120] 테이퍼링으로 인해 2014년에는 테이퍼노믹스라는 말도 등장했다. taper에 경제학을 의미하는 economics를 합성한 용어로, 테이퍼링이 글로벌 경기와 재테크 환경에 어떤 영향을 미치는지 종합적으로 따져보아야 한다는 개념이다.[121]

# 특정비밀보호법

국가 안보와 관련된 정보를 특정 비밀로 지정하고, 정보를 유출한 공무원은 최장 징역 10년형, 비밀 유출을 교사한 사람은 5년 이하 징역형에 처할 수 있는 규정을 담고 있는 법안이다. 2012년 12월 일본 참의원을 통과했다.[122] 특정비밀보호법은 아베 신조 일본 총리가 도입을 시사했을 때부터 논란이 되었다. 아베는 외교·안보 역량 강화를 위해 특정비밀보호법은 반드시 필요하다고 강조했지만 야당과 일본 언론, 시민사회는 정부와 행정기관이 감추고 싶은 정보를 자의적으로 비밀로 지정할 수 있고 공무원에게서 특정 기밀을 얻은 언론인도 처벌 대상이 될 수 있기 때문에 국민의 알 권리를 침해하는 법안이라며 폐기를 주장했다. 예컨대 2013년 11월 도쿄 히비야日比谷 야외 음악당에서 시민단체와 학자, 국회의원 등 1만여 명이 운집한 가운데 진행된 특정비밀보호법 반대 집회에서는 "전쟁은 '비밀'에서 시작된다. 정부는 특정비밀보호법안을 즉시 폐기하라"는 호소문을 채택했다.[123]

하지만 아베 총리는 힘의 논리를 앞세워 특정비밀보호법을 통과시켰는데, 아베 정부가 추진하는 집단적 자위권 도입을 위한 초석 쌓기로 보는 견해가 있다. 마고사키 우케루 전 외무성 국제정보국장은 "비밀보호법은 집단적 자위권 행사로 자위대가 미군과 함께 전쟁할 경우 미군의 정보가 새어나가지 않게 하기 위한 의도"라며 "집단적 자위권 행사에 목숨을 건 아베 정권이 법안 통과를 강행하는 것은 이런 이유"라고 말한다.[124] 실제 일본 내 진보 세력들은 특정비밀보호법안은 미국에서 집단적 자위권 행사를 인정받는 것을 전제로 미국에 바치는 종합선물세트라고 지적한다. 집단적 자위권을 원활히 행사하기 위해서는 미국과 유사한 정보 관련 조직이 필요하며, 조직 운영 과정에서 비밀이 새어나가지 않도록 하기 위해 특정비밀보호법안을 추진하게 되었다는 것이다.[125]

궁극적으로 군국주의 부활을 꿈꾸는 아베 총리의 의지가 드러난 것이라는 해석도 있다. 미국의 대표적 일본 전문가로 알려진 리처드 새뮤얼스 미국 MIT 국제연구센터 소장은 2013년 12월 6일 외교전문매체 『포린폴리시』와 인터뷰에서 특정비밀보호법은 아베 신조 총리가 전후 평화헌법 체제에서 탈피해 더 강력한 군사태세를 갖추기 위해 추진하는 광범위한 노력의 하나라고 진단했다. 미국 역시 일본의 특정비밀보호법을 지지하고 있는 것으로 알려졌다.[126]

# 판다노믹스 Pandanomic

판다를 매개로 한 중국의 경제 · 외교 전략을 일컫는 말이다. 중국이 판다 임대를 통해 다른 나라의 가치 있는 자원이나 기술을 얻어낼 뿐만 아니라 외교 관계를 형성하는 현상이 자주 발생하면서 등장한 말이다. 예컨대 전 세계 최대 우라늄 매장량을 자랑하는 호주는 2006년 중국과 공급 계약 체결 이후 2009년 한 쌍의 판다를 받았으며, 스코틀랜드는 2011년 중국과 수십억 달러 규모의 석유화학제 · 연어 공급과 신재생 에너지 기술 이전 계약을 체결하면서 판다 한 쌍을 임차했다. 캐나다와 프랑스 역시 우라늄 수출 계약에 대한 융자금으로 판다를 받았다. 중국과 FTA를 체결한 싱가포르와 태국 역시 판다를 선물받았다.[127] 판다와 중국 교역과의 관계를 연구해온 캐슬린 버킹엄 영국 옥스퍼드대학 교수는 단순히 주요 무역 대상국이라고 판다를 임대받을 수 있는 건 아니라고 말한다. 판다의 희소성 가치를 고려할 때 판다노믹스에는 판다를 임대해준 국가와 대단히 긴밀한 관계를 맺고자 하는 중국의 의지가 담겨 있다는 것이다.[128]

판다노믹스는 1980년대 중국이 경제 개방을 하면서부터 본격화되었다. 당시 중국은 달러화에 대한 수요가 급격히 높아지자 경제 관계를 맺는 국가에 판다를 대여하며 단기 차관을 융통하는 이

른바 '판다 융자'를 사용했는데, 한 쌍의 판다를 매월 대여하는 데
드는 비용은 10만 달러가량으로 중국이 융자를 목적으로 전 세계 각
국 동물원에 보낸 판다의 수는 50여 마리 정도인 것으로 알려지고
있다.[129] 판다노믹스가 주목받고 있지만 사실 판다를 매개로 한 중
국의 외교 전략은 어제오늘의 이야기가 아니다. 과거부터 중국은
판다를 국제 무대에서 정치·경제 외교를 위한 중요한 수단으로 활
용해왔다. 마오쩌둥은 구소련과 북한, 미국, 영국 등의 국가 수반들
에게 판다를 선물로 보냈으며, 중국 정부는 1972년부터 3년 동안
각국 대사들에게 24마리의 판다를 선물하기도 했다.[130]

# 프런티어 시장<sub></sub>Frontier Market

브릭스BRICs, 인도네시아, 태국 등 신흥 시장(이머징 마켓)보다 증시 규모가 작고 개발이 덜 된 국가를 말한다. 2013년 증시가 많이 오른 베네수엘라(37.2퍼센트)·케냐(25.4퍼센트)·아랍에미리트(두바이 기준·24.6퍼센트) 등이 프런티어 시장에 속한다. 최근 수년간 급성장한 국가 경제를 발판으로 세계경제에서 차지하는 비중이 꾸준히 증가하고 있다는 게 프런티어 시장의 공통점이다. 프런티어 시장은 2013년 현재 전 세계 국내총생산의 6퍼센트를 차지하고 있으며 성장 잠재력 또한 풍부한 것으로 알려지고 있다.[131] IMF는 「2013년 경제 전망」 보고서에서 프런티어 시장의 경제 성장률이 앞으로 5년간 연 6.5퍼센트를 넘을 것으로 내다보았는데, 이는 이머징 마켓보다 훨씬 높은 수준이다. 바로 그런 이유 때문에 프론티어 시장은 갈 곳을 잃어버린 글로벌 투자자들의 이목을 끌고 있다.

프런티어 시장의 위험성을 지적하는 목소리도 있다. 프런티어 시장에 속하는 국가들은 시가총액이 작고 일부 기업이 증시 대부분을 차지해 작은 충격에도 주가가 쉽게 흔들릴 수 있다는 게 이유로 꼽힌다. 정치적 불안정성도 위험 요소로 거론된다. 조병현 동양증권 연구원은 "독재·분쟁 국가가 많은 프런티어 시장에서 체제 불안이 나타나면 주가에 큰 변동이 올 수 있다"고 말했다.[132] 그래서 프런티어 시장이 신흥시장의 대안이 되기는 어렵다는 시각도 있다. 프런티어 시장은 여전히 검증해야 할 게 많은 틈새시장에 불과하다는 것이다.[133]

# 프리즘 PRISM

미국 국가안보국NSA의 정보 수집 도구로, 구글 · 페이스북 · 야후 · 스카이프 · 팔톡 · 유튜브 · 애플 · ADL · MS 등 미국의 주요 IT 기업들이 서비스 운용을 위해 사용하는 서버 컴퓨터에 접속해 사용자 정보를 수집하고 분석하는 시스템이다. 프리즘을 통해 NSA는 개인 이메일과 영상, 사진, 음성 데이터, 파일 전송 내역, 통화 기록, 접속 정보 등 온라인 활동에 관한 모든 정보를 수집한다. '자원 통합 · 동기화 · 관리용 기획도구Planning tool for Resource Integration, Synchronization and Management'의 약자다.[134]

　　프리즘은 9 · 11사건을 경험한 조지 W. 부시 정부에서 2007년 외국인 테러리스트 의심자를 추적하는 FISAForeign Intelligence Surveillance ACT(해외 정보 감시법) 프로그램의 단점을 극복하기 위해 도입되었다. FISA는 테러리스트로 의심되는 외국인을 추적할 때 해당 국가의 협조를 얻어야 했는데, 해당 기관의 협조를 구하는 것보다 사전에 검열을 통해 의심스러운 인물을 찾아내는 게 빠르고 효율적이라는 계산에 따른 것이다.[135] 미국의 『워싱턴포스트』는 프리즘에 대해 알 수 있는 위치에 올라간 공직자들은 취임할 때 결코 기밀을 누설하지 않겠다는 취지의 선서를 할 만큼 철저하게 베일에 쌓여 있었던 시스템이라고 보도했다.[136]

프리즘의 존재를 세상에 알린 인물은 전 NSA 직원 에드워드 스노든이다. 스노든은 프리즘 폭로에 대해 "잘못됐고 남용될 수 있다는 것을 인지한 후 매일 아침 (폭로를) 결심했다"며 이렇게 말했다. "모든 것을 중간에 빼낼 수 있는 장치를 만들었고 이는 인간의 소통 대부분을 무차별적으로 수집할 수 있다. 이런 사회에 살고 싶지 않았다."[137]

프리즘이 알려지면서 구글, 페이스북, 야후 등 IT 기업들에도 불똥이 튀었다. 이들이 프리즘에 연루된 것으로 알려졌기 때문이다. 이들은 기업은 "NSA에 중앙서버 접속을 허용한 적이 없다"고 반박하며 정부를 위해 서버 접속을 허용하는 프리즘과 같은 백도어 프로그램 존재를 부인했다.[138] 하지만 제임스 클래퍼 미국 국가정보국DNI 국장이 프리즘은 "합법적 행위일 뿐 아니라 안보에도 필수적"이라고 말하면서 거짓 해명이라는 의혹을 받았다.[139]

프리즘 논란은 영국에서도 일었다. 2013년 6월 8일 영국의 『파이낸셜타임스』는 영국 정보통신본부가 미국 국가안보국의 프리즘으로 정보를 수집한 사실이 알려지면서 데이비드 캐머런 총리가 해명 압박을 받고 있다고 보도했다. 프리즘을 폭로한 스노든은 NSA와 계약을 맺은 민간업체 부즈 앨런 해밀턴의 직원으로 알려졌는데, 프리즘 파문은 정부기관의 외주업체로 번졌다. 영국의 『가디언』은 미국에는 부즈 앨런처럼 정부를 위해 일하는 회사가 무려 1,931개나 존재하는데, 이들은 국가 안보와 테러 방지, 스파이 업무를 수행하고 있으며 미국 정부는 이들 고용인들에게 매년 1인당 평균 12만 6,500달러를 쓰고 있다고 말했다.[140]

해외 정보를 감시하는 NSA가 프리즘을 통해 민간인까지 사찰한 것으로 드러나면서 '빅 브라더'의 등장을 우려하는 목소리가 거세게 일었지만 정작 미국인들은 프리즘에 관대한 편이다. 미국 일간 『워싱턴포스트』가 성인 1,000여 명을 대상으로 2013년 6월 6~9일 실시한 설문 조사 결과에 따르면, 테러 조사를 목적으로 한 국가기관의 전화 기록 추적을 개인적으로 용인할 수 있다는 의견은 56퍼센트에 달해 과반을 넘긴 것으로 나타났다. 『워싱턴포스트』는 이런 결과는 "보스턴마라톤 테러 등 최근 분위기가 반영된 결과"라고 분석했다.[141]

# 할랄Halal 산업

할랄의 사전적 의미는 '허용된 것'으로, 이슬람교도가 먹고 쓸 수 있는 제품을 총칭해 할랄이라 한다. 과일·야채·곡류 등 모든 식물성 음식과 어류·어패류 등의 모든 해산물이 이에 해당한다. 육류 중에서는 이슬람 율법에 따라 도살·처리·가공된 염소고기·닭고기·쇠고기 등이 해당한다. 할랄의 반대는 하람haram이다. 술과 마약류처럼 정신을 흐리게 하는 것이나 돼지, 개, 고양이 등의 동물 고기, 자연사했거나 잔인하게 도살된 짐승의 고기 등 무슬림에게 금지된 음식이 이에 해당한다.[142]

할랄 시장에 진출하기 위해선 할랄 인증을 받아야 하는데, 하람 성분이 들어간 식품은 할랄 인증을 받을 수 없다. 육류는 할랄 인증을 받은 도축장에서 '알라의 이름으로'라는 주문을 외운 뒤 날카로운 도구를 사용해 동물의 앞쪽에서 도살하는 이슬람 방식에 의해 도축된 것만 수출할 수 있다. 화장품은 콜라겐 등 동물성 성분과 알코올이 들어 있지 않아야 하며 의류 패션 분야는 생물체 문양을 이미지화해서는 안 된다. 우상 숭배를 금지하는 무슬림의 특성 때문이다.[143]

할랄 시장 진출을 위해서는 까다로운 조건을 충족시켜야 하지만 할랄 시장은 블루오션으로 떠오르고 있다. 이슬람 인구가 전 세계 인구의 4분의 1에 달하는 18억 명에 이르고 있을 뿐만 아니라 구매력을 갖춘 이슬람 인구가 늘어나면서 세계 소비 시장에 편입되고 있기 때문이다. 그동안 이슬람 율법인 코란에 따라 의식주를 엄격히 통제받았던 무슬림들이 인터넷과 소셜 미디어를 통해 외부 세계와 접촉하는 빈도가 높아지면서 '인간의 욕망'에 차츰 눈을 뜨고 있다는 것도 주요한 이유다.[144]

할랄 시장은 매년 20퍼센트씩 성장하고 있는데, 과거 식품 위주였던 할랄 시장은 의약품과 화장품 등으로 확대되고 있으며, 여성을 겨냥한 미용 산업도 가파른 성장세를 보이고 있다. 무슬림들을 겨냥한 관광 상품도 속속 등장하고 있다. 터키, 중국, 말레이시아 등은 오일머니 부국인 사우디아라비아와 아랍에미리트 등을 겨냥해 할랄 음식점과 숙박업소를 마련하고 있으며, 유럽은 남녀 수영장이 분리되어 있고 알코올이 배제된 음료를 제공하는 여행 상품을 내놓고 있다.

성 욕망에도 눈을 뜨고 있는 이슬람인들을 겨냥해 성 관련 용품도 등장했다. 할랄 시장 편입을 위해 기업들은 발빠르게 할랄 인증을 받고 있다. 네슬레는 1992년부터 할랄 제품 개발을 시작해 2010년 말 전 세계 85개 공장과 154개 제품이 할랄 인증을 받았으며, 버거킹, KFC, 까르푸, P&G 등도 할랄 시장을 신개척 분야로 선정해 제품 개발에 나서고 있다.[145]

할랄 제품 수출을 주도하는 국가는 태국, 브라질, 호주, 말레이시아 등으로 이 가운데 말레이시아는 물류, 운송, 식품, 화장품, 의약품을 아우르는 몇 가지 할랄 표준을 만들어 할랄 제품 수출만으로 2012년 11억 5,700만 달러(약 1조 3,000억 원)의 매출을 올렸다. 2013년 영국의 『이코노미스트』는 "소비자가 욕망에 눈을 뜨고 있어 '할랄'(허락된 것)과 '하람'(금지된 것) 간 경계는 더 모호해질 것"이라고 말했다.[146]

# 헤이트 스피치|hate speech

특정한 인종이나 국적·종교·성별 등을 기준으로 다른 사람들에 대한 증오를 선동하는 발언을 일컫는다. 공공장소에서 이루어지는 편견과 폭력을 부추기는 위협·폄하·선동 발언 등은 물론이고 국기 등 상징물을 모욕하는 행위까지 포괄하는 개념이다. 증오 연설, 증오 언설, 증오 발언, 증오 표현, 증오 언어, 증오 선동 등으로 불린다. 2013년 재특회(재일특권을 허용하지 않는 시민 모임)를 필두로 한 일본의 극우 세력이 재일 한국인을 대상으로 헤이트 스피치를 자행하면서 한국에도 헤이트 스피치가 널리 알려졌다.

　　재특회는 2013년 3~8월 사이 일본 내에서 약 161건에 이르는 헤이트 스피치 시위를 연 것으로 추정되는데, 도쿄나 오사카 거리에서 "조선인은 떠나라, 조선인을 죽여라"라는 구호를 노골적으로 외쳤다. 일본 극우 세력의 헤이트 스피치에 맞서 2013년 9월 25일 일본 도쿄에서 결성된 '헤이트 스피치와 민족차별주의를 극복하는 국제 네트워크'는 설립 선언문에서 "재일 한국·조선인을 표적으로 하는 헤이트 스피치가 각지에서 무섭게 확산하고 있다"며 "헤이트 스피치는 국적, 민족, 성별, 출신지에 관계없이 모든 인간이 존엄성과 인권을 가지고 있다는 신념과 평화 공존하려는 정신을 언어와 물리적 폭력으로 손상하는 행위"라고 말했다.[147]

2013년 7월 7일 일본 교토지방법원은 일본 우익 세력이 재일본조선인총연합회 자녀들이 다니는 조선학교 주변에서 증오 발언을 하고 험한 시위를 벌여온 것에 대해 인종차별철폐조약 위반에 해당한다며 손해 배상과 시위 금지 명령을 내렸는데, 이는 일본 법원이 험한 시위에 대해 인종차별을 이유로 제동을 건 첫 사례다.[148] 하지만 일본 법원의 판결은 업무 방해와 손해 배상에 대한 판결일 뿐 헤이트 스피치 그 자체를 단죄한 것은 아니다. 신동호는 "일본은 국제 범죄에 대한 형사처벌 재판 관할권을 인정하는 로마협약에 가입해 있지만 헤이트 스피치 규제 등에 대한 법제화는 아직 이루어지지 않고 있"다고 말한다.[149]

일각에서는 헤이트 스피치도 표현의 자유로 인정해야 한다고 주장한다. 하지만 국제 사회는 헤이트 스피치를 증오 범죄로 규정해 강력한 처벌을 하고 있다. 1994년 아프리카 르완다에서 발생한 80만 대학살 사건이 대표적이다. 당시 르완다에서는 일부 정치인과 언론인·종교인이 라디오와 신문을 통해 헤이트 스피치를 쏟아냈는데, 유엔 르완다국제형사재판소ICTR는 대량 학살을 선동한 원인이 되었다며 헤이트 스피치를 제노사이드의 한 유형으로 보고 중형을 선고했다.[150]

미국과 유럽 등도 헤이트 스피치를 증오 범죄로 규정해 처벌하고 있다. 예컨대 2012년 영국에서는 이런 일이 있었다. 영국의 스완지대학 생물학도 리엄 스테이시는 3월 17일 영국 FA컵 토트넘 핫스

퍼와의 8강전 경기 도중 볼턴 원더러스 팀의 콩고민주공화국 출신 파브리스 무암바가 심장마비로 쓰러진 직후 "큰 웃음 주심LOL ( 'laughing out loud' 의 약자인 인터넷 용어), 빌어먹을Fxxx 무암바, 그가 죽었다"는 글을 트위터에 올렸다는 이유로 스완지 법원에서 징역 56일 형을 선고받았다. 스테이시는 취중에 범한 실수고 잘못을 뉘우친다고 말했지만 학사 학위 취득을 위해 마지막 기말 시험을 앞두고 있었던 그는 학교에서 정학 조치를 받았고 법의학자가 되려는 꿈을 접어야 할 처지에 처했다.[151]

헤이트 스피치에 대한 강력한 처벌은 세계적인 현상이지만 한국은 헤이트 스피치에 관대한 사회라는 지적이 많다. 헤이트 스피치에 대한 관대함 때문에 온라인 공간에서 특정 지역에 대한 노골적인 증오와 혐오를 부추기는 발언과 갖은 조롱이 이루어지고 있다. 2013년 일베(일간베스트저장소)에 의해 자행된 '5·18 왜곡'과 전라도에 대한 조롱은 한국 내에서 자행되고 있는 헤이트 스피치의 한 사례일 뿐이라는 것이다. 한국도 미국이나 유럽처럼 헤이트 스피치를 증오 범죄로 규정해 강력하게 처벌해야 한다는 목소리가 크다.

# 화이브라더스 Huayi Brothers

중국 영화 시장의 30퍼센트를 점유하고 있는 중국 최대의 종합 미디어 그룹이다. 1994년 왕중쥔王中軍과 왕중레이王中磊 형제가 설립했으며 영화 제작·배급, 음반 제작, 연예인 매니지먼트, 드라마 제작, 광고, 영화관 운영 등 다양한 엔터테인먼트 분야에 진출해 있다. 중국 엔터테인먼트 최초의 A주 상장사다.[152] 화이브라더스의 꿈은 웅장하다. 화이브라더스는 2011년 2월 동아시아에서 가장 큰 TV 방송사와 영화 스튜디오를 만들겠다고 말했으며, 2016년까지 영화를 통해 10억 위안을 버는 것을 목표로 하고 있다.[153]

2013년 7월 20일 중국 모바일 게임 서비스 업체 3위권 내의 광저우인한廣州銀漢 과학기술유한공사 지분을 인수했다고 밝혔는데, 중국 내에서는 화이브라더스가 모바일 게임이라는 새로운 성장 동력도 품에 안았다고 해석했다.[154] 화이브라더스는 중화권 전체에 영화 투자·제작·배급력을 갖추고 있으며 한국 시장 진출도 모색하고 있다.

2012년 한국의 6대 엔터테인먼트 연맹인 UAMUnited Asia Management과 손을 잡았으며 2013년 7월 한국과 중국에서 함께 개봉한 김용화 감독의 〈미스터고〉에 500만 달러(56억 원)를 투자하면서 한국에서 주목을 받았다. 홍석재는 지금까지 "한국 영화에 대한 중국 자본의 투자는 주로 낮은 수준의 '한중 합작' 형태"였는데, 화이 브러더스의 〈미스터고〉 투자는 이제까지의 흐름을 넘어서는 방식으로 한국 영화계에 대한 중국의 투자 흐름은 한동안 지속될 것으로 예측했다.[155]

주

## 1_ Culture Section

1  김윤미, 「[친절한 쿡기자~하드윤미의 똥개훈련] "이럴려고 기자됐나" 댓글에 기자들은?」, 「국민일보」, 2013년 7월 11일.

2  정철운, 「포털 도배하는 연예기사 5건 중 4건, '뭐' 없는 진빵? 국내 연예저널리즘 현황 및 구조 종합적 연구결과 나와…"포털 편집권 시민사회가 개입해야"」, 「미디어오늘」, 2013년 10월 4일.

3  조윤호, 「기자 이름 대신 'ㅇㅇ닷컴' '디지털뉴스팀' …왜?」, 「미디어오늘」, 2013년 11월 14일.

4  김윤미, 「[친절한 쿡기자] 검색어 기자님들, 밥은 먹고 다니세요?」, 「국민일보」, 2013년 7월 18일.

5  김병규, 「'소녀시대 양치' 인기검색어 뜨니 베끼는 기사 우르르」, 「연합뉴스」, 2013년 10월 7일.

6  하경헌, 「다큐같은 예능, 예능같은 다큐 '다큐테인먼트'가 뜬다」, 「스포츠경향」, 2013년 2월 14일.

7  방연주, 「관찰, 예능의 또 다른 이름 버라이어티 피로감, '생활밀착형 소재'로 눈길…실험적 포맷 주춤」, 「피디저널」, 2013년 8월 13일.

8  방연주, 「관찰, 예능의 또 다른 이름 버라이어티 피로감, '생활밀착형 소재'로 눈길…실험적 포맷 주춤」, 「피디저널」, 2013년 8월 13일.

9  서병기, 「서병기 선임기자의 대중문화비평: MC 없는 관찰예능 시대…강호동의 선택은 '땀의 진정성'」, 「헤럴드경제」, 2013년 8월 24일.

10  이카루스, 「관찰예능 인기 속 숨어 있는 대중의 '훔쳐보기' 욕망」, 「미디어스」, 2013년 4월 29일.

11  박효재, 「리얼해지는 예능, 리얼해지는 위험」, 「스포츠경향」, 2014년 1월 8일.

12  정상혁, 「[컬처 줌 인] "외국인만 보면 '두 유 노 싸이?(Do you know PSY?)' …낯간지럽다"」, 「조선일보」, 2013년 8월 26일, A25면.

13  「31일 개봉하는 '설국열차' 재미있을까?」, 「시사인」, 306호(2013년 7월 30일).

14  김태익, 「[만물상] '국뽕' 논란」, 「조선일보」, 2013년 8월 27일.

15  정상혁, 「[컬처 줌 인] "외국인만 보면 '두 유 노 싸이?(Do you know PSY?)' … 낯간지럽다"」, 「조선일보」, 2013년 8월 26일, A25면.

16  신익수, 「럭셔리 캠핑 '글램핑'에 빠지다」, 「매일경제」, 2011년 10월 21일.

17  김산환, 「비싸도 너~무 비싸」, 「한겨레」, 2012년 10월 10일.

18  신익수, 「다 있다, 몸만 오세요…귀족 캠핑 '글램핑'」, 『매일경제』, 2012년 5월 16일.

19  김산환, 「비싸도 너∼무 비싸」, 『한겨레』, 2012년 10월 10일.

20  김우영, 「캠핑은 사서 고생? 럭셔리한 '글램핑'이 있잖아요」, 『헤럴드경제』, 2013년 3월 7일.

21  박선희, 「칼퇴근하는 나, 나포츠족」, 『동아일보』, 2013년 3월 12일.

22  김성지, 「아웃도어·스포츠 업계, 나포츠족 겨냥한 '야간 레포츠' 열풍」, 『국민일보』, 2013년 5월 22일.

23  이유진, 「나포츠족은 한여름이 두렵지 않아」, 『한겨레』, 2013년 7월 10일.

24  정미나, 「[ICT시사용어] (8) 뉴스 큐레이션」, 『전자신문』, 2013년 5월 13일.

25  심재석, 「뉴스 서비스 상한가…인터넷 업계 '뉴스 앱' 인수 열풍」, 『디지털데일리』, 2013년 4월 25일.

26  원성윤, 「모바일 뉴스 새 플랫폼 '뉴스 큐레이션' 뜬다」, 『기자협회보』, 2013년 5월 1일.

27  권동준, 「친구가 추천하는 뉴스 본다…'아이오뉴스' 서비스 시작」, 『전자신문』, 2013년 6월 3일.

28  김현아, 「뉴스앱 이용자가 정치 참여 높아…정보격차 우려」, 『이데일리』, 2013년 3월 15일.

29  안은별, 「클릭 또 클릭…당신을 발가벗기는 그들은?」, 『프레시안』, 2011년 9월 9일.

30  류호성, 「[Cover Story] 독자 따라 '맞춤 뉴스' 편집해 앱으로 배달 가능성」, 『한국일보』, 2013년 9월 1일, 14면.

31  홍석재, 「'다양성 영화'로 분류된 이유가 궁금해」, 『한겨레』, 2013년 10월 3일.

32  양성희, 「스크린 독과점 논란 문화의 경제민주화…결국은 소비자가 나서야」, 『중앙일보』, 2013년 8월 10일.

33  배경헌, 「58 대 1, 작은 영화의 힘겨운 스크린 싸움」, 『서울신문』, 2013년 7월 23일.

34  진현철, 「"스크린 독과점 폐해, 법으로 규제해야"」, 『매일경제』, 2013년 7월 25일.

35  양성희, 「스크린 독과점 논란 문화의 경제민주화…결국은 소비자가 나서야」, 『중앙일보』, 2013년 8월 10일.

36  홍석재, 「'다양성 영화'로 분류된 이유가 궁금해」, 『한겨레』, 2013년 10월 3일.

37  하경헌, 「다큐같은 예능, 예능같은 다큐 '다큐테인먼트'가 뜬다」, 『스포츠경향』, 2013년 2월 14일.

38  강주일, 「방송사들의 꼼수… '교양'의 탈을 쓴 '예능' 속출」, 『경향신문』, 2013년 9월 10일.

39  최지은, 「10STYLE: 제11장 답정녀」, 『텐아시아』, 2012년 8월 21일.

40  김범석, 「[지금 SNS에서는] '답정녀' 족(族) 퇴치법」, 『동아일보』, 2013년 8월 16일.

41  박시은, 「"나 살찐 것 같아"라고 말하는 답정녀들의 심리」, 『매일경제』, 2013년 8월 13일.

42  최새미, 「'답정녀'에게 필요한 그것」, 『동아사이언스』, 2013년 9월 15일.

43  강현주, 「나도 '먹방' 스타…일상 중계 '라이프 캐스팅' 뜬다」, 『아이뉴스24』, 2013년 5월 1일.

44  심하늘, 「트렌드 '먹방'을 찾는 사람들 인터넷 먹는 방송 보면서 밥 먹고 외로움 달래고」, 『주간조선』, 2013년 1월 21일(2241호).

45  강현주, 「나도 '먹방' 스타…일상 중계 '라이프 캐스팅' 뜬다」, 『아이뉴스24』, 2013년 5월 1일.

46  이지현, 「유스트림 코리아 "소셜라이브서비스(SLS) 시대 연다"」, 『한국경제』, 2012년 10월 25일.

47  한지연, 「'로케팅' 떴다…유통계 덮친 소비 양극화」, 『아주경제』, 2013년 9월 5일.

48  김하나, 「"내년 백화점·대형마트 성장 둔화"…벤츠 몰고 이마트 가는 '로케팅족' 부각∼신세계硏」, 『한국경제』, 2011년 11월 23일.

49  송혜진, 「향수만 살 게요…고급 느낌 나니까」, 『조선일보』, 2013년 8월 30일, A20면.

50  이관범, 「열심히 산 자신에게 賞을…불황에 '자기보상 소비' 뜬다」, 『문화일보』, 2013년 12월 2일, 18면.

51  신정인, 「'가치소비'에 몰두…거품을 걷어낸 쇼핑 트렌드 불황이 만든 새로운 유행」, 『매일경제』, 2013년 1월 16일.

52  박세미, 「양귀비 레드, 날것, 젊은 복고…이것을 알면 2013 디자인이 보인다」, 『조선일보』, 2013년 1월 3일.

53  한다혜, 「폐공간 재활용 '로트렌드'」, 『중앙일보』, 2013년 1월 29일.

54  송혜진, 「다방에서 전시, 창고에서 파티, 공장에서 식사…폐허의 재발견」, 『조선일보』, 2013년 4월 12일, A20면.

55  김작가, 「아, 록페스티벌은 바캉스가 되었구나」, 『시사인』, 제305호(2013년 7월 27일).

56  정진영·한지숙, 「[위크엔드]록페스티벌·심야극장…한 여름 밤 열기 달래주는 여가활동은 무엇이 있나?」, 『헤럴드경제』, 2013년 8월 2일.

57  김고금평, 「'록페의 진화'… '웰빙 피서지'로 떴다: '음악만' 있는 곳 아닌 '음악도' 있는 곳으로」, 『문화일보』, 2010년 8월 3일.

58  고규대, 「[문화대상공연] '록페공화국' 한국…내한 스타 몸값 과열」, 『이데일리』, 2013년 8월 19일.

59  이경희, 「35만 명 노래하고 뜀뛰고…록페가 끝났다」, 『중앙일보』 2013년 8월 20일.

60  민상식·김지희, 「"시끄러워 장사 안되니 떠나라"…상인에 내몰리는 '홍대 버스커(길거리 공연자)'」, 『헤럴드경제』, 2013년 8월 26일.

61  원선우, 「[어떻게 생각하십니까] 홍대 앞 명물 '거리 공연' 高聲 단속한다는데…」, 『조선일보』, 2013년 8월 19일.

62  이아인, 「홍대 앞 길거리 공연 단속 확대 논란 "공연 경쟁으로 민원 증가" vs "홍대문화거리 버스킹 문화 덕분"…"상인과 음악가 합의점 찾아야"」, 『미디어오늘』, 2013년 8월 20일.

63  이아인, 「홍대 앞 길거리 공연 단속 확대 논란 "공연 경쟁으로 민원 증가" vs "홍대문화거리 버스킹 문화 덕분"…"상인과 음악가 합의점 찾아야"」, 『미디어오늘』, 2013년 8월 20일.

64  김경은, 「정보 부재 '붕붕 드링크' 섭취 부추긴다」, 『국제신문』, 2013년 1월 14일.

65  손수정, 「[알쏭달쏭 용어풀이] 붕붕 드링크」, 『농민신문』, 2013년 2월 22일.

66  장보경, 「수험생 사이서 인기 폭발 '붕붕 드링크', 잘못하면…」, 『매일경제』, 2012년 5월 25일.

67  손수정, 「[알쏭달쏭 용어풀이] 붕붕 드링크」, 『농민신문』, 2013년 2월 22일.

68  김성곤, 「일부 인수위원, 언론 '뻗치기' 취재에 고충 토로」, 『이데일리』, 2013년 1월 18일.

69  박상현, 「[아주 문화적인 세상 읽기] '뻗치기 투어'」, 『경남도민일보』, 2012년 7월 4일.

70  김은진, 「'뻗치기'에는 커피가 독이더라」, 『시사인』, 274호(2012년 12월 22일).

71  박상현, 「[아주 문화적인 세상 읽기] '뻗치기 투어'」, 『경남도민일보』, 2012년 7월 4일.

72  정환봉, 「임씨 집 앞 뻗치기, 정말 그 짓을 해야 하나고요?」, 『한겨레』, 2013년 10월 13일.

73  한현우·변희원, 「스타 옆집에 사는 게 뭔 죄라고…」, 『조선일보』, 2007년 4월 17일, A10면.

74  「사생팬, 드라마 스태프 유혹까지…이 정도라니 '충격'」, 『동아일보』, 2012년 4월 3일.

75  남지은, 「간 큰 열혈 팬들 기자 사칭·코디 위장 "스타 가까이서 볼래" 전문가용 카메라·가짜 명함 들고 행사장 잠입」, 『한겨레』, 2011년 3월 1일.

76  정지섭, 「"일부 사생팬들 숙소 들어와 키스 시도…택시 타고 쫓아오다 일부러 접촉 사고도"」, 『조선일보』, 2012년 3월 10일.

77  강준만, 『대중문화의 겉과 속』(인물과사상사, 2013), 69~70쪽.

78  김작가, 「사생팬 '택시비 20만 원도 아깝지 않아'」, 『한겨레』, 2011년 2월 17일.

79  정재민, 「청소년 팬덤현상에 대한 근거이론적 접근」(한국청소년연구 21호, 2010년 8월), 108쪽에서 재인용.

80  「사생팬, 드라마 스태프 유혹까지…이 정도라니 '충격'」, 『동아일보』, 2012년 4월 3일.

81  문주영, 「급변하는 '팬덤 문화' 이대로 괜찮나···SBS '그것이 알고싶다'」, 『경향신문』, 2008년 10월 23일.

82  「사생팬, 드라마 스태프 유혹까지···이 정도라니 '충격'」, 『동아일보』, 2012년 4월 3일.

83  김효은, 「월 100만원 쓰는 女사생팬 "알바·노숙 심지어···"」, 『중앙일보』, 2012년 3월 15일.

84  원성윤, 「'New' 미디어 시대, 시청률 조사는 'Old': 'TV서 모바일로' 미디어 소비 유형 변화···집계 방식 달라져야」, 『기자협회보』, 2013년 4월 3일.

85  김건우, 「'슈스케4' '응답하라1997' 대박? 광고비 보니···」, 『머니투데이』, 2012년 10월 26일.

86  김태균, 「CJ E&M, 콘텐츠 파워·가치 측정모델(CoB) 개발」, 『경제투데이』, 2012년 3월 20일.

87  박장준, 「N스크린 시청률? "요즘 누가 본방사수하나요?"」, 『미디어오늘』, 2013년 4월 6일.

88  김언경, 「KBS 2TV 드라마 '울랄라 부부: 역지사지의 맛을 보여주는 '울랄라 부부」, 『시민과언론』, 2012년 가을호, 97~98쪽.

89  장미, 「막장 드라마의 모든 것: 싸대기는 기본, 시신 유기는 옵션?」, 『씨네21』, 2009년 1월 20일.

90  조지영, 「남의 자식도 소중하다」, 『PD저널리즘』, 2009년 1월 21일.

91  김현수, 「제철 음식 남보다 먼저 먹으러 직접 산지로··· 맛생맛사 '얼리 테이스터'」, 『동아일보』, 2013년 4월 5일.

92  송진현, 「갤러리아명품관, '테이스팅룸'으로 주목」, 『스포츠조선』, 2013년 5월 2일.

93  이지영, 「호텔 주방장들 목장·장터에 간 까닭은···」, 『중앙일보』, 2012년 8월 17일.

94  유정현, 「신선제품 산지 직송···손품 팔면 할인은 '덤'」, 『디지털타임스』, 2012년 8월 21일.

95  조민성, 「[데스크 칼럼] SNS 유령친구」, SBS, 2013년 4월 12일.

96  김수연·곽도영, 「"SNS 유령친구 구해요"···왕따 두려워 가짜 인맥 맺는 아이들」, 『동아일보』, 2013년 3월 21일.

97  이용상, 「[SNS의 두 얼굴] 카더라··· '찌라시'의 바다」, 『국민일보』, 2013년 4월 9일.

98  윤샘이나, 「'손호영 증권가 소식 2' 퍼나르는 당신도···흉기 된 SNS 찌라시」, 『서울신문』, 2013년 5월 24일, 10면.

99  양승식, 「통제불능의 카카오톡 '영상 공유' 집단 관음증, 光速으로 번진다」, 『조선일보』, 2013년 5월 27일.

100  김지현, 「손호영 자살 기도···악성 찌라시·댓글 논란」, 『한국일보』, 2013년 5월 24일.

101  최정아, 「손호영 자살 시도···누리꾼 "흉기 된 찌라시, 괴물 같다"」, 『동아일보』, 2013년 5월 24일.

102  김현록, 「SNS 바람 타고···해도해도 너무한 찌라시 '경계령'」, 『머니투데이』, 2013년 5월 24일.

103  이용상, 「'생사람 잡는' 증권가 찌라시, 인터넷 포털도 점령」, 『국민일보』, 2013년 6월 11일.

104  양홍주, 「찌라시 대중화 시대」, 『한국일보』, 2013년 9월 2일.

105  김상윤, 「'TV채널 사라진다' 방송시장 판도 바뀐다」, 『이데일리』, 2013년 7월 25일.

106  백나영, 「N스크린 시대, 단말별 콘텐츠 이용 행태 달라」, 『아이뉴스24』, 2013년 7월 14일.

107  박장준, 「스마트폰 N스크린, 시청률 개념 바꿨다」, 2013년 2월 26일.

108  문현숙, 「온라인 뉴스 잇단 유료화 성패 주목」, 『한겨레』, 2013년 11월 7일.

109  최창희, 「자각몽 꾸기 유행···영화 '인셉션'처럼 꿈을 통제한다?」, 『매일신문』, 2013년 10월 2일.

110  조성은, 「우울한 청춘들 '꿈' 속으로···현실도피 '자각몽' 대유행」, 『국민일보』, 2013년 10월 2일.

111  최창희, 「새 문화코드로 등장한 非현실의 세계」, 『매일신문』, 2013년 10월 26일.

112  조성은, 「우울한 청춘들 '꿈' 속으로···현실도피 '자각몽' 대유행」, 『국민일보』, 2013년 10월 2일.

113  최창희, 「자각몽 꾸기 유행···영화 '인셉션'처럼 꿈을 통제한다?」, 『매일신문』, 2013년 10월 2일.

114 이광호, 「'내 꿈 내가 조정' 자각몽 비법 공개 '오늘은 누구를'…가상섹스 파트너 맘대로」, 「일요시사」, 2013년 10월 7일.

115 박장준, 「제로 TV 시대, TV는 진짜 바보상자가 된다」, 「미디어오늘」, 2013년 9월 22일.

116 백나영, 「제로 TV 1인 가구 증가…TV 없이 방송 본다」, 「아이뉴스24」, 2013년 8월 11일.

117 서명훈 · 유엄식, 「TV시장 '심상찮다'…뢰베 파산, 파나소닉도 철수」, 「머니투데이」, 2013년 10월 10일, 1면.

118 백강녕, 「TV 혁신 없던 올해…국내 판매 10년 만에 첫 감소」, 「조선일보」, 2013년 10월 15일.

119 김명신, 「막장 시어머니에 맞서는 '슈퍼갑' 장모 안방극장 속 시월드 vs 처월드 '점입가경'」, 「데일리안」, 2013년 10월 13일.

120 서병기, 「서병기 선임기자의 대중문화비평: '굿바이~시월드'…안방극장 '웰컴 투 처월드'」, 「헤럴드경제」, 2013년 10월 8일.

121 정영일, 「이마트, 출장족과 퇴장족 영향…모바일 쇼핑 500억원 목표」, 「경제투데이」, 2013년 4월 30일.

122 장정훈, 「시장 규모 올해 4조원, 지난해 2배로…여자들이 키운다」, 「중앙일보」, 2013년 6월 12일, B2면.

123 최진주, 「맞벌이 · 1인가구 '장보기' 패턴이 바뀐다」, 「한국일보」, 2013년 4월 30일.

124 김상윤, 「'검지 쇼핑족'이 만든 1조 7천억 모바일 쇼핑시장」, 「이데일리」, 2013년 5월 7일.

125 엄성원, 「"난 스마트폰으로 마트간다" 모바일 쇼핑 폭풍성장」, 「머니투데이」, 2013년 4월 30일.

126 오달란, 「편안하게 클릭하는 순간, 마트선 장보기 전쟁 스타트 마트 온라인쇼핑 주문에서 배달까지」, 「서울신문」, 2013년 7월 12일, 20면.

127 민상식 · 서지혜, 「손쉽게 게임 초대…카톡 유령회원 기승」, 「헤럴드경제」, 2013년 10월 7일, 11면.

128 김태만, 「[기자수첩] 카카오 게임하기의 새로운 문화 '유령방'을 아시나요?」, 「베타뉴스」, 2013년 10월 15일.

129 구자윤, 「'카톡 게임 신문화' 유령방을 아시나요?」, 「파이낸셜뉴스」, 2013년 11월 29일.

130 이승연, 「GS25, '고양이 학대' 루왁 커피 판매 논란」, 「경제투데이」, 2013년 5월 14일.

131 하세린, 「세계 최고가 '고양이 똥 커피', 이래도 먹고 싶을까」, 「머니투데이」, 2012년 11월 21일.

132 고은경, 「동물단체 '루왁 커피' 불매운동 "사향고양이 학대 · 수명 단축"」, 「한국일보」, 2013년 5월 27일.

133 양철민, 「방송업계 '클리어 쾀' 뜨거운 감자 싼 가격으로 디지털방송 수신… 방통위 "가입자에 유익" 도입 "공정한 시장경쟁 저해 기술" 위성방송 · IPTV 업체 반발」, 「서울경제」, 2012년 10월 4일.

134 이정환, 「클리어 쾀, 법 없이도 9월부터 강행한다」, 「미디어오늘」, 2013년 7월 19일.

135 김광재, 「'클리어 쾀' 갈등의 불씨 되지 않게 신중히 접근해야」, 「전자신문」, 2012년 12월 13일.

136 최호섭, 「클리어 쾀 · DCS…알쏭달쏭 방송법」, 「블로터닷넷」, 2013년 7월 26일.

137 서정민, 「당신의 '끼'를 공인점수로 매겨요」, 「한겨레」, 2013년 5월 31일.

138 김윤경, 「국내 최초 '재능평가인증' 시스템 '토트(Test Of Talent)' 공식 론칭」, 「매일경제」, 2013년 5월 1일.

139 박보희, 「'연예인 인증시험'…'연기 · 노래 · 춤'에 공인점수를 매긴다?」, 「이데일리」, 2013년 6월 7일.

140 봉지욱, 「시청률 조사 바뀐다…스마트폰 · PC · VOD 합산」, 「중앙일보」, 2013년 10월 23일.

141 장우성, 「방송사 · 광고주 · 조사기관 등 합의 마련 관건"」, 「기자협회보」, 2013년 10월 23일.

142 박장준, 「N스크린 시청률? "요즘 누가 본방사수하나요?"」, 「미디어오늘」, 2013년 4월 6일.

143 박수선, 「통합 시청률, 손익계산에 주저하는 지상파: 급변하는 미디어 환경…새로운 측정 방식 도입 요구 높아」, 「피디저널」, 2013년 7월 16일.

144 장우성, 「방송사 · 광고주 · 조사기관 등 합의 마련 관건"」, 「기자협회보」, 2013년 10월 23일.

145 문현숙, 「시청률 조사 TV · PC · 스마트폰으로」, 「한겨레」, 2013년 10월 24일.

146 「TV Everywhere」, 「Wikipedia」.

147 이정훈, 「타임워너케이블, 3Q 이익개선…'가입자 감소' 매출부진」, 「이데일리」, 2013년 10월 31일; 이정훈, 「컴캐스트, 3Q 이익 호조…순매출도 성장세」, 「이데일리」, 2013년 10월 30일.

148 손현철, 「[손현철 PD의 스마트TV] TV의 편재성, TV 에브리웨어(Everywhere)의 역설」, 「피디저널」, 2013년 7월 15일.

149 이근평·장병철, 「"엄마 아빠 죽어버렸으면" 섬뜩한 '패륜카페' '어버이날' 일그러진 子女들…」, 「문화일보」, 2013년 5월 8일.

150 박수진, 「"누가누가 부모 욕 잘하나"…"패드립(패륜적 애드립)에 물든 청소년들」, 「헤럴드경제」, 2012년 5월 8일.

151 이근평, 「가족 대화 단절…온라인서 분노 표출 인터넷 '패륜 카페' 왜?」, 「문화일보」, 2013년 5월 8일.

152 서상범, 「"죽여버리고 싶다 애미XX' 부모 자식간 대화 단절로 극단적 표현하는 패륜 카페」, 「헤럴드경제」, 2013년 3월 26일.

153 박미영, 「퍼블리시티권 "연예인 '얼굴·이름'에도 재산권 있어요"」, 「디지털타임스」, 2013년 10월 8일, 18면.

154 이신영, 「백지영은 O, 수애는 X…엇갈린 퍼블리시티권 판결」, 「연합뉴스」, 2013년 8월 20일.

155 김성훈, 「연예인 59명 '내 이름 쓰지 마' 오픈마켓 상대 집단소송」, 「헤럴드경제」, 2013년 8월 26일.

156 정재호·조아름, 「연예인 사진 무심코 썼다…영세 가게 옥죄는 소송 압박 '퍼블리시티권 돈벌이' 전문 소송 대행사도 등장」, 「한국일보」, 2013년 9월 5일.

157 이윤형, 「퍼블리시티권…아직도?」, 「파이낸셜뉴스」, 2014년 1월 3일.

158 강민정, 「초상권을 잡아라! ① 초상권? 퍼블리시티권? 제도 마련 시급하다」, 「이데일리」, 2013년 7월 31일.

159 김남중, 「[책과 길] '웹 진화론'…인터넷, T(기술) 대신 I(정보)에 집중하라」, 「국민일보」, 2006년 9월 15일.

160 박권일, 「[야! 한국사회] '표현대중'의 민낯」, 「한겨레」, 2013년 2월 25일.

161 조유진, 「'인터넷 정보 공개 성향' 순위서 한국 4위…일본 꼴찌」, 「아시아경제」, 2013년 5월 30일.

162 박은경, 「한국 최초 개봉 WHY?…한국 흥행=전 세계 흥행 공식」, 「경향신문」, 2013년 5월 14일.

163 홍석재, 「감질나게 보여주고 기대감 극대화」, 「한겨레」, 2013년 6월 6일.

164 홍석재, 「'아이언맨3' 이번엔 여친도 수트 입는다」, 「한겨레」, 2013년 4월 18일.

165 박수선·방연주·최영주, 「집 밖으로 나온 시청자, TV에 갇힌 시청률: [스마트 시대 흔들리는 시청률 ①]」, 「피디저널」, 2013년 7월 16일.

166 장인서, 「프로그램 몰입도 1위, 3개월 연속 '무한도전'」, 「아시아경제」, 2013년 7월 10일.

167 박장준, 「N스크린 시청률? "요즘 누가 본방사수하나요?"」, 「미디어오늘」, 2013년 4월 6일.

168 안은별, 「클릭 또 클릭…당신을 발가벗기는 그들은?」, 「프레시안」, 2011년 9월 9일.

169 문학수, 「[책과 삶] '맞춤정보'의 덫, 보고 싶은 것만 보는 '나'」, 「경향신문」, 2011년 9월 2일.

170 안은별, 「클릭 또 클릭…당신을 발가벗기는 그들은?」, 「프레시안」, 2011년 9월 9일.

171 문학수, 「[책과 삶] '맞춤정보'의 덫, 보고 싶은 것만 보는 '나'」, 「경향신문」, 2011년 9월 2일.

172 백영미, 「"정보 골라본다"…SNS '정보편식' 심해진다」, 「뉴시스」, 2013년 3월 10일.

## 2_ Digital Section

1 박종환, 「'공간정보 산업'이 新성장동력」, 『한국경제』, 2012년 9월 13일.

2 김준술, 「웨비게이션·치안앱…한국 공간기술 '구글 비켜라'」, 『중앙일보』, 2012년 10월 10일.

3 송석준, 「왜 공간정보 SW산업인가」, 『디지털타임스』, 2013년 4월 4일, 22면.

4 정재훈, 「공간정보 산업, 사람이 없다」, 『전자신문』, 2013년 3월 4일.

5 신혜권, 「1000억원 들인 '공간정보 서비스'…기업들 '외면'」, 『전자신문』, 2013년 11월 12일, 10면.

6 조성훈, 「해킹 표적된 공인인증서, "계속 써도 될까"」, 『머니투데이』, 2013년 2월 28일.

7 서필웅, 「공인인증서 재발급 때 지정 PC 이용 의무화」, 『세계일보』, 2013년 5월 14일.

8 이자영, 「공인인증서를 어찌하오리까」, 『헤럴드경제』, 2013년 4월 19일.

9 조성훈, 「해킹 표적된 공인인증서, "계속 써도 될까"」, 『머니투데이』, 2013년 2월 28일.

10 이민화, 「공인인증서를 폐기하라」, 『이데일리』, 2013년 3월 4일.

11 강은성, 「공인인증서의 딜레마, '없애느냐…바꾸느냐…'」, 『디지털타임스』, 2013년 12월 26일, 3면.

12 전설리, 「통신 3사 '두배 빠른 LTE' 속도전쟁 시작」, 『한국경제』, 2013년 9월 3일, A13면.

13 「[용어 아하!] 광대역 LTE」, 『디지털타임스』, 2013년 10월 15일, 22면.

14 「"수도권만 광대역 LTE 허용은 지방 차별"」, 『세계일보』, 2013년 10월 14일.

15 함석진, 「[유레카] 구글」, 『한겨레』, 2007년 4월 30일; 임소정, 「[어제의 오늘] 1998년 구글 창립」, 『경향신문』, 2010년 9월 4일.

16 「Googlization」, 『Wikipedia』.

17 「왜 '구글라이제이션' 시대인가(사설)」, 『매일경제』, 2006년 1월 28일.

18 성민규, 「디지털 문화의 '구글리제이션'과 2006년 저작권현대화법」, 『방송동향과 분석』, 통권242호(2006년 10월 31일), 39~47쪽.

19 장지영, 「[프리즘] 구글라이제이션」, 『전자신문』, 2012년 2월 6일.

20 「Is Google Making Us Stupid?」, 『Wikipedia』; 전병근, 「구글이 사람을 바보로 만든다?: 읽기와 사유를 바꾼 검색 왕국」, 『조선일보』, 2008년 6월 19일.

21 이인묵, 「구글, 모든 것이 Google화된 세상을 선언하다」, 『조선일보』, 2013년 5월 24일.

22 「Google I/O」, 『Wikipedia』.

23 나진희, 「[구글I/O2013] 한 눈에 보는 구글 I/O 2013」, 『동아일보』, 2013년 5월 16일.

24 심재우, 「세상에 없는 것 만들어야 하는 우리 이제 겨우 1% 이뤘을 뿐」, 『중앙일보』, 2013년 5월 17일.

25 「Google I/O」, 『Wikipedia』.

26 구본권, 「새로운 기기 혁신은 없었지만…더 똑똑해진 구글 검색·지도」, 『한겨레』, 2013년 5월 17일.

27 이인묵, 「구글, 모든 것이 Google화 된 세상을 선언하다」, 『조선일보』, 2013년 5월 24일.

28 윤현기, 「구글플레이, 1년 만에 '디지털 엔터테인먼트 중심지' 부상」, 『IT데일리』, 2013년 3월 6일.

29 이하늘, 「구글플레이, 70만 앱 돌파…1년 전 대비 56% 증가」, 『머니투데이』, 2013년 3월 6일.

30 홍재의, 「구글플레이 한국이 먹여살린다?」, 『머니투데이』, 2013년 5월 22일.

31 정태일, 「사용자 절반이 구글로 앱 내려받는데 매출은 애플이 압도적…왜?」, 『헤럴드경제』, 2013년 5월 17일.

32 정태일, 「애플 '앱' 시장서도 구글에 밀리나…구글, 앱 다운로드 건수로도 애플 추월 초읽기」, 『헤럴드경제』, 2013년 6월 3일.

33 윤건일, 「"데이터 센터 고민을 덜어 드립니다"」, 『전자신문』, 2013년 4월 1일.

34 전하나, 「'네이버 심장부' IDC 전격 공개」, 『지디넷코리아』, 2013년 2월 3일.

35 조성훈, 「데이터 폭증시대, 기업들 이젠 IDC 확보전쟁」, 『머니투데이』, 2013년 5월 5일.

36 윤건일, 「"데이터 센터 고민을 덜어 드립니다."」, 『전자신문』, 2013년 4월 1일.

37 설성인, 「구글 데이터 센터가 핀란드에 있는 까닭은…」, 『조선일보』, 2013년 3월 13일.

38 박현선, 「페이스북, 풍력만 이용하는 데이터 센터 짓는다」, 『전자신문』, 2013년 11월 14일.

39 윤건일, 「데이터 센터 고민을 덜어 드립니다」, 『전자신문』, 2013년 4월 1일.

40 김인순, 「구글, 디지털 유산 상속 가능해졌다…망자의 '잊혀질 권리'」, 『전자신문』, 2013년 4월 12일.

41 김경환, 「[ICT법 바로알기] 브루스 윌리스와 디지털 유산 상속」, 『디지털데일리』, 2013년 4월 11일.

42 심재석, 「내가 죽으면 SNS는 어떻게 될까…구글 디지털 유언 서비스 눈길」, 『디지털데일리』, 2013년 4월 12일; 이민형, 「사자(死者)의 디지털 유산, 어디까지 상속이 가능할까」, 『디지털데일리』, 2013년 4월 15일.

43 김경환, 「[ICT법 바로알기] 브루스 윌리스와 디지털 유산 상속」, 『디지털데일리』, 2013년 4월 11일.

44 김태한, 「구글 회장 "디지털 인종주의 경계해야"」, 『연합뉴스』, 2013년 5월 24일.

45 조아름, 「"일베, 일본 재특회와 닮아…많은 한국인 본심 드러난 현상일 수도" 日 기자 성공회대 강연」, 『한국일보』, 2013년 6월 3일.

46 배민욱, 「나도 혹시 인종차별자?…'사이버 인종주의' 갈수록 심각」, 『뉴시스』, 2011년 6월 5일.

47 우성규, 「구글 회장, 일베 염두에 두고?…"디지털 인종주의 경계해야"」, 『국민일보』, 2013년 5월 25일.

48 정보라, 「트위터, 인종차별 트윗 이용자 정보 넘겨」, 『블로터닷넷』, 2013년 7월 14일.

49 김인성, 「댓글 달듯이 몰래 해시값 산출하면 돼요? 안 돼요」, 『시사인』, 2013년 12월 11일.

50 강성명, 「아동 음란물 소지, 디지털지문 추적해 첫 적발 경찰, 작년부터 인터폴 통해 美서 개발한 시스템 도입」, 『한국일보』, 2013년 5월 10일.

51 송진영, 「아동음란물 다운로드 경찰이 바로 알아챈다」, 『국제신문』, 2013년 5월 9일.

52 「[IT용어 아하!] 디지털 쿼터족」, 『디지털타임스』, 2012년 12월 17일.

53 안호천, 「[ICT 시사용어] 디지털 쿼터족」, 『전자신문』, 2013년 11월 25일.

54 권기헌, 『정보사회의 논리: 지식정보사회와 국가경영논리』(나남, 2000), 119~120쪽.

55 명진규, 「수당도 없는 '스마트폰 메신저 특근'…직장인들 피로감」, 『아시아경제』, 2013년 5월 10일, 4면.

56 권지혜, 「[비즈카페] 24시간 업무 지시…임원들 "카톡이 무서워"」, 『국민일보』, 2013년 4월 22일.

57 조은지, 「한밤에도…'게임스팸' 노이로제 아이템·초대장 무차별 전송…불면증에 걸릴 지경」, 『서울신문』, 2013년 1월 18일, 9면.

58 명진규, 「수당도 없는 '스마트폰 메신저 특근'…직장인들 피로감」, 『아시아경제』, 2013년 5월 10일, 4면.

59 「바이버, 1억 사용자에게 다가가…수억 명의 사용자로 새로운 플랫폼을 겨냥해」, 『뉴시스』, 2012년 9월 12일.

60 윤대헌, 「통신비 아끼는 '앱테크' 아시나요?」, 『경향신문』, 2013년 2월 17일.

61 장은교, 「문·안은 '바이버'로 바로 통한다?」, 『경향신문』, 2012년 11월 14일.

62 최승현, 「야권은 지금… 도·감청 못한다는 '바이버(Viber·미국판 카카오톡) 열풍'」, 『조선일보』, 2013년 5월 13일.

63 전수민, 「'셰어런팅을 아시나요?' 사이버에 올린 내 아이의 얼굴은 어떻게 될까」, 『국민일보』, 2013년 5월 21일.

64 Nione Meakin, 「Life and style: The pros and cons of 'sharenting'」, 『The Guardian』, 18 May 2013.

65 신상목 · 전수미, 「위험한 'SNS 발자국'…무심코 아이 자랑하다가 범죄 표적된다」, 『국민일보』, 2013년 6월 13일.

66 오영재, 「SNS 이용 백서, 좋은 예 vs 나쁜 예」, 『레몬트리』, 2013년 10월 16일.

67 지연진, 「'트위터 효과'가 '나홀로 투자'보다 세다」, 『아시아경제』, 2013년 4월 19일.

68 김성진, 「'SNS의 힘'…소셜 트레이더가 수익률 높다(FT)」, 『연합뉴스』, 2013년 4월 19일.

69 최형욱, 「[월가 리포트] '정보의 보고'로 떠오른 트윗…월가 투자 문화 바꾸나」, 『서울경제』, 2013년 12월 22일.

70 김수진, 「[SNS투자] 美 소셜 트레이드 활발…"속도만 쫓으면 위험"」, 『조선일보』, 2013년 4월 25일.

71 김수진, 「[SNS투자] 투자에도 소셜 빅데이터 바람…국내 첫 프로그램 개발」, 『조선일보』, 2013년 4월 25일.

72 이상일, 「"SNS 의존형 빅데이터 분석은 위험"…여전히 어려운 금융권 빅데이터 대응」, 『디지털데일리』, 2013년 6월 12일.

73 서지혜, 「[커버 스토리] 스마트폰에 24시간 빠져 사는 당신은 OO족?」, 『헤럴드경제』, 2013년 3월 8일; 「[용어 아하] 스마트 아일랜드족」, 『디지털타임스』, 2012년 11월 19일.

74 김소영, 「세대공감 알쏭달쏭 용어풀이: 스마트 아일랜드족」, 『농민신문』, 2011년 4월 11일.

75 최연진 · 유소연, 「승객 고개 숙이고 스마트폰에만 집중…지하철 광고 · 잡상인 · 걸인 확 줄었네」, 『조선일보』, 2013년 7월 6일.

76 구본권, 「우리는 디지털 사회의 새로운 시민성을 갖추고 있는가」, 『한겨레』, 2014년 2월 5일, 9면.

77 이대영, 「2013년 대한민국 스팸 발송 강국 오명, 레드킷 자동화 공격 툴 때문」, 『IT World』, 2013년 4월 24일.

78 이지성, 「IT코리아 '스팸 공화국' 얼룩 시도 때도 없는 광고 · 악성문자 하루 0.22건…세계 3위 '오명'」, 『주간한국』, 2013년 8월 9일.

79 구본준, 「'스팸 강국 한국'?…유럽서 1위 글로벌 3위」, 『한겨레』, 2013년 4월 3일.

80 박장준, 「'스팸 공화국' 한국, 전 세계 13.7% 생산」, 『미디어오늘』, 2013년 4월 3일.

81 김민하, 「오늘도 '액티브 엑스' 설치하셨습니까?」, 『미디어스』, 2013년 4월 11일.

82 김기철 · 김명환, 「웹 사이트 80퍼센트가 액티브X…'사이버 휴전선' 열어놓은 꼴」, 『매일경제』, 2013년 3월 21일.

83 김민하, 「오늘도 '액티브 엑스' 설치하셨습니까?」, 『미디어스』, 2013년 4월 11일.

84 이자영, 「액티브X 설치하겠습니까? 무심코 '예' 클릭…해커에 인감 주는 꼴」, 『헤럴드경제』, 2013년 4월 19일.

85 서지혜, 「이찬진의 쓴소리, "액티브 엑스는 2013년판 야간통행금지"」, 『헤럴드경제』, 2013년 8월 9일.

86 안호천, 「[ICT 시사용어] 앱세서리(Appcessory)」, 『전자신문』, 2013년 10월 7일.

87 김준연, 「스마트폰의 무한 진화, 앱세서리가 뜬다」, 『한겨레』, 2013년 8월 15일; 박지성, 「'앱세서리' 시장이 뜬다 앱을 다양한 주변 기기와 연계」, 『디지털타임스』, 2013년 9월 5일.

88 소성렬, 「"스마트폰을 더 똑똑하게…앱과 연동하는 '앱세서리'로 진화」, 『TV리포트』, 2013년 9월 9일.

89 김명근, 「광고만 보면 돈이 술술…'앱테크' 아시나요?」, 『동아일보』, 2012년 11월 5일.

90 우동석, 「돈버는 어플, 앱테크가 진화한다」, 『시사뉴스』, 2013년 4월 16일.

91 박수일, 「'앱테크' 이젠 선택의 시대」, 『디지털타임스』, 2013년 3월 15일, 22면.

92 「[용어 아하] APT란」, 『디지털타임스』, 2013년 3월 24일.

93 김경애, 「[보안 바로알기 캠페인] APT 바로알기」, 『보안뉴스』, 2013년 6월 11일.

94 유정현, 「[알아봅시다] APT(지능형지속위협) 공격」, 『디지털데일리』, 2013년 6월 17일.

95  고란, 「[틴틴경제] 휴대전화 4G · LTE와 3G는 어떻게 다른가요」, 『중앙일보』, 2013년 6월 19일.

96  이학렬, 「LTE, 2년 만에 3G 제쳤다…"이제는 4G 시대"」, 『머니투데이』, 2013년 8월 2일, 14면.

97  백강녕, 「한국, LTE 특허 절반 소유…통신기술 독립시대 곧 온다」, 『조선일보』, 2013년 10월 21일.

98  이순혁, 「3G 사용자는 몹쓸 루저라고? 리얼리?」, 『한겨레』, 2013년 8월 24일.

99  유태열, 「[IT 칼럼] 웹 콘텐츠에 날개 달아준 LTE」, 『주간경향』, 2013년 10월 16일.

100  박지성, 「세계 LTE 가입자 1억 명 넘었다: 한 · 미 · 일 등 5개국이 90퍼센트 차지…2018년 10억 명 전망」, 『디지털타임스』, 2013년 5월 13일, 6면.

101  전설리, 「무선, 유선의 속도를 추월하다…SK텔레콤, LTE보다 2배 빠른 LTE-A 상용화 예정」, 『한국경제』, 2013년 4월 11일.

102  최연진, 「빠름 경쟁…이통 3사 희비 갈렸다」, 『한국일보』, 2013년 12월 31일, 19면.

103  이순혁, 「3G 사용자는 몹쓸 루저라고? 리얼리?」, 『한겨레』, 2013년 8월 24일.

104  백강녕, 「가장 중요한 부품은 美 퀄컴에서 수입해야…LTE-A '기술 종속' 논란」, 『조선일보』, 2013년 6월 27일.

105  고란, 「PC 광랜은 조킹 수준…LTE-A 오늘부터 '볼트급 스피드'」, 『중앙일보』, 2013년 6월 27일.

106  이재구, 「최악 안드로이드 맬웨어 '오배드' 비상」, 『지디넷코리아』, 2013년 6월 10일.

107  박정현, 「삭제 안되는 '무서운' 안드로이드 악성코드 발견」, 『조선일보』, 2013년 6월 11일.

108  김영식, 「세계에서 가장 위험한 '안드로이드 악성코드' 등장」, 『아시아경제』, 2013년 6월 11일.

109  이순혁, 「이거 하나면 끝…집 전화 맞아?」, 『한겨레』, 2013년 1월 14일.

110  양준영, 「스마트폰서 보던 영화, TV로 바로 이어 보네」, 『한국경제』, 2013년 3월 6일.

111  윤상호, 「LGU+, '경쟁사 올아이피, 무용지물…LTE, 콘텐츠도 LGU+」, 『디지털데일리』, 2013년 5월 2일.

112  정지연, 「웨비게이션(Weavigation)」, 『전자신문』, 2013년 3월 25일; 김준술, 「웨비게이션 · 치안앱…한국 공간기술 '구글 비켜라'」, 『중앙일보』, 2012년 10월 10일.

113  김은진, 「현대엠엔소프트 '소프트맨 내비게이션 S591V'」, 『파이낸셜뉴스』, 2013년 3월 27일.

114  이지성, 「준비 안된 포털 어쩌나…인터넷 서비스 장애인차별금지법 시행 11일인데」, 『서울경제』, 2013년 4월 9일.

115  홍재의, 「기관마다 해석 다른 '웹 접근성' 문 닫은 게시판」, 『머니투데이』, 2013년 4월 10일.

116  설성인, 「차별없는 IT」 ② 줄소송 이어질 수도…기술 · 브라우저 문제 아니다」, 『조선일보』, 2013년 4월 9일.

117  이지성, 「준비 안된 포털 어쩌나…인터넷 서비스 장애인차별금지법 시행 11일인데」, 『서울경제』, 2013년 4월 9일.

118  우승호, 「불붙은 인터넷 주권 전쟁: 美 ICANN 신규 도메인 정책 주도에 중국 · 인도 · 브라질 등 후발주자 반기」, 『서울경제』, 2013년 5월 5일.

119  임정환 · 유회경, 「'인터넷 주권 전쟁' 이미 막올랐다」, 『문화일보』, 2013년 6월 17일.

120  우승호, 「불붙은 인터넷 주권 전쟁: 美 ICANN 신규 도메인 정책 주도에 중국 · 인도 · 브라질 등 후발주자 반기」, 『서울경제』, 2013년 5월 5일.

121  신상호, 「中, 인터넷 주권 강조」, 『연합뉴스』, 2012년 10월 5일.

122  정보라, 「세계 인터넷 정책, 정부 주도로 가서야」, 『블로터닷넷』, 2013년 5월 6일.

123  임정환 · 유회경, 「'인터넷 주권 전쟁' 이미 막올랐다」, 『문화일보』, 2013년 6월 17일.

124  우승호, 「불붙은 인터넷 주권 전쟁: 美 ICANN 신규 도메인 정책 주도에 중국 · 인도 · 브라질 등 후발주자

반기」, 『서울경제』, 2013년 5월 5일.

125 한영익, 「"조두순 기사에 음란광고 보고 충격 받아…": 박유현 '인폴루션 제로' 대표」, 『중앙일보』, 2013년 2월 22일.

126 임기상, 「제주올레/인폴루션 제로, '아쇼카 펠로우'로 선정」, 『노컷뉴스』, 2013년 11월 4일.

127 김홍태, 「'인폴루션' 박유현 대표, 유네스코 교육상 받는다」, 『연합뉴스』, 2012년 11월 14일.

128 김경환, 「[정보보호법바로알기 24] 잊혀질 권리: 인성과 물성의 충돌」, 『보안뉴스』, 2013년 1월 29일.

129 「[용어 아하!] 잊혀질 권리」, 『디지털타임스』, 2013년 5월 27일, 22면.

130 임광복 · 조윤주, 「'잊혀질 권리' 법 추진에, 포털 "기술 불가능"」, 『파이낸셜뉴스』, 2013년 6월 17일.

131 김병철, 「잊혀질 권리? 입맛대로 무차별 삭제 요구도 허용할까」, 『미디어오늘』, 2013SS년 9월 14일.

132 셰리 터클, 이은주 옮김, 『외로워지는 사람들: 테크놀로지가 인간관계를 조정한다』(청림출판, 2010/2012), 226쪽.

133 최연진 · 김연수, 「"구글 새 검색, 사람을 읽어요"」, 『한국일보』, 2013년 5월 6일.

134 최연진 · 김연수, 「"구글 새 검색, 사람을 읽어요"」, 『한국일보』, 2013년 5월 6일.

135 손봉석, 「구글 '지식 그래프' 한국어 검색에 적용한다」, 『경향신문』, 2013년 4월 10일.

136 박장준, 「구글 검색 서비스, 한국식으로 바뀌지만 반갑지만 않다」, 『미디어오늘』, 2013년 4월 9일.

137 조상인, 「[책과 세상] 소셜미디어 시대…SNS로 돈 버는 비결은?」, 『서울경제』, 2011년 1월 7일.

138 안석현, 「'앱 카칭族' 뜬다…160만 원으로 월 100만 원 수익」, 『조선일보』, 2011년 11월 3일.

139 고성준, 「떼돈 버는 '카칭(KaChing)족'이 돼보시겠습니까?」, 『매일경제』, 2011년 1월 28일.

140 정세라, 「"1달러 받고 페북 '좋아요' 1000번 클릭"」, 『한겨레』, 2013년 8월 5일, 17면.

141 이미아, 「페이스북 '좋아요'…'클릭 작업장'의 꼼수」, 『한국경제』, 2013년 8월 5일, A10면.

142 정세라, 「"1달러 받고 페북 '좋아요' 1000번 클릭"」, 『한겨레』, 2013년 8월 5일, 17면.

143 서동일, 「100만 원 내면 '좋아요' 1만 개…믿어도 되나요 'SNS 입소문'」, 『동아일보』, 2013년 8월 19일.

144 문소영, 「[씨줄날줄] SNS 입소문 조작」, 『서울신문』, 2013년 8월 20일, 31면.

145 윤예나, 「야후 '텀블러' 1조 원에 인수키로…SNS 강화」, 『조선일보』, 2013년 5월 20일.

146 김익현, 「중년 야후+청년 텀블러 결합, 성공할까」, 『아이뉴스24』, 2013년 5월 21일.

147 구자윤, 「WSJ "야후, 1조 2336억 원에 텀블러 인수"」, 『파이낸셜뉴스』, 2013년 5월 20일.

148 최희진, 「야후, 1조 2000억 들여 사는 SNS '텀블러'…수익성 높지 않아 '양날의 칼' 될 가능성」, 『경향신문』, 2013년 5월 20일.

149 정경민, 「고교 중퇴 '텀블러' 창업자 카프, 제2 저커버그 되나」, 『중앙일보』, 2013년 5월 21일, B4면.

150 김인순, 「SNS 시장 최고 M&A는 '인스타그램' 최악은 '텀블러'」, 『전자신문』, 2014년 2월 11일.

151 「Trolling」, 『Urban Dictionary』.

152 황용석, 「'일베' 같은 트롤링 사이트를 다루는 태도」, 『한겨레』, 2013년 5월 1일, 14면.

153 「트위터, 비방성 트윗 규제 검토」, 『연합뉴스』, 2012년 6월 28일.

154 이금숙, 「스마트폰에 빠진 우리 아이 뇌는 '팝콘 브레인' 게임 · 동영상에 중독돼 강하고 빠른 자극에만 반응…집중력 · 지능 발달에 악영향」, 『조선일보』, 2013년 3월 20일.

155 노진섭, 「감정 표현 잃은 '팝콘 브레인' 늘어난다」, 『시사저널』, 제1214호(2013년 1월 23일).

156 김희영, 「스마트폰에 중독된 어린이 뇌… '팝콘 브레인' 심각」, 『머니투데이』, 2012년 11월 20일.

157 김상수, 「팝콘 브레인」, 『강원도민일보』, 2013년 3월 23일.

**158** 김희영, 「스마트폰에 중독된 어린이 뇌··· '팝콘 브레인' 심각」, 『머니투데이』, 2012년 11월 20일.

**159** 양선아 · 권오성, 「육아도우미 스마트폰, 그 치명적 유혹」, 『한겨레』, 2014년 1월 2일.

**160** 이현정, 「극소수 '디지털 엘리트'에 독식당할 미래」, 『한국일보』, 2008년 11월 22일.

**161** 「Is Google Making Us Stupid?」, 『Wikipedia』; 전병근, 「구글이 사람을 바보로 만든다?: 읽기와 사유를 바꾼 검색 왕국」, 『조선일보』, 2008년 6월 19일.

**162** 제프 자비스, 이진원 옮김, 『구글노믹스: 미래 경제는 구글 방식이 지배한다』(21세기북스, 2009/2010), 388~389쪽.

**163** 디지털뉴스팀, 「구글, 열기구 띄워 '하늘 위의 통신망' 구축한다」, 『경향신문』, 2013년 6월 17일.

**164** 배소진, 「구글, 풍선 띄워 전세계 인터넷 연결 꿈꾼다」, 『머니투데이』, 2013년 6월 16일.

**165** 박수형, 「구글 "열기구로 전세계 인터넷 연결"」, 『지디넷코리아』, 2013년 6월 15일.

**166** 정보라, 「"웹툰으로 수익 창출"···네이버 'PPS' 공개」, 『블로터닷넷』, 2013년 3월 21일.

**167** 「네이버, 웹툰 작가 상생 위한 콘텐츠 비즈니스 모델 만든다」, 『전자신문』, 2013년 3월 20일.

**168** 이지현, 「네이버 웹툰에 '광고' 넣었더니···한 달 만에 매출 6억」, 『한국경제』, 2013년 6월 4일.

**169** 유선희 · 서정민, 「콘텐츠 영역 넓혀가는 네이버, 문화생태계 동반자? 포식자?」, 『한겨레』, 2013년 3월 28일.


## 3_ Business Section

**1** 양모듬, 「가상 기업 100여곳, 年4만 명 훈련시켜···직업교육 낙오 막는 패자 부활의 장치」, 『조선일보』, 2013년 2월 5일; 정의진, 「'고용률 70퍼센트'···오스트리아서 배워라」, 『뉴시스』, 2013년 6월 5일.

**2** 양모듬, 「문제아 취업까지 지원···오스트리아의 '가상 기업'」, 『조선일보』, 2013년 2월 5일.

**3** 정의진, 「'고용률 70퍼센트'···오스트리아서 배워라」, 『뉴시스』, 2013년 6월 5일.

**4** 안재광, 「'검은 머리 외국인'이란···외국인으로 가장한 내부자」, 『한국경제』, 2013년 6월 8일.

**5** 김동욱 · 조진형 · 안재광, 「조세피난처 거점으로 증시 '쥐락펴락'···검은 머리, 넌 누구냐」, 『한국경제』, 2013년 6월 8일.

**6** 김동욱 · 조진형 · 안재광, 「조세피난처 거점으로 증시 '쥐락펴락'···검은 머리, 넌 누구냐」, 『한국경제』, 2013년 6월 8일.

**7** 김동욱, 「'검은 머리 외국인' Q&A···실체가 대기업 경영자라도 시세 조종 가능성은 낮아」, 『한국경제』, 2013년 6월 7일.

**8** 김석 · 손가은, 「케이맨 제도 韓 증시 투자자' 2800명···조세피난처 중 최다」, 『문화일보』, 2013년 5월 27일.

**9** 김기환, 「'검은 머리 외국인' 해외서 관리한 투자 과세 못해」, 『중앙일보』, 2013년 6월 6일.

**10** 채지선, 「사용 후기 마케팅 '더 이상 못 믿겠네'」, 『한국일보』, 2013년 10월 10일, 18면.

**11** 김은진, 「믿을 수 없는 사용 후기」, 『파이낸셜뉴스』, 2013년 8월 12일.

**12** 채지선, 「사용 후기 마케팅 '더 이상 못 믿겠네'」, 『한국일보』, 2013년 10월 10일, 18면.

**13** 최현준, 「안전한 채권서 위험자산 주식으로 돈 이동 경기 회복세 · 위험 요인 완화 때 나타나」, 『한겨레』, 2013년 6월 9일.

**14** 윤창희, 「'그레이트 로테이션' 신호 vs 막 살아나는 경기에 찬물」, 『중앙일보』, 2013년 6월 4일.

**15** 유근일, 「글로벌 채권 약세로 '그레이트 로테이션' 가능성 솔솔」, 『디지털 타임스』, 2013년 6월 3일.

16 강승연, 「채권서 주식으로…글로벌 자금 '그레이트 로테이션' 불붙다」, 『헤럴드경제』, 2013년 12월 30일.

17 「"美 출구 전략에도 그레이트 로테이션 없다"」, 『세계일보』, 2013년 12월 22일.

18 박수윤, 「스티글리츠 "경제 낙수 효과 대부분 나라에서 없다"」, 『연합뉴스』, 2013년 4월 19일.

19 이순녀, 「1퍼센트의 이익 늘면 99퍼센트의 이익도 는다는데…진짜, 진짜, 진짜일까」, 『한겨레』, 2013년 6월 1일, 17면.

20 유지혜, 「타임 '올해의 인물' 선정 프란치스코 교황」, 『중앙일보』, 2013년 12월 21일.

21 노현웅, 「기업 소득 18.6% 늘 때 가계는 1.7% 그쳐…"낙수 효과는 허구"」, 『한겨레』, 2013년 2월 5일.

22 홍희경, 「[이명박 정부 5년 명암] 고환율 정책에 수출 대기업 '온기' …낙수 효과 없어 서민은 '냉기' 」, 『서울신문』, 2013년 2월 20일, 8면.

23 「New Normal(business)」, 『Wikipedia』.

24 최현준, 「금융 위기 뒤 저성장 · 고실업 상황이 '새로운 정상' : 전망조차 어려운 불확실한 상황이 '새로운 비정상' 」, 『한겨레』, 2013년 6월 23일.

25 Robert J. Samuelson, 「Times have changed, and our economic vocabulary can't keep up」, 『The Washington Post』, 2, DEC, 2013.

26 강영연, 「3% 성장 어려운 '뉴 노멀 시대' 왔다」, 『한국경제』, 2013년 9월 11일, 13면.

27 유승호 · 김석 · 안재광 · 김은정, 「"버핏式 바이&홀드는 낡은 전략…수익 내려면 헤지펀드 투자를"」, 『한국경제』, 2012년 6월 15일.

28 최현준, 「금융 위기 뒤 저성장 · 고실업 상황이 '새로운 정상'」, 『한겨레』, 2013년 6월 23일.

29 「[시사금융용어] 뉴 애브노멀(new abnormal)」, 『연합인포맥스』, 2013년 7월 23일.

30 김신희, 「다국적 기업 고전하는 印…잘 나가는 맥도날드 왜?」, 『머니투데이』, 2013년 7월 8일.

31 조정은, 「갤럭시S4, 나라별로 가격 다른 이유는? "부품 비용 차이…미국 229달러 한국선 244달러"」, 『이투데이』, 2013년 5월 10일.

32 디지털뉴스팀, 「"한국 '카카오톡' · '라인', 페이스북 위협"」, 『경향신문』, 2013년 8월 2일.

33 조정은, 「갤럭시S4, 나라별로 가격 다른 이유는? "부품 비용 차이…미국 229달러 한국선 244달러"」, 『이투데이』, 2013년 5월 10일.

34 김신희, 「다국적 기업 고전하는 印…잘 나가는 맥도날드 왜?」, 『머니투데이』, 2013년 7월 8일.

35 김주원, 「소액 대출 채무자 '300만 원의 법칙' 덫에 걸리다」, 『SBS CNBC』, 2013년 7월 18일.

36 최현준, 「김미영 팀장의 위험한 유혹… '300만 원 대출' 의 법칙」, 『한겨레』, 2013년 7월 18일.

37 고유선, 「'대포통장' 월 평균 1천 개 개설…농협이 가장 많아」, 『연합뉴스』, 2013년 8월 6일.

38 강진규, 「몇푼 때문에 만든 통장…범죄자 전락 취약계층 돈으로 유혹 대포통장 둔갑…피싱 등 범죄 악용」, 『디지털타임스』, 2013년 8월 13일, 18면.

39 이경원 · 진삼열, 「"파밍-스미싱 당황하셨죠?" 당국 뒤늦게 "대포통장 근절" 방패 꺼내」, 『국민일보』, 2013년 9월 27일, 13면.

40 심재훈 · 고유선, 「은행들 '5분 만에 통장 개설' …앞으로 어려워진다」, 『연합뉴스』, 2013년 11월 18일.

41 박희송, 「제4의 미디어 '디지털 사이니지' 광고기술 출원 」, 『뉴시스』, 2012년 7월 26일.

42 「Digital signage」, 『Wikipedia』.

43 「[강소기업 희망인재] '디지털 사이니지' 가 뜬다: 인텔리안시스템즈, 강남역, 공항 등 점령」, 『디지털타임스』, 2012년 12월 18일; 「[이코노 팁] 디지털 사이니지(Digital signage)」, 『국민일보』, 2013년 3월 13일.

44 정용철, 「[알아봅시다] 디지털 사이니지: 소비자의 지역 · 시간 맞춰 '맞춤형 콘텐츠' 전달」, 『디지털타임스』, 2013년 8월 28일, 18면.

45 성승제, 「은행 디지털 사이니지를 아시나요?」, 『머니위크』, 2013년 5월 29일.

46 이형섭, 「'디지털 사이니지' 시장 잡아라」, 『한겨레』, 2013년 6월 18일; 박철근, 「삼성 · LG, 디지털 사이니지 사업 강화…왜?」, 『이데일리』, 2013년 6월 13일.

47 박정현, 「LG전자, 싱가포르 공항에 디지털 사이니지 조형물 설치」, 『조선일보』, 2013년 6월 18일.

48 김성원, 「[발언대] 창조경제의 핵심 산업, 디지털 사이니지」, 『디지털타임스』, 2013년 4월 8일, 22면.

49 김영화, 「'아저씨 티' 확~ 벗자… '新레옹족'이 뜬다」, 『헤럴드경제』, 2010년 3월 15일.

50 김현수, 「백화점 남성관 '레옹族 마케팅'」, 『동아일보』, 2013년 5월 22일.

51 강유현, 「40, 50대 꽃중년 '레옹족' "신사 정장, 날씬하게 강총하게"」, 『동아일보』, 2012년 5월 29일.

52 김현수, 「백화점 남성관 '레옹族 마케팅'」, 『동아일보』, 2013년 5월 22일.

53 김지미, 「"요즘 누가 배바지 · 트렁크 입어?" 4050 젊은 오빠들의 반란」, 『매일경제』, 2013년 5월 16일.

54 「로고 숨기는 명품이 더 잘 팔린다」, 『경향신문』, 2013년 6월 18일.

55 임세정, 「명품 브랜드 "꽁꽁 숨어라. 로고 보일라"」, 『국민일보』, 2013년 6월 18일.

56 한숙인, 「'노모(no more) 명품족 "진정한 명품 마니아는 유명세에 집착하지 않는다"」, 『매일경제』, 2013년 5월 31일.

57 「[용어 아하!] 로스 리더 마케팅」, 『디지털 타임스』, 2013년 7월 22일, 22면.

58 「1750만원 에르메스 가방이 1100만원에, '로스 리더' 마케팅 인기」, 『조선일보』, 2013년 7월 10일.

59 정석구, 「[유레카] 로스 리더 마케팅」, 『한겨레』, 2010년 12월 13일.

60 이신영, 「[Weekly BIZ] [Cover Story] 세계 3大 경영 大家 비제이 고빈다라잔 교수: 逆혁신…한국 기업 총수들 아프리카 가서 살아라」, 『조선일보』, 2013년 5월 11일.

61 정민정, 「[책과세상] 이머징 마켓 공략…역혁신에 답 있다」, 『서울경제』, 2013년 2월 8일.

62 노자운, 「[經-財 북리뷰] 리버스 이노베이션」, 『조선일보』, 2013년 2월 9일; [용어 아하!] 리버스 이노베이션」, 『디지털타임스』, 2013년 11월 12일, 22면.

63 이신영, 「[Weekly BIZ] [Cover Story] 세계 3大 경영 大家 비제이 고빈다라잔 교수: 逆혁신…한국 기업 총수들 아프리카 가서 살아라」, 『조선일보』, 2013년 5월 11일.

64 정민정, 「[책과세상] 이머징 마켓 공략…역혁신에 답 있다」, 『서울경제』, 2013년 2월 8일.

65 권영전, 「애플 미국서 일부 제품 생산…일자리 창출 부담됐나」, 『연합뉴스』, 2013년 6월 11일.

66 김정우, 「"공장이여, 귀환"일본서 거세진 리쇼어링 脫중국 · 국내 생산 확대 이어 자국 기업에 본국행 '러브콜' 세금 감면 등 파격 조치 검토」, 『한국일보』, 2013년 4월 21일.

67 최연진, 「[리쇼어링 물결이 몰려온다] 〈상〉 컴백 홈 외치는 선진국들 "본토 생산이 더 이득" 해외 공장들 짐 싸기」, 『한국일보』, 2013년 2월 26일.

68 김현상 · 김흥록, 「애플 등 미국 기업 본국으로 속속 유턴하는데…돌아오지 않는 한국 기업규제 · 반기업정서 확산에 해외로 빠져나가기 바빠」, 『한국일보』, 2013년 6월 11일.

69 박건형, 「아침 뷔페 식당 매출 높이려면 '구운 베이컨 냄새'를 퍼트려라」, 『서울신문』, 2013년 5월 14일, 23면.

70 김태희, 「맛있는 경험」, 『대홍 커뮤니케이션즈』, 2013년 3~4월호, 5~7쪽.

71 이재용, 「CJ제일제당 쁘띠첼, 야외뮤직 페스티벌에서 이색 마케팅 전개 15일 서울 올림픽공원서 달콤함 힐링 선사하는 디저트 부스 운영」, 『환경일보』, 2013년 6월 12일.

72 김현진, 「황금 사이즈 '한입 전쟁'」, 『동아일보』, 2013년 6월 7일.

73 박지환, 「2013년 상반기, 라면시장 트렌드는 '모디슈머'」, 『조선일보』, 2013년 7월 23일.

74 장정훈, 「스팸뿌글이·만두밥… '모디슈머' 식품시장 바꾼다」, 『중앙일보』, 2013년 5월 14일, B4면.

75 정현영, 「상반기 짜파구리 신드롬…짜파게티 2위 브랜드로 최초 발돋움」, 『한국경제』, 2013년 7월 23일; 장정훈, 「스팸뿌글이·만두밥… '모디슈머' 식품시장 바꾼다」, 『중앙일보』, 2013년 5월 14일, B4면.

76 이투데이, 「백화점서 커피와 쇼핑 즐기는 '미세스 커피족' 이 뜬다」, 『이투데이』, 2013년 7월 15일.

77 심윤희, 「쇼핑 큰손 '미세스 커피족' 오후 3시경 커피를 들고 유모차를 끌면서 쇼핑…年525만원 구매하는 VIP」, 『매일경제』, 2013년 7월 15일.

78 도현정, 「백화점 '미세스 커피족' 잡아라」, 『헤럴드경제』, 2013년 7월 15일.

79 이초희, 「불황형 新소비족 바겐헌터 "막판 시즌 오프를 잡아라"」, 『아시아경제』, 2013년 2월 24일.

80 김윤경, 「세일 상품 낚는 '바겐헌터', 신소비족으로 떠올라」, 『매일경제』, 2013년 2월 22일.

81 정대하, 「'변종' 이마트, 골목상권 파고든다」, 『한겨레』, 2013년 3월 12일.

82 경계영, 「"마트야, 편의점이야?" 대형 편의점 규제 두고 논란」, 『이데일리』, 2013년 2월 26일.

83 고은경, 「대형마트들 변종 SSM 속속 오픈」, 『한국일보』, 2013년 6월 11일.

84 안종훈, 「'변종 SSM' 골목상권 잠식…중소유통상인 대책 호소」, 『노컷뉴스』, 2013년 5월 16일.

85 윤나네, 「'영업 제한 비웃는 변종 SSM 대응책 시급」, 『전북일보』, 2013년 5월 15일.

86 오주연, 「"아빠, 어디가?" 죄책감에…고가 유아용품 뜬다」, 『아시아경제』, 2013년 5월 8일.

87 최진주, 「호텔가 "VIP 대신 VIB를 모셔라"」, 『한국경제』, 2012년 11월 22일.

88 도현정, 「한국 VIB 'Very Important Baby'族, 글로벌 유아용품 VIP 되다」, 『헤럴드경제』, 2012년 10월 17일.

89 강준구, 「유아용품 수입액 3년 연속…고가 유모차 수입 급증 탓」, 『국민일보』, 2013년 5월 13일.

90 오주연, 「"아빠, 어디가?" 죄책감에…고가 유아용품 뜬다」, 『아시아경제』, 2013년 5월 8일.

91 김경준·손효숙, 「대리점 눈물 젖은 라면·음료수 등 산더미-밀어내기 상품의 종착역 '뻥시장' 가보니…」, 『한국일보』, 2013년 5월 20일.

92 유신재, 「불법 '뻥거래' 를 아십니까?」, 『한겨레』, 2013년 5월 9일.

93 박지환, 「밀어내기 제품 거래되는 '뻥시장' 을 아시나요」, 『조선일보』, 2013년 5월 7일.

94 김경준·손효숙, 「대리점 눈물 젖은 라면·음료수 등 산더미-밀어내기 상품의 종착역 '뻥시장' 가보니…」, 『한국일보』, 2013년 5월 20일.

95 백예리, 「'소닉 브랜딩' 을 아시나요?: 소리나 음악으로 브랜드 정체성 표현…최근 광고업계에서 대세로 부상」, 『이코노미조선』, 2013년 5월호.

96 김상윤, 「[소리의 경제학] 티링, 1.7초에 건 승부…결과는 '대박'」, 『이데일리』, 2013년 6월 27일; 백예리, 「'소닉 브랜딩' 을 아시나요?: 소리나 음악으로 브랜드 정체성 표현…최근 광고업계에서 대세로 부상」, 『이코노미조선』, 2013년 5월호.

97 박순찬, 「어려운 기술 용어도 귀에 쏙…음악 마케팅의 진화」, 『조선일보』, 2013년 2월 18일.

98 이병철, 「기업 '사운드 마케팅' …'소리로 소비자의 마음 움직여라'」, 『파이낸셜뉴스』, 2011년 5월 12일.

99 신동윤, 「'기아차 소리네?', 듣기만 해도 아는 기아차 로고음 나온다」, 『헤럴드경제』, 2013년 10월 30일.

100 심나영, 「700억 대박난 'KT 올아이피송' 숨은 이야기 들어보니…」, 『아시아경제』, 2013년 3월 18일.

101 고은경, 「"아니라오~ 아니라오~" 나도 모르게 흥얼흥얼 광고계 휩쓰는 중독 멜로디」, 『한국일보』, 2013년 12월 6일, 18면.

102 박순찬, 「어려운 기술 용어도 귀에 쏙…음악 마케팅의 진화」, 『조선일보』, 2013년 2월 18일.

103 김대기, 「[SNS 세상은 지금] 기업 마케팅, 너도나도 SNS」, 『매일경제』, 2013년 6월 7일.

104 전창훈, 「과거 휴대통 속 데이터, 지금은 황금알로」, 『매일신문』, 2013년 6월 4일.

105 윤형중, 「빅데이터 시대의 명과 암…나는 네가 무얼 했는지 다 알고 있어」, 『매경이코노미』, 제1634호(2011년 12월 7일자).

106 배소진, 「열흘새 500명 숨진 전염병, '원인'은 뜻밖에도…」, 『머니투데이』, 2013년 6월 19일.

107 금원섭, 「[Weekly BIZ] [Interview] 뉴욕 최고의 세탁소는 어떻게 성공했나∼소셜 비즈니스 전도사 샌디 카터 IBM 부사장」, 『조선일보』, 2011년 9월 24일.

108 박순찬, 「"보여주면 믿어"…생중계로 고객 마음 사로잡는다」, 『조선일보』, 2013년 7월 8일.

109 조진호, 「싸이도, 조용필도, 갓 데뷔한 세븐틴도…더 쉽게, 더 빨리 전 세계와 만났다」, 『경향신문』, 2013년 6월 18일.

110 박순찬, 「"보여주면 믿어"…생중계로 고객 마음 사로잡는다」, 『조선일보』, 2013년 7월 8일.

111 류성일, 「아무리 좋은 내용이라도…5초 내 재생 안 되면 25퍼센트가 시청 포기」, 『조선일보』, 2013년 7월 8일.

112 권혁주, 「I-테크' 시대 오나」, 『중앙일보』, 2013년 3월 29일.

113 원충희, 「보험 절세 플랜, I-테크로 거듭나」, 『파이낸셜타임스』, 2013년 6월 10일.

114 노현, 「깜짝 디자인 '업사이클링 가구' 뜬다」, 『매일경제』, 2012년 9월 18일.

115 김혜림, 「업사이클링을 아시나요…버려지는 옷이나 쓰던 가구 가치있는 제품으로 재탄생」, 『국민일보』, 2012년 10월 9일.

116 이채영, 「업사이클링, 새로운 소비의 가치를 열다」, 『레이디경향』, 2013년 7월호.

117 김철, 「친환경 투자는 경영전략이다」, 『디지털타임스』, 2013년 7월 2일.

118 이연수, 「소비자들의 삶에 침투하는 브랜드가 살아남는다」, 『뉴데일리』, 2013년 5월 13일.

119 김기홍, 「업무 만족 못하는 숲대리를 어찌하오리까」, 『조선일보』, 2013년 5월 13일.

120 김기홍, 「업무 만족 못하는 숲대리를 어찌하오리까」, 『조선일보』, 2013년 5월 13일.

121 김보경, 「일을 재미있게 만드는 비결 '잡 크래프팅'」, 『아시아경제』, 2013년 4월 30일.

122 임명기, 「일이 너무 따분해…'잡 크래프팅'이 필요하군요」, 『한국경제』, 2013년 3월 28일.

123 임명기, 「NASA 경비원의 잡 크래프팅…"인간의 달나라 꿈 실현시키는 게 내 일"」, 『조선일보』, 2013년 5월 13일.

124 유환구, 「휴대폰 · LCD TV에 재제조 부품 허용 내달부터 일부 전자제품 대상 품질보증 1년 연장 인센티브」, 『한국일보』, 2013년 2월 19일.

125 이승준, 「새제품은 아니지만 중고품도 아닙니다 '재제조품' 아시나요」, 『한겨레』, 2013년 5월 20일.

126 유환구, 「휴대폰 · LCD TV에 재제조 부품 허용 내달부터 일부 전자제품 대상 품질보증 1년 연장 인센티브」, 『한국일보』, 2013년 2월 19일; 김참, 「애플은 왜 리퍼폰을 주나…그 비밀은?」, 『조선일보』, 2013년 3월 6일.

127 박상현, 「[알아봅시다] 재제조(Remanufacturing)」, 『디지털타임스』, 2008년 2월 14일.

128 이승준, 「새제품은 아니지만 중고품도 아닙니다 '재제조품' 아시나요」, 『한겨레』, 2013년 5월 20일.

129 김참, 「애플은 왜 리퍼폰을 주나…그 비밀은?」, 『조선일보』, 2013년 3월 6일.

130 김평화, 「값 25만 원, 성능 230만 원'…'재제조' 왜 안될까」, 『머니투데이』, 2013년 5월 21일.

131 김용주, 「美, 전자지갑도 플랫폼 전쟁 벌어져」, 『전자신문』, 2012년 8월 16일.

132 길재식, 「[이슈 분석] '무주공산' 전자지갑 시장…승자는」, 『전자신문』, 2013년 6월 12일.

133 황상욱, 「"전자지갑 선점하라" 카드·은행·통신사 무한경쟁」, 『파이낸셜뉴스』, 2013년 5월 26일.
134 정유경, 「'전자지갑' 잡는 자 수수료를 얻으리라 통신·금융·유통·IT사 '모바일 결제 전쟁'」, 『한겨레』, 2013년 7월 11일.
135 손혜용, 「[틴틴경제] 전자지갑이 뭔가요」, 『중앙일보』, 2013년 9월 4일.
136 임현우, 「'새로운 정여사' 카피슈머」, 『한국경제』, 2013년 5월 21일; 김상훈, 「백화점 패션매장 "'카피슈머'와 전쟁 중"」, 『연합뉴스』, 2013년 5월 20일.
137 임세정, 「백화점업계 '카피슈머'로 골머리」, 『국민일보』, 2013년 5월 20일.
138 이영란, 「"넌 극장에 영화 보러 가니? 난 문화체험하러 간다" 멀티플렉스의 놀라운 진화」, 『헤럴드경제』, 2013년 9월 2일.
139 유재혁, 「중국 20호점 시대…CJ CGV의 '극장 한류'」, 『한국경제』, 2013년 8월 30일.
140 김민정, 「컬처플렉스 등 새 패러다임으로 'CGV 창조경영' 해외에 심었다」, 『서울경제』, 2013년 7월 18일.
141 홍대선, 「상장사 매출 1200억~1억까지 다양 예탁 3억 미만 개인은 간접 투자만」, 『한겨레』, 2013년 7월 4일, 18면; 이인열, 「코넥스 투자 어떻게? 개인은 펀드 등 간접 투자만 가능」, 『조선일보』, 2013년 7월 2일, B3면.
142 구채은, 「코넥스, 개장 후 닷새 동안 시가총액 649억 원 감소」, 『아시아경제』, 2013년 7월 5일.
143 김진아, 「코넥스 이러다 고사?…총리까지 나섰다」, 『서울신문』, 2013년 7월 18일, 18면.
144 서필웅, 「파리 날리는 코넥스…규제 풀면 살아나나」, 『세계일보』, 2013년 12월 18일.16면.
145 박관규, 「'코가 석자' 된 코넥스」, 『한국일보』, 2013년 10월 4일, 17면.
146 고란, 「트렌드 주도 'C세대' 잡아야 마케팅 성공한다」, 『중앙일보』, 2013년 9월 26일.
147 이수민, 「코디션 마케팅 바람 소비자 참여 유도 브랜드 이미지 높이자」, 『서울경제』, 2013년 5월 22일.
148 신원경, 「소셜·서브스크립션 커머스 다음엔? 큐레이션 커머스가 뜬다」, 『한국일보』, 2012년 9월 10일.
149 윤리연, 「쇼핑 피로 0%에 도전, 큐레이션 커머스 떴다」, 『동아일보』, 2013년 5월 22일.
150 신원경, 「소셜·서브스크립션 커머스 다음엔? 큐레이션 커머스가 뜬다」, 『한국일보』, 2012년 9월 10일.
151 강동완, 「'펀 마케팅(Fun Marketing)'이 불황 이겨낼까」, 『머니위크』, 2013년 5월 11일.
152 전혜영, 「"뻔한 이름은 가라"…뷰티업계 '펀 네이밍' 열풍」, 『머니투데이』, 2013년 8월 13일.
153 김양희, 「'주군의 태양' 제목에 이렇게 여러 뜻이?」, 『한겨레』, 2013년 9월 10일.
154 이영광, 「호박·고민중·김현찰, 드라마 속 이름 이대로 괜찮아요?: 삼순이도 울고 갈 드라마 속 배역 이름」, 『오마이뉴스』, 2013년 11월 9일.
155 서찬동, 「식품업계 '너도나도' 협업 마케팅」, 『매일경제』, 2013년 6월 11일.
156 박미영, 「외식업계 '짝짓기 마케팅' 활발 스포츠·IT·출판 등 타업계와 협업 통해 차별화 나서」, 『디지털타임스』, 2013년 10월 25일, 16면.
157 김윤경, 「브랜드도 '1+1'…콜라보레이션 시대 활짝」, 『매일경제』, 2013년 4월 22일.
158 김완, 「우린 어쩌다 '속도'에 현혹되는 '호갱님'이 됐나?」, 『미디어스』, 2013년 7월 15일.
159 박현정, 「네네, '호갱님' 이십니까」, 『한겨레21』, 제949호(2013년 2월 25일).
160 권순택, 「이통사 '멤버십 카드' 발급률은 35% 마일리지 사용률 14.8%…김기현 의원 "적극적 운영 필요"」, 『미디어스』, 2013년 10월 10일.

## 4_ Society Section

1  강준만, 『감정독재』(인물과사상사, 2013), 5~13쪽.

2  김종목, 「[2014 문화 포커스] (1) 출판–"행동이 함께하는 감정 관련 책 꾸준히 나올 것"」, 『경향신문』, 2014년 1월 1일.

3  「암 걸려도 부자·고학력자가 더 오래 산다…건강 불평등 심각」, 『헤럴드경제』, 2013년 6월 18일.

4  박소연, 「'빽' 있으면 하루, 없으면 1년? 병원 대기 시간 '빈부 격차'」, 『머니투데이』, 2013년 10월 27일.

5  전솜이, 「한국, 소득에 비해 '건강 불평등' 격차 크다」, 『노컷뉴스』, 2013년 9월 5일.

6  김정효, 「"한국 사회 불평등, 시한폭탄 닮았다"」, 『한겨레』, 2013년 4월 30일.

7  김종목, 「테르보른 "개인 건강차, 운수가 아닌 불평등의 결과"」, 『경향신문』, 2013년 5월 28일.

8  배소진, 「"공돌이 부려먹어…", '공밀레'를 아시나요?」, 『머니투데이』, 2013년 5월 29일.

9  권민경, 「갤럭시S3 판매일에 숨은 '비밀' 알고 보니…"헉"」, 『한국경제』, 2012년 6월 26일; 김창우, 「'공밀레 폰'이 안 되게 하려면」, 『중앙선데이』, 제243호(2011년 11월 6일).

10  이정훈, 「'공밀레'와 국가의 운명」, 『한겨레』, 2011년 10월 19일.

11  백수현, 「'광탈절', '비상경 서류분쇄'가 무슨 말이야」, 『한국대학신문』, 2012년 12월 31일.

12  이예슬, 「'광탈절', '취톡팸'?…신조어로 살펴보는 취업 천태만상」, 『매일경제』, 2013년 5월 5일.

13  배재련, 「취업무기력증 '서류·면접은 매번 광탈이고…' 구직자 80% 의욕상실」, 『뉴스엔』, 2012년 10월 16일.

14  「정신지체인 공동생활 '그룹 홈', 긍정 반응」, 『연합뉴스』, 1994년 7월 22일.

15  김준기, 「보건·의료 치매노인 그룹 홈 63곳 신설」, 『경향신문』, 2005년 6월 21일.

16  특별취재팀, 「[치매, 이길 수 있는 전쟁] 동네 친구들과 함께 사는 치매 할머니…사라지던 기억을 붙잡았다」, 『조선일보』, 2013년 5월 18일.

17  신상윤, 「"아이들 마음 다칠세라…" 팻말·조끼·단체촬영 없는 태광의 '3無 사회공헌'」, 『헤럴드경제』, 2013년 5월 29일.

18  강동수, 「주민 갈등 부추기는 '그룹 홈' 제도 개선해야 '노인요양공동생활가정' 지나친 과밀집중으로 주민 민원 등 부작용 확산」, 『노컷뉴스』, 2011년 9월 16일.

19  필립 브라운·휴 로더·데이비드 애쉬턴, 이혜진·정유진 옮김, 『더 많이 공부하면 더 많이 벌게 될까』(개마고원, 2013), 83쪽.

20  한기호, 「[한기호의 다독다독] '글로벌 옥션'과 잉여사회」, 『경향신문』, 2013년 9월 23일; 장동석, 「지식노동자 고임금 시대의 종말」, 『한겨레』, 2013년 9월 29일.

21  이진욱, 「가방끈 길면 잘 번다? 이젠 옛말…지식노동자 고임금시대 종말 [북] '더 많이 공부하면 더 많이 벌게 될까'…승자독식·돈·성공 최우선 가치에 문제 제기」, 『노컷뉴스』, 2013년 10월 2일.

22  방현철, 「[오늘의 세상] 大卒 4명 중 1명은 '高卒자리' 취업…OECD 평균의 3배」, 『조선일보』, 2013년 7월 13일.

23  홍정규, 「집주인 4명 중 1명 전세 올려 빚갚아…깡통 전세 36만개」, 『연합뉴스』, 2013년 11월 1일.

24  이석우·김시현, 「'깡통傳貰(담보대출 합치면 집값의 70% 넘는 전세)' 속출…서민들, 전세금 떼일 걱정 안고 산다」, 『조선일보』, 2013년 8월 21일.

25  임세원, 「깡통 전세 늘어나는데 대출확대 하자니…전세발 가계부채 부실화 딜레마 신용 8등급까지 대출 독려」, 『한국경제』, 2013년 8월 21일.

26 「[사설] 전세값 폭등, 전세 대출 급증, 심각한 금융 불안」, 『한국일보』, 2013년 11월 1일.

27 오현태, 「100세 시대의 슬픈 자화상…노인자녀에 구박받는 고령부모들」, 『세계일보』, 2012년 10월 4일.

28 윤지로, 「390억 들인 NEAT, 수능 대체 '없던 일로'」, 『세계일보』, 2013년 6월 17일.

29 윤지로, 「수백억 들인 한국형 토익, 효용성은 '글쎄'」, 『세계일보』, 2013년 5월 10일.

30 김연주, 「'한국형 토플' 수능 영어 대체한다더니…400억 날릴 판」, 『조선일보』, 2013년 5월 13일.

31 「[사설] 예산만 집어삼킨 애물단지 한국형 토플」, 『한국일보』, 2013년 5월 13일.

32 조철환, 「[경제 칵테일] 규제개혁 저항 '님티'」, 『한국일보』, 2001년 7월 6일.

33 이동현, 「[박근혜 정부 첫 예산안] 또 '님티' 현상…균형재정 숙제 차기정부로 미뤄」, 『한국일보』, 2013년 9월 26일, 4면.

34 온기운, 「[인사이드 칼럼] 나랏빚 시한폭탄」, 『매일경제』, 2013년 10월 1일.

35 김기중, 「'倒行逆施'(도행역시: 순리를 거슬러 행동) 교수들 선정 올해의 사자성어…정부 퇴행적 정책 빗대」, 『서울신문』, 2013년 12월 23일, 6면; 구정모, 「'올해의 사자성어는 '倒行逆施'(도행역시)'」, 『연합뉴스』, 2013년 12월 22일.

36 정환봉, 「도행역시(倒行逆施)」, 『한겨레』, 2013년 12월 22일.

37 김지은, 「교수신문 올해의 사자성어 '도행역시' 대통령 불통·공안 꼬집어」, 『한국일보』, 2013년 12월 22일.

38 전수민, 「불황에 애견팔자도 양극화」, 『국민일보』, 2013년 8월 27일.

39 박진영, 「이탈리아 장인이 한 땀 한 땀…상위 1% 귀족견 패션의 '진수'」, 『한국경제 매거진』, 제92호(2013년 01월); 윤지원, 「애견을 위한 상위 1%의 명품들…11번가엔 있다」, 『한국일보』, 2012년 11월 20일.

40 강건우, 「알쏭달쏭 용어풀이] 리터너족(Returner族)」, 『농민신문』, 2013년 9월 13일.

41 명희진, 「장기실업 늪에 빠진 '20代 리터너족' 7만 명」, 『서울신문』, 2013년 8월 10일, 5면.

42 강도원, 「투자 활성화 대책으로 메디텔(Meditel) 확산되나」, 『조선일보』, 2013년 5월 1일.

43 오창민·김지환, 「의료관광객 유치 위해 '메디텔' 도입한다」, 『경향신문』, 2013년 5월 2일; 양영구, 「메디텔은 '환자방'의 다른 이름?…"대형병원 쏠림만 심화"」, 『라포르시안』, 2013년 11월 27일.

44 오창민·김지환, 「의료 관광객 유치 위해 '메디텔' 도입한다」, 『경향신문』, 2013년 5월 2일, 3면.

45 이병문, 「[view point] 개념 없는 '메디텔'」, 『매일경제』, 2014년 2월 12일.

46 한장희, 「공장서 '뚝딱'…모듈러 주택 눈길」, 『국민일보』, 2013년 1월 31일.

47 정한국, 「공장서 찍어내는 '모듈러 주택(공장서 70~80% 만들어 현장서 조립)'…공공임대에 첫 등장」, 『조선일보』, 2013년 5월 27일; 홍창기, 「건축비 저렴한 '모듈러 주택시장'을 잡아라」, 『파이낸셜뉴스』, 2013년 2월 24일.

48 김현우, 「5층 이하 원룸형 행복주택에 모듈러 시범 공급 가좌지구 원룸에…공장서 70~90% 제작 후 현장서 마감 공사」, 『한국일보』, 2013년 5월 26일.

49 박진희, 「서양과학기술과의 만남」, 국사편찬위원회 편, 『근현대과학기술과 삶의 변화』(두산동아, 2005), 13~14쪽.

50 김기천, 「"한성전기, 고종이 단독 출자": 『전기 100년사』 한전서 발간」, 『조선일보』, 1990년 2월 20일, 6면.

51 이기우, 「책갈피 속의 오늘/1959년 국산 라디오 첫선: '신기한 소리통'」, 『동아일보』, 2003년 12월 15일, A29면.

52 이정훈, 「1887년 경복궁의 밤 처음 밝힌 지 127년 백열전구 불 꺼진다」, 『한겨레』, 2013년 7월 16일.

53 허승호, 「[횡설수설] 백열등」, 『동아일보』, 2013년 7월 17일.

54 유영호, 「'전기 먹는 하마' 백열전구, 국내서 내년 퇴출」, 『머니투데이』, 2013년 7월 16일.

55 김민기, 「백열전구 퇴출, 국내 LED 업계 "장기적으로는 긍정적"」, 『뉴시스』, 2013년 7월 16일; 문병기, 「경복궁 밝힌 지 127년…백열전구 내년 'OFF'」, 『동아일보』, 2013년 7월 17일.

56 유영수, 「[취재파일] 내가 사는 이유 '버킷 리스트'」, 『SBS』, 2013년 5월 5일.

57 이해준, 「[영화 속 은퇴 이야기] 은퇴 후 인생은 길다…당신의 버킷 리스트에 'LIST'는 있는가」, 『조선일보』, 2013년 6월 14일.

58 문주영, 「선유도공원에 버킷 리스트」, 『경향신문』, 2013년 5월 2일.

59 박종현, 「'버킷 리스트' 타인과 공유해요」, 『세계일보』, 2013년 5월 3일.

60 김태훈, 「'소진증후군 사회' 당신의 기력은 안녕하십니까?」, 『경향신문』, 2013년 8월 24일.

61 특별취재팀, 「[번아웃된 한국인] 번아웃된 한국 직장인…일에 치이고 보상은 쥐꼬리」, 『매경이코노미』, 제1737호(2013. 12. 18~12. 24일자).

62 김헌주, 「[번아웃된 한국인] 직장인 1000명 설문 조사 해보니…보상 없는 과로가 번아웃 불러」, 『매경이코노미』, 제1737호(2013. 12. 18~12. 24일자).

63 김진국, 「[문화심리학으로 풀어보는 삼국지] "일은 많은데 적게 먹는다? 얼마 안 남았군"」, 『한경비즈니스』, 제938호(2013년 11월 18일).

64 특별취재팀, 「[번아웃된 한국인] 번아웃된 한국 직장인…일에 치이고 보상은 쥐꼬리」, 『매경이코노미』, 제1737호(2013. 12. 18~12. 24일자).

65 김태훈, 「'소진증후군 사회' 당신의 기력은 안녕하십니까?」, 『경향신문』, 2013년 8월 24일.

66 이민아, 「직장인 71% "난 월급 받아도 가난한 푸어족"」, 『머니투데이』, 2013년 6월 20일.

67 장종원, 「빚이 된 출산…'베이비 푸어'를 아십니까"」, 『이데일리』, 2013년 7월 10일.

68 김상식, 「[밀물 썰물] 불효 소송」, 『부산일보』, 2011년 10월 27일, 26면.

69 김수영, 「"넌 말로만 효도하니!"…소송 거는 부모들 '부양의무 불이행' 때 증여 무효' 문서화 안하면 승소 어려워」, 『노컷뉴스』, 2013년 3월 20일.

70 강경희, 「[날줄씨줄] 효도 소송」, 『제민일보』, 2013년 4월 29일.

71 임창희, 「'돈' 앞에 무너지는 '인간'」, 『데이타뉴스』, 2013년 4월 26일.

72 백웅기, 「孝가 사라진 시대…'효도법'으로 강제?」, 『헤럴드경제』, 2013년 8월 8일, 1면.

73 김현정, 「구조조정의 시대, 살아남은 자의 슬픔(?)」, 『아시아경제』, 2009년 5월 24일.

74 박승헌, 「지쳐가는 산재 소송…외로운 투병…'살아남은 자들의 슬픔'」, 『한겨레』, 2013년 9월 23일.

75 김필수, 「'정리해고 생존자 증후군'도 있다」, 『헤럴드경제』, 2010년 4월 1일.

76 「'황혼 육아시대' 新풍속…'할머니 맞춤형' 유아용품 뜬다」, 『조선일보』, 2013년 8월 9일.

77 김현주, 「6070세대 서글픈 육아전쟁…'불편한 현실'에 사회적 관심을」, 『국제신문』, 2013년 2월 3일.

78 김태열, 「손주에 몸 축나는 '시니어맘'…내 인생은 어쩌라고」, 『헤럴드경제』, 2013년 8월 26일.

79 윤진호, 「[경제용어산책] 슈바베 지수」, 『매일경제』, 2012년 4월 27일.

80 오창민, 「전·월세 값 상승 영향 주거비 부담 역대 최고」, 『경향신문』, 2013년 7월 15일.

81 이정훈, 「20~30대 청년층 생활·주거비 부담 악화」, 『한겨레』, 2013년 4월 11일.

82 이천종, 「'원전 마피아' 검은 커넥션 정조준…국회도 칼 빼드나」, 『세계일보』, 2013년 6월 4일, 5면.

83 이승준, 「원전 마피아 '검은 공생' 정조준」, 『한겨레』, 2013년 5월 31일; 이천종, 「'원전 마피아' 검은 커넥션 정조준…국회도 칼 빼드나」, 『세계일보』, 2013년 6월 4일, 5면.

84 이승준, 「한수원 간부 30%, 원전 협력업체 전방위 재취업」, 『한겨레』, 2013년 6월 5일, 1면.

85 장병윤, 「문제는 '원전 마피아' 다」, 『국제신문』, 2013년 6월 3일.

86 원호섭, 「원자력학과 졸업 동시에 관련 기관 넘나들며 '그들만의 리그'」, 『매일경제』, 2013년 6월 6일, A6면.

87 이승준, 「'원전 마피아' 핵심 세력은 서울대 원자핵공학과 출신」, 『한겨레』, 2013년 6월 4일, 3면.

88 김기찬, 「'원전 마피아' 다시 없게…법으로 차단」, 『중앙일보』, 2013년 10월 11일.

89 이유진, 「"내가 죽으면 제사 지내지 말고 외식해라"」, 『한겨레』, 2013년 7월 4일.

90 「품위 있는 죽음 원하세요?…'웰 다잉 10계명' 살펴보니」, 『SBS CNBC TV』, 2013년 3월 6일.

91 김우열, 「아름다운 죽음 '웰 다잉' 화두 뜬다」, 『강원도민일보』, 2013년 1월 9일.

92 이유진, 「고맙습니다 용서합니다 용서해주세요」, 『한겨레』, 2013년 7월 4일.

93 「'웰 다잉' 시대…고품격 장례 서비스 제공」, 『국민일보』, 2012년 12월 23일.

94 이유진, 「이런 비문은 어때요? '쉿 깰라' 요」, 『한겨레』, 2013년 7월 4일.

95 김나래, 「[책과 길] '혼돈·불안' 많이 안녕하지 못했던 대한민국」, 『국민일보』, 2013년 12월 27일.

96 오상도, 「고단한 30대의 삶, 불안한 한국의 미래」, 『서울신문』, 2013년 11월 30일, 20면.

97 이도은, 「저렴한 몸값에 '품질'은 썩 괜찮은 35세 전후 '이케아 세대'의 보고서」, 『중앙선데이』, 제353호 (2013년 12월 15일).

98 「12월 23일 학술·지성 새책」, 『한겨레』, 2013년 12월 22일.

99 임기창, 「"한국정치 작동원리는 '전쟁정치'"…김동춘 교수 신간」, 『연합뉴스』, 2013년 12월 18일.

100 신성식, 「입원 안 한 정신질환 300만 명 '주홍글씨' 없앤다」, 『중앙일보』, 2013년 5월 21일.

101 신성식, 「"정신질환자, 낙인 두려워 15%만 진료"」, 『중앙일보』, 2013년 5월 21일.

102 고서정, 「'정신질환 産災' 승인 미미 年 9만 2256명 중 47명 그쳐」, 『문화일보』, 2013년 7월 15일.

103 정승임, 「가벼운 정신질환엔 보험 가입 거부 못 한다」, 『한국일보』, 2013년 5월 21일.

104 신성식, 「입원 안 한 정신질환 300만 명 '주홍글씨' 없앤다」, 『중앙일보』, 2013년 5월 21일.

105 유호인·김민규, 「왜 한국인은 정신과 상담을 두려워하나: 세계 각국의 정신질환에 대한 인식」, 『우리가 몰랐던 세계문화』(인물과사상사, 2013), 280~281쪽.

106 「'처월드' 때문에 이혼하고 싶어요」, 『한겨레』, 2012년 11월 15일.

107 「장모에게 무릎 꿇고 빌고…사위들 "처월드 때문에 이혼"」, 『동아일보』, 2013년 4월 7일.

108 정영일, 「"'시월드'의 시대는 가라 이제는 '처월드'가 대세"」, 『머니투데이』, 2013년 9월 18일.

109 남은주, 「웰컴 투 '처월드'」, 『한겨레21』, 제933호(2012년 10월 29일).

110 이예슬, 「'광탈절', '취톡팸'?…신조어로 살펴보는 취업 천태만상」, 『매일경제』, 2013년 5월 5일.

111 정혜진, 「잠수는 옛말…카톡으로 공부하죠」, 『한국일보』, 2014년 1월 15일, 29면.

112 임기상, 「지방대생 10명 중 7명 "취업 위해 상경하겠다"」, 『노컷뉴스』, 2013년 8월 8일.

113 Alex Frangos and Kwanwoo Jun, 「KST. 한국, 자영업 늘고 가계부채 급증 '치킨집 버블' 터질라」, 『월 스트리저널 한국어판』, 16. September 2013.

114 김효실·방준호, 「치킨집 다닥다닥…처남·매형간에도 '영역 다툼'」, 『한겨레』, 2013년 10월 1일.

115 김태현, 「한국 '치킨 버블'에 가계부채 악화」, 『이데일리』, 2013년 9월 16일.

116 이강국, 「우리 동네 치킨집」, 『한겨레』, 2013년 9월 29일.

117 이정환, 「에너지 음료」, 『한국경제』, 2013년 2월 7일.

118 조상희, 「커피 등 카페인 표시 부재에 소비자 혼란」, 『파이낸셜뉴스』, 2011년 3월 1일.

119 「직장인 하루 커피 섭취량, 5명 중 1명은 카페인 과다섭취…습관이 부르는 부작용」, 『조선일보』, 2013년 7월 1일.

120 김규철, 「청소년, 고카페인 음료 무방비 노출」, 『내일신문』, 2013년 6월 13일.

121 임유진, 「'넷심을 잡아라' 박근혜-문재인, SNS 홍보전 '후끈'」, 『이데일리』, 2012년 11월 28일.

122 이충재, 「카페트 선거」, 『한국일보』, 2012년 12월 20일.

123 정환보, 「SNS 정치의 '빛과 그림자'…'잘쓰면' 의정홍보·표심 유혹, '못쓰면' 흑색선전·비방 진원지」, 『경향신문』, 2013년 7월 5일.

124 이재훈, 「경쟁이 발전의 밑거름이라고? 강소돌 '팔꿈치 사회'」, 『뉴시스』, 2013년 4월 21일.

125 김은광, 「[서평|팔꿈치 사회] 경쟁은 어떻게 내면화되는가」, 『내일신문』, 2013년 4월 12일, 18면; 고영권, 「자본이 강요한 경쟁… 우리는 지금 그 늪에 빠졌다」, 『한국일보』, 2013년 4월 12일.

126 신진욱, 「잔인하지 않은 사람들의 잔인한 사회」, 『한겨레』, 2013년 5월 7일.

127 김동섭, 「"기부에 어색한 우리 문화…ARS 모금엔 잘 나서요": '사랑의 온도탑' 세우는 사회복지공동모금회 신필균 사무총장」, 『조선일보』, 2007년 11월 27일.

128 홍은기, 「기부 참여 유발 위한 '퍼네이션' 활용 기업 증가 단순한 기부금 전달보다 참여하며 즐거움 느끼는 나눔 활동」, 『아이티데일리』, 2013년 7월 18일.

129 김나리, 「[알아봅시다] 새로운 기부문화 '퍼네이션' "어려운 이웃을 위한 나눔 활동…이젠 어렵지 않아요"」, 『디지털타임스』, 2013년 8월 23일, 18면.

130 이예슬, 「'광탈절', '취톡팸'?…신조어로 살펴보는 취업 천태만상」, 『매일경제』, 2013년 5월 5일.

131 김지섭, 「사진·얼굴 너무 달라…면접장서 "누구시죠?"」, 『조선일보』, 2013년 6월 13일.

132 이슬기, 「"뽀샵이 얼마나 심하면…" 인사 담당자 91% "실물, 이력서 사진 달라 당황"」, 『헤럴드경제』, 2013년 9월 9일.

133 백수현, 「'광탈절', '비상경 서류분쇄'가 무슨 말이야 인쿠르트, 취업난 반영하는 구직자 신조어 소개」, 『한국대학신문』, 2012년 12월 31일.

134 윤민용, 「[책과 삶] 연봉은 키에 비례한다」, 『경향신문』, 2008년 3월 21일.

135 「"키 작은 남자는 패배자" 여대생 발언 일파만파 '미녀들의 수다'서 답변 네티즌 공분…미니홈피 통해 사과」, 『한국일보』, 2009년 11월 10일.

136 최효찬, 「[우리 모두가 행복한 교육] 청소년 파고드는 '하이티즘 신드롬'」, 『주간경향』, 2013년 7월 9일(제1033호).

137 유한욱, 「[세상읽기] 키조차도 경쟁으로 여기는 사회」, 『매일경제』, 2011년 3월 9일.

138 박순봉, 「늘씬한 연예인 선망…'성형 상품'으로 확산」, 『경향신문』, 2013년 8월 30일.

139 남종영, 「당신 눈에 독성물질 바르고 참으라 한다면?」, 『한겨레』, 2013년 2월 1일.

140 문혜원, 「그녀 화장 뒤에 숨은 '잔인함'」, 『머니위크』, 2013년 5월 2일.

141 권오성, 「[매일춘추] 동물 실험 화장품」, 『매일경제』, 2013년 4월 17일.

142 남종영, 「당신 눈에 독성물질 바르고 참으라 한다면?」, 『한겨레』, 2013년 2월 1일.

143 최지흥, 「"화장품 동물 실험 금지, 선결 과제 있다"」, 『한국일보』, 2013년 3월 22일.

144 문혜원, 「그녀 화장 뒤에 숨은 '잔인함'」, 『머니위크』, 2013년 5월 2일.

145 정성환, 「에듀 라이브러리를 만들자」, 『전북일보』, 2013년 7월 2일.

146 우경임, 「도서관서 대출 신청하니 책 아닌 사람이…노원정보도서관 '휴먼 라이브러리'」, 『동아일보』, 2012년

3월 21일.

147 박은경, 「'사람 책' 대출해보셨나요?: 지식과 경험 공유 '휴먼 라이브러리' 인기…누구나 신청 가능 도서관 문턱 낮추기」, 『주간동아』, 2013년 6월 24일(893호).


5_ World Section

1 오애리, 「"최근 전세계 시위는 중산층의 분노" 후쿠야마 교수 분석」, 『문화일보』, 2013년 7월 1일.
2 나확진, 「"'글로벌 중산층'이 브라질·터키 시위의 핵심"」, 『연합뉴스』, 2013년 7월 1일.
3 장상진, 「'니그로(Negro)', 110년 만에 공식 인구조사서 퇴출」, 『조선일보』, 2013년 2월 27일.
4 이예슬, 「"흑인 지칭 '니그로', 인구조사서 사라진다"」, 『매일경제』, 2013년 2월 26일.
5 이상렬·윤창희, 「김중수 '디플레 파이터' 대열에 서다」, 『중앙일보』, 2013년 5월 10일.
6 김태근, 「[美, 달러풀기 축소] 떠나는 버냉키의 結者解之(결자해지)」, 『조선일보』, 2013년 12월 20일.
7 성태윤, 「세계 중앙은행마다 "디플레 파이터 급구합니다"」, 『중앙일보』, 2013년 5월 8일.
8 한희라, 「시험대 오른… '리코노믹스'」, 『헤럴드경제』, 2013년 7월 1일.
9 전병서, 「글로벌 소비재 브랜드 없는 한국… '차이나리스크'에 유독 취약」, 『조선일보』, 2013년 7월 8일, B7면.
10 김양진·김진아, 「세계 경제 '리커노믹스' 변수…中 내수 활성화에 주목하라」, 『국민일보』, 2013년 10월 25일, 16면.
11 서유진, 「일본도 '주민번호' 도입 결정」, 『매일경제』, 2013년 3월 3일.
12 「'일본판 주민번호법' 통과…33조 원 IT 특수 전망」, 『매일경제』, 2013년 5월 10일.
13 「[사설] 세상을 바꾸는 열여섯 살 소녀의 힘」, 『경향신문』, 2013년 10월 13일.
14 이설, 「말랄라 세대, 여성 인권을 깨우다」, 『동아일보』, 2013년 7월 16일.
15 남호철, 「[데스크 시각] 말랄라 신드롬」, 『국민일보』, 2013년 10월 30일.
16 오애리, 「反인권·여성차별 맞서는 '말랄라 세대'」, 『문화일보』, 2013년 7월 15일, 15면.
17 이상언, 「대처리즘 넘어 메르켈리즘」, 『중앙일보』, 2013년 9월 24일; 박창욱, 「"메르켈리즘 시대 도래"…獨 언론들 '개인의 승리'」, 『연합뉴스』, 2013년 9월 24일.
18 홍성완, 「메르켈 성공 비결은 갈등이슈 둔화」, 『연합뉴스』, 2013년 7월 1일.
19 남민우, 「메르켈은 '메르키아벨리' vs '유럽 통합 비전 추구할 것'」, 『조선일보』, 2013년 9월 24일; 맹경환, 「[독일 메르켈리즘 시대] '무티 리더십' 선택한 독일」, 『국민일보』, 2013년 9월 23일.
20 강주남, 「[데스크 칼럼] 대한민국 정치인, 메르켈리즘을 본받아라」, 『헤럴드경제』, 2013년 9월 24일.
21 김순덕, 「[횡설수설] 메르켈벨리아니즘」, 『동아일보』, 2013년 9월 17일, A27면.
22 한승동, 「유럽연합 흔드는 '메르키아벨리즘'」, 『한겨레』, 2013년 6월 2일, 28면.
23 박승희·강남규, 「미 연방정부 2주 셧다운 땐 성장률 0.3%P 다운」, 『중앙일보』, 2013년 10월 2일.
24 「미국 연방정부 2주 폐쇄땐 0.3%P 성장률 하락」, 『조선일보』, 2013년 10월 1일.
25 손제민, 「미 디폴트 모면… '셧다운' 해제」, 『경향신문』, 2013년 10월 17일.
26 정미경, 「[국제] 미국 정치 망치는 '티 파티'가 뭐기에」, 『주간동아』, 2013년 11월 4일.
27 임민혁, 「공공의 적으로 찍힌 '티 파티 세력'」, 『조선일보』, 2013년 10월 19일, A14면.
28 임민혁, 「공공의 적으로 찍힌 '티 파티 세력'」, 『조선일보』, 2013년 10월 19일, A14면.

29 정인환, 「공화 강경파 '티 파티' 당 안팎 따가운 눈총」, 『한겨레』, 2013년 10월 17일; 정인환, 「티 파티 돈줄 끊기나」, 『한겨레』, 2013년 10월 21일.

30 이충형, 「셧다운 후폭풍…둘로 갈린 미국 공화당」, 『중앙일보』, 2013년 10월 22일, 19면.

31 이제교, 「티 파티 "RINO 낙선시키자"…공화당 내부 분열」, 2013년 10월 21일, 15면; 박현, 「미 공화 '예산전 쟁 패배' 후폭풍…티 파티-주류세력 '내분'」, 『한겨레』, 2013년 10월 21일.

32 이상언, 「남자도 여자도 아닌 또 다른 성 뜻하는 제5의 호칭 Mx」, 『중앙일보』, 2013년 5월 6일.

33 육철수, 「제5 호칭 'Mx'」, 『서울신문』, 2013년 5월 7일, 31면.

34 「"10분에 11000원 내면 불평불만 들어드려요"」, 『세계일보』, 2013년 5월 2일.

35 이충원, 「"불평 들어줄게요" 일본에서 신종 사업 확산」, 『연합뉴스』, 2013년 5월 2일.

36 이춘재·성연철, 「브릭스, IMF 대항은행 만든다」, 『한겨레』, 2013년 3월 27일.

37 안용현, 「'브릭스(브라질·러시아·인도·중국·남아공)' 아프리카서 첫 회의…"美 달러 패권에 도전"」, 『조 선일보』, 2013년 3월 27일.

38 오관철, 「'브릭스 개발은행' 만든다」, 『경향신문』, 2013년 3월 26일.

39 「브릭스 개발은행 설립 합의…출범은 지연」, 『연합뉴스』, 2013년 3월 28일.

40 설성인, 「러시아판 페이스북 '브콘탁테' 써봤더니…」, 『조선일보』, 2013년 5월 30일.

41 설성인·박수연, 「러시아 정부, 자국 SNS 통제? 블랙 리스트 '해프닝'」, 2013년 5월 27일.

42 이한승, 「러시아 수사당국, SNS 업체 압수수색」, 『연합뉴스』, 2013년 4월 19일.

43 설성인, 「러시아판 페이스북 '브콘탁테' 써봤더니…」, 『조선일보』, 2013년 5월 30일.

44 최만수, 「美 블랙 프라이데이~사이버 먼데이 '할인 시즌'…쇼핑, 국경이 무너진다」, 『한국경제』, 2013년 11월 30일, 1면.

45 이상훈, 「美 블랙 프라이데이 할인 놓쳤다면…더 큰 할인 '사이버 먼데이' 노려라」, 『미디어잇』, 2013년 12월 3일.

46 전효진, 「[월드포커스] 美 블랙 프라이데이보다 사이버 먼데이를 기다리는 이유」, 『조선일보』, 2013년 11월 26일.

47 홍상지, 「[이번 주 경제 용어] 블랙 프라이데이(Black Friday)」, 『중앙일보』, 2013년 11월 27일.

48 최동순, 「美 블랙 프라이데이에 한국도 할인 열풍」, 『뉴스1』, 2013년 11월 30일.

49 고은경, 강희경, 「미국 블랙 프라이데이 눈 앞…잠 못 드는 직구족」, 『한국일보』, 2013년 11월 29일, 16면.

50 구희령, 「한국도 '블랙 프라이데이' 열풍…홈피까지 마비」, 『중앙일보』, 2013년 11월 30일, 10면.

51 강희경, 「"우리만 봉이냐"…가전업계 블랙 프라이데이 역풍」, 『한국일보』, 2013년 12월 2일.

52 이효섭, 「[경제기사야 놀~자] '그림자 금융'이란 무엇이고 왜 위험한가요?」, 『조선일보』, 2013년 5월 3일. B10면.

53 김영광, 「섀도 뱅킹 규제 강화 중장기 악재 우려」, 『파이낸셜뉴스』, 2013년 3월 31일.

54 성연철, 「소로스 "중국 섀도 뱅킹, 서브프라임 사태와 비슷"」, 『한겨레』, 2013년 4월 9일, 15면.

55 김영광, 「섀도 뱅킹 규제 강화 중장기 악재 우려」, 『파이낸셜뉴스』, 2013년 3월 31일.

56 성연철, 「소로스 "중국 섀도 뱅킹, 서브프라임 사태와 비슷"」, 『한겨레』, 2013년 4월 9일, 15면.

57 박순빈, 「'감시 사각지대' 금융기관·금융상품 총칭 자산거품 초래 주범…한국, 규모 팽창중」, 『한겨레』, 2013년 7월 7일.

58 이상언, 「"돌아와요, 유대인"…스페인 500년 만의 러브콜」, 『중앙일보』, 2013년 3월 8일.

59 이상언, 「"돌아와요, 유대인"…스페인 500년 만의 러브콜」, 『중앙일보』, 2013년 3월 8일.

60 송지영, 「美, 돈만 먹는 슈퍼 팩 · 전당대회 확 바꾸나」, 『아주경제』, 2012년 9월 10일.

61 정규득, 「美 대선 끝나도 슈퍼 팩은 여전히 '전투 태세'」, 『연합뉴스』, 2013년 1월 28일.

62 정미경, 「저커버그 美 최대 규모 정치 로비단체 만든다」, 『동아일보』, 2013년 4월 11일.

63 유창재, 「로비단체 만드는 저커버그」, 『한국경제』, 2013년 4월 11일.

64 송지영, 「美, 돈만 먹는 슈퍼 팩 · 전당대회 확 바꾸나」, 『아주경제』, 2012년 9월 10일.

65 염지현, 「'아베노미디어'…페이스북 즐기는 아베 日 총리」, 『이데일리』, 2013년 6월 1일.

66 한창만, 「아베노믹스에 이어 아베노미디어?」, 『한국일보』, 2013년 5월 31일.

67 조준형, 「아베의 날선 SNS 공격…이번엔 야당 2인자 겨냥」, 『연합뉴스』, 2013년 6월 17일.

68 맹경환, 「'아베노미디어'…페이스북에 푹 빠진 아베」, 『국민일보』, 2013년 5월 31일.

69 김다영, 「아베, 페이스북 '좌충우돌'…日 정치권 진흙탕 싸움으로」, 『문화일보』, 2013년 6월 19일.

70 이강원, 「알자지라 미국 방송 3주째…'배부르지 않은 첫술'」, 『연합뉴스』, 2013년 9월 3일.

71 장택동, 「'테러리스트 TV' 서 美 방송계 다크호스로」, 『동아일보』, 2013년 5월 28일, A20면.

72 「알자지라, 곱지 않은 시선 속 미국서 첫 방송」, 『연합뉴스』, 2013년 8월 21일.

73 임민혁, 「알자지라, 美서 첫 방송…기업들 대부분 광고 꺼려」, 『조선일보』, 2013년 8월 21일.

74 김태근, 「[美, 달러풀기 축소] 美, 3차례 걸쳐 3조 2000억 달러 풀어…G7 합치면 10조 달러」, 『조선일보』, 2013년 12월 20일.

75 박재현, 「키워드로 읽는 2013 경제] (3) 양적완화」, 『경향신문』, 2013년 12월 12일.

76 최진주, 「"돈잔치 끝났다" 글로벌 경제 일대 전환 서막 美 내년부터 양적완화 축소…정상궤도 복귀 전망」, 『한국일보』, 2013년 12월 19일.

77 정남구, 「'대공황 막았다' vs '경기회복 기대 이하'」, 『한겨레』, 2013년 12월 19일, 8면.

78 노희영, 「베이징 에어포칼립스…외국인 엑소더스 최악 대기오염 탓 기업 임원 등 떠날 채비」, 『한국경제』, 2013년 4월 2일.

79 신민재, 「"중국서 6억 명 스모그에 영향 받아"(中 정부 보고서)」, 『연합뉴스』, 2013년 7월 13일.

80 유인호, 「베이징 외국인들 '황사 엑서더스' "매일 마스크 쓰고 살 수 없다" 귀국 행렬」, 『한국일보』, 2013년 4월 2일.

81 주현진, 「베이징 '살인 스모그'에 외국인 직원 도망가고 기업은 위험수당 도입」, 『서울신문』, 2013년 5월 3일, 16면.

82 배준호, 「[기자수첩] '에어포칼립스' 위기 맞은 중국」, 『이투데이』, 2013년 10월 25일.

83 김규환, 「[김규환 선임기자의 차이나 로드] 또 하나의 전쟁 '스모그 전쟁'」, 『서울신문』, 2013년 10월 5일, 15면.

84 김영식, 「'PIGS' 다음엔 'FISH'가 온다? 여전히 불안한 유로존」, 『아시아경제』, 2013년 2월 15일.

85 태문영, 「유로존, "PIIGS" 진정되니 "FISH" 우려 [FT]」, 『연합인포맥스』, 2013년 2월 15일.

86 김대도, 「LGBT」, 『연합인포맥스』, 2013년 5월 28일.

87 「네덜란드 '게이 비즈니스' 활기」, 『주간무역』, 2012년 12월 4일.

88 배준호, 「[동성애의 경제학] 전 세계 4억 명…결혼도 이혼도 죽음도 돈이 된다」, 『이투데이』, 2013년 6월 19일

89 노경목, 「3조弗 '핑크 머니'를 잡아라」, 『한국경제』, 2013년 5월 20일.

90 기형서, 「'체면' 위한 과소비 불사 80년대 과사용 사회적 풍조 이뤄 송행근 박사의 씽크차이나—중국 부자를 말하다」, 『새전북신문』, 2013년 6월 26일.

91  최형규, 「웨이보 3억 명의 수다…비리 고위관료 80명 옷 벗겼다」, 「중앙일보」, 2013년 5월 27일.

92  조유진, 「페이스북·구글까지 눈독 들인 웨이즈는 어떤 앱?」, 「아시아경제」, 2013년 5월 25일.

93  전하나, 「페북의 10억달러 빅딜 결렬…왜?」, 「지디넷」, 2013년 5월 30일.

94  유현정, 「애플·페이스북 군침 흘린 웨이즈, 결국 구글 품에」, 「머니투데이」, 2013년 6월 10일; 임광복, 「구글, 내비업체 '웨이즈' 인수…모바일 지도 시장 선점했다」, 「파이낸셜뉴스」, 2013년 6월 10일.

95  최은주, 「구글은 왜 '웨이즈'를 인수했을까? 지도에 생명을 입힌 격」, 「오센」, 2013년 6월 12일.

96  「글로벌 청년 실업, 돌파구 있나」, 「한국대학신문」, 2012년 12월 23일.

97  「유럽의 비극… '청년 실업' 심각」, 「한국대학신문」, 2013년 4월 7일.

98  송병승, 「유럽 실업률 남북 격차 심화, 청년 실업 심각」, 「연합뉴스」, 2013년 4월 3일.

99  최유식, 「"중국의 인구 보너스, 2년 뒤엔 소멸"」, 「조선일보」, 2013년 7월 17일.

100 서유진, 「'인구 보너스' 효과 사라지나」, 「매일경제」, 2013년 1월 20일.

101 박세영, 「中 '두 자녀 정책' 스타트…양친 獨子 때 일부 省 허용」, 「문화일보」, 2013년 12월 24일, 14면.

102 김다영, 「알바보다 불안한 '24시간 대기조'」, 「문화일보」, 2013년 8월 9일, 33면.

103 홍현진, 「영국 맥도날드, 10명 중 9명이 '0시간 계약직'」, 「오마이뉴스」, 2013년 8월 6일.

104 정세라, 「'임시직 0시간 파트타임' 영국 왕실의 '노예계약'」, 「한겨레」, 2013년 7월 31일, 17면.

105 김다영, 「알바보다 불안한 '24시간 대기조'」, 「문화일보」, 2013년 8월 9일, 33면.

106 윤지현, 「버킹엄궁, 시간제 직원 '불공정 고용계약' 구설」, 「연합뉴스」, 2013년 7월 31일.

107 전하나, 「美 최대 케이블사 "TV의 미래는 개인화"」, 「지디넷코리아」, 2013년 6월 12일.

108 이종혁, 「컴캐스트 "NBC 잔여 지분 인수"…미디어 공룡 탄생」, 「서울경제」, 2013년 2월 13일.

109 정슬기, 「美 NBC유니버설, 컴캐스트 자회사로 GE 167억 달러에 지분 매각」, 「매일경제」, 2013년 2월 13일.

110 전하나, 「美 최대 케이블사 "TV의 미래는 개인화"」, 「지디넷코리아」, 2013년 6월 12일.

111 손현철, 「[손현철 PD의 스마트TV] TV의 편재성, TV 에브리웨어(Everywhere)의 역설」, 「피디저널」, 2013년 7월 15일.

112 조성운, 「'특급 FA' 추신수가 받은 퀄리파잉 오퍼란?」, 「스포츠동아」, 2013년 11월 5일; 「추신수 퀄리파잉 오퍼 정체는? '올 시즌 만점 활약' 이유」, 「조선일보」, 2013년 11월 5일.

113 이대호, 「다저스, FA 12명 전원 퀄리파잉 오퍼 포기」, 「오센」, 2013년 11월 5일.

114 정진욱, 「글로벌 IT 기업 '콘텐츠 확보, 전쟁은 시작됐다'」, 「전자신문」, 2013년 6월 10일.

115 정보라, 「팬픽도 전자책으로…아마존 '킨들 월드'」, 「블로터닷넷」, 2013년 5월 23일.

116 정진욱, 「'팬픽'으로도 돈 벌 수 있다」, 「전자신문」, 2013년 5월 23일.

117 「Tapering」, 「Wikipedia」.

118 「시사금융용어 연준(Fed)의 테이퍼링(Tapering)」, 「연합인포맥스」, 2013년 6월 17일.

119 양미영, 「[2014 마켓 키워드] ① '경제 들었다놨다~' 테이퍼링」, 「비즈니스워치」, 2013년 12월 16일.

120 백소용, 「정치 불안 신흥국 '테이퍼링 한파' 덮치나」, 「세계일보」, 2013년 12월 20일, 12면.

121 특별취재팀, 「'아르헨티나 쇼크' 브릭스로 전염」, 「매일경제」, 2014년 1월 26일, A1면.

122 이제훈, 「日 비밀보호법 통과…아베 '힘의 정치' 시동」, 「국민일보」, 2013년 12월 7일, 12면.

123 김하나, 「日 특정비밀보호법 반발 확산… '反아베 세력' 결집 계기되나」, 「문화일보」, 2013년 11월 22일, 14면.

124 한창만, 「일본 '비밀보호법' 표결 강행 중의원 통과」, 「한국일보」, 2013년 11월 27일, 14면.

125 한창만, 「일본 NSC 창설법 통과…"미국에 바치는 선물세트" 특정비밀보호법 통과 이어 집단적 자위권의 사

전 포석」, 『한국일보』, 2013년 11월 27일.

126 이승관, 「"日 비밀보호법은 군국화 의지…美 정부 내심 지지"」, 『연합뉴스』, 2013년 12월 7일.

127 문영규, 「판다를 보면 중국 경제외교를 알 수 있다…결정적인 계약 체결에 등장하는 판다」, 『헤럴드경제』, 2013년 10월 17일.

128 김태현, 「'판다노믹스 아세요?' …中 경제 알려면 판다를 봐라」, 『이데일리』, 2013년 10월 17일.

129 「중국 경제 외교의 흐름 파악하려면 '판다'에 주목해야」, 『조선일보』, 2013년 10월 17일.

130 문영규, 「판다를 보면 中 경제 보인다」, 『헤럴드경제』, 2013년 10월 17일.

131 전용배, 「[마켓 레이더] 주목받는 프런티어 마켓 '아프리카'」, 『매일경제』, 2013년 3월 7일.

132 홍상지, 「'프런티어 시장' 증시 올해 가장 많이 올라」, 『중앙일보』, 2013년 4월 26일.

133 이종혁, 「이머징 마켓 지고 프런티어 시장 뜬다」, 『서울경제』, 2013년 7월 11일.

134 이준우, 「공포의 '프리즘' …SNS 등 온라인 활동 모두 추적 가능」, 『조선일보』, 2013년 6월 12일.

135 이지영, 「미 정부의 대국민 사찰 프로젝트, '프리즘'」, 『블로터닷넷』, 2013년 6월 7일.

136 양진영, 「'인권 선진국이라더니…美 비민주적 스캔들로 들썩」, 『국민일보』, 2013년 6월 7일.

137 김보미, 「"인간의 소통을 무차별 수집하는 사회에 살고 싶지 않았다"」, 『경향신문』, 2013년 6월 10일.

138 김기정, 「"구글·애플서도 개인 정보 수집' 美 민간사찰 스캔들 일파만파」, 『매일신문』, 2013년 6월 7일.

139 이준삼, 「미 정보당국 "'프리즘'은 합법적 감시 시스템"」, 『연합뉴스』, 2013년 6월 9일.

140 한희라·문영규, 「'美 빅브러더' 배후엔 1900개 세포기업 있다」, 『헤럴드경제』, 2013년 6월 11일.

141 이태무, 「미국 프리즘 폭로자는 영웅인가 반역자인 사면 청원 2만 명 지지 서명」, 『한국일보』, 2013년 6월 12일.

142 최지흥, 「"할랄 화장품, 시장 잠재력 있다"」, 『한국일보』, 2013년 5월 22일.

143 이유정, 「'할랄 인증' 없으면 이슬람 시장 '입장 불가'」, 『한국경제』, 2011년 10월 10일.

144 이설, 「지갑 여는 이슬람…할랄 산업이 뜬다」, 『동아일보』, 2013년 6월 3일.

145 이유정, 「'할랄 인증' 없으면 이슬람 시장 '입장 불가'」, 『한국경제』, 2011년 10월 10일.

146 이설, 「지갑 여는 이슬람… 할랄 산업이 뜬다」, 『동아일보』, 2013년 6월 3일.

147 배극인·박형준, 「日 지식인들 차별반대 시민단체 결성」, 『동아일보』, 2013년 9월 26일.

148 서의동, 「시위 제동 걸린 재특회」, 『경향신문』, 2013년 10월 7일.

149 신동호, 「[경향의 눈] 우리 안의 '증오 선동'」, 『경향신문』, 2013년 10월 21일.

150 이슬, 「유엔, 日 정치인 망언을 증오 선동 '증오연설' 규정」, 『뉴스한국』, 2013년 5월 22일.

151 박영석, 「인종차별 트위터 글 쓴 英 대학생, 2개월 징역刑」, 『조선일보』, 2012년 3월 29일.

152 송혜리, 「영화 '미스터 고' 중국 '화이브라더스'와 손잡아」, 『한국경제』, 2012년 4월 20일.

153 「Huayi Brothers」, 『Wikipedia』.

154 김근정, 「중국 영화 투자배급사 화이브라더스…게임시장도 넘본다」, 『아주경제』, 2013년 7월 22일.

155 홍석재, 「중국옷 입은 '한국산 고릴라', 5억 관객 시선 잡을까」, 『한겨레』, 2013년 6월 7일.

**트렌드 지식 사전 2**
ⓒ 김환표, 2014

초판 1쇄 2014년 5월 19일 찍음
초판 1쇄 2014년 5월 23일 펴냄

지은이 | 김환표
펴낸이 | 강준우
기획 · 편집 | 박상문, 안재영, 박지석, 김환표
디자인 | 이은혜, 최진영
마케팅 | 이태준, 박상철
인쇄 · 제본 | 제일프린테크

펴낸곳 | 인물과사상사
출판등록 | 제17-204호 1998년 3월 11일

주소 | (121-839) 서울시 마포구 서교동 392-4 삼양E&R빌딩 2층
전화 | 02-325-6364
팩스 | 02-474-1413
www.inmul.co.kr | insa@inmul.co.kr

ISBN 978-89-5906-258-4 04320
        978-89-5906-257-7 (세트)
값 16,000원

이 도서의 국립중앙도서관 출판시도서목록(CIP)은 서지정보유통지원시스템 홈페이지(http://seoji.nl.go.kr)와
국가자료공동목록시스템(http://www.nl.go.kr/kolisnet)에서 이용하실 수 있습니다.
(CIP제어번호: CIP2014015130)